नक्सलवाद
और
समाज

नक्सलवाद और समाज

के. सत्यनारायण, आई.पी.एस.

प्रभात
पेपरबैक्स
www.prabhatbooks.com

प्रकाशक
प्रभात पेपरबैक्स
प्रभात प्रकाशन प्रा. लि. का उपक्रम
4/19 आसफ अली रोड, नई दिल्ली–110002
फोन : 011–23289777 • हेल्पलाइन नं. : 7827007777
इ–मेल : prabhatbooks@gmail.com ❖ वेब ठिकाना : www.prabhatbooks.com

संस्करण
प्रथम, 2023

अनुवाद
नरेश कौशिक एवं विपिन चौधरी

मूल्य

मुद्रक

———— ★ ————

NAXALWAD AUR SAMAJ
by Shri K. Satyanarayana, IPS

Published by **PRABHAT PAPERBACKS**
An imprint of Prabhat Prakashan Pvt. Ltd.
4/19 Asaf Ali Road, New Delhi-110002

ISBN 978-93-5521-413-3

"युद्ध की सर्वोच्च कला दुश्मन को
बिना लड़े वश में करना है।"

—सून त्ज़ू

प्रस्तावना

गरीबों और आदिवासियों के बीच असंतोष बढ़ने के साथ ही नक्सलियों का आधार धीरे-धीरे व्यापक हो रहा है। गहरे घने जंगलों के भीतर भारी उद्योगों की घुसपैठ के साथ उसी अनुपात में नक्सलियों का आक्रोश भी बढ़ता जा रहा है। एक गाँव, एक पुलिस स्टेशन से शुरू हुआ आंदोलन अब 20 राज्यों के 230 जिलों के 2,000 पुलिस स्टेशन तक फैल चुका है। कृषि संबंधी मुद्दों को लेकर जो आंदोलन शुरू किया गया था, आज वह सत्ता पर कब्जा करने के विचार और विचारधारा के साथ गति पकड़ चुका है। इसमें नक्सलवाद का सैन्यीकरण और इसका हिंसक रूप धारण करना सर्वाधिक चिंता का विषय है। सुरक्षाबलों के लिए नक्सलवाद सबसे बड़ी चुनौती है। वे इस संघर्ष में अपनी जान गँवा रहे हैं। कई बार माओवादियों द्वारा उन पर अचानक हमला बोल दिया जाता है। कई बार उन्हें प्रलोभन देकर फँसा लिया जाता है। सुरक्षाकर्मियों के लिए यह इलाका अनजाना है, वे उन लोगों से अजनबी हैं, जिन इलाकों में ऑपरेशन चलाया जाता है। नक्सलियों से लड़ने के लिए सुरक्षाकर्मी विभिन्न बलों से लिये जाते हैं, वे अलग-अलग संस्कृतियों से ताल्लुक रखते हैं…।

युद्ध का सबसे मूल सिद्धांत होता है—'अपने दुश्मन को जानो।' भारत में माओवादी आंदोलन को 'नक्सलवाद' के नाम से पुकारा जाता है। आज नक्सली आंदोलन की कमान माओवादी पार्टी के हाथों में है, जिसे कम्युनिस्ट पार्टी ऑफ इंडिया (माओवादी) कहा जाता है। देश के विभिन्न इलाकों में जारी चरमपंथी माओवादी समूहों के लिए कई शब्दों का इस्तेमाल किया जाता है, जैसे—नक्सल, नक्सली या नक्सलवादी। लेकिन इनमें से अधिकतर चारू मजूमदार के विचारों से प्रेरित हैं। इसे 'वामपंथी चरमपंथ' (एल.डब्ल्यू.ई.) भी कहा जाता है। नक्सलियों का कहना है कि वे भारतीय राज्य के खिलाफ युद्ध छेड़े हुए हैं।

एक युद्ध (गुरिल्ला) में जीत हासिल करने के लिए मूल सिद्धांत होता है—दुश्मन की विचारधारा, रणनीति, कूटनीति, उनकी पार्टी, संगठन, उनकी ताकत और कमजोरियों के बारे में जानना।

सुरक्षाबल नक्सलियों के जन समर्थन, आय-व्यय, भरती-प्रशिक्षण, उनके पहनावे, आदतों, कौशल, तौर-तरीकों, साजिशों, दिनचर्या, बाहरी सूत्रों, साहित्य और प्रचार तथा ऑपरेशन को समझे बिना युद्ध (गुरिल्ला) क्षेत्र में जीत हासिल नहीं कर सकते। अगर नक्सलियों के खिलाफ लड़ रहे लोग उन्हें पूरी तरह से जान जाते हैं तो वे आधी लड़ाई जीत सकते हैं।

व्यावहारिक रूप से नक्सलियों से निपटने के अपने तीन साल के अनुभव के आधार पर मैंने निम्नलिखित तथ्यों को समझा और जाना है—नक्सली गतिविधियों से निपटनेवाले फील्ड स्तर के अधिकारी नक्सलवाद से पूर्ण रूप से अवगत नहीं हैं। स्टेशन हाउस ऑफिसर और दूसरे जवान नक्सलवाद को कानून-व्यवस्था से जुड़ी एक सामान्य समस्या मानकर उससे एक अपराध की तरह सुलझाने में लगे हैं। मैंने यह जरूरत महसूस की थी कि यदि फील्ड अफसरों को नक्सलवाद की बेहतर समझ होती तो वे इस समस्या से प्रभावी तरीके से लड़ सकते थे। उत्तर प्रदेश के सोनभद्र के पुलिस अधीक्षक के नाते मैंने 2003 में सभी अधीनस्थों के बीच यह पुस्तक बाँटी थी। पुलिसकर्मियों की क्षमता के निर्माण और लक्ष्य के प्रति उन्हें एक उचित समझ प्रदान करने में यह लाभदायक साबित हुई। इसलिए मैंने सोचा कि यह पुस्तक न केवल सुरक्षाबलों के लिए लाभदायक साबित होगी, बल्कि उन लोगों को भी इससे काफी मदद मिलेगी, जो नक्सलवाद के बारे में जानने को उत्सुक हैं। इस पुस्तक का मुख्य उद्देश्य उन लोगों को नक्सलियों के बारे में प्रत्यक्ष जानकारी उपलब्ध कराना है, जो 'भारत की आंतरिक सुरक्षा के प्रति सबसे बड़े खतरे' के बारे में जानना-समझना चाहते हैं। अपने दिमाग में इस उद्द्देश्य को सामने रखकर मैंने नक्सलवाद के विभिन्न पहलुओं का विस्तार से विश्लेषण करने का प्रयास किया है।

नक्सलवाद एक सामान्य अपराध नहीं है, न ही यह केवल कानून और व्यवस्था की समस्या है। नक्सलवादियों का सामाजिक आधार कानून और व्यवस्था की समस्या से कहीं आगे जाकर इसकी कहानी कहता है। बेरोजगार गरीब युवाओं, वंचित आदिवासियों, शोषित ग्रामीण मिलिशिया के अलावा कई शिक्षित युवा भी हैं, जो नक्सलवाद के रास्ते पर निकल पड़े हैं। शहरी इलाकों के कुछ बुद्धिजीवी भी नक्सली विधारधारा के प्रति सहानुभूति रखते हैं। इस पुस्तक में, मैंने माओवादियों और बुद्धिजीवियों के बीच के इस पेचीदा संबंध का पता लगाने की कोशिश की है। यह पुस्तक गिरफ्तार किए गए नक्सलियों से पूछताछ, उनके कब्जे से जब्त किए गए साहित्य/जर्नल्स, नक्सल प्रभावित इलाकों में उपलब्ध दस्तावेजों, नक्सलवाद-रोधी आंदोलन के साथ सक्रिय रूप से जुड़े अधिकारियों/कर्मचारियों से प्राप्त सूचना, नक्सलवाद पर लिखी गई पुस्तकों, नक्सलवाद के विषय पर उपलब्ध वेबसाइटों और अभी तक के निजी अनुभवों पर आधारित है।

मुझे यकीन है कि यह पुस्तक नक्सलवाद विरोधी अभियानों में लगे लोगों तथा सभी लोगों एवं नक्सलवाद के बारे में जानने की रुचि रखनेवाले छात्रों के लिए लाभदायक साबित होगी।

इस पुस्तक को लिखने में जिन लोगों ने मेरी मदद की, मैं हृदय से उनके प्रति आभार व्यक्त करता हूँ। मैं श्री प्रकाश सिंह, सुदीप चक्रवर्ती, लेफ्टिनेंट जनरल वी.के. अहलूवालिया तथा निर्मलांगशु मुखर्जी के प्रति आभारी और शुक्रगुजार हूँ, जिनकी पुस्तकों ने मेरी पुरानी पुस्तक को संशोधित करने में महत्त्वपूर्ण दृष्टि प्रदान की है।

मैं पी.आर.ओ. सुधीर कुमार, स्टेनो श्री राजेश कुमार और श्री शिवकांत शर्मा का धन्यवाद करता हूँ, जिन्होंने पुस्तक को लिखने में मेरी मदद की।

अनुक्रम

1

समस्या की भयावहता

"नक्सलवाद हमारे देश के समक्ष सबसे बड़ी आंतरिक सुरक्षा चुनौती है।"

—डॉ. मनमोहन सिंह

भारत के पूर्व प्रधानमंत्री

एक शोध अध्ययन के अनुसार, नक्सलवादी हिंसा से प्रभावित राज्यों ने 1980 से 2000 की अवधि के दौरान अपनी प्रति व्यक्ति एन.एस.डी.पी. (शुद्ध राज्य घरेलू उत्पाद) का 12-48 प्रतिशत हिस्सा गँवाया है। आंध्र प्रदेश, बिहार, झारखंड, कर्नाटक, मध्य प्रदेश, महाराष्ट्र, ओडिशा, छत्तीसगढ़, उत्तर प्रदेश और पश्चिम बंगाल राज्यों में इस अवधि के दौरान औसत प्रति व्यक्ति एन.एस.डी.पी. 10,200 रुपए थी और नक्सलवादी हिंसा के कारण प्रति व्यक्ति एन.एस.डी.पी. की औसत क्षति प्रतिवर्ष 1,273 रुपए थी।

इस अध्ययन में आगे यह पाया गया कि प्रति व्यक्ति एन.एस.डी.पी. में यह गिरावट नक्सली गतिविधियों के परिणामस्वरूप गैर-कृषि के विभिन्न उप-क्षेत्रों पर पड़े 11-25 प्रतिशत विपरीत प्रभाव के माध्यम से आई। विनिर्माण सेक्टर और इसके सहायक सेक्टर पर बहुत बुरा प्रभाव हुआ है, जो करीब 20-26 प्रतिशत तक हो सकता है।

नक्सली आंदोलन 1967 में पश्चिम बंगाल के नक्सलबाड़ी में शुरू हुआ था और उसके बाद यह तेजी से देश भर में फैल गया। सरकारी अनुमानों के अनुसार, नक्सली गतिविधियाँ 2005 में 9 राज्यों के 76 जिलों में फैली हुई थीं, जो 2007 में 16 राज्यों के 182 जिलों को अपनी गिरफ्त में ले चुकी हैं। 2010 तक ये गतिविधियाँ नए इलाकों में फैलते हुए 20 राज्यों के 223 जिलों तक विस्तार पा चुकी हैं। तत्कालीन प्रधानमंत्री मनमोहन सिंह ने इस बात का जिक्र किया था कि नक्सलवादी उग्रवाद देश के समक्ष एकमात्र सबसे बड़ा आंतरिक सुरक्षा खतरा है।

2005-2010 के दौरान नक्सली हिंसा कम-से-कम 4,800 लोगों की जान ले

चुकी है। नक्सलियों की गतिविधियों में मुख्य रूप से निम्न बातें शामिल रहती हैं—

1. छत्तीसगढ़ में लौह अयस्क का घोल ले जानेवाली पाइपलाइनों को नष्ट करना।
2. बिहार में सड़क निर्माण मशीनरी को ध्वस्त करना।
3. झारखंड में बैंक शाखाओं को जबरन बंद करवाना।
4. ओडिशा में पनबिजली ऊर्जा स्टेशनों को क्षतिग्रस्त करके ऊर्जा आपूर्ति को बाधित करना।
5. झारखंड और ओडिशा में रेलवे ढाँचे को नुकसान पहुँचाना।
6. मोबाइल फोन टावरों को नष्ट करके संचार व्यवस्था को बाधित करना।
7. श्रम के मुक्त प्रवाह को हतोत्साहित करना।
8. पुलों, बाँधों आदि के निर्माण को बाधित करना।
9. क्षेत्र में खदानों के निर्माण तथा अन्य औद्योगिक विकास के खिलाफ प्रदर्शन करना।
10. राष्ट्रीय राजमार्गों तथा राज्य राजमार्गों की मरम्मत में नियमित रूप से बाधा पहुँचाकर राज्यों के बीच व्यापार को अवरुद्ध करना।

विभिन्न अध्ययनों में यह पाया गया है कि नक्सली गतिविधियों का गरीबी की उच्च दर, साक्षरता की निम्न दर, वन आच्छादन और अनुसूचित जाति और जनजाति की आबादी के साथ मुख्य सह-संबंध है।

मानचित्र 1 : भारत के नक्सल प्रभावित जिलों को दिखाता मानचित्र

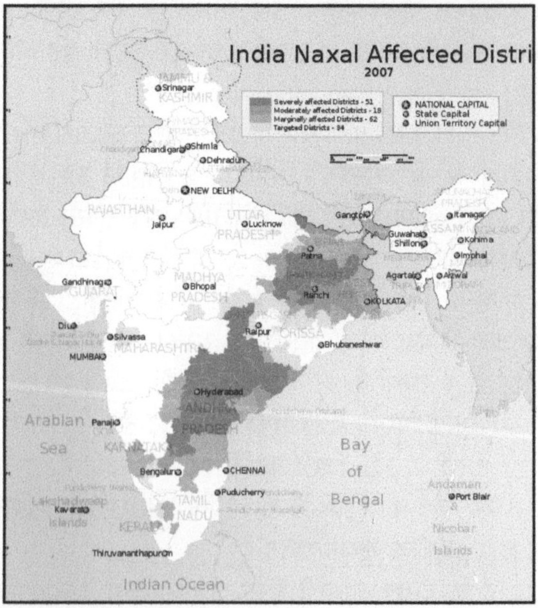

तालिका 1 : माओवादी हिंसा में मारे गए लोगों की संख्या

अवधि	नागरिक	सुरक्षाबल	चरमपंथी	कुल
1989–2001	1610	432	1007	3049
2002	382	100	141	623
2003	410	105	216	731
2004	466	100	87	653
2005	524	153	225	902
2006	521	157	274	952
2007	460	236	141	837
2008	399	221	214	834
2009	586	317	217	1120
2010	713	285	171	1169
2011	275	128	199	602
2012	146	104	117	367
2013	123	83	136	342
कुल	**6,615**	**2,421**	**3,145**	**12,181**

स्रोत : विकिपीडिया और एम.एच.ए. वेबसाइट

माओवादी हिंसा के शिकार सुरक्षाबलों के मुकाबले सामान्य नागरिक ज्यादा हुए हैं। वे उनके आदेशों का पालन नहीं करने और उनकी सूचनाओं को लीक करने के संदेह में लोगों की हत्याएँ कर देते हैं। ऐसे लोगों को वे 'पुलिस के मुखबिर' करार दे देते हैं। इसके साथ ही, वे इन इलाकों में शासकीय शून्य और आतंक पैदा करने के लिए वर्ग के दुश्मनों की हत्या कर देते हैं।

केंद्रीय गृह मंत्रालय के बयान के अनुसार, 2019 में वामपंथी चरमपंथियों से प्रभावित राज्यों की संख्या 11 थी, जिनके 90 जिले इसकी चपेट में थे। इस वामपंथी चरमपंथ से प्रभावित राज्यों में झारखंड (19 जिले), बिहार (16), छत्तीसगढ़ (14), ओडिशा (15), मध्य प्रदेश (02), उत्तर प्रदेश (03), आंध्र प्रदेश (06), तेलंगाना (08), केरल (03), महाराष्ट्र, (03), पश्चिम बंगाल (01) शामिल हैं।

माओवादी हिंसा में महत्त्वपूर्ण गिरावट आ चुकी है। केंद्रीय गृह मंत्रालय (एम.एच.ए.) के अनुसार, नक्सली हिंसा में 26.7 प्रतिशत की कमी आई है। वामपंथी चरमपंथी हिंसा (एल.डब्ल्यू.ई.) संबंधी मौतों में 39.5 प्रतिशत की कमी दर्ज की गई है। भारत के गृहमंत्री श्री अमित शाह ने हाल ही में दावा किया था कि यह आंदोलन अपनी अंतिम साँसें गिन रहा है।

□

2

जन आंदोलन से जनयुद्ध

1. कृषक आंदोलन

जमींदारी प्रथा ने किसानों को खेतिहर मजदूरों में तब्दील कर दिया था। इससे बड़ी संख्या में किसान ऋण के जाल में फँस गए। उधर औपनिवेशिक आर्थिक नीतियों के चलते हस्तशिल्प उद्योग एक प्रकार से बरबाद हो गया और ये खेतिहर मजदूर जमीन पर बोझ बन गए। कृषि पर आश्रित लोगों की संख्या जहाँ बढ़ती चली गई, वहीं इसने जमींदारों और ब्रिटिश शासकों को किसानों का ज्यादा-से-ज्यादा खून चूसने का मौका दे दिया। जो कभी जमीन के मालिक होते थे, वे महज दिहाड़ी खेतिहर मजदूर, बटाईदार और भूमिहीन मजदूर बनकर रह गए, जबकि उनकी जमीनें, फसलें और मवेशी जमींदारों, साहूकारों और छोटे कारोबारियों आदि के हाथों में चले गए।

इस आर्थिक शोषण का परिणाम दो तरीके से सामने आया—1. निरीह किसानों ने जिंदा रहने के लिए डकैती, लूटपाट और चोरी-चकारी का धंधा अपना लिया। 2. आक्रोशित किसानों ने जमींदारों या अपने औपनिवेशिक मालिकों के खिलाफ विद्रोह कर दिया। किसान आंदोलन 1857 के आंदोलन से काफी पहले ही आकार ले चुका था।

बंगाल

नील विद्रोह 1859-60 : भारत में कृषक आंदोलनों के इतिहास में सबसे पहली हड़ताल बंगाल में हुई। नील के बागान मालिक, जोकि यूरोपीय थे, उन्होंने किसानों को नील की खेती करने के लिए मजबूर किया। बागान मालिक किसानों पर दबाव डालते थे कि वे अग्रिम के रूप में मामूली धनराशि स्वीकार करें। नील के लिए जिस मूल्य पर भुगतान किया जा रहा था, वह बाजार भाव से काफी कम था। बागान मालिकों ने अग्रिम धनराशि का भुगतान किया तो उन्हें जबरन अपनी पसंद की फसल उगवाने का अधिकार मिल गया था। बागान मालिक किसानों को डराने, धमकाने और उन्हें नियंत्रित करने के लिए सशस्त्र रक्षकों की फौज किराए पर रखते थे, जिन्हें 'लठियाल'

कहा जाता था। ये 'लठियाल' किसानों का दमन करते थे।

इस प्रकार किसानों का बढ़ता असंतोष 1860 में एक बगावत में तब्दील हो गया। इसके तहत नदिया जिले के गोविंदपुर गाँव में दिगंबर बिस्वास और विष्णु बिस्वास के नेतृत्व में किसानों ने नील की खेती करने से मना कर दिया। उसके तुरंत बाद ही नील किसानों की यह हड़ताल कई अन्य हिस्सों में फैल गई। पाबना और नदिया जिले के किसान हड़ताल पर चले गए। बाद में ढाका, माल्दा, जेस्सोर, खुलना, राजशाही के किसान भी इस आंदोलन में शामिल हो गए। ब्रिटिश सरकार को 1862 का अधिनियम लागू करना पड़ा। उसी के अनुसार किसानों को खेती में विकल्प दिया गया। इस कानून ने किसानों को बागान मालिकों के पंजों से आजाद कर दिया, जो अंततः बंगाल को छोड़कर बिहार चले गए। बंगाल के बुद्धिजीवी वर्ग ने किसानों के हितों का समर्थन किया था। 'हिंदू पैट्रिऑट' के संपादक हरीशचंद्र मुखर्जी, 'नील दर्पण' लिखनेवाले दीन बंधु मित्रा, बंकिम चंद्र चटर्जी, आर.सी. दत्त और बाद में सुरेंद्रनाथ बनर्जी तथा आनंद मोहन बोस ने किसानों के पक्ष में तर्क दिए।

तेभागा आंदोलन : बंगाल के बटाईदारों ने 1946 में 'तेभागा आंदोलन' शुरू किया था। उन्होंने फसलों में दो-तिहाई हिस्सा देने की माँग की। जब उनकी माँग को स्वीकार नहीं किया गया तो उन्होंने एकजुट होकर 'हमें तेभागा दो, हम अपनी जान दे देंगे, लेकिन अपनी फसल नहीं' का नारा दिया। किसानों ने रंगपुर, दिनाजपुर, 24 परगना, जलपाईगुड़ी, खुलना, मेमनसिंह, जेस्सोर आदि में फसल में से जबरन अपना दो-तिहाई हिस्सा ले लिया। इसका नतीजा किसानों और जमींदारों के बीच जगह-जगह हुए संघर्षों के रूप में सामने आया। आंदोलनकारी किसान फसल में दो-तिहाई हिस्सा माँग रहे थे।

महाराष्ट्र

1875 में महाराष्ट्र के पूना और अहमदनगर जिलों में भी किसानों का एक महत्त्वपूर्ण आंदोलन हुआ। रैयतवाड़ी व्यवस्था से भूमि से मिलनेवाले भारी राजस्व ने किसानों को मारवाड़ियों और गुजरातियों जैसे साहूकारों के रहमोकरम पर छोड़ दिया। इससे 1874 में सिरूर तालुक के करदाह गाँव में आंदोलन शुरू हो गया। किसानों ने बाहरी लोगों का बहिष्कार आयोजित किया। यह फैसला किया गया कि गाँव के नाई, धोबी, बढ़ई और जूता बनानेवाले इन बाहरी लोगों का काम नहीं करेंगे।

यह सामाजिक बहिष्कार बहुत तेजी से पूना, अहमदनगर, शोलापुर और सतारा जिलों के गाँवों में फैल गया। किसानों ने जबरन साहूकारों के घरों में प्रवेश किया और दस्तावेज छीनकर उनमें आग लगा दी। महाराष्ट्र के बुद्धिजीवी वर्ग ने किसानों के हितों का समर्थन किया।

1873-74 में न्यायमूर्ति रानाडे की अगुआई में 'पूना सार्वजनिक सभा' ने पूना और बॉम्बे में किसानों के बीच एक सफल अभियान चलाया। कृषक राहत अधिनियम 1879 में पारित किया गया, जो किसानों को कर्ज चुकाने में मदद का प्रावधान करता था। अब उन्हें कर्ज चुकाने में विफल रहने पर किसी भी सूरत में गिरफ्तार नहीं किया जा सकता था।

रामोसी विद्रोह : एक पढ़े-लिखे क्लर्क वासुदेव बलवंत फड़के ने एक 'रामोसी कृषक बल' का गठन कर महाराष्ट्र में सामाजिक दासता के खिलाफ विद्रोह किया था।

केरल

मोपला विद्रोह-1921 और 1922 : मालाबार तट माप्पिला अशांति से प्रभावित था। मोपला के नाम से जाने जानेवाले मालाबार तट के किसानों ने अपने नंबूदरी और नैयर जमींदारों के खिलाफ विद्रोह कर दिया था। उच्च जातियाँ किसानों का शोषण करती आ रही थीं। शुल्क का नवीकरण, उच्च लगान और जबरन मजदूरी ने इन लोगों को एकजुट करने के साथ ही जमींदारों के खिलाफ सशस्त्र विद्रोह के लिए तैयार कर दिया। ब्रिटिश सरकार ने इस आंदोलन को कुचल दिया।

पंजाब

बाबा रामसिंह ने 1872 में पंजाब में 'कूका विद्रोह' आयोजित किया। अंग्रेजों ने इस आंदोलन को बड़ी बर्बरता के साथ कुचल दिया।

असम

भूमि के उच्च राजस्व आकलन के कारण असम में 1893-1894 के दौरान एक के बाद एक किसान विद्रोह हुए।

बिहार

चंपारण आंदोलन 1917 : चंपारण में किसानों ने महात्मा गांधी के नेतृत्व में अपने नील बागान मालिकों के खिलाफ आंदोलन शुरू कर दिया।

आंध्र प्रदेश

तेलंगाना सशस्त्र संघर्ष (1946-1951) : यह कम्युनिस्टों की अगुआई में आंध्र प्रदेश में हुआ किसानों का आंदोलन है। जबरन मजदूरी, अवैध वसूली और अनधिकृत बेदखली जैसे मुद्दों पर किसानों ने अपने सामंतवादी मालिकों के खिलाफ

संघर्ष किया था। इस क्षेत्र में जागीरदारों और देशमुखों ने ग्रामीणों का शोषण करने में सारी हदें पार कर दी थीं। इस संघर्ष को 'वेट्टी छकीरी आंदोलन' भी कहा जाता है। यह आंदोलन 1946 में नलगौंडा जिले में शुरू हुआ और वारंगल तथा बीदर जिले में 4,000 गाँवों तक फैल गया। कम्युनिस्टों की अगुआई में छेड़ा गया यह आंदोलन सामंतवादी मालिकों के कब्जे से 3,000 से अधिक गाँवों तथा 10,000 एकड़ कृषि भूमि को मुक्त कराने में सफल रहा। बाद में इस जमीन को भूमिहीन किसानों के बीच बाँट दिया गया। इस इलाके पर हैदराबाद के निजाम का बहुत ज्यादा नियंत्रण नहीं था। किसानों ने ऋण का भुगतान करने से इनकार कर दिया। इस संघर्ष का असर यह हुआ कि सरकार को भूमि सुधार लागू करना पड़ा।

पहली बार उन्होंने माँग रखी कि 'भारतीय क्रांति को चीन के लंबे समय तक चलनेवाले जन युद्ध' का रास्ता अपनाना चाहिए। जून 1948 में एक वामपंथी वैचारिक दस्तावेज 'आंध्र पत्र' में माओ की नई लोकतांत्रिक क्रांति पर आधारित एक क्रांतिकारी रणनीति पेश की। बाद में चलकर तेलंगाना के इस संघर्ष ने कई नक्सलियों को प्रेरित किया।

किसान सभाएँ

1922–28 के दौरान देश के विभिन्न भागों में 'किसान सभाओं' का गठन किया गया। आंध्र प्रदेश में 'किसान सभा' का आयोजन एन.जी. रंगा द्वारा किया गया। बिहार, उत्तर प्रदेश, गुजरात, कर्नाटक में किसान सभाओं का आयोजन राष्ट्रीय नेताओं द्वारा किया गया। राष्ट्रीय आंदोलन में किसानों ने भी महत्त्वपूर्ण भूमिका निभाई थी।

2. आदिवासी आंदोलन

2011 की जनगणना के अनुसार, देश में आदिवासियों की कुल आबादी 10,42,81,034 है, जिसमें से 9,38,19,162 ग्रामीण इलाकों में तथा 1,04,61,872 शहरी इलाकों में रह रहे हैं। देश में करीब 530 आदिवासी समुदाय हैं, जो भारत की आबादी में 8.2 प्रतिशत की हिस्सेदारी रखते हैं। ये आदिवासी समुदाय मुख्य रूप से छत्तीसगढ़ (31 प्रतिशत), झारखंड (26 प्रतिशत), ओडिशा (22 प्रतिशत), मध्य प्रदेश (20 प्रतिशत), महाराष्ट्र (9 प्रतिशत), आंध्र प्रदेश (7 प्रतिशत), पश्चिम बंगाल (5.5 प्रतिशत), गुजरात, राजस्थान और पूर्वोत्तर भारत में बसे हुए हैं।

भारत में आदिवासी आंदोलन का इतिहास दो सदी से अधिक पुराना है। आदिवासी लोगों ने देश के विभिन्न भागों में सैकड़ों उग्रवादी आंदोलनों और विद्रोहों का आयोजन किया था। 19वीं सदी में आदिवासियों के प्रमुख आंदोलनों में मोजो (1810), कोल (1795 और 1831), मुंडा (1889), दफला (1875), खस और गारो (1829),

कछारी (1839), संथाल (1953), मुरिया गोंड (1886), नगा (1844 और 1879), भुइयाँ (1868) और कोंडा (1817) आदिवासी समुदाय शामिल रहे थे। इन आदिवासी समुदाय के लोगों ने अपने विद्रोहों के दौरान अद्‌भुत साहस और बलिदान का परिचय दिया था।

आदिवासी लोगों में आत्मसम्मान की भावना बहुत अधिक होती है। वे उनके सम्मान को प्रभावित करनेवाली किसी भी काररवाई का विरोध करते हैं। औपनिवेशिक प्रशासन ने इस मामले में हस्तक्षेप किया और उनके स्वायत्त सामाजिक-आर्थिक जीवन को अस्त-व्यस्त कर दिया। ब्रिटिश शासन ने आदिवासी समुदायों के प्रमुखों को जमींदारों के रूप में मान्यता प्रदान कर दी और साथ ही भूमि राजस्व और लगान की एक नई व्यवस्था पेश कर दी। उसने साहूकारों, व्यापारियों और राजस्व एकत्र करनेवालों के रूप में बिचौलियों की एक नई व्यवस्था लागू की। ये बिचौलिए बाहरी लोग थे। इन्होंने आदिवासियों की जमीन कब्जा ली और इन लोगों को जबरन मजदूरी और ऋण के जाल में फँसा दिया। औपनिवेशिक शासन का जंगलों के साथ संबंध बदल चुका था। उन्होंने जंगलों से पैदा होनेवाली उपज और वन भूमि तक आदिवासियों की पहुँच पर प्रतिबंध लगा दिए। इस औपनिवेशिक शोषण ने उनकी स्वायत्तता को लगभग पूरी तरह समाप्त कर दिया और उन्हें अपने पारंपरिक जीवन के प्रति ही अजनबी बना दिया। इस स्थिति ने आदिवासियों को इन बाहरी लोगों के खिलाफ संघर्ष के लिए एकजुट कर दिया। मुंडा, संथाल, कोल, भील, वरली आदि आदिवासी समुदाय असम, ओडिशा, राजस्थान, मध्य प्रदेश, आंध्र प्रदेश, बिहार और महाराष्ट्र में विद्रोह के लिए उठ खड़े हुए। राघवैया ने आदिवासी विद्रोहों के अपने अध्ययन में 1778 से 1970 के बीच ऐसे 70 विद्रोहों को सूचीबद्ध किया है। मध्य भारत और पूर्वी भारत में कोई भी ऐसा आदिवासी समुदाय नहीं है, जिसने अपना विरोध दर्ज न कराया हो। आदिवासी आंदोलनों को पाँच समूहों में वर्गीकृत किया जा सकता है—

(क) बाहरी लोगों के शोषण के कारण शुरू हुए आंदोलन (जैसे—संथाल और मुंडा)

(ख) आर्थिक नुकसान के कारण शुरू हुए आंदोलन (जैसे—मध्य प्रदेश में गोंड और आंध्र प्रदेश में महार)

(ग) अलगाववादी प्रवृत्तियों के कारण हुए आंदोलन (जैसे—नागा और मिजो)

(घ) जातीय और धार्मिक कारणों से उपजे आंदोलन

(ङ) विद्रोही आंदोलन।

ओडिशा में : भारत में ओडिशा के आदिवासियों ने सबसे पहले ब्रिटिश उपनिवेशवाद के खिलाफ युद्ध लड़ा था। 1857 के विद्रोह से काफी पहले कोंड

आदिवासियों ने घुमसार के सामंती महाराजा कृष्ण भांजा के नेतृत्व में अंग्रेजों के खिलाफ संघर्ष किया। 1768 में हुए इस संघर्ष में बहुत से आदिवासियों ने अपने जीवन का बलिदान दिया। ओडिशा के संथाल आदिवासियों ने मुर्मू बंधुओं की कमान में 1840 के दशक के दौरान ब्रिटिश शोषण के खिलाफ बगावत की। इसी प्रकार 1846-56 के दौरान चक्र बिसो की अगुआई में कोंड आदिवासियों का उग्रवादी संघर्ष भी उल्लेखनीय रहा था।

आजादी से पूर्व ओडिशा के आदिवासियों का अंतिम विद्रोह कोरापुट का आदिवासी विद्रोह था। इसकी अगुआई लक्ष्मण नायक ने की थी और यह विद्रोह बेरहमपुर जेल में उसे फाँसी पर लटकाए जाने के बाद 1943 में समाप्त हुआ।

आजादी के पश्चात् आदिवासी विद्रोह

काशीपुर आंदोलन : ओडिशा के रायगढ़ जिले में काशीपुर और लक्ष्मीपुर ब्लॉक के आदिवासी लोगों ने 1993 में एल्युमिनियम (स्फटिक मृदा) के उत्पादन के लिए 'उत्कल' नामक कंसोर्टियम के तहत बहुराष्ट्रीय कंपनियों के प्रवेश का विरोध किया था। आदिवासियों को 'प्राकृतिक संपदा सुरक्षा परिषद्', 'बफलीमली सुरख्या समिति' और 'आंछक सुरख्या समिति' जैसे विभिन्न संगठनों के तहत संगठित किया गया और इन संगठनों ने भू-सर्वेक्षण आदि के खिलाफ अनशन, रास्ता रोको और धरना-प्रदर्शन आयोजित किए।

क्योंझर आंदोलन : ओडिशा के क्योंझर में खनन के खिलाफ एक और आंदोलन शुरू हुआ था। 1990 में अधिकतर आदिवासियों को विस्थापित कर दिया गया और कंपनियाँ देश के दूसरे हिस्सों से मजदूरों को लेकर आ गईं। इसके चलते भुइयाँ, जुआंग, मुंडा, संथाल और कोंडा आदिवासियों को खनन कंपनियों के खिलाफ संगठित किया गया और इन आदिवासियों ने नारा दिया—'हमारी जमीन, हमारे खनिज और हमारे अधिकार।' 1994 से 1999 के बीच बहुत से ग्रामीणों को जेल में डाल दिया गया।

लांजीगढ़ आंदोलन : यह आंदोलन दाई सिंह माँझी के नेतृत्व में खनन कंपनियों के खिलाफ शुरू किया गया था। वह कहते हैं—"वे पैसे के दम पर हमें बाहर निकाल रहे हैं।" आदिवासियों की जमीन और संसाधनों को धन-बल से खरीद लिया गया। 'वेदांता' नाम की ब्रिटिश कंपनी ने दक्षिण-पश्चिम ओडिशा में नियमगिरि पर्वत-शृंखला में बमसाधारा नदी के मुहाने पर, लांजीगढ़ में विशाल एल्युमिनियम उद्योग स्थापित किया था। ये पहाड़ियाँ डोंगरिया कोंड आदिवासियों के पारंपरिक बसावटवाले इलाके हैं।

कलिंगनगर आंदोलन : दक्षिण ओडिशा में जिस प्रकार बॉक्साइट के समृद्ध भंडार हैं, उसी प्रकार उत्तरी ओडिशा की पहाड़ियाँ लौह अयस्क का समृद्ध स्रोत हैं। चूँकि

कलिंगनगर इलाके में लौह अयस्क खदानें पहले से ही काफी संख्या में हैं तो वहाँ 30 नई इस्पात परियोजनाएँ प्रवेश कर गईं। स्वयं को कुविंगा कहलानेवाले कोंड आदिवासी समुदाय की इस इलाके में प्रदेश में सबसे बड़ी आबादी है। दो सबसे बड़े इस्पात संयंत्र, टाटा और मित्तल कंपनियों ने यहाँ कलिंगनगर में स्थापित करने की योजना बनाई थी। करीब 3,000 आदिवासियों ने इन परियोजनाओं का विरोध किया। इसी सिलसिले में 2 जनवरी, 2006 को हुई पुलिस गोलीबारी में 14 आदिवासियों को अपनी जान गँवानी पड़ी। इसे लेकर 'विस्थापन विरोधी जन मंच' (विस्थापन के खिलाफ जनता का मंच) ने सड़क पर अवरोधक लगा दिए। आदिवासियों ने अपने आंदोलन को और सघन कर दिया।

आंध्र प्रदेश में : आंध्र प्रदेश में आदिवासियों ने परलाकिमिड़ी के राजा नारायण देब की अगुआई में लड़ाई लड़ी। उन्होंने 1768 में अंग्रेजों के खिलाफ युद्ध में जमकर लोहा लिया था। इस बीच अंग्रेजों ने गंजाम को अपने कब्जे में लेकर इसे मद्रास प्रेसीडेंसी में शामिल कर दिया। इस युद्ध में करीब 30 आदिवासियों ने अपना बलिदान दिया था। लेकिन इस इलाके में आदिवासियों द्वारा बार-बार छेड़े गए युद्धों ने अंग्रेजों को इसे अपने कब्जे में लेने का विचार छोड़ने को मजबूर कर दिया और इसे 'उजाड़' इलाका घोषित कर दिया। यह वही क्षेत्र है, जहाँ नक्सली विद्रोह के बाद 'श्रीकाकुलम संघर्ष' हुआ था। पहाड़ों में रहनेवाले आदिवासी लोगों ने पूर्वी गोदावरी जिले के रंपा छोड़ावरम में अंग्रेजों द्वारा 1879 में लागू किए गए नए प्रतिबंधात्मक वन नियमों के खिलाफ बगावत की थी। अंग्रेजों को पैदल सेना की रेजिमेंटों को लामबंद करना पड़ा, साथ ही घुड़सवार सेना के एक दस्ते तथा और सैपर्स और खनिकों की दो कंपनियों की मदद लेनी पड़ी। इस प्रकार अंग्रेजों ने 1880 की समाप्ति तक विद्रोह को दबा दिया। रंपा छोड़ावरम के इसी इलाके के चिंतापल्ली, के.डी. पेटा में 1922 में अल्लूरी सीताराम के नेतृत्व में एक विद्रोह भड़क उठा था। उन्होंने कोंडा और कोया आदिवासी लोगों को संगठित किया तथा अंग्रेजों के खिलाफ छापामार युद्ध छेड़ दिया। मालाबार से विशेष बलों को बुलाया गया। धोखे से अल्लूरी को पकड़ लिया गया और अंग्रेजों ने उनकी हत्या कर दी। अल्लूरी न केवल आदिवासियों के, बल्कि विशाखापत्तनम और पूर्वी गोदावरी जिलों के लोगों के लिए भी नायक बन गए। उनके जीवन पर कई तेलुगु फिल्मों का निर्माण किया गया। इस प्रकार उनका संघर्ष समाप्त हो गया। यही वह इलाका है, जहाँ दिसंबर 1987 में नक्सलियों ने सात आई.ए.एस. अधिकारियों का अपहरण कर लिया था।

आजादी के बाद

कोंडाडोरा और अन्य आदिवासी लोगों ने आंध्र प्रदेश के विशाखापत्तनम जिले में विभिन्न कंपनियों द्वारा किए जा रहे अवैध खनन के खिलाफ प्रदर्शन किया था।

कोंडाडोरा उत्तर तटीय आंध्र प्रदेश के पहाड़ी इलाकों में रहते हैं। ये क्षेत्र अपने कैल्सियम, फायरस्टोन और अभ्रक के भंडारों के लिए बेहद प्रसिद्ध हैं और साथ ही खनन के लिए सबसे मुफीद इलाकों में से एक हैं। इन इलाकों में नक्सली गतिविधियाँ आज भी चरम पर हैं।

बिहार और झारखंड में

साक्षरता, राजनीतिक जागरूकता और औद्योगिक प्रगति के मामले में छोटानागपुर क्षेत्र के आदिवासी काफी आगे हैं। ईसाई मिशनरियों ने उन्हें शिक्षित करने में महत्त्वपूर्ण भूमिका निभाई थी। यही कारण है कि इस क्षेत्र के आदिवासियों ने जमीन पर अपने व्यक्तिगत अधिकारों और अपनी संस्कृति पर बहुत जोर दिया। इस इलाके में पहाड़िया विद्रोह 1772 में फूट पड़ा था। इसके बाद भागलपुर में तिलका माँझी ने पाँच साल तक लंबा विद्रोह किया। तिलका माँझी को 1785 में फाँसी पर लटका दिया गया था। उसके बाद सिंहभूम, गुमला, बीरभूम, बाँकुर और पलामू में कई विद्रोहों ने जन्म लिया। ये सभी क्षेत्र हमें झारखंड के आज भी बुरी तरह नक्सलवाद से प्रभावित इलाकों की याद दिलाते हैं। छोटानागपुर के कोलों ने 1820 से 1837 तक विद्रोह किया था। इनमें से हजारों को अंग्रेजों ने मौत के घाट उतार दिया।

औपनिवेशिक काल में संथालों का विद्रोह आदिवासियों का प्रसिद्ध विद्रोह था। संथाल आदिवासी भागलपुर और राजमहल के बीच के इलाके में रहते हैं, जिन्हें 'दमन-ए-कोह' के नाम से भी जाना जाता है और उन्होंने बाहरी लोगों यानी कि 'दिकू' के खिलाफ बगावत की थी और उन्होंने विदेशी शासन का पूरी तरह से बहिष्कार कर दिया था। संथाल दिकू और सरकारी कर्मचारियों को नैतिक रूप से भ्रष्ट मानते थे। जून 1835 में आदिवासी प्रमुखों—माँझी और परगनाओं ने 6,000 संथालों की एक सभा बुलाई, जिसमें महिलाओं समेत 400 गाँवों के प्रतिनिधि भागानिदिही में जुटे थे। सिदो और कान्हू के नेतृत्व में इन आदिवासियों ने बाहरी लोगों को खदेड़ने तथा 'सतयुग', 'सच्चाई के राज' और 'सच्चे न्याय' की स्थापना के लिए हथियार उठा लिये। उन्होंने महाजनों और जमींदारों तथा उनके घरों, पुलिस थानों, रेलवे निर्माण स्थलों, डाकघरों और दिकू शोषण तथा औपनिवेशिक ताकत के सभी प्रतीकों पर हमले कर दिए। इस विद्रोह में इन लोगों ने ग्वालों और लोहारों जैसे गैर-आदिवासी लोगों की मदद भी ली। ब्रिटिश शासकों ने मार्शल लॉ घोषित कर दिया और दस गाँवों को तबाह करने और 15,000 संथालों को मौत के घाट उतारने के बाद विद्रोह को कुचल दिया।

मुंडा विद्रोह (उलगुलान) 1899-1900 के दौरान मुंडा आदिवासियों द्वारा किया गया विद्रोह था, जिसकी अगुआई बिरसा मुंडा ने की थी। ये आदिवासी जागीरदारों,

ठेकेदारों, महाजनों और व्यापारियों की घुसपैठ द्वारा उनके साझा भूमि जोत व्यवस्था को नष्ट किए जाने का विरोध कर रहे थे।

आदिवासियों को बिरसा में अपना मसीहा दिखाई दिया, जो नया धार्मिक संदेश लेकर आया था। 1899 में क्रिसमस के दिन बिरसा ने बगावत का ऐलान कर दिया और आदिवासियों को ठेकेदारों और जमींदारों, राजा और हाकिमों तथा ईसाइयों की हत्या के लिए प्रोत्साहित किया। उसने ऐलान कर दिया था कि 'दिकुओं के खिलाफ लड़ाई होगी और इन लोगों के खून से धरती को लाल झंडे की तरह लाल कर दिया जाएगा।' उसने 6,000 मुंडाओं को एकत्र कर उन्हें तलवारों, तीर-कमान, दराँती और फरसों से लैस कर दिया। बिरसा को गिरफ्तार कर लिया गया और फरवरी 1900 में जेल में उसकी मौत हो गई, साथ ही विद्रोह भी खत्म हो गया। झारखंड के अलग होने के आंदोलन की जड़ें 'बिरसा मुंडा विद्रोह' से जुड़ी हुई हैं।

निर्मला मुंडा की अगुआई में मुंडा आदिवासियों ने 1939 में एक बार फिर से गंगपुर की रानी के खिलाफ विद्रोह कर दिया, जो अंग्रेज शासकों की शह पर लोगों का शोषण कर रही थी।

1914 का 'टाना भगत आंदोलन' छोटानागपुर, बिहार के उराँव आदिवासियों के बीच उभरा, जो मुख्य रूप से धार्मिक आंदोलन था।

छत्तीसगढ़ में आदिवासी आंदोलन : 18वीं और 19वीं सदी में छत्तीसगढ़ ने कई आदिवासी विद्रोह देखे। हल्बा विद्रोह (1774-79), परालकोट विद्रोह (1825), तारापुर विद्रोह (1842-54), मारिया विद्रोह (1842-1863), बस्तर विद्रोह (1856-1857), कोई विद्रोह (1859), मुरिया विद्रोह (1876) और भूमकाल आंदोलन (1910)। ये आदिवासी समूह अपनी परंपराओं और संस्कृति को लेकर बहुत सचेत थे। उन्होंने शोषण और अन्याय के खिलाफ लड़ाई लड़ी। बस्तर में मुख्य आदिवासी गोंड हैं और इसके कुछ उपसमूह हैं, जैसेकि मारिया, मुरिया, अभुजमारिया, धुरवा, डोरला आदि। 'भूमकाल विद्रोह' को बस्तर का सबसे बड़ा विद्रोह कहा जाता है। इन आदिवासियों ने प्राकृतिक संसाधनों के दोहन के लिए बाहरी लोगों की घुसपैठ और अंग्रेजों के वन नियमन के खिलाफ बगावत की थी।

बस्तर में चित्रकूट प्रदर्शन, 2005 : टाटा कंपनी ने बस्तर के चित्रकूट में (इंद्रावती नदी पर क्षेत्र के सबसे बड़े जलप्रपात के ठीक पास में) एक इस्पात संयंत्र स्थापित करने की योजना बनाई थी। मीडिया रिपोर्टों के अनुसार, इस परियोजना से करीब 60,000 लोग विस्थापित हुए। आदिवासी लोगों ने इस परियोजना के खिलाफ प्रदर्शन किया। सरकार ने भारी संख्या में सुरक्षाबलों को वहाँ तैनात कर दिया। उधर माओवादी आदिवासी लोगों के समर्थन में आ गए। सलवा जुडुम ने भी आदिवासियों पर दबाव

बनाया। इस संघर्ष में कई नागरिक और सुरक्षाकर्मी मारे गए।

माओ ने स्वयं अधिकतम इस्पात उत्पादन के साथ औद्योगीकरण का लक्ष्य रखा था। ऐसा कहा जाता है कि चीन के औद्योगीकरण के उनके तौर-तरीकों से वहाँ हजारों लोगों को अपनी जान से हाथ धोना पड़ा था।

आजादी के बाद, देश के विभिन्न भागों में कई आदिवासी आंदोलन हुए, जैसे—1957-58 में मध्य प्रदेश और बिहार में खारवाड़ आदिवासी आंदोलन, 1967-75 में महाराष्ट्र के धुलिया में भीलों का आंदोलन।

माओवादियों ने इन सभी मुद्दों से व्यापक रूप से फायदा उठाया। राष्ट्रीय सुरक्षा गार्ड और केंद्रीय रिजर्व पुलिस बल के पूर्व महानिदेशक डॉ. सुब्रमण्यम कहते हैं—"इन आदिवासी इलाकों में नक्सलवाद सरकार और बड़े उद्योगों के खिलाफ लोगों के असंतोष का परिणाम है। ये इलाके छापामार युद्ध के लिए अनुकूल हैं और यहाँ एक उचित एवं प्रभावी स्थानीय प्रशासनिक व्यवस्था का कोई अस्तित्व नहीं है। इन इलाकों में युद्ध और चरमपंथी विचारधारा के पनपने के लिए अनुकूल परिस्थितियाँ हैं। भले ही नक्सली केवल अपने हितों की पूर्ति के लिए आदिवासियों की स्थिति का फायदा उठा रहे हों, लेकिन उनकी लोकप्रियता इस बात का संकेत है कि असुरक्षा और हिंसा के लिए ऐसा माहौल पैदा करने की जड़ में सत्ता मूल कारण है।"

3. कामगार वर्ग का आंदोलन

भारत में औद्योगीकरण 19वीं सदी के उत्तरार्ध में शुरू हुआ। भारत एक ही साथ औद्योगीकरण और गैर-औद्योगीकरण का भी गवाह रह चुका है। कोयला उद्योग ने बहुत तेजी से विकास किया और बड़ी संख्या में लोगों को रोजगार मुहैया कराया। उसके बाद कपास और जूट उद्योग आए। इन आधुनिक उद्योगों में हजारों लोग कार्यरत रहे। उन्हें कम मजदूरी, काम के लंबे घंटों, गंदगी, बाल मजदूरों को काम में लगाए जाने, मूलभूत सुविधाओं के अभाव और खतरनाक कामकाजी माहौल जैसे शोषण का शिकार होना पड़ा। भारत में कामगार वर्ग के आंदोलन के दो लक्ष्य थे—एक तो भारतीय पूँजीपति और दूसरा ब्रिटिश शासकों के साथ ही विदेशी पूँजीपति। एन.एम. लोखंडे भारत में कामगार वर्ग के आंदोलन के प्रणेता रहे हैं। ससिपदा बनर्जी ने बॉम्बे में कामगार पुरुषों के लिए एक क्लब और समाचार-पत्र 'भारत श्रमजीवी' की शुरुआत की थी। 1878 में शापोरजी बंगाली श्रमिक वर्ग के लिए बेहतर कामकाजी परिस्थितियाँ उपलब्ध कराने के लिए बॉम्बे लेजिस्लेटिव काउंसिल में एक विधेयक पारित कराने में सफल रहे थे।

1880 में नारायण मेघाजी लोखंडे ने समाचार-पत्र 'दीनबंधु' शुरू किया और साथ ही 'बॉम्बे मिल और मिलहैंड्स एसोसिएशन' की स्थापना की। रेलवे की पहली हड़ताल

1899 में हुई थी। तिलक ने इस हड़ताल का समर्थन किया था। अन्य राष्ट्रीय नेताओं ने भी कामगारों के हितों के पक्ष में आवाज उठाई। सरकारी प्रेस, रेलवे और जूट उद्योग में हड़तालों का आयोजन किया गया। सुब्रमण्यम सिवा और चिदंबरम पिल्लै ने तूतिकोरिन और तिरूनेलवेल्ली में हड़तालों की अगुआई की और उन्हें गिरफ्तार कर लिया गया।

प्रथम विश्वयुद्ध के समय सोवियत संघ में 'सोशलिस्ट रिपब्लिक' की स्थापना की गई थी। कामगार वर्ग के लिए काम की बेहतर परिस्थितियाँ कायम करने के लिए 'अंतरराष्ट्रीय श्रमिक संगठन' का गठन किया गया। इन वैश्विक प्रभावों के साथ 31 अक्तूबर, 1920 को 'ऑल इंडिया ट्रेड यूनियन कांग्रेस' की स्थापना की गई। भारतीय राष्ट्रीय कांग्रेस के अध्यक्ष लाला लाजपत राय ए.आई.टी.यू.सी. के पहले अध्यक्ष चुने गए। सी.आर. दास ने कामगार वर्ग को स्वराज के संघर्ष में शामिल कर उनके संघर्ष को प्रोत्साहित किया। 1928 में 'गिरनी कामगार यूनियन' ने बॉम्बे टेक्सटाइल मिल्स में छह महीने तक चली हड़ताल आयोजित की। एस.ए. डांगे, मुजफ्फर अहमद, पी.सी. जोशी जैसे कम्युनिस्ट नेता इस आंदोलन से जुड़े हुए थे। ब्रिटिश सरकार ने दमनकारी कानूनों का सहारा लिया। उसने 'जन सुरक्षा अध्यादेश' (1929) और 'ट्रेड डिस्प्यूट ऐक्ट' (टी. डी.ए.-1929) जैसे कानून पारित कर दिए, जो डाक, रेलवे, जल और विद्युत् जैसी सार्वजनिक सेवाओं में हड़ताल को अवैध घोषित करते थे। इन कानूनों ने ट्रेड यूनियनों की गतिविधियों पर काफी हद तक रोक लगा दी। मुजफ्फर अहमद, एस.ए. डांगे, जोगलेकर, फिलिप स्प्राट, बेन ब्रेडले को 31 अन्य श्रमिक नेताओं के साथ 1929 के 'मेरठ षड्यंत्र' मामले में गिरफ्तार कर लिया गया। साढ़े तीन साल तक चले मामले को काफी प्रचार मिला। इसके बाद जोशी ने ए.आई.टी.यू.सी. से संबंध तोड़कर 'ऑल इंडिया ट्रेड यूनियन फेडरेशन' (ए.आई.टी.यू.एफ.) का गठन कर लिया। कम्युनिस्ट ए.आई.टी.यू.सी. के साथ जुड़े रहे।

आजादी के बाद सरकार ने विशाल परियोजनाओं पर काफी जोर दिया। जवाहरलाल नेहरू ने इन्हें 'आधुनिक भारत के मंदिर' नाम दिया। इस काल में कामगारों के लिए कामकाज के घंटे काफी लंबे, कम वेतन और रहने की परिस्थितियाँ काफी खराब दर्ज की गईं। इसके चलते 1970 के दौरान, वाम दलों के समर्थन से ट्रेड यूनियनों का संघर्ष उग्रवादी रूप ले गया। इस अवधि के दौरान ट्रेड यूनियन आंदोलन के अधिकतर उग्रवादी खंड 'यूनाइटेड काउंसिल ऑफ ट्रेड यूनियन' (यू.सी.टी.यू.) के तहत एकजुट हो गए थे।

1980 के दशक में विभिन्न रूपों में पूँजी में वृद्धि हुई। विश्व बैंक, अंतरराष्ट्रीय मुद्रा कोष आदि संस्थाओं से बड़े पैमाने पर अंतरराष्ट्रीय ऋण स्वीकार करने से उनके साथ लगी शर्तों को भी स्वीकार करना पड़ा, जिनमें कामगार वर्गों के वेतन आदि संबंधी शर्तें भी शामिल थीं।

1980 के दशक की शुरुआत में भारत में 'राष्ट्रीय सुरक्षा अधिनियम' (एन.एस.ए.) और 'आवश्यक सेवाएँ प्रबंधन अधिनियम' (ई.एस.एम.ए.) के साथ ट्रेड यूनियनों पर बड़ा हमला देखने को मिला। 1990 के दशक को एल.पी.जी.—'लिबरलाइजेशन (उदारीकरण), प्राइवेटाइजेशन (निजीकरण) और ग्लोबलाइजेशन' (वैश्वीकरण) के नाम से जाना जाता है। आर्थिक सुधारों ने अर्थव्यवस्था को अधिक निजी पूँजी के लिए खोल दिया। यहाँ तक कि सेवा क्षेत्रों को भी निजी निवेश के लिए पेश कर दिया गया। इस अवधि के दौरान रोजगार के अधिक अवसर पैदा हुए, पूँजी प्रवाह बढ़ा तथा साथ ही दैनिक जीवन में तकनीक का दखल भी विस्तार पाता गया। इसने व्यक्तिगत रवैए में बहुत बड़ा बदलाव पैदा किया, उदाहरण के लिए, साझा वस्तुओं से निजी वस्तुओं के रूप में।

माओवादियों ने क्रांतिकारी आंदोलन में शहरी कामकाजी वर्ग को साथ लेने और शहरी आंदोलन का निर्माण करने के लिए बड़े पैमाने पर गैर-कृषक वर्गों को सक्रिय करने की योजना बनाई। उन्होंने खदान हड़तालों में हिस्सा लिया।

□

3

नक्सलबाड़ी विद्रोह

मार्क्सवाद की अवधारणा सबसे पहले कार्ल मार्क्स और फ्रेडरिक एंगेल्स ने 19वीं सदी के मध्य में विकसित की थी। यह कम्युनिस्ट आंदोलन की सबसे प्रमुख विचारधारा है। कम्युनिज्म यानी साम्यवाद में हर किसी को अपनी क्षमता के अनुसार कार्य करने की जरूरत होती है, लेकिन उसे उस कार्य के बदले में भुगतान उसकी जरूरतों के अनुरूप किया जाता है, जबकि समाजवाद में हर कोई अपनी क्षमता के अनुसार काम करता है और उसे उसके श्रम के अनुपात में ही भुगतान किया जाता है। साम्यवाद में सभी संसाधनों और साधनों पर राज्य का एकमात्र मालिकाना हक होता है; और यही प्राधिकार सारी वित्तीय व्यवस्था को निर्धारित और नियंत्रित करता है।

साम्यवाद राजनीतिक और आर्थिक थ्योरी है, जबकि समाजवाद केवल एक आर्थिक थ्योरी है। साम्यवाद लोकतंत्र विरोधी है, तो वहीं समाजवाद में ऐसा कोई विरोध नहीं है। रूस और चीन में क्रमशः लेनिन और माओ के नेतृत्व में साम्यवाद को व्यवहार में अपनाया गया था।

एम.सी.सी. (माओइस्ट कम्युनिस्ट सेंटर) को 1921 में चीन में आकार दिया गया और इसे संगठित किया गया तथा इसने 1927 में अपना संचालन शुरू कर दिया। यह पार्टी 1949 में सत्ता में आई और 25 सालों तक सत्तासीन रही। कम्युनिस्ट पार्टी रूस में 1917 में सत्ता पर काबिज हुई। लेनिन की कमान में 'बोल्शेविक क्रांति' के बाद यह 30 सालों तक सत्ता में बनी रही।

भारत में

7 नवंबर, 1917 को लेनिन की अगुआई में रूसी क्रांति और पहले सोशलिस्ट राष्ट्र की उद्घोषणा का भारतीय नेताओं पर दूरगामी असर हुआ। भारतीय समाजवादियों ने नए सोवियत शासन की सराहना की, जिसने शक्तिशाली जार की सत्ता को उखाड़ फेंकने के लिए कामगारों, किसानों और बुद्धिजीवियों को एकजुट कर दिया था।

मार्क्सवाद विश्वभर में सभी समाजवादियों को आकर्षित करने लगा। एस.ए. डांगे ने भारत में पहले 'समाजवादी साप्ताहिक' की शुरुआत की और 'गांधी तथा लेनिन' पुस्तक लिखी। मुजफ्फर अहमद, गुलाम हुसैन, एम. सिंगरावेलु ने भी समाजवादी विचारधारा के साथ पत्रिकाएँ शुरू कीं। 1927 से पूरे देश में छात्रों और युवा संगठनों को संगठित किया गया। चंद्रशेखर आजाद और भगत सिंह की अगुआई में क्रांतिकारी उग्रवादी भी समाजवाद की ओर उन्मुख हो गए। कांग्रेस के भीतर भी एक वामपंथी प्रवृत्ति उभरी।

एम.एन. रॉय ने लेनिन के साथ उपनिवेशों के लिए साम्यवादियों की अंतरराष्ट्रीय नीति तैयार की। ऐसे सात भारतीयों ने रॉय की अगुआई में अक्तूबर 1920 में ताशकंद में मुलाकात की और 'कम्युनिस्ट पार्टी ऑफ इंडिया' की स्थापना की। 1920 के बाद भारत में कई वामपंथी और साम्यवादी समूह अस्तित्व में आ गए। कम्युनिस्ट पार्टी ऑफ इंडिया (सी.पी.आई.) की स्थापना 1925 में कानपुर में की गई थी। सी.पी.आई. का मुख्य काम किसानों और कामगारों को संगठित करना था। इसी दौर में देश के विभिन्न भागों में लेबर-स्वराज पार्टी, लेबर-किसान पार्टी, कीर्ति-किसान पार्टी, कामगार और किसान पार्टियों का गठन किया गया। ब्रिटिश सरकार ने षड्यंत्र के मामलों में कई नेताओं को गिरफ्तार कर साम्यवादी आंदोलन को दबाने की कोशिश की। इस बीच, सविनय अवज्ञा आंदोलन के दौरान साम्यवादियों ने कांग्रेस से हाथ मिला लिया। 1936-42 के दौरान उन्होंने केरल, आंध्र प्रदेश और पंजाब में मजबूत किसान आंदोलन आयोजित किए। जयप्रकाश नारायण, आचार्य नरेंद्र देव आदि ने 1934 में 'कांग्रेस सोशलिस्ट पार्टी' गठित की।

आजादी के बाद कम्युनिस्ट पार्टी वामपंथी और दक्षिणपंथी विचारकों में दो फाड़ हो गई। 1948 में बी.टी. रणदिवे को पार्टी का महासचिव निर्वाचित किया गया। पार्टी ने तेलंगाना, मणिपुर, त्रिपुरा और बिहार में कई संघर्षों का नेतृत्व किया। कम्युनिस्ट नेतृत्व ने 1950 के दशक की शुरुआत में टेक्सटाइल कामगारों, बैंक कर्मचारियों और गैर-संगठित क्षेत्र के कामगारों को एकजुट करने का प्रयास किया। 1962 में भारत-चीन युद्ध के बाद पार्टी के भीतर दरार पैदा हो गई। इसका नतीजा यह हुआ कि 1964 में 'कम्युनिस्ट पार्टी ऑफ इंडिया' (मार्क्सवादी) का गठन किया गया। 'माओइस्ट कम्युनिस्ट सेंटर ऑफ इंडिया' (एम.सी.सी.) की स्थापना 1975 में की गई थी।

नक्सलबाड़ी विद्रोह

क्या 'नक्सलबाड़ी विद्रोह' एक सुनियोजित विद्रोह है? या यह महज संयोग है? क्या यह विद्रोह राज्य की सत्ता को हासिल करने के लोगों के युद्ध का एक हिस्सा है? या यह स्थानीय आर्थिक शिकायतों की एक सामान्य स्वत:स्फूर्त प्रतिक्रिया है? क्या यह

विद्रोह भारतीय साम्यवादी आंदोलन का हिस्सा है? या यह वैश्विक घटनाक्रमों से प्रेरित है? चलिए, उन घटनाओं पर क्रम से नजर डालते हैं, जिनकी परिणति 'नक्सलबाड़ी विद्रोह' के रूप में हुई।

1959 में सी.पी.आई. ने नक्सलबाड़ी क्षेत्र में 'किसान सभा' के माध्यम से किसानों की शिकायतों का निवारण किया था। यह 'किसान सभा' कुछ परिणाम हासिल करने में सक्षम रही थी। 1962 में भारत-चीन युद्ध के दौरान, किसान सभा के नेताओं की सहानुभूति चीन के साथ थी और उन्होंने भारत को 'आक्रांता' घोषित कर दिया। किसान सभा के कई नेताओं को गिरफ्तार कर लिया गया।

भारत-चीन युद्ध के बाद सी.पी.आई.(एम) का गठन किया गया। चारू मजूमदार ने जनवरी 1965 से अप्रैल 1967 के बीच 'आठ दस्तावेज' लिखे। उन्होंने कम्युनिस्ट पार्टियों के संशोधनवाद के खिलाफ युद्ध छेड़ दिया। इन दस्तावेजों में उन्होंने कृषक संघर्ष के माध्यम से जन लोकतांत्रिक क्रांति की वकालत की। वह माओत्से तुंग की विचारधारा का प्रतिनिधित्व कर रहे थे। उन्होंने किसान सभाओं, ट्रेड यूनियनों के निर्माण पर जोर दिया और साथ ही सशस्त्र संघर्ष के महत्त्व को रेखांकित किया। उन्होंने कामगार-किसान गठबंधन से जुड़ने के लिए छात्रों, युवाओं और शहरी मध्यम वर्ग को आमंत्रित किया। मजूमदार ने ग्रामीण इलाकों में सशस्त्र संघर्ष का आह्वान किया। उन्होंने 'लड़ाकू समूहों' का गठन करने की सलाह दी, जिसका काम वर्ग शत्रुओं का सफाया करना था। दार्जिलिंग के तराई क्षेत्र के किसानों ने इस आह्वान पर सकारात्मक प्रतिक्रिया दी। 18 मार्च, 1967 को सिलीगुड़ी अनुमंडल किसान सम्मेलन का आयोजन किया गया। कानू सान्याल ने इस अधिवेशन में घोषणा की—(1) गाँव में किसान समितियों का अधिकार स्थापित करना, (2) जोतेदारों और ग्रामीण प्रतिक्रियावादियों के विरोध के खिलाफ हथियारबंद होना, (3) जमीन पर जोतेदार के एकाधिकार मालिकाना हक को खत्म करना और किसान समितियों के माध्यम से जमीन का पुनः वितरण करना।

इस आह्वान ने नक्सलबाड़ी, खड़ीबाड़ी, फांसीदेवा और सिलीगुड़ी पुलिस स्टेशन इलाकों में हलचल मचा दी।

यह इलाका दार्जिलिंग के तराई क्षेत्र में स्थित है। दार्जिलिंग के चाय बागान मालिकों ने अपने चाय बागानों में काम करनेवाले संथाल, उराँव तथा अन्य आदिवासियों का जमकर शोषण किया था। इस इलाके की 65 प्रतिशत आबादी अनुसूचित जाति (एस. सी.) और अनुसूचित जनजाति (एस.टी.) से संबंध रखती है, जो ज्यादातर कृषि मजदूर थे। यहाँ काफी बड़े इलाके में बागचियों द्वारा बटाई पर खेती की जा रही थी, जिनका जोतेदार, जमींदारों ने शोषण किया था। कानू सान्याल और खोकान मजूमदार, जंगल संथाल और कदम मलिक जैसे स्थानीय लोगों से जुड़े थे और उन्होंने किसानों और

मजदूरों को किसान सभाओं में संगठित कर दिया। चारू मजूमदार ने भी 1950 के दशक में 'तराई टी गार्डन वर्कर्स यूनियन' का गठन किया था। कानू सान्याल ने नक्सलबाड़ी की लड़ाकू परंपरा के बारे में लिखा है, जो 1946 में शुरू हुई थी। चाय बागान में काम करनेवाले कामगारों ने 1955 में बोनस के लिए संघर्ष शुरू कर दिया था। इसके तहत करीब दस हजार कामगार और किसान एकत्र हुए। 'बंगाल कृषक सभा' ने 1958-59 में जोतेदारों से बेनामी भूमि छीनना शुरू कर दिया। उधर सिलीगुड़ी सब-डिवीजनल कृषक समिति ने किसानों को फसल काटने के लिए प्रोत्साहित किया। तीर-कमान से लैस संथाल आदिवासियों ने जमीन पर जबरन कब्जा कर लिया और फसल उठाकर ले गए। इस संघर्ष से किसानों और जोतेदारों के बीच काफी टकराव हुआ और कई किसानों को गिरफ्तार कर लिया गया। 1966 में जेल से रिहाई के बाद नक्सलबाड़ी के कैडरों ने चारू मजूमदार से विचार-विमर्श किया, जिसने किसानों को 'लड़ाकू समूहों' का महत्त्व विस्तार से समझाया कि कैसे इससे पुलिसकर्मियों, सैन्य अफसरों, नौकरशाहों और जोतेदारों जैसे वर्ग शत्रुओं का सफाया किया जा सकता है। साथ ही, यह भी कि वे लोग वर्ग शत्रुओं से हथियार और गोला-बारूद छीन सकते हैं। सबसे पहले मजूमदार ने ग्रामीण क्रांति के महत्त्व पर जोर दिया। इस विचार-विमर्श के बाद, कानू सान्याल और खोकान मजूमदार ने नक्सलबाड़ी इलाके में पुराने कैडर और दीपक बिस्वास जैसे नए कैडरों के साथ काम करने का फैसला किया, जिन्हें 'आठ दस्तावेजों' के साथ गाँवों में भेजा गया था।

जंगल संथाल ने सी.पी.आई.(एम) के उम्मीदवार के रूप में फरवरी 1967 में पश्चिम बंगाल विधानसभा का चुनाव लड़ा। चारू मजूमदार ने अपने लोगों को बताया था कि क्रांतिकारियों को वोट नहीं माँगना चाहिए, बल्कि सशस्त्र कृषक क्रांति को आगे बढ़ाना चाहिए। जंगल संथाल थोड़े से अंतर से चुनाव हार गए, लेकिन इस चुनाव से कैडरों को किसानों और कामगारों के बीच राजनीतिक जागरूकता पैदा करने में मदद मिली।

यह 2 मार्च, 1967 की बात है। एक आदिवासी युवक बिमल किसान ने न्यायिक आदेश के तहत अपने खेत को जोतने की कोशिश की, जिस पर स्थानीय जमींदारों ने उस पर हमला कर दिया। 3 मार्च को, जैसाकि श्री प्रकाश सिंह ने अपनी पुस्तक 'दी नक्सलाइट मूवमेंट इन इंडिया' में लिखा है—"तीन बटाईदारों, लापा किशन, सांगु किशन और रतिया किशन ने सी.पी.आई.(एम) के 150 समर्थकों की मदद से, लाठियों, तीर-कमान और पार्टी के झंडे के साथ, जोतेदार को कोई हिस्सा दिए बिना, उसके अन्न के भंडार से धान की पूरी-की-पूरी फसल उठा ली।"

जैसाकि वे लिखते हैं—"एक छोटे से गाँव की, यह एक छोटी सी घटना थी,

लेकिन इसके बावजूद इसने भारत में साम्यवादी आंदोलन के इतिहास में एक महत्त्वपूर्ण मोड़ ला दिया।" दो महीने की छोटी सी अवधि में यह बात पूरे क्षेत्र और बहुत से लोगों तक पहुँच गई। कानू सान्याल ने अपनी पुस्तक 'मोर अबाउट नक्सलबाड़ी' (1973) में लिखा है कि किसानों और मजदूरों को जगाने के लिए सिलीगुड़ी सब-डिवीजन के किसानों का एक सम्मेलन 18 मार्च, 1967 को आयोजित किया गया, जिसके बाद हजारों की संख्या में किसान और मजदूर कृषक समिति में शामिल हो गए। ये सभी तीर-कमानों से लैस थे। इन्होंने सड़कों और गलियों में उतरकर प्रदर्शनों का आयोजन किया और अपनी ताकत दिखाई। यह तय पाया गया कि पुलिस को गाँवों में घुसने की अनुमति नहीं दी जाएगी। इसमें महिलाओं ने भी महत्त्वपूर्ण भूमिका अदा की। पुलिस जब भी गाँवों में आती तो उसे पीछे हटने को मजबूर कर दिया जाता।

मार्च 1967 और अप्रैल 1967 के बीच अधिकतर गाँवों को किसान समितियों और सशस्त्र इकाइयों के छोटे समूहों में संगठित कर दिया गया। इन लोगों ने कई जमींदारों के घरों पर हमला किया और उनका खाद्यान्न उठाकर ले जाने के साथ ही उनकी बंदूकें छीन लीं। एक जमींदार नगेन राय चौधरी ने किसानों पर गोली चलाई और उनमें से कुछ को घायल कर दिया। किसानों की खुली सुनवाई में नगेन चौधरी को मौत की सजा सुनाई गई और यह सजा दी भी गई।

इस अवधि के दौरान किसानों ने फैसला कर लिया था कि उन जमींदारों से उनकी जमीन छीनकर, उसे किसान समितियों द्वारा भूमिहीन लोगों को बाँट दिया जाएगा। सब-डिवीजनल संयुक्त सम्मेलन का आयोजन 7 मई, 1967 को किया गया। किसानों और चाय बागानों के मजदूरों ने इसमें भाग लिया। इस सम्मेलन ने किसानों के संघर्ष को मजबूती दी। हजारों मजदूर पुलिस के खिलाफ किसानों की मदद के लिए आगे आए। 16 मई को पश्चिम बंगाल के भू-राजस्व मंत्री और 'पश्चिम बंगाल कृषक सभा' के सदस्य हरेकृष्ण कोनार ने सुखना वन विभाग गेस्ट हाउस में कानू सान्याल से मुलाकात की।

कोनार के अनुसार, कुछ नेताओं ने इस बात पर सहमति दी कि सभी गैर-कानूनी गतिविधियों को बंद कर दिया जाए और जमीन के लिए याचिका सौंपी जाए। यह भी सहमति हुई कि कानू सान्याल और जंगल संथाल सहित सभी वांछित व्यक्ति समर्पण कर देंगे।

इस बैठक का जिक्र पुलिस अधिकारी अमिय सामंता ने भी अपने पी-एच.डी. शोध में किया है। अमिय सामंता बाद में पश्चिम बंगाल के महानिदेशक बने थे। उन्होंने बताया कि दोनों पक्षों ने तय किया था कि भूमि विवादों का निपटारा बी.डी.ओ. और सब-डिवीजन ऑफिसर के जरिए किया जाना चाहिए।

मंत्री द्वारा किए गए फैसले के अनुसार, पुलिस अधीक्षक 18 मई, 1967 को वन

विभाग के बँगले में कानू से मिले। एस.पी. ने कानू को सुझाव दिया कि वह तीर-कमान के साथ किए जानेवाले अपने सभी प्रदर्शनों से पीछे हट जाए और कानून को अपने हाथों में न ले। इस पर कानू राजी हो गए, लेकिन चारू मजूमदार कानू सान्याल से सहमत नहीं थे। कानू ने चारू पर अपनी युद्ध नीति में अड़ियल रवैया अपनाने का आरोप लगाया। 24 मई को भारी संख्या में पुलिस बल ने एक गाँव में प्रवेश किया, लेकिन उसे किसानों के मजबूत प्रतिरोध का सामना करना पड़ा। पुलिस अधिकारी सोनम वांगड़ी को कई तीर लगे और बाद में अस्पताल में उसकी मौत हो गई। अगले दिन भारी संख्या में और पुलिस बल गाँव में पहुँचा और पुलिस की गोलीबारी में 8 महिलाओं और 2 बच्चों की मौत हो गई।

सरकार द्वारा गठित छह मंत्रियों की एक समिति ने 12 जून को सिलीगुड़ी का दौरा किया, जिसमें हरेकृष्ण कोनार और विश्वनाथ मुखर्जी (दोनों मंत्री पश्चिम बंगाल कृषक सभा से जुड़े हुए थे) भी शामिल थे। उन्होंने किसानों को संबंधित प्रशासन को याचिकाएँ देने का सुझाव दिया। साथ ही उन्होंने किसानों को चेतावनी दी कि यदि 22 जून तक उन्होंने अपनी हिंसक गतिविधियों को बंद नहीं किया तो उन्हें पुलिस काररवाई का सामना करना पड़ेगा। 'नक्सलबाड़ी कृषक संग्राम सहायक समिति' (नक्सलबाड़ी और किसान संघर्ष की सहायक समिति) का गठन 14 जून, 1967 को उत्तरी कलकत्ता में किया गया। प्रमोद सेनगुप्ता को इसका अध्यक्ष और सुशीताल रायचौधरी को इसका उपाध्यक्ष चुना गया। समिति ने नक्सलबाड़ी के पक्ष में एक जनमत तैयार करने की कोशिश की, जिसके तहत विभिन्न जिलों में रैलियाँ आयोजित की गईं। इसने नक्सलबाड़ी में किसानों के खिलाफ पुलिस काररवाई की आलोचना की। नॉर्थ बंगाल यूनिवर्सिटी के कुछ छात्र नक्सलबाड़ी के समर्थन में आ गए। सरकार ने 5 जुलाई को 'ऑपरेशन क्रॉसबो' का आदेश जारी कर दिया। प्रशासन पहले ही नक्सलबाड़ी इलाके में तीर-कमान और फरसों के प्रवेश पर प्रतिबंध लगा चुका था।

पूरे इलाके में अर्धसैनिक बलों समेत सुरक्षाबल किसी टिड्डी दल की भाँति छा गए। दार्जिलिंग जिले के तत्कालीन पुलिस अधीक्षक ने लिखा था कि सेना की यूनिटों को हालात से निपटने के लिए भेजा गया है। कानू सान्याल के खिलाफ देखते ही गोली मारने के आदेश जारी किए जा चुके थे। इस मामले में 17 लोग मारे गए और सैकड़ों किसानों को गिरफ्तार कर लिया गया।

नक्सलबाड़ी क्षेत्र की 60 फीसदी आबादी अनुसूचित जाति और अनुसूचित जनजाति के लोगों की है। संथाल, मधेसिया, उराँव, मुंडा, राजंसिया जैसे आदिवासी इस आबादी का प्रमुख हिस्सा हैं। दो महीनों के भीतर ही नक्सलबाड़ी विद्रोह को विभिन्न राज्यों, जैसेकि पश्चिम बंगाल, बिहार, ओडिशा, आंध्र प्रदेश, तमिलनाडु, केरल और उत्तर प्रदेश

के समुदायों से जोरदार समर्थन मिला। सी.पी.आई. (एम) की पश्चिम बंगाल सरकार ने 72 दिनों में विद्रोह पर काबू पा लिया। लेकिन इन यूनिटों ने नवंबर 1967 में एक औपचारिक बैठक आयोजित की, जिसके परिणामस्वरूप मई 1968 में 'ऑल इंडिया कॉर्डिनेशन कमेटी ऑफ कम्युनिस्ट रिवोल्यूशनरी' (ए.आई.सी.सी.सी.आर.) अस्तित्व में आई।

नक्सलबाड़ी विद्रोह को अपनी प्रेरणा चारू मजूमदार के क्रांतिकारी आदर्शों से प्राप्त हुई। हालाँकि, यह पूरी तरह उनकी उम्मीदों के अनुरूप नहीं था, लेकिन निश्चित रूप से यह किसानों के अन्य उग्रवादी संघर्षों से भिन्न था। कानू सान्याल ने नक्सलबाड़ी आंदोलन की दस बड़ी उपलब्धियों को रेखांकित किया था, जैसे—पुराने सामंती ढाँचे को कुचलना, फर्जी दस्तावेजों को आग के हवाले करना, जमाखोरी पर कब्जा करना, क्रांतिकारी समितियों का गठन करना आदि। उन्होंने विद्रोह की विफलता के कारणों का भी कुछ इस तरह से उल्लेख किया—"भारतीय संदर्भ में मार्क्सवाद-लेनिनवाद और माओत्से तुंग के विचारों को समझने में अपरिपक्वता। एक कारण यह था कि इस आंदोलन को नक्सलबाड़ी किसान विद्रोह के महत्त्व को समझने में काफी लंबा समय लग गया। इसलिए जान के भारी नुकसान के साथ इसकी बड़ी कीमत चुकानी पड़ी…"

5 जुलाई, 1967 को 'पीपल्स डेली' ने नक्सलबाड़ी विद्रोह के बारे में लिखा—"भारत की भूमि पर बसंत की गड़गड़ाहट का एक झोंका दुर्घटनाग्रस्त हो गया है।"

नक्सलवाद का उद्भव और विकास

हम नक्सलवाद के उद्भव और विकास का विश्लेषण इसकी सदस्यता, संगठनात्मक ताकत, हथियारों और गोला-बारूद की ताकत, जनाधार, गतिविधियाँ, हिंसा और इसकी भौगोलिक सीमाओं को समझकर कर सकते हैं।

इन संकेतकों के आधार पर साढ़े चार दशक पुराने नक्सलवाद को व्यापक रूप से चार चरणों में विभाजित किया जा सकता है। यह विभाजन किसी प्रकार का वर्गीकरण नहीं दरशाता या इसकी विकास यात्रा के समय की व्याख्या नहीं करता।

पहला चरण—1967-1976

नक्सलवाद का प्रारंभिक चरण महान् विचारकों के उत्थान को दरशाता है। शुरुआती नेताओं की विचारधारा ने आंदोलन की नींव रखी थी।

1. नक्सलबाड़ी में किसानों के विद्रोह को सरकार ने बहुत जल्द ही दबा दिया। लेकिन इसे छात्रों, कामगारों तथा अन्य बुद्धिजीवियों का समर्थन मिला। किसान सभाओं को छात्र संघों के गठन के लिए प्रेरित किया गया। पश्चिम बंगाल

में वैचारिक-राजनीतिक संघर्ष को कट्टरपंथी छात्रों ने आगे बढ़ाया। उन्होंने 'छात्र फौज' बनानी शुरू की।

2. नक्सलबाड़ी का विद्रोह ज्यादा समय तक नक्सलबाड़ी तक सीमित नहीं रह गया था। इसने पश्चिम बंगाल और देश के अन्य हिस्सों में क्रांतिकारी समितियों की स्थापना में एक प्रेरक शक्ति का काम किया। तमिलनाडु, केरल, उत्तर प्रदेश, कर्नाटक, ओडिशा और पश्चिम बंगाल में 'क्रांतिकारी समन्वय समितियाँ' गठित की गईं। महत्त्वपूर्ण क्रांतिकारियों की सूची में श्रीकाकुलम, मागुरजान, कमालपुर, घोगी, बरियारपुर, रविराला आदि शामिल हैं।
3. मई 1968 में 'ऑल इंडिया कॉर्डिनेशन कमेटी फॉर दी कम्युनिस्ट रिवोल्यूशनरीज' (ए.आई.सी.सी.सी.आर.) का गठन किया गया, चारू मजूमदार जिसके समन्वयक थे।
4. जून 1968 में वेस्ट बंगाल स्टेट कॉर्डिनेशन कमेटी ऑफ कम्युनिस्ट रिवोल्यूशनरीज का गठन किया गया और श्री सुशीताल राय चौधरी इसके संयोजक बने। इस समिति में हावड़ा, हुगली, 24 परगना जैसे विभिन्न जिलों के सदस्य शामिल थे और प्रमोद सेनगुप्ता, असित सेन, नंदी आदि इसके नेता थे। इन क्रांतिकारियों ने साम्यवाद के सुधारवादी और संशोधनवादी नेतृत्व के खिलाफ बगावत कर दी और माओवादी संघर्ष का रास्ता अपना लिया।
5. यह चरण नेताओं के बीच वैचारिक मतभेदों और पार्टी में विघटन का साक्षी बना। 22 अप्रैल, 1969 को चारू मजूमदार के नेतृत्व में भाकपा (माले) का गठन किया गया। ए.आई.सी.सी.सी.आर. से एक और समूह अलग हो गया तथा टी. नागी रेड्डी की कमान में हैदराबाद में 'रिवोल्यूशनरी कम्युनिस्ट कमेटी' का गठन कर दिया गया। वैचारिक मतभेदों के चलते 20 अक्तूबर, 1969 को एक और समूह 'दक्षिण देश ग्रुप' गठित किया गया। बाद में इसका 'माओइस्ट कम्युनिस्ट सेंटर' (एम.सी.सी.) में विलय हो गया।
6. किसानों के निजी संघर्षों ने नक्सलियों के वर्ग शत्रुओं, सत्तासीन वर्ग और संशोधनवादियों के खिलाफ 'लंबे जन युद्ध' का आधार तैयार कर दिया था और नक्सलियों का यह दीर्घकालिक और व्यापक लक्ष्य था। इस अवधि के दौरान पश्चिम बंगाल के देबरा-गोपीबल्लभपुर में, बिहार के मुशहैन, उत्तर प्रदेश के लखीमपुर खीरी में और आंध्र प्रदेश के श्रीकाकुलम में छापामारों के समूह गठित किए गए।
7. नक्सलबाड़ी विद्रोह को चीन के कम्युनिस्ट शासन का समर्थन हासिल हुआ।
8. इस दौरान 'देशभारती', 'लिबरेशन' जैसी पत्रिकाओं के प्रकाशन और चारू

मजूमदार, सुशीताल राय चौधरी, असित सेन के लेखों और माओवादी साहित्य ने विचारधारा के प्रसार और आंदोलन को धार देने में महत्त्वपूर्ण भूमिका अदा की।

9. पश्चिम बंगाल में कम्युनिस्ट पार्टी कार्यकर्ताओं और भाकपा (माले) के कार्यकर्ताओं के बीच कई संघर्ष हुए।
10. सरकारी कारवाई के बाद भूमिगत अभियान शुरू हुए। इस दौरान बांग्लादेश युद्ध (1972) हुआ और राष्ट्रीय आंतरिक आपातकाल (25 जून, 1975) की घोषणा हुई। इसने पुलिस को नक्सलियों के खिलाफ अधिक कड़ी कारवाई करने का मौका मिल गया। भाकपा (माले) का पहला सम्मेलन भूमिगत रूप से आयोजित किया गया और चारू मजूमदार को इसका महासचिव चुना गया।
11. 1972 में सशस्त्र संघर्ष विचार के प्रतिपादक चारू मजूमदार की पुलिस हिरासत में मौत हो गई। इसके साथ ही, किसान क्रांति के लिए एक राष्ट्रीय मंच निर्मित करने का सपना बीच में ही टूट गया।

पहले चरण की गतिविधियों को निम्न तरीके से सारबद्ध किया जा सकता है। सबसे पहले, नेतृत्व और मध्यम स्तर की गतिविधियाँ विचारधारा से प्रेरित थीं। दूसरा, आंदोलन ने अपने पाले में न केवल राजनीतिक तत्त्वों को आकर्षित किया, बल्कि बड़ी संख्या में छात्र भी इससे जुड़ते चले गए। वास्तविकता यह है कि दिल्ली विश्वविद्यालय के कई बेहद प्रतिभाशाली छात्र अपने क्रांतिकारी कौशल को धार देने के लिए बिहार के जंगलों में चले गए थे। तीसरा, लगभग 200 क्रांतिकारी पत्र और पत्रिकाओं का विभिन्न आकार-प्रकार में प्रकाशन शुरू किया गया। ये जर्नल और प्रकाशन अंग्रेजी के साथ ही विभिन्न क्षेत्रीय भाषाओं में भी प्रकाशित किए गए। इनमें विचारधारात्मक विषय-सामग्री और उत्साह का स्तर काफी अधिक था। उन्हें इस चरण में चीन से समर्थन प्राप्त हुआ।

द्वितीय चरण (1977–1986)

1. आपातकाल हट चुका था और इंदिरा गांधी की सरकार के सत्ता से जाने के बाद बड़े-बड़े राजनीतिक बदलाव आए। नक्सलियों की पार्टी ने लोगों के समर्थन से सशस्त्र बगावत करने के साथ ही विरोधियों का सफाया करने का आंदोलन चलाने का फैसला किया। पार्टी का आंध्र प्रदेश, तमिलनाडु और केरल में काफी विस्तार किया गया।
2. सर्वोदय नेता श्री जयप्रकाश नारायण ने गांधीवादी तरीके से भ्रष्टाचार के खिलाफ आंदोलन शुरू कर दिया। उन्होंने गाँव-गाँव की यात्रा शुरू की और

लोगों से अपने विवादों को शांतिपूर्ण तरीके से सुलझाने की अपील करने लगे। उन्होंने नक्सलवाद के हिंसक साधनों के खिलाफ अपने तर्क पेश किए। उनकी लिखी गई पुस्तक 'फेस टू फेस' ने बिहार में नक्सलवादी आंदोलन के सामने चुनौती खड़ी कर दी। जे.पी. आंदोलन में व्यापक पैमाने पर लोगों की सक्रिय भागीदारी देखने को मिली।

3. क्षेत्रीय नक्सली समूहों का माओवादियों की तर्ज पर विलय हो गया। एम.सी.सी. बिहार, झारखंड, बंगाल और मध्य प्रदेश में सक्रिय हुई। कोंडापल्ली सीतारमैया ने 1980 में 'भाकपा (माले) पीपल्स वार समूह' की स्थापना की।
4. नक्सलियों के एक वर्ग ने माना कि अब उन्हें चुनाव में भागीदारी करने की जरूरत है। 24 अप्रैल, 1982 को दिल्ली में एक राष्ट्रीय सम्मेलन के माध्यम से 'इंडियन पीपल्स मोर्चा' शुरू किया गया। इस पार्टी को भाकपा (माले) की बिहार इकाई का समर्थन प्राप्त था। इसने बिहार विधानसभा चुनाव और बाद में संसदीय चुनावों के साथ ही असम विधानसभा चुनाव में हिस्सा लिया। यह पार्टी जे.पी. के आंदोलन से प्रभावित थी।
5. इन क्षेत्रीय नक्सली समूहों ने लंबे समय तक चलनेवाली लोगों की युद्ध रणनीति का सहारा लिया और वर्ग शत्रुओं के सफाए के लिए काम किया। नक्सलियों की वर्ग शत्रुओं को खत्म करनेवाली इन गतिविधियों का मुकाबला करने के लिए बिहार के जमींदारों ने अपनी एक निजी सेना 'रणबीर सेना' बना ली। दोनों पक्षों की ओर से भीषण नरसंहारों को अंजाम दिया गया।
6. नक्सलियों ने हजारों एकड़ जमीन पर कब्जा कर लिया और इसे भूमिहीन किसानों को बाँट दिया। इससे नक्सलियों को बड़े पैमाने पर जनता का साथ मिला। उन्होंने कृषि संबंधी मुद्दों और किसानों के संगठनों को काफी महत्त्व दिया था। इससे पटना के ग्रामीण इलाकों में किसानों का जबरदस्त आंदोलन शुरू हुआ और पार्टी ने मध्य बिहार तक अपना वर्चस्व कायम कर लिया।
7. इस काल में नक्सली नेताओं ने अपनी राजनीतिक महत्त्वाकांक्षाओं का प्रदर्शन किया। जनता पार्टी की सरकार गिरने और इंदिरा गांधी के फिर से सत्ता में लौटने की पृष्ठभूमि में माओवादी पार्टी ने एक प्रस्ताव पारित कर स्वयं को एक राष्ट्रीय विकल्प के रूप में पेश कर दिया।
8. नक्सलियों के सभी क्षेत्रीय समूहों के बीच एकता कायम करने के प्रयास किए गए। 13 माले समूहों की एक बैठक 1981 में बुलाई गई। हालाँकि शुरुआत काफी उत्साहजनक रही, लेकिन यह उत्साह अधिक समय तक टिक नहीं सका। इस बैठक से विभाजन की लकीरें और गहरा गईं।

9. 23 फरवरी, 1981 को 'स्टेट फारमर्स काउंसिल' के बैनर तले एक राज्य स्तरीय रैली का पहली बार आयोजन किया गया।
10. उन्होंने जन संगठनों और विभिन्न आंदोलनों से शुरुआती संपर्क स्थापित किया। कम्युनिस्ट वीमेन सेल और महिलावादी आत्मनिर्भर समूहों के साथ समन्वय कायम करने तथा संयुक्त काररवाई के लिए एक राष्ट्रीय महिला सम्मेलन का आयोजन किया गया। उन्होंने आंबेडकरवादी समूहों के साथ संबंधों को मजबूती प्रदान करने के लिए एक भारतीय दलित सम्मेलन आयोजित किया।
11. इस अवधि के दौरान नक्सलियों ने मद्यपान, जुए, वेश्यावृत्ति जैसी सामाजिक बुराइयों के खिलाफ भी आंदोलन आयोजित किए। उन्होंने शराब की दुकानों में आग लगाई और उनकी नीलामी बंद करवा दी। इससे नक्सलियों को लोगों, खासतौर से महिलाओं की सहानुभूति हासिल करने में मदद मिली।
12. नक्सली गतिविधियाँ अधिक हिंसक हो गईं, जिनमें अधिकारियों का अपहरण और पुलिस अधिकारियों की हत्या आदि गतिविधियाँ भी शामिल थीं। उन्होंने अपने हमलों में बारूदी सुरंगों का बहुत अधिक इस्तेमाल किया।
13. छापामार प्रशिक्षण केंद्रों में नए सदस्यों को प्रशिक्षण प्रदान किया गया। इस अवधि के दौरान 'पीपल्स गुरिल्ला आर्मी' सक्रिय थी।

तीसरा चरण (1987–2004)

1. इस अवधि के दौरान सोवियत संघ में मिखाइल गोर्बाचेव के नेतृत्व में ग्लास्नोस्त के सुधारों की पहल की गई। पार्टी की चौथी कांग्रेस का बिहार के हजारीबाग जिले में 1 जनवरी से 5 जनवरी, 1988 तक आयोजन किया गया, जिसमें गोर्बाचेव के सुधारों को खारिज कर दिया गया। कांग्रेस ने माओ के जनता के लंबे युद्ध के महत्त्व को दोहराया। अन्य देशों के कम्युनिस्टों और वामपंथी दलों ने सोवियत संघ के विघटन से सबक सीखते हुए कम्युनिस्ट आंदोलन में नई जान डालने के लिए विभिन्न गतिविधियाँ शुरू कर दीं।
2. आई.पी.एफ. ने 1989 में हुए चुनावों में हिस्सा लिया। वे बिहार की आरा सीट से अपने पहले उम्मीदवार को संसद् में भेजने में सफल रहे।
3. नवंबर में आई.पी.एफ. की छत्रच्छाया में मुंबई के समीप अमरनाथ में ऑल इंडिया मजदूर कन्वेंशन का आयोजन किया गया। इस सम्मेलन में दत्ता सामंत, जोकि महाराष्ट्र में कपड़ा मिलों में हुई ऐतिहासिक हड़ताल के नेता थे, मुख्य वक्ता थे। मई 1989 में चेन्नई में ऑल इंडिया सेंट्रल काउंसिल ऑफ ट्रेड यूनियन का सम्मेलन हुआ।

4. झारखंड के जनांदोलन में अधिक प्रभावी भूमिका निभाने के उद्देश्य से दक्षिण बिहार में 1992 में पार्टी ने 'झारखंड वर्कर्स एंड फार्मर्स कमेटी' की स्थापना की।
5. पार्टी ने नए मंच 'रिवोल्यूशनरी मुसलिम कॉन्फ्रेंस' की स्थापना की, ताकि उन्हें वामपंथी दिशा दी जा सके।
6. पार्टी ने बिहार, पूर्वी उत्तर प्रदेश, चेन्नई औद्योगिक क्षेत्र, आंध्र के पूर्वी गोदावरी और पश्चिम बंगाल के नेल्दा दिनाजपुर क्षेत्र में अपना विस्तार जारी रखा।
7. 1991 की नई आर्थिक नीतियों के खिलाफ आंदोलनों के आयोजन में नक्सलियों के जन संगठनों ने प्रमुख भूमिका अदा की।
8. पुलिस की आक्रामक काररवाई और विकास गतिविधियों में सरकार की अति सक्रिय भूमिका से नक्सलियों को तगड़े झटके झेलने पड़े। आंध्र प्रदेश में तो एक तरह से उन्हें मैदान छोड़कर भागना पड़ा।
9. बिहार में विभिन्न माओवादी समूहों के बीच अंदरूनी प्रतिद्वंद्विता शुरू हो गई। उन्हें स्थानीय जमींदारों की ओर से पहले ही नुकसान उठाना पड़ रहा था। इससे माओवादियों को भारी नुकसान हुआ।

चौथा चरण (2004 से अब तक)

1. यह समय विभिन्न समूहों के बीच एकजुटता के रूप में जाना जाता है। एम.सी.सी. और भाकपा (माले) पीपल्स वार के संघ से 2004 में भाकपा (माओवादी) पार्टी की शुरुआत हुई।
2. नई माओवादी पार्टी ने अपनी रणनीति, युद्ध नीति, कार्यक्रमों और अन्य गतिविधियों को स्पष्ट रूप से रिकॉर्ड किया। इसमें जनता को लामबंद करने पर स्पष्टता थी।
3. अरुंधति रॉय जैसे कई बुद्धिजीवी नक्सली हित से सहानुभूति रखते थे
4. इस दौरान नक्सलियों ने वन क्षेत्रों में आदिवासियों के शोषण के खिलाफ बहुराष्ट्रीय कंपनियों और बड़े निजी पूँजीपतियों के खिलाफ लड़ाई लड़ी।
5. कई प्रमुख संगठनों ने नक्सली विचारधारा के समर्थन में कार्य करना शुरू किया।
6. उन्होंने अपनी 'शहरी परिदृश्य योजना' का क्रियान्वयन शुरू किया।
7. इस अवधि के दौरान उन्होंने बड़े लक्ष्यों का चुनाव किया और सुरक्षाबलों तथा राजनेताओं को भारी नुकसान पहुँचाया।
8. उन्होंने आंध्र प्रदेश, ओडिशा, महाराष्ट्र और छत्तीसगढ़ में फैले दंडकारण्य क्षेत्र

में अपनी गतिविधियों को संगठित किया। उन्होंने झारखंड में भी सुरक्षाबलों पर हमले बढ़ाए।

9. नई भर्तियों में बड़ी तेजी के साथ गिरावट आई और समर्पण करनेवाले नक्सलियों की संख्या बढ़ गई। माओवादी नेतृत्व में गिरावट की शुरुआत 2007 से हुई। बिहार के भीमगढ़ के जंगलों में पार्टी की यूनिटी कांग्रेस (नौवीं कांग्रेस) के दौरान सेंट्रल कमेटी के 40 सदस्य और पोलित ब्यूरो के 14 सदस्य थे। इस समय सेंट्रल कमेटी में केवल 17 सदस्य और पोलित ब्यूरो में मात्र छह सदस्य बचे हैं।
10. चीन में आर्थिक नीतियों में बड़े पैमाने पर बदलाव और उदारीकरण के बाद से परिदृश्य बदल जाने के कारण शिक्षित युवाओं पर माओवादी विचारधारा का प्रभाव धीरे-धीरे कम हो रहा है।

□

4

जंगल, जमीन और नक्सली

दंडकारण्य

भौगोलिक रूप से दंडकारण्य में छत्तीसगढ़ के बस्तर, नारायणपुर, बीजापुर, दंतेवाड़ा और कांकेर जिले तथा महाराष्ट्र का गढ़चिरौली जिले आते हैं। यह इलाका वन और खनिज संपदा से भरपूर है। आजादी के बाद से इस इलाके में विकास गतिविधियाँ नाममात्र की रहीं। यहाँ आबादी का 60 फीसदी हिस्सा आदिवासी है और उनमें भी गोंड आदिवासी बहुसंख्यक हैं। ये आदिवासी गरीबी की हालत में रहते हैं, जिसमें कर्ज का बोझ, निरक्षरता, बदहाल स्वास्थ्य देखभाल सेवाएँ आदि उनकी हालत को और बदतर कर देती हैं। यहाँ का स्वास्थ्य सूचकांक राष्ट्रीय सूचकांक से काफी नीचे है और नवजात शिशु मृत्युदर काफी अधिक है।

छत्तीसगढ़ के मुख्यमंत्री श्री रमन सिंह ने कहा था कि नक्सली उनकी सरकार की विकास योजनाओं और प्रयासों में बाधा पहुँचा रहे हैं, जिसके चलते विकास कार्यों को क्रियान्वित करना मुश्किल है।

आंध्र प्रदेश के तेलंगाना क्षेत्र में हथियारबंद लोगों के आंदोलन का जिक्र किए बिना नक्सली आंदोलन की पृष्ठभूमि पर चर्चा अधूरी रहेगी। तेलंगाना क्षेत्र दंडकारण्य क्षेत्र से सटा हुआ इलाका है। इस क्षेत्र में नक्सलवाद की आग जंगल की आग की तरह फैली है और इस आंदोलन की जड़ों को 1946-1951 के हथियारबंद किसानों के संघर्ष तक खोजा जा सकता है, जिसे 'तेलंगाना सशस्त्र संघर्ष' के नाम से अधिक जाना जाता है। इस संघर्ष में 4,000 कम्युनिस्टों और उग्रवादी किसानों को अपनी जान से हाथ धोना पड़ा था और 10,000 से अधिक कम्युनिस्टों को तीन से चार साल तक जेलों में डाल दिया गया था। धीरे-धीरे यह आंदोलन 3,000 गाँवों में फैल गया और किसानों ने एकजुट होकर सफलतापूर्वक 'ग्राम राज्य' का गठन कर लिया था, लेकिन आंध्र प्रदेश सरकार ने बहुत तेजी के साथ इस आंदोलन को कुचल दिया।

यह पहली बार था, जब जमीन के नए सिरे से बँटवारे की माँग उठी। आंध्र प्रदेश के माओवादियों के मौजूदा सशस्त्र संघर्ष में यह एक महत्त्वपूर्ण घटक है।

दंडकारण्य को एक स्वतंत्र जोन में तब्दील करने की कोशिश में माओवादियों ने 'रिवोल्यूशनरी पीपल्स कमेटी' (आर.पी.सी.) की ग्राम राज्य समितियों, यानी कि 'जनता की सरकार' के गठन को सर्वोच्च प्राथमिकता दी थी। 2003 तक दंडकारण्य के 500 गाँवों में आर.पी.सी. गठित की जा चुकी थीं। माओवादियों की आर.पी.सी. ने 2,000 से अधिक गाँवों पर अपना प्रभाव बनाया हुआ है। पूर्ववर्ती 'पीपल्स वार' के पोलित ब्यूरो सदस्य ने आर.पी.सी. के बारे में कहा था—"अब नक्सली आर.पी.सी. का गठन कर रहे हैं, जो भौगोलिक रूप से गुरिल्ला युद्ध के लिए अनुकूल है। वर्ग संघर्ष के लिए उन्हें लोगों का सहयोग मिला। जनता के शासन के लिए आर.पी.सी. एक मूल आधार है। इसके बाद सरकारी मशीनरी के लिए कामकाज करना मुश्किल हो जाएगा। नक्सलियों का कहना है कि ऐसा इसलिए है, क्योंकि जब दो ताकतें एक ही जगह पर काम करती हैं तो केवल एक ही जिंदा रह सकती है, यानी कि नक्सली या सुरक्षाबल।" संघर्ष के इस स्तर तक नक्सलवादी किस प्रकार पहुँचे? हम दंडकारण्य के घटनाक्रम के माध्यम से इसका अध्ययन कर सकते हैं। जनवरी 1934 में 'वर्कर्स एंड फार्मर्स रिप्रेजेंटेटिव्स सेकेंड नेशनल कांग्रेस' (कामगार और किसान प्रतिनिधियों का द्वितीय राष्ट्र सम्मेलन) में अपने समापन भाषण में माओत्से तुंग ने कहा था—"अगर एक माओवादी जीतना चाहता है तो वर्ग शत्रुओं को घेरने के अलावा भी उसे काफी कुछ करना पड़ेगा। माओवादियों को किसानों के आंदोलन की अगुआई करनी होगी और फसलों के उत्पादन को बढ़ाना होगा। साथ ही माओवादियों को कामगारों के हितों की सुरक्षा की कमान अपने हाथों में लेनी चाहिए, उन्हें समर्थन समितियों की स्थापना करनी चाहिए और आम आदमी के मुद्दों—भोजन, कपड़ा, स्वास्थ्य, आवास और शादी-विवाह कराने में होनेवाली समस्याओं का समाधान निकालना चाहिए।" नक्सलियों ने उन सभी बीमारियों का सफाया करने का संकल्प लिया है, जो आज दंडकारण्य को पंगु बना रही हैं। वे ठेकेदारों को तेंदूपत्ता नहीं उठाने देते और उन्होंने आदिवासी समुदायों को प्रभावी समूहों में संगठित कर दिया है। मुख्यधारा से आदिवासियों के कटे रहने ने नक्सली आंदोलन को बहुत बड़ी ताकत दी है।

भौगोलिक विस्तार

माओवादियों का सैन्य मुख्यालय दंडकारण्य की अबूझमाड़ की पहाड़ियों में स्थित है। वे ओडिशा के नियमगिरि इलाके में सक्रिय हैं।

- माओवादी उग्रवाद 'दंडकारण्य' के विशाल, दूर-दूर तक फैले जंगलों में केंद्रित है और दंडकारण्य क्षेत्र छत्तीसगढ़, महाराष्ट्र, ओडिशा और आंध्र प्रदेश

में फैला हुआ है। माओवादी बिहार की कैमूर की पहाड़ियों में फैले जंगलों, उत्तर प्रदेश और झारखंड में भी सक्रिय हैं। वे छत्तीसगढ़, कर्नाटक और पश्चिम बंगाल के जंगलों में भीतर तक घुस चुके हैं।

- माओवादी झारखंड के सारंडा के वनों में सक्रिय हैं। छत्तीसगढ़ के 18 जिलों में से पाँच जिलों के वन क्षेत्रों में उनकी महत्त्वपूर्ण मौजूदगी है, जिनमें बीजापुर, नारायणपुर, बस्तर, दंतेवाड़ा और कांकेर शामिल हैं।
- माओवादी छोटे-छोटे समूहों में आंध्र से दंडकारण्य के जंगलों में घुसे और उन्होंने आदिवासियों का विश्वास हासिल कर लिया। 1988 में आंध्र के माओवादियों का लगभग एक-तिहाई हिस्सा दंडकारण्य में स्थानांतरित हो चुका था। वे वहाँ एक मजबूत संगठनात्मक आधार निर्मित करने में कामयाब रहे।
- 1987-88 के भयंकर अकाल के दौरान नक्सलियों ने आदिवासियों को संगठित किया और 'अकाल छापे' शुरू किए। उन्होंने समृद्ध जमींदारों, सेठ-साहूकारों, सरकारी गोदामों पर हमले बोले और वहाँ से खाद्यान्न, कपड़े और बरतन लूटे तथा उन्हें आदिवासियों में बाँट दिया।
- 2001 से दंडकारण्य के हिस्सों का राज-काज 'रिवोल्यूशनरी पीपल्स कमेटी' (आर.पी.सी.) और जनता सरकारों (जे.एस.) द्वारा चलाया जा रहा है। प्रत्येक जे.एस. का निर्वाचन तीन से पाँच गाँवों के एक समूह द्वारा किया जाता है। ऐसे 14 से 15 जे.एस. एक क्षेत्रीय जे.एस. बनाते हैं और तीन से पाँच ऐसे क्षेत्रीय जे.एस. एक डिवीजन निर्मित करते हैं। दंडकारण्य में दस डिवीजन हैं। 2003 तक 500 गाँवों में आर.पी.सी. का गठन किया जा चुका है। माओवादियों की आर.पी.सी. का 2,000 से अधिक गाँवों पर प्रभाव है। ये इलाके भौगोलिक रूप से छापामार युद्ध के लिए अनुकूल हैं।
- माओवादियों का प्रभाव 60,000 वर्ग किलोमीटर में फैले वन क्षेत्र, हजारों गाँवों और लाखों लोगों पर है।
- मिश्रा और पंडित (2010) ने जिक्र किया है कि माओवादी झारखंड में 1,200 से अधिक गाँवों और 30 फीसदी से अधिक चुनावी नतीजों को प्रभावित करते हैं।
- दंडकारण्य एक विशाल घने वनों से आच्छादित क्षेत्र है, जो कई प्रांतों में फैला हुआ है और लोग आसानी से एक राज्य से दूसरे राज्य की सीमा में जा सकते हैं। इस पूरे क्षेत्र में मुगलों के जमाने से जमीन का सर्वेक्षण नहीं हुआ है। माओवादियों से पहले, बस्तर के आदिवासियों का अंग्रेजों, जमींदारों और साहूकारों का प्रतिरोध करने का इतिहास रहा है।

- आंध्र प्रदेश में कई झटके झेलने के बाद पी.डब्ल्यू.जी. ने अपने अड्डे को 1980 के दशक में दंडकारण्य में स्थानांतरित कर लिया था। आंध्र प्रदेश के दस्तों ने आदिवासियों को 'मिलिशिया' के रूप में संगठित करना शुरू कर दिया। 'मिलिशिया' में 20 से 30 युवक रहते हैं, जो तीर-कमान, देसी पिस्तौलों, राइफलों, रॉकेट लॉञ्चर और मजल लोडर से लैस होते हैं। इसमें से श्रेष्ठतम मिलिशिया को छापामार दस्तों के लिए चुना जाएगा, जो वरदी पहनेंगे और ए.के.-47, राइफल, पिस्तौल, ग्रेनेड, बारूदी सुरंग आदि हथियार लेकर चलेंगे। पी.एल.जी.ए. का औपचारिक रूप से गठन 2001 में दंडकारण्य में किया गया था। बाद में पी.एल.जी.ए. ने प्लाटून और कंपनियों का गठन किया और अब वे बटालियन गठित करते हैं। (नवलखा, 2011) अबूझमाड़ छापामार यूनिटों का मुख्यालय है। कुछ लेखकों के अनुसार, मिलिशिया में करीब 50,000 और पी.एल.जी.ए. 10,000 सदस्य हैं।

छत्तीसगढ़ में अपने राज्य को माओवादी 'अबूझमाड़' बुलाते हैं। इसकी सटीक रूपरेखा एक रहस्य बनी हुई है। यह इलाका 10,000 से 15,000 वर्ग किलोमीटर क्षेत्र में फैला है—फिजी या साइप्रस देश जितना बड़ा इलाका। इस क्षेत्र में बेहद घने जंगल हैं और यह छत्तीसगढ़ में बस्तर, नारायणपुर, बीजापुर, दंतेवाड़ा और कांकेर जिलों, आंध्र प्रदेश में आदिलाबाद, खम्माम और पूर्वी गोदावरी जिलों, महाराष्ट्र में चंद्रपुर और गढ़चिरौली जिलों, मध्य प्रदेश में बालाघाट जिले और ओडिशा में मल्काजगिरि तक फैला है। इस क्षेत्र के कई हिस्सों का कई दशकों से सर्वेक्षण नहीं किया गया है। भारत के पहले महासर्वेक्षक एडवर्ड एवरेस्ट तक 1870 के दशक में अबूझमाड़ की पूरी स्थलाकृति की पैमाइश करने में विफल हो गए थे। खुफिया रिपोर्टों के अनुसार, 'यह इलाका अब बुरी तरह बारूदी सुरंगों से अँटा पड़ा है।' अबूझमाड़ नक्सली प्रशिक्षण, हथियार-विनिर्माण का केंद्र बनने के साथ ही नक्सलियों की सुरक्षित शरणस्थली है।

इस इलाके के लोग निम्निलिखित समस्याओं का सामना कर रहे हैं—

- जमीन पर अपना मालिकाना हक साबित करने के लिए आदिवासियों के पास दस्तावेज नहीं हैं और वनों की औपचारिक रूप से हदबंदी नहीं हुई है।
- चूँकि वनों के काफी बड़े हिस्से को 'संरक्षित वन' घोषित कर दिया गया है, जिससे जलावन की लकड़ी, महुआ आदि वन उपज पर आदिवासियों के अधिकारों को मान्यता नहीं मिली है।
- सरकार की विकास गतिविधियाँ इस क्षेत्र तक नहीं पहुँच रही हैं।
- गरीबी में जी रहे आदिवासी कर्ज, निरक्षरता और कुपोषण आदि से जूझ रहे हैं।

खनिज संपदा के मामले में कुदरत छत्तीसगढ़ पर बहुत ही अधिक मेहरबान रही

है। यही वजह है कि थर्मल और इस्पात में निवेश करने के लिए यह पसंदीदा स्थान है। सरकार ने इस राज्य के विकास के लिए कई आपसी सहमति-पत्रों पर हस्ताक्षर किए हैं। सेल (एस.ए.आई.एल.), एस्सार, टाटा और जिंदल यहाँ कोयला और लौह अयस्क में निवेश करनेवाली अग्रणी कंपनियाँ रही थीं। माओवादियों ने टाटा और एस्सार कंपनियों को बस्तर में इस्पात संयंत्र लगाने के खिलाफ चेतावनी दी थी। 2003 में राष्ट्रीय खनिज विकास निगम (एन.एम.डी.सी.) ने बस्तर जिले के हीरानार में एक इस्पात संयंत्र स्थापित करने का प्रस्ताव किया था। लेकिन नक्सलियों के विरोध के चलते इसे बस्तर के बैलाडिला में स्थानांतरित कर दिया गया। नक्सली केवल इस कोयला और लौह अयस्क क्षेत्र तक ही सीमित नहीं रहे, बल्कि वे खनिज संपदावाले अन्य इलाकों में भी फैल चुके थे। रायपुर जिले के हीरा समृद्ध क्षेत्र से हाल ही में गिरफ्तार किए गए एक शीर्ष नक्सली ने इस बात की पुष्टि की थी। नक्सली सरगुजा जिले के मेनपात और गिरीडीह जैसे क्षेत्रों में अपनी गतिविधियों को विस्तार दे चुके हैं, जो बॉक्साइट खनिज से भरपूर इलाके हैं। यहाँ हिंडाल्को और वेदांता के एल्युमिनियम खनन संयंत्र हैं। तकनीक आधारित इन उद्योगों ने उम्मीदों के अनुरूप श्रमिकों को भरती नहीं किया। इस पर नक्सलियों ने अपने फायदे के लिए स्थानीय लोगों के असंतोष का इस्तेमाल किया।

छत्तीसगढ़ मध्य भारत में स्थित है और इसकी सीमाएँ उत्तर प्रदेश, उत्तर में बिहार, पूर्व में ओडिशा, दक्षिण में आंध्र प्रदेश, पश्चिम में मध्य प्रदेश और महाराष्ट्र से लगती हैं। इस राज्य का बड़ा हिस्सा विंध्याचल शृंखला के तहत आता है। महानदी और नर्मदा इस राज्य की प्रमुख नदियाँ हैं। शुरुआत से ही छत्तीसगढ़ आसपास के इलाकों से आनेवाले प्रवासियों से गुलजार रहता आया है। इस समय वे प्रदेश की आबादी में महत्त्वपूर्ण हिस्सेदारी रखते हैं। चूँकि यह क्षेत्र बहुत ही बीहड़ इलाका है और यहाँ पहुँचना लगभग असंभव सा है तो यहाँ बसनेवाले आदिवासियों की जीवन-शैली पर बाहरी प्रभाव बहुत ज्यादा नहीं पड़ा है। कालचूरी पहले शासक थे, जिन्होंने 19वीं सदी तक इस क्षेत्र पर शासन किया। उसके बाद नागपुर के भोंसले का इस क्षेत्र पर आधिपत्य रहा। मराठों के पतन के साथ ही बहुत से आदिवासी मुखियाओं ने जमीन के छोटे-छोटे टुकड़ों पर अपना राज कायम कर लिया। इसके बाद औपनिवेशिक सरकार आई तो उसने क्षेत्र की खनिज संपदा को पहचाना और इस क्षेत्र में रेलवे और खदानों का विशाल तंत्र खड़ा कर दिया।

छत्तीसगढ़ में 16 जिले हैं और यह भारत का 26वाँ राज्य है। उद्योगों का विरोध करने के साथ ही उनसे पैसा वसूलने के अलावा नक्सली अभियानों ने राज्य के बजट को भी प्रभावित किया है। छत्तीसगढ़ के बजट का करीब 30 प्रतिशत हिस्सा नक्सल विरोधी अभियानों पर खर्च किया जाता है। दूसरी ओर इन वनों से प्राप्त होनेवाला राजस्व घटता जा रहा है।

छत्तीसगढ़ 2006 से 2010 (तालिका देखें 4.1) के बीच हिंसा की सबसे अधिक घटनाओं का गवाह रहा है।

तालिका 4.1 : छत्तीसगढ़ में माओवादी हिंसा में मारे गए लोगों की संख्या 2005-2012

वर्ष	नागरिक	एस.एफ.	माओवादी	कुल
2005	52	48	26	126
2006	189	55	117	361
2007	95	182	73	350
2008	35	67	66	168
2009	87	121	137	345
2010	72	153	102	327
2011	39	67	70	176
कुल	**569**	**693**	**591**	**1,853**

झारखंड में सारंडा वन

'सारंडा' का शाब्दिक अर्थ 'सात सौ पहाड़ियाँ' हैं। यह क्षेत्र झारखंड और ओडिशा के पश्चिम सिंहभूम, क्योंझार, सुंदरगढ़ के तिराहे पर स्थित है। यह इलाका साल के घने वनों से घिरा है और एशिया का सबसे बड़ा साल वन क्षेत्र है। इस इलाके में एक अनुमान के अनुसार, 10,000 आदिवासी परिवार रहते हैं, जिनकी आबादी 1,25,000 है। ये आदिवासी कृषि, वन उपज और मवेशियों के सहारे अपना जीवनयापन करते हैं। यह क्षेत्र भारत के 30 प्रतिशत लौह अयस्क का योगदान देता है। लौह अयस्क में प्रचुरता के कारण यहाँ हमेशा समुदायों और उद्योगों के बीच संघर्ष चलता रहा और इस संघर्ष ने माओवादियों को पैर जमाने की जमीन मुहैया करा दी। बस्तर के बाद यह नक्सलियों की दूसरी सबसे बड़ी शरण स्थली है। इस वन क्षेत्र में भाकपा (माओवादी) का पूर्वी भारत का क्षेत्रीय मुख्यालय है, जहाँ स्थायी प्रशिक्षण शिविर संचालित किए जाते हैं। झुमरा पहाड़ को नक्सलियों के गढ़ के रूप में जाना जाता है। यहाँ घने जंगल हैं और यहाँ तक पहुँचना नामुमकिन है। एक बार झारखंड पुलिस ने इस इलाके में छापेमारी की तो उसे यहाँ भूमिगत बंकरों का पूरा नेटवर्क मिला था।

ऐसा कहा जाता है कि यह इलाका कभी चाय बागानों के लिए जाना जाता था। जब चाय बागान खत्म हो गए तो कामगार बेरोजगार हो गए। इनमें से बहुत से कामगारों ने हथियार उठा लिये।

झारखंड में नक्सलियों का अच्छा-खासा प्रभाव रहा है। विभाजन से पहले वे बिहार में काफी सक्रिय थे। यह संयोग है कि 15 नवंबर, 2000 को ही झारखंड भारत का 28वाँ राज्य बना और उसी दिन संथाल विद्रोह के नेता बिरसा मुंडा की जयंती होती है। झारखंड चारों ओर से जमीन से घिरा हुआ राज्य है। इसके उत्तर में बिहार, उत्तर प्रदेश, पश्चिम में छत्तीसगढ़, दक्षिण में ओडिशा और पूर्व में पश्चिम बंगाल राज्य स्थित हैं। 24 में से करीब 19 जिले नक्सली गतिविधियों से प्रभावित हैं। चूँकि विभाजन के बाद अधिकतर खनिज संसाधन झारखंड के हिस्से में आ गए तो उसी के अनुसार नक्सली गतिविधियाँ भी बिहार से इस राज्य में स्थानांतरित हो गईं। 'दक्षिण एशिया आतंकवाद पोर्टल' (एस.ए.टी.पी.) द्वारा 2011 में किए गए एक विश्लेषण से संकेत मिलते हैं कि 16 जिले नक्सलवाद से सर्वाधिक प्रभावित हैं, जिनमें हैं—बोकारो, छतरा, दुमका, पूर्वी सिंहभूम, गिरिडीह, गुमला, हजारीबाग, खुंटी, लातेहार, लोहारदगा, पाकुड़, राँची, सरायकेला, सिमडेगा और पश्चिमी सिंहभूम। बाकी चार जिले, जैसेकि रामगडहम, धनबाद और जामताड़ा हलके स्तर पर नक्सलवाद से पीड़ित हैं। राज्य में नक्सलवाद के पनपने और उसके फलने-फूलने के लिए जिम्मेदार कारकों की पहचान निम्न प्रकार से की गई है—

1. 54 फीसदी आबादी अभी भी गरीबी रेखा से नीचे जीवनयापन करती है।
2. धन का असमान वितरण। गरीब और अमीर के बीच गहरी खाई।
3. राज्य में भूमि सुधारों को लागू करने में विफलता, जिसके परिणामस्वरूप भू-संघर्ष हुआ।
4. अनुकूल भौगोलिक स्थितियाँ।
5. ग्रामीण इलाकों और महिलाओं के बीच बेरोजगारी का अधिक होना।
6. शोषण के विरुद्ध आदिवासियों का असंतोष।
7. झारखंड खनिज संसाधनों से भरपूर है। प्रकृति ने लौह अयस्क, मैंगनीज, कोयला, लाइमस्टोन, ग्रेफाइट, क्वार्टजाइट, एस्बेस्टोस, सीसा, जिंक और ताँबे जैसे खनिज पदार्थों से इसकी झोली भर रखी है। लेकिन यहाँ रहनेवाले आदिवासियों को इस संपदा में कम हिस्सा मिल रहा है।

राज्य में नक्सलवादी आंदोलन उगाही के रूप में संगृहीत किए जानेवाले धन के बल पर जिंदा है। खनिज पदार्थों से समृद्ध ग्रामीण इलाकों पर माओवादियों का राज चलता है और वे कोयला खदानों, पेट्रोल पंपों, वाहनों तथा निर्माण में शामिल ठेकेदारों से उगाही वसूलते हैं। ऐसी रिपोर्ट है कि माओवादी सालाना 320 करोड़ रुपए कमाते हैं,

जो राज्य के कुल राजस्व का 10 फीसदी है। ऐसा देखा गया है कि नक्सलियों को यह आमदनी अधिकतर सारंडा के वनों और लौह अयस्क तथा बॉक्साइट जैसे खनिजों से होती है।

दक्षिण देश, जिसका नाम 1975 में बदलकर एम.सी.सी. रखा गया, वह बिहार और पश्चिम बंगाल में सक्रिय था। इस क्षेत्र में एम.सी.सी. का उद्देश्य जन युद्ध के माध्यम से जनता की सरकार की स्थापना करना है। झारखंड में भाकपा (माओवादी) से अलग हुए कई समूह हैं—(1) स्वतंत्र झारखंड प्रस्तुति (एस.जे.पी.सी.), (2) झारखंड प्रस्तुति कमेटी (जे.पी.सी.), (3) झारखंड लिबरेशन टाइगर (जे.एल.टी.), जिसे 'पीपल्स लिबरेशन फ्रंट ऑफ इंडिया' (पी.एल.एफ.आई.) के नाम से भी जाना जाता है, (4) तृतीय सम्मेलन प्रस्तुति कमेटी (टी.एस.पी.सी.), जिनका अलग-अलग इलाकों में प्रभाव है। एस.जे.पी.सी. का राँची और लोहरदगा, दो जिलों पर प्रभाव है, तो वहीं जे.पी..सी. का राँची, पलामू, लातेहार, हजारीबाग, चतरा, रामगढ़ और देवगढ़ जैसे जिलों पर नियंत्रण है। माओवादी कुल 3,000 संख्या बल के साथ राज्य में सक्रिय हैं, जिनमें भाकपा (माओवादी)-2,700, टी.एस.पी.सी.-70 जे.एल.टी.-40, एस.जे.एस.एम.-60 और जे.पी.सी.-60 शामिल हैं। (नक्सली घटनाओं के लिए देखें तालिका 4.2।)

तालिका 4.2 : झारखंड में भाकपा-माओवादी हिंसा में मारे गए लोगों की संख्या : 2005-2012

वर्ष	नागरिक	एस.एफ.	माओवादी	कुल
2005	49	27	20	96
2006	18	47	29	94
2007	69	6	45	120
2008	74	39	50	163
2009	74	67	76	217
2010	71	27	49	147
2011	79	30	48	157
कुल	**434**	**243**	**317**	**994**

जंगल महल

दक्षिण–पश्चिम बंगाल माओवाद प्रभावित क्षेत्र है। पश्चिमी मिदनापुर, बाँकुड़ा और पुरूलिया के काफी बड़े हिस्से इसमें शामिल हैं। थोड़ी–बहुत आदिवासी आबादी भी यहाँ सदियों से रहती आ रही है। इतना ही नहीं, पहाड़ी भौगोलिक स्थिति होने के कारण यह इलाका छापामार अभियानों के लिए काफी मुफीद है।

बिहार

मध्य बिहार के दस जिले तीन नक्सली समूहों के नियंत्रण में हैं। इन समूहों में एम.सी.सी., सी.पी.एम.एल. पार्टी यूनिटी और विनोद मिश्रा का सी.पी.एम.एल.(माले) शामिल हैं। इनमें से अधिकतर घटनाओं को अंजाम देने के लिए एम.सी.सी. ही जिम्मेदार रही है, जिसके देश भर में 65 हथियारबंद दस्ते हैं, जो जबरन वसूली और फिरौती के लिए अपहरण जैसी वारदातों को अंजाम देते रहते हैं। सी.पी.आई.(माले) यानी कि भाकपा (माले) पार्टी यूनिटी के 22 हथियारबंद समूह हैं और ये सभी ए.के.–47 और राइफल जैसे हथियारों से लैस हैं। ये समूह एम.सी.सी. और पी.डब्ल्यू.जी.(ए.डी.) के साथ समन्वय कायम करते हुए काम करते हैं। भाकपा (माले) (विनोद मिश्रा) ने चुनाव में भी भाग लिया था। इस समूह के 80 हथियारबंद दस्ते हैं और ये हिंसक गतिविधियों में शामिल रहते हैं। एम.सी.सी. के अलावा, पी.डब्ल्यू.जी. बिहार के अन्य जिलों में सक्रिय है।

कैमूर वन

बिहार और उत्तर प्रदेश के आसपास का क्षेत्र विंध्याचल पर्वतों और कैमूर वनों से आच्छादित है। सोन, कन्हार और कर्मनाशा, ये तीन ऐसी महत्त्वपूर्ण नदियाँ हैं, जो झारखंड, उत्तर प्रदेश और बिहार के संगम पर ऊँची पहाड़ियों के बीच एक सँकरा मार्ग बनाती हैं। बिहार में ये रोहता पहाड़ियाँ नक्सली गतिविधियों का मुख्यालय बन चुकी हैं। खारवाड़, गोंड, बैगा जैसी आदिवासी जातियाँ इस क्षेत्र में निवास करती हैं। वे इन पहाड़ियों में प्रशिक्षण शिविर चलाते हैं और यहाँ नियमित रूप से बैठकों का आयोजन करते हैं। लखीमपुर खीरी, पीलीभीत का तराई का इलाका घने जंगलों से अँटा पड़ा है और इस क्षेत्र में रहनेवाले आदिवासियों को 'थारूस' कहा जाता है। इन आदिवासियों का जमीन पर कानूनी रूप से कोई मालिकाना हक नहीं है। तेंदूपत्ते की नीलामी वन विभाग द्वारा की जाती है। बोली लगानेवालों ने जंगल पर आदिवासियों के पारंपरिक अधिकार छीन लिये हैं। सच्चाई तो यह है कि कैमूर के वनों में बड़े जलाशयों की भी नीलामी की जाती है। इन जलाशयों से मछली पकड़ने के लिए आनेवाले बच्चों को ठेकेदारों की पिटाई का सामना करना पड़ता है।

जब सरकार ने तराई क्षेत्र में गरीब किसानों को जंगलों को साफ करने और वहाँ खेती करने का मौका दिया तो जमींदारों ने उस पर जबरन कब्जा कर लिया। नक्सलबाड़ी विद्रोह उत्तर प्रदेश के सोनभद्र, मिर्जापुर और चंदौली में अपनी उपस्थिति दर्ज करा चुका है। 'उत्तर प्रदेश राज्य समिति' के सचिव शिव कुमार मिश्रा ने 7 सितंबर, 1967 को उत्तर प्रदेश में सभी पार्टी सदस्यों को एक सर्कुलर भेजकर नक्सलबाड़ी में किसानों के विद्रोह को समर्थन देने के लिए लोगों को संगठित करने को कहा था। शिव कुमार राष्ट्रीय क्रांतिकारियों के काकोरी संगठन के सदस्य थे और उन्होंने कानपुर को अपना ठिकाना बनाया हुआ था। फरवरी 1969 में चरमपंथियों ने लखीमपुर खीरी जिले के भानपुरी गाँव में छापा मारा और हथियार लूट लिये। दो महीने बाद, चरमपंथियों ने रानीनगर में एक घर पर हमला बोला और एस.बी.बी.एल. गन लूट ली। वास्तविकता यह है कि उत्तर प्रदेश के मुख्यमंत्री ने 19 अगस्त, 1969 को प्रदेश विधानसभा में नक्सली गतिविधियों की बात स्वीकार की थी। ये ज्यादातर विद्रोही पूर्वी उत्तर प्रदेश से ताल्लुक रखते थे। इस आंदोलन पर पुलिस ने जल्द ही काबू पा लिया। नक्सली संगठन अपनी शैशवावस्था में ही था और इसके सदस्य न तो विचारधारात्मक रूप से प्रेरित थे और न ही सही तरीके से उन्होंने प्रशिक्षण ही हासिल किया था।

पूरे उत्तर प्रदेश को भाकपा (माले) ने दो जोन में बाँट दिया था। पूर्वी जोन की कमान शिव कुमार मिश्रा और पश्चिमी जोन की कमान महेंद्र सिंह सँभाल रहे थे। 1970 में शिव कुमार की गिरफ्तारी के बाद नक्सली गतिविधियों में कमी आ गई और बाद में वे मुंबई चले गए। 93 साल की उम्र में, वहाँ दिसंबर 2007 में उनका निधन हो गया।

नक्सली आंदोलन का दूसरा चरण 1998 में शुरू हुआ। बिहार के औरंगाबाद जिले से श्रीकांत (एम.सी.सी. एरिया कमांडर) आर/ओ दुमरा, अंबा, पी.एस., शरण लेने के लिए सोनभद्र आ गया। उसके साथ सुशील मल्लाह उर्फ किशोर पाल आर/ओ, तेलाड़ी, छिनारी पी.एस., रोहतास जिला, बिहार भी उसके साथ आया। अपनी उग्रवादी गतिविधियों के कारण वह बहुत जल्द ही सुर्खियों में आ गया। उन्होंने मिर्जापुर, चंदौली और सोनभद्र जिलों में एम.सी.सी. का संगठन बनाया। उन्होंने तीन क्षेत्रीय समितियों की स्थापना की—(1) नौगढ़ क्षेत्रीय समिति, (2) दुद्धी-घोरावल क्षेत्रीय समिति, (3) रायपुर-माछी क्षेत्रीय समिति। बाद में, कामेश्वर बैथा ने राहुल बैगा के नेतृत्व में सोनभद्र के कोन क्षेत्र के पर्वतीय वन इलाके में 'पी.डब्ल्यू.जी. क्षेत्रीय समिति' की स्थापना की। सोनभद्र में वाम चरमपंथियों के अपने मुखौटा संगठन हैं, जो वाम विचारधारा के प्रचार-प्रसार के साथ ही उनके गुप्तचर के रूप में काम करते हैं। उनमें से कुछ इस प्रकार हैं—

1. वीमेन लिबरेशन फ्रंट
2. पीपल्स वार मोर्चा
3. डेमोक्रेटिक फ्रंट
4. डी.वाई.एफ.आई.
5. पीपल्स लिबरेशन फ्रंट
6. ऑल इंडिया डेमोक्रेटिक वीमेन्स काउंसिल

ओडिशा

राज्य का 34.23 प्रतिशत भौगोलिक क्षेत्र वनों से ढका हुआ है। इस मामले में यह देश में पाँचवें स्थान पर है। ओडिशा में दो प्रकार के जंगल हैं। राज्य के उत्तर-पूर्वी क्षेत्र में वनों को उष्णकटिबंधीय-नम-पर्णपाती के रूप में वर्गीकृत किया गया है, जिन्होंने पहाड़ियों, पठारों और अधिक ऊँचाईवाले निर्जन स्थलों को आच्छादित किया हुआ है। राज्य के दक्षिण-पश्चिम में उष्णकटिबंधीय-शुष्क-पर्णपाती वन हैं। इन वनों में शीशम, साल, पियासाल, सागवान और हल्दी की महत्त्वपूर्ण किस्में पाई जाती हैं। मलकानगिरि, कोरापुट जिले, जो नक्सलवाद से बहुत अधिक प्रभावित हैं, वे दंडकारण्य क्षेत्र में स्थित हैं। नक्सली आंदोलन ओडिशा में 1960 के दशक में कोरापुट जिले के गुनपुर में किसानों के आंदोलन के रूप में शुरू हुआ था। ओडिशा के कम्युनिस्टों ने मार्च 1968 में 'ओडिशा स्टेट कॉर्डिनेशन कमेटी' (ओ.एस.सी.सी.) का गठन किया। डी.बी.एम. पटनायक को इसका संयोजक और रवि दास, नागभूषण पटनायक, दीनबंधु समाल और जगन्नाथ त्रिपाठी को सदस्य चुना गया। नागभूषण पटनायक ने 'चित्रकोंडा लेबर मूवमेंट' के प्रमुख के रूप में 5,000 श्रमिकों को लेकर चित्रकोंडा पुलिस स्टेशन पर हमला किया और हथियार तथा गोला-बारूद लूट लिया। जनवरी 1969 में गुनपुर के समीप कपिलपुर में फैसला किया गया कि नक्सलबाड़ी तरीके को अपनाया जाए। उसी साल चारू मजूमदार ने आंध्र प्रदेश का दौरा किया। उन्होंने ओडिशा स्टेट कमेटी को भंग कर दिया और आंध्र-ओडिशा सीमा के आसपास छापामार दस्तों के गठन का प्रस्ताव रखा। साथ ही उन्होंने ओडिशा स्टेट कमेटी तथा पड़ोसी राज्यों के छोटे संगठनों में विलय करा दिया।

वह आंदोलन, जो गरीब किसानों और आदिवासियों के साथ शुरू किया गया था, वह बहुत तेजी के साथ कॉलेज छात्रों, भूमिहीन लोगों और बुद्धिजीवियों के बीच फैल गया।

ओडिशा के मुख्यमंत्री ने, जैसाकि 28 फरवरी, 1969 को विधानसभा में खुलासा किया था कि गुनपुर क्षेत्र में 32 छापामार दस्ते सक्रिय थे। नागभूषण पटनायक, पुरुषोत्तम पाली और जगन्नाथ को चित्रकोंडा मामले में सजा सुनाई गई। 1972 से 1996 के बीच

भाकपा (माले) का एक प्रकार से सफाया हो गया था। सब्यसाची पांडा ने 1996 में नक्सली आंदोलन को पुनर्जीवित किया। वह भाकपा-एम.एल. लिबरेशन पार्टी के सक्रिय सदस्य थे। उन्होंने 'कुई लबांगा संघ' (कुई यूथ एसोसिएशन) नामक संगठन की स्थापना की, जिसने आंध्र के पी.डब्ल्यू.जी. के मुखौटा संगठन की तरह काम किया। 2001 में 'आंध्र-ओडिशा बॉर्डर स्पेशल जोन कमेटी' (ए.ओ.बी.एस.जेड.सी.) गठित किए जाने के बाद ओडिशा में हिंसा बढ़ गई। यह संगठन आंध्र के चार उत्तरी तटीय जिलों—पूर्वी गोदावरी, विशाखापत्तनम, विजयनगरम तथा श्रीकाकुलम और दक्षिणी ओडिशा के पाँच जिलों—मलकानगिरी, कोरापुट, रायगड़ा, गजपति और गंजाम—को कवर करता है। उसके बाद से राज्य में नक्सली हिंसा बहुत तेजी के साथ बढ़ी है।

नक्सली उग्रवाद ने आंध्र सीमा पर कोरापुट, रायगढ़, मलकानगिरि, गजपति और गंजाम जिलों; झारखंड सीमा पर मयूरभंज, सुंदरगढ़, संबलपुर, देवगढ़ और क्योंझर जिलों को अपनी चपेट में ले लिया था। नबरंगपुर, जाजपुर, कालाहांडी, बलांगिर, फुलबनी 'लाल गलियारे' का हिस्सा हैं।

नल्लामाला जंगल

नक्सलवाद के इतिहास में आंध्र प्रदेश का एक महत्त्वपूर्ण स्थान रहा है। इसकी जड़ें 1946 से 1951 के बीच हैदराबाद के निजाम के तानाशाही शासन के खिलाफ तेलंगाना के सशस्त्र संघर्ष तक जाती हैं। अगला महत्त्वपूर्ण मोड़ नक्सलबाड़ी के बाद के घटनाक्रमों का रहा, जब आंध्र प्रदेश में कैडरों ने नवंबर 1968 में श्रीकाकुलम जिले में सशस्त्र संघर्ष छेड़ा था। ऐसा दावा किया जाता रहा है कि जून 1969 में भाकपा (माले), जोकि सी.पी.आई.(एम) की एक शाखा है, द्वारा इस जिले में करीब 500 वर्ग किलोमीटर से अधिक क्षेत्र में 'लाल राजनीतिक शासन' स्थापित करने का दावा किया गया था।

श्रीकाकुलम आंदोलन : श्रीकाकुलम, विजयानगरम, विशाखापत्तनम, सभी गोदावरी जिलों का वन क्षेत्र और खम्मम जिले का वन क्षेत्र दंडकारण्य में पड़ता है। आंध्र प्रदेश के श्रीकाकुलम में आदिवासियों की अच्छी-खासी आबादी है, जिन्हें 'गिरिजन' के नाम से जाना जाता है। यह पहाड़ी और घने जंगलवाला इलाका है।

तेलंगाना के विशाल और घने जंगलों से तुलना करें तो यह इलाका छोटा और मैदानी इलाकों से सटा हुआ है। उन्हें जमींदारों के हाथों भयंकर शोषण का सामना करना पड़ा था। 1959 में एक गैर-आदिवासी स्कूल अध्यापक वेमपतापू सत्यनारायण ने 'गिरिजन संघम' की स्थापना की, जो भाकपा (मार्क्सवादी) से जुड़ा हुआ था। शुरुआत में इस 'गिरिजन संघम' ने कानून के दायरे में रहते हुए काम किया, लेकिन जब

साहूकारों के दो गुर्गों ने अक्तूबर 1967 में दो आदिवासियों की हत्या कर दी तो संघम ने 'दलाम' का आयोजन शुरू कर दिया। अक्तूबर 1968 में वेमपतापू सत्यनारायण ने ए.आई.सी.सी.सी.आर. के सदस्यों से मुलाकात की, जिनमें मजूमदार भी शामिल थे और उन्होंने 'नक्सलबाड़ी मॉडल' का अनुसरण करने का फैसला किया। 1969 समाप्त होने तक चरमपंथियों ने दावा किया कि उन्होंने जिले के करीब 300 गाँवों पर नियंत्रण स्थापित कर लिया है। इसके जवाब में सरकार ने भारी संख्या में अर्धसैनिक बलों और राज्य बलों को तैनात कर दिया। गाँवों को पुलिस ने घेर लिया। कई नेताओं और आदिवासियों को गिरफ्तार कर लिया गया। वेमपतापू सत्यनारायण जुलाई 1970 में एक मुठभेड़ में मारा गया। 1970 की समाप्ति तक श्रीकाकुलम आंदोलन खत्म हो गया।

तेलंगाना में नक्सलवाद : तेलंगाना का इलाका करीब 1,12,000 वर्ग किलोमीटर में फैला हुआ है और इसकी आबादी करीब तीन करोड़ है। देश में आकार में यह 11वें और आबादी में 12वें स्थान पर है। इस राज्य का अधिकांश क्षेत्रफल पहाड़ियों, पर्वत श्रृंखलाओं और घने जंगलों से ढका है। इसमें नल्लामलाई के घनों जंगलोंवाला इलाका भी पड़ता है, जिसमें अधिकांश हिस्से में पहाड़ियाँ हैं। तेलंगाना दक्षिणी पठार पर स्थित है। इस अर्धशुष्क क्षेत्र में मौसम मुख्य रूप से गरम और शुष्क रहता है तथा राज्य की दो प्रमुख नदियाँ गोदावरी और कृष्णा हैं। यहाँ भीमा, मरजीना और मूसी जैसी कुछ छोटी नदियाँ भी बहती हैं। तेलंगाना में नक्सलवादी आंदोलन ने 1969-1970 के अलग राज्य के आंदोलन के समय अपनी जड़ें जमाना शुरू किया था। पृथक् राज्य की माँग को लेकर हुए इस आंदोलन में युवाओं समेत 370 लोगों ने जान दी थी। 1971 के आम चुनाव में तेलंगाना के हित का मुद्दा उठानेवाली क्षेत्रीय 'तेलंगाना प्रजा समिति' (टी.पी.एस.) को 14 में से 11 सीटों पर जीत हासिल हुई थी। इस बीच कई युवकों ने नक्सलवाद के आकर्षक नजर आनेवाले रास्ते को अपना लिया।

1968 में आंध्र प्रदेश भाकपा (मार्क्सवादी) से निष्कासित किए गए एक अन्य असंतुष्ट समूह ने नक्सलबाड़ी की तर्ज पर नए माओवादी समूह 'रिवोल्यूशनरी कम्युनिस्ट कमेटी ऑफ आंध्र प्रदेश' (आर.सी.सी.) गठित करने का ऐलान कर दिया। इसके प्रमुख नेता थे—तारिमेल्ला नागी रेड्डी, चंद्र पुल्ला रेड्डी और डी.वी. राव।

लेकिन यह समूह नक्सलबाड़ी क्रांति से पूरी तरह सहमति नहीं रखता था। इसके बजाय, वे इस बात के पैरोकार थे कि क्रांतिकारियों को निचले कृषक वर्गों में व्यापक जनाधार का निर्माण करना चाहिए। फरवरी 1969 में आर.सी.सी. को ए.आई.सी.सी.सी.आर. से असंबद्ध कर दिया गया। तेलंगाना के पहाड़ी और जंगली इलाकों में विद्रोह खड़ा हो गया। विद्रोहियों ने छापामार युद्ध के लिए इस इलाके को अपने अनुकूल पाया था और साथ ही उन्हें आदिवासियों से भी मजबूत समर्थन मिला। 1970

के दशक के मध्य तक आर.सी.सी. ने 7,000 से 8,000 वर्गमील इलाके को आजाद करवाने का दावा कर दिया। 1971 में सरकार इस आंदोलन से बहुत ही सख्ती के साथ पेश आई और इसके कई नेता भूमिगत हो गए। 1974 तक विद्रोही घने जंगलों में जा छुपे और 'दलाम' के रूप में अपनी गतिविधियों को संचालित करने लगे।

तत्पश्चात् नक्सली उग्रवाद तेलंगाना के उत्तरी जिलों में फैल गया। नक्सलवाद के तीन चरण—संगठनात्मक चरण, छापामार युद्ध चरण और चलित (मोबाइल) युद्ध चरण—मोटे तौर पर एक क्रांतिकारी आंदोलन के माओवादियों के विश्लेषण के अनुरूप है, जो रणनीतिक रक्षा, रणनीतिक गतिरोध और रणनीतिक आक्रमण के चरणों से गुजरता है। महत्त्वपूर्ण बात यह है कि कोई भी आंध्र प्रदेश के लगभग सभी 23 जिलों में क्रांतिकारी आंदोलन के इन विभिन्न चरणों को देख सकता है। करीब 15 जिलों में, माओवादियों को अपने प्रोपेगेंडा में रक्षा रणनीति और साथ ही अत्यधिक सक्रिय होने की नीति को अपनाते देखा जा सकता है। इन जिलों में रंगा रेड्डी, मेडक, नलगौंडा, महबूबनगर (तेलंगाना), कुरनूल, अनंतपुर, कुडप्पा, चित्तूर (रायलसीमा), प्रकाशम, गुंटूर, कृष्णा, पश्चिमी गोदावरी, पूर्वी गोदावरी के मैदानी इलाके, विशाखापत्तनम, विजयानगरम और श्रीकाकुलम (अंतिम तीन उत्तरी तटीय क्षेत्र में आते हैं) शामिल हैं। इन 15 जिलों में इनकी गतिविधियों में साहूकारों की पिटाई करना और इकरारनामों को नष्ट करना, महिलाओं को प्रताड़ित करनेवाले, छेड़छाड़ करनेवाले और दुर्व्यवहार करनेवाले लोगों पर हमला करना या उनका खात्मा करना शामिल है। ऐसे लोगों को 'प्रजा (जनता की) अदालत' में सजा सुनाई जाती है। इन लोगों ने जमींदारों को भूमि वितरण के लिए मजबूर किया और लोकप्रिय मुद्दों पर सरकार के खिलाफ प्रदर्शनों का आयोजन करने के साथ ही मीडिया के लिए बयान जारी किए।

नक्सलियों के कई समूह थे। हालाँकि, 'नक्सल' शब्द की तुलना सी.पी.आई. (एम.एल.) (पीपल्स वार) या पी.डब्ल्यू. से संक्षेप में की जाने लगी। एम.सी.सी.आई., जो मुख्य रूप से झारखंड और बिहार में सक्रिय है, उसके साथ विलय के बाद नए संगठन को अब भाकपा (माओवादी) नाम दिया गया है। इस एकीकृत संगठन का नेता गणपति तेलंगाना का रहनेवाला है और ऐसा माना जाता है कि आंध्र प्रदेश के नेता नए संगठन को निर्देशित करने में अधिक प्रबल भूमिका निभा रहे हैं। हकीकत तो यह है कि पूर्ववर्ती पी.डब्ल्यू. के केंद्रीय नेतृत्व में से अधिकतर तेलंगाना से ताल्लुक रखते हैं।

तमिलनाडु में नक्सलवाद

- भाकपा (माले) के कलकत्ता सम्मेलन में भाग लेनेवाले अप्पू ने पार्टी की तमिलनाडु इकाई स्थापित करने का प्रयास किया था। नक्सलियों का सम्मेलन

दिसंबर 1968 में अमदत्तूर और फरवरी 1969 में कोयंबटूर में आयोजित किया गया था। इन बैठकों में तय पाया गया कि तमिलनाडु राज्य इकाई की एक केंद्रीय समिति गठित की जाए। हालाँकि ऐसी कोई समिति गठित नहीं की गई, जिसका कारण भाकपा (माले) में लिन पियाओ विरोधी अनुयायियों और लिन पियाओ रणनीतिकारों के बीच कड़वा विवाद था। इस प्रकार तमिलनाडु में नक्सलवादी आंदोलन का जन्म लगभग पश्चिम बंगाल के साथ-ही-साथ हुआ था। हालाँकि, आंदोलन को तमिलनाडु में जड़ें जमाने में काफी लंबा समय लगा। इसके कारणों पर नीचे चर्चा की गई है—

- नक्सलियों ने शुरुआत में अपनी उपस्थिति भाकपा (माले) के पारंपरिक आधारवाले इलाकों में दर्ज कराई, जैसे—तंजावुर, दक्षिणी अरकोट, उत्तरी अरकोट, धर्मपुरी, मदुरै, रामनाद और तिरूनेलवल्ली जिले।
- दूसरा, नक्सलियों को शहरी इलाकों में बहुत मामूली समर्थन हासिल था, क्योंकि उनकी कोई शहरी छापामार गतिविधियाँ नहीं थीं, लेकिन ग्रामीण इलाकों में उनकी पकड़ काफी मजबूत थी। चूँकि ग्रामीण इलाकों में शोषण और अन्याय बहुत अधिक था, तो इसके चलते इन इलाकों में नक्सली सेल की बहुत तेजी से वृद्धि हुई। वे मुख्य रूप से कोयंबटूर, मदुरै, दक्षिणी अरकोट, उत्तरी अरकोट और धर्मपुरी जिलों में विशेष रूप से जमा थे।
- तीसरा, आंध्र नक्सली समूह की तमिलनाडु के दूर उत्तरी छोर पर कोई खास मौजूदगी नहीं थी, जहाँ आंध्र आबादी बहुत ज्यादा है।
- चौथा, तमिलनाडु भाकपा (एम) इकाई के पदाधिकारी चुनावी रणनीति में यकीन रखते थे। पश्चिम बंगाल में भाकपा (माले), भाकपा (एम) का एक धड़ा था, लेकिन तमिलनाडु में भाकपा (एम) से टूटकर कोई भाकपा (माले) में नहीं आया था। अप्रैल 1964 में भाकपा (एम) गठित करने के लिए भाकपा की राष्ट्रीय परिषद् का बहिष्कार करनेवाले तमिलनाडु के 32 सदस्यों ने नक्सली हित को छोड़ने से एकदम साफ इनकार कर दिया था।
- पाँचवाँ, तमिलनाडु में नक्सलियों के संगठन में एक निर्धारित पैटर्न स्पष्ट नजर आता था। कुछ उत्साहित और शिक्षित युवकों में माओ के विचारों को भरकर उनका दिमाग फेर दिया गया और नक्सली सेल में इजाफा हो गया और उन्हीं के चारों ओर उनकी गतिविधियाँ चलने लगीं। मदुरै के एल. अरपुथ्थास्वामी और लिंगास्वामी रामनाद के राजन, उसीलमपट्टी के सोमनाथन, मदुरै के एम. कृष्णा और ए. गुरुस्वामी, तिरूनलवेल्ली के मप्पीआई स्वामी, कोयंबटूर के आई.जी. गीता, अवनाशी के आई.एम. शरीफ, पेन्नाडम के कलियामेरूमल,

कुड्डालोर के कोंथादरामन और उत्तरी अरकोट के कन्नामणि, नक्सली सेल के प्रमुख नेताओं में शामिल थे। लेकिन ये सेल नक्सली दर्शन को आगे बढ़ाने की दिशा में कोई सफलता हासिल नहीं कर सके। इसकी वजह यह थी कि अनपढ़ गाँववालों के लिए हथियार और हिंसा एकदम अजनबी बातें थीं। असलियत यह है कि गोपनीय रूप से काम करने का सिद्धांत, भूमिगत गतिविधियों को जनता का उम्मीदों के अनुसार समर्थन नहीं मिला।

- छठा, भाकपा और माकपा, दोनों ही तमिलनाडु में नक्सली आंदोलन के उदय के सख्त खिलाफ थे। भाकपा के प्रताप मिश्रा और मोहित सेन का तर्क था कि नक्सली क्रांति और हिंसा तथा सशस्त्र संघर्ष को एक तराजू में रखकर तौल रहे हैं और इसीलिए विषय-वस्तु तथा शैली में भ्रम पैदा हो रहा है।
- सातवाँ, मुख्यमंत्री एम.जी. रामचंद्रन ने कहा कि कोई भी सरकार कुछ चुनिंदा सिरफिरे युवकों को कानून अपने हाथ में लेने और हर जगह अराजकता फैलाने की अनुमति नहीं दे सकती। उन्होंने तमिलनाडु में नक्सली समूहों का खात्मा करने के लिए 'ऑपरेशन अजंता' की शुरुआत की।

श्री मेधा चतुर्वेदी द्वारा निम्नलिखित संकेतकों के साथ कुछ क्षेत्रों में नक्सलवाद के विकास के संबंध में किया गया विश्लेषण—

1. प्राथमिक और माध्यमिक शिक्षा, बुनियादी स्थायी रोजगार, बुनियादी स्वास्थ्य सुविधाएँ, पेयजल, कानून और व्यवस्था, शिकायत निवारण और सार्वजनिक वितरण प्रणाली पर ध्यान केंद्रित करनेवाले शासन की कमी।
2. भौगोलिक संकेतक—क्षेत्र, इलाके में जंगल, बारिश और इन इलाकों तक पहुँच।
3. सामाजिक और आर्थिक संकेतक—गरीबी का स्तर, वर्ग और जाति भेद, युवाओं के लिए सार्थक रोजगार और भूमि जोत।
4. मिश्रित संकेत—मादक पदार्थों की तस्करी, युवाओं की आबादी, धार्मिक और धर्मांतरण के मुद्दे, महिलाओं की भूमिका और पर्यावरण कारक।

□

5

मतभेद और संघ

“अगर क्रांति करनी है तो एक क्रांतिकारी पार्टी अवश्य होनी चाहिए।”

—माओ

अपनी पार्टी के कार्यक्रम संबंधी दस्तावेज में माओवादियों ने स्पष्ट रूप से कहा था कि क्रांति में सफलता हासिल करने के लिए तीन जादुई हथियार हैं, जिन्हें शुरुआत से लेकर कदम-दर-कदम निर्मित और मजबूत करना होगा—

(क) मार्क्सवाद-लेनिनवाद पर आधारित एक सशक्त क्रांतिकारी दल सभी मामलों में वैचारिक आधार के मार्गदर्शक के रूप में हो; वह पूर्ण रूप से अनुशासित और क्रांतिकारी शैली और तौर-तरीकों पर निर्मित होना चाहिए; वह सिद्धांत को अभ्यास, आलोचना और स्व आलोचना से जोड़े; उसे घनिष्ठता के साथ जनता से जुड़ा होना चाहिए और पूरी दृढ़ता के साथ उस पर टिका होना चाहिए; उसे वर्ग संघर्ष और सशस्त्र संघर्ष पर मजबूती के साथ खड़े रहना चाहिए।

(ख) ऐसी पार्टी के नेतृत्व में एक मजबूत और अत्यंत अनुशासित पीपल्स आर्मी; मुख्य रूप से पीपल्स आर्मी का गठन सशस्त्र कृषक क्रांति के माध्यम से किया जाना चाहिए।

(ग) मजदूर-किसान गठबंधन और जनवादी क्रांति के सामान्य कार्यक्रम पर आधारित सर्वहारा वर्ग के नेतृत्व में सभी क्रांतिकारी वर्गों का एक संयुक्त मोर्चा। सशस्त्र संघर्ष को आगे बढ़ाने और सशस्त्र संघर्ष के माध्यम से राजनीतिक सत्ता पर कब्जा करने के लिए संयुक्त मोर्चा बनाया जाएगा।

नक्सलबाड़ी की घटना के बाद पुलिस ने जिस प्रकार से दमनात्मक काररवाई की, उससे पार्टी में ऊपर से लेकर नीचे तक आतंक फैल गया। असंतुष्टों ने आरोप लगाया

कि इसके लिए पार्टी का अमनपसंद या यों कहिए कि युद्ध-विरोधी नेतृत्व जिम्मेदार था। इस पर माकपा के पोलित ब्यूरो ने चरमपंथियों पर अनुशासन लागू करने का फैसला कर लिया।

1967 में पार्टी की मदुरै की केंद्रीय समिति की बैठक में नक्सलबाड़ी रुख की 'गलत, विघटनकारी और मार्क्सवादी-लेनिनवादी' के रूप में निंदा की गई। इसके साथ ही पार्टी के अंदरूनी मामलों में चीन के हस्तक्षेप को भी निंदनीय करार दिया गया। उस समय माकपा पश्चिम बंगाल में संयुक्त मोर्चा सरकार का हिस्सा थी। कम्युनिस्ट पार्टी ऑफ इंडिया (सी.पी.आई.) और माकपा (सी.पी.आई.,एम) 1959 से ही दार्जिलिंग क्षेत्र में किसानों के मुद्दों को सक्रियता के साथ उठाती आ रही थी।

पश्चिम बंगाल के नक्सलबाड़ी और आंध्र प्रदेश के श्रीकाकुलम में इन उग्रवादी समूहों के उभरने के साथ ही यह देखा गया था कि उनके नेताओं ने किसी व्यक्ति विशेष के नेतृत्व को स्वीकार नहीं किया। चारू मजूमदार, कानू सान्याल, तारिमेल्ला नागी रेड्डी, नगा भूषण, कोंडापल्ली सीतारमैया जैसे प्रमुख क्रांतिकारियों ने एकल रणनीति में विश्वास नहीं किया। इसका परिणाम यह हुआ कि उसी समय में देश के विभिन्न भागों में कई संगठनों का जन्म हुआ। विभिन्न राज्यों में करीब 50 वामपंथी संगठन उभर आए, जिनमें से 36 समूह लंबे समय तक अपने अस्तित्व को बनाए रखने में सफल रहे। और इनमें से भी केवल चार समूह महत्त्वपूर्ण थे, जिनके पास संख्या बल, विस्तार, उनकी हिंसा और ऐसी अन्य गतिविधियों में दम-खम था। दूसरी तरफ, चारू मजूमदार के नेतृत्व में चरमपंथियों ने पार्टी के संशोधनवादी रवैए का कड़ाई से विरोध किया। यहाँ तक कि उन्होंने केंद्रीय समिति को अमेरिकी साम्राज्यवाद का मित्र बताते हुए उसकी आलोचना की। चारू मजूमदार ने कहा कि माओत्से तुंग के विचार 'मार्क्सवाद-लेनिनवाद का उच्चतम रूप हैं।' उन्होंने कृषक क्रांति और एक क्रांतिकारी पार्टी के महत्त्व पर जोर दिया।

विभिन्न राज्यों के चरमपंथियों ने नवंबर 1967 में कोलुआता में 'ऑल इंडिया कॉर्डिनेशन कमेटी' का गठन किया। इस समन्वय समिति को मजदूर वर्ग के संघर्षों को कृषि क्रांति की ओर उन्मुख करने के लिए क्रांतिकारियों और किसान संघर्ष के बीच समन्वय स्थापित करने, संशोधनवाद के खिलाफ संघर्ष छेड़ने और माओ के विचारों की तर्ज पर क्रांतिकारी कार्यक्रम तैयार करने का काम सौंपा गया। मई 1968 में इन्होंने इसका नाम बदलकर 'ऑल इंडिया कॉर्डिनेशन कमेटी ऑफ कम्युनिस्ट रिवोल्यूशनरीज' (ए.आई.सी.सी.सी.आर.) कर दिया। इसने ग्रामीण इलाकों में क्रांतिकारी बेस स्थापित करने की घोषणा करते हुए एक घोषणा-पत्र जारी किया। इसने चुनावों का बहिष्कार करने के लिए एक प्रस्ताव भी पारित किया।

नक्सलबाड़ी आंदोलन से प्रेरणा पाकर कुछ राज्यों में सशस्त्र संघर्ष छिड़ गया। केरल में पुलिस थानों और बड़े जमींदारों पर हमले किए गए। तारिमेल्ला नागी रेड्डी जैसे कुछ नेताओं ने इन हमलों की निंदा की और चरमपंथियों के बीच मतभेद उभर आए। सबसे पहला और प्रमुख मतभेद कम्युनिस्ट पार्टी ऑफ चाइना के प्रति वफादारी को लेकर था। दूसरा, ए.आई.सी.सी.सी.आर. ने श्रीकाकुलम आंदोलन के प्रति ठंडे समर्थन के लिए आंध्र समितियों की आलोचना का था। तीसरा मतभेद चुनावों के बहिष्कार के मुद्दे को लेकर था। ए.आई.सी.सी.आर. ने इसीलिए आंध्र समन्वय समिति को असंबद्ध कर दिया और बाद में 20 अक्तूबर, 1969 को उन्होंने 'दक्षिण देश' की स्थापना कर दी।

यह भी एक सशस्त्र पार्टी है, जिसके समान लक्ष्य हैं। इसका 1975 में नए सिरे से नामकरण किया गया और इसे 'माओवादी कम्युनिस्ट सेंटर' (एम.सी.सी.)रखा गया। चरमपंथियों ने इस बात को महसूस किया कि मतभेदों के बिना एक पार्टी केवल आदर्शवादी कल्पना है। जैसाकि माओ ने कहा था—"यदि एक पार्टी में कोई विरोधाभास नहीं है और उन्हें सुलझाने के लिए कोई वैचारिक संघर्ष नहीं है तो पार्टी का जीवन समाप्त हो जाएगा।"

ए.आई.सी.सी.सी.आर. ने 22 अप्रैल, 1969 को माओत्से तुंग के विचारों पर आधारित कम्युनिस्ट पार्टी ऑफ इंडिया (मार्क्सवादी-लेनिनवादी) के गठन की घोषणा कर दी। कानू सान्याल ने 1 मई, 1969 को कलकत्ता में हुई एक रैली में औपचारिक रूप से इसकी घोषणा की।

भाकपा (माले) भारत में चरमपंथी आंदोलन में एक महत्त्वपूर्ण पार्टी बनकर उभरी। इसका चाइनीज कम्युनिस्ट पार्टी, श्रीलंका के मार्क्सवादी लेनिनवादी समूहों और अन्य देशों द्वारा स्वागत किया गया। पार्टी ने ऐलान किया कि वह कामगारों और कृषकों के बीच गठबंधन के आधार पर सभी क्रांतिकारी वर्गों के एक संयुक्त मोर्चे का निर्माण करेगी। इसने छापामार युद्ध पर अपनी मंजूरी की मोहर लगा दी। साथ ही इसने यह भी कहा, "भारतीय लोगों के सामने सशस्त्र क्रांति के मार्ग के सिवाय और कोई दूसरा मार्ग है ही नहीं।"

भाकपा (माले) ने 1970 में चारू मजूमदार को महासचिव चुना और इस प्रकार वे 'निर्विवादित नक्सली गुरु' बन गए। पार्टी ने अपनी रणनीति का खाका तैयार किया, जिसमें सशस्त्र संघर्ष के जरिए राजनीतिक सत्ता पर कब्जा जमाना, आधार क्षेत्रों की स्थापना करना और वर्ग शत्रुओं का विनाश करने का जिक्र किया गया। नक्सली हिंसा पश्चिम बंगाल, ओडिशा, उत्तर प्रदेश, बिहार और आंध्र प्रदेश में फैल गई।

भाकपा (माले) ने 1971 में अपनी 'पीपल्स लिबरेशन आर्मी' का गठन किया। 1970 से 1971 का यह समय नक्सली हिंसा में ऐतिहासिक क्षण के रूप में दर्ज है। इस दौरान बहुत से छात्र और युवा आंदोलन में शामिल हो गए। इन दो सालों के दौरान देश

भर में 4,000 से अधिक नक्सली हिंसक घटनाएँ हुईं। उन्होंने पुलिस पर हमले कर उनके हथियार लूट लिये। सरकार ने पुलिस और सेना के संयुक्त अभियान के माध्यम से इसका जवाब दिया। भाकपा (माले) के सैकड़ों कैडर मारे गए, हजारों को गिरफ्तार कर लिया गया। पार्टी के कार्यकर्ता देश के दूसरे भागों में भाग गए। राज्य के दबाव के कारण पार्टी के भीतर मतभेद उभर आए। चारू मजूमदार के अधिनायकवादी नेतृत्व और जनता को सामूहिक रूप से लामबंद करने में उनकी विफलता को लेकर सवाल खड़े किए जाने लगे। 'पीपल्स वार' के चीनी सिद्धांत के अंधे अनुकरण की आलोचना की गई। 1972 तक पार्टी के कई शीर्ष नेता या तो गिरफ्तार किए जा चुके थे या मुठभेड़ों में मारे गए थे। चारू मजूमदार पकड़ा गया और 1972 में पुलिस हिरासत में उसकी मौत हो गई। इसके बाद पार्टी टूटकर विभिन्न समूहों में बिखर गई। ये समूह अलग-अलग पार्टियों के रूप में उभरे और इन्होंने सशस्त्र संघर्ष की समान विचारधारा पर ही काम किया।

परिमल दास गुप्ता ने भाकपा (माले) के छापामार युद्ध के तौर-तरीकों को 'चे ग्वेराकालीन' बताते हुए आलोचना की और साथ ही कहा कि ट्रेड यूनियनों तथा जन संगठनों की अनदेखी कर इसने गलती की।

जिस रैली में भाकपा (माले) के गठन की घोषणा की गई थी, उसका असित सेन भी हिस्सा थे, लेकिन वे भी पार्टी से अलग हो गए।

माओवादी कम्युनिस्ट सेंटर (एम.सी.सी.)

यह संगठन 20 अक्तूबर, 1969 को 'दक्षिण देश' के रूप में अस्तित्व में आया था। 'दक्षिण देश' मूल रूप से ए.आई.सी.सी.सी.आर. का हिस्सा था। जब 1969 में कई माओवादी समूहों का विलय कर भाकपा (माले) का गठन किया गया था तो एक वामपंथी चरमपंथी समूह, 'दक्षिण देश', इसमें शामिल नहीं हुआ और इसने अपनी स्वतंत्र पहचान कायम रखने का फैसला किया। कन्हाई चटर्जी का यह दृढ़ मत था कि एक नई पार्टी शुरू करने के लिए अभी सही वक्त नहीं आया है। उन्हें कृषि क्रांति की जरूरत सबसे पहले महसूस हुई और उसके बाद क्रांतिकारी पार्टी। वे चारू मजूमदार की व्यक्तिगत विनाश की सामरिक सोच के आलोचक थे। 1975 में इस संगठन का पुनः नाम बदलकर 'माओवादी कम्युनिस्ट सेंटर' (एम.सी.सी.) रखा गया। इस समूह का उद्देश्य 'जन युद्ध के माध्यम से जनता की सरकार' की स्थापना करना था। यह पहला क्रांतिकारी संगठन है, जिसने 'माओत्से तुंग की विचारधारा के ऊपर माओवाद' को मान्यता दी। यह संगठन सी.पी.आई. (माओवादी) में अपने विलय से पूर्व बिहार और झारखंड में सघन सैन्य अभियान चला चुका है। इसकी 'लाल सेना' चीनी लाल सेना से मिलती-जुलती है, जिसने सैन्य कारवाइयों का आयोजन किया था। इसने लोगों को लामबंद करने के लिए

कई सारे तरीके ईजाद किए हैं। कन्हाई चटर्जी, अमूल्य सेन, चंद्रशेखर दास ने जनता के बीच काम करते हुए कोलकाता, हावड़ा और हुगली में सी.पी.एम. के खिलाफ बगावत का झंडा बुलंद किया। पार्टी के भीतर क्रांतिकारी विचारधारा को आगे बढ़ाने के लिए 1965 में सी.पी.एम. के भीतर एक 'चिंता' नामक क्रांतिकारी सेंटर का गठन किया गया। इसने इसी 'चिंता' नाम से एक पत्रिका भी शुरू की। 1996 में एक नई पत्रिका 'दक्षिण देश' ने 'चिंता' का स्थान ले लिया। समूह को 'दक्षिण देश' समूह के नाम से जाना गया। नक्सलबाड़ी विद्रोह से पहले कन्हाई चटर्जी की चारू मजूमदार से लंबी बातचीत हुई थी। 1967 से 1969 तक 'दक्षिण देश' समूह ने कोलकाता, हावड़ा, हुगली, मिदनापुर, बर्धवान, बीरभूम और 24 परगना में किसान आंदोलन को खड़ा किया और कुछ काम असम तथा त्रिपुरा में भी किया गया।

इसके बाद उन्होंने बिहार में काम करना शुरू कर दिया। आनेवाले दिनों में उन्होंने बहुत तेजी के साथ अपनी गतिविधियों को अंजाम दिया। अपने विलय तक एम.सी.सी. बिहार, ओडिशा, झारखंड, उत्तर प्रदेश और पश्चिम बंगाल में सक्रिय रही। एम.सी.सी. बिहार में गया, औरंगाबाद, भाभुआ, रोहतास, दरभंगा, मुजफ्फरपुर, बेतिया और सीतामढ़ी जिलों में सक्रिय थी। समूह, नवगठित झारखंड राज्य के चतरा, डालटनगंज, हजारीबाग, पलामू, गिरीडीह, धनबाद, बोकारो, राँची, गढ़वा, लोहारदगा, गुमला, पूर्वी सिंहभूम, पश्चिमी सिंहभूम और लातेहार जिलों में भी अपनी गतिविधियों को अंजाम दे रही थी। इसने उत्तर प्रदेश के सोनभद्र, चंदोली और मिर्जापुर में भी अपना मजबूत गढ़ बना लिया था। एम.सी.सी. के स्थापना दस्तावेजों में क्रांतिकारी प्रक्रिया में बेस एरिया के महत्त्व पर जोर दिया गया था। दस्तावेज कहता है—"लोगों की सेना के बिना कृषक क्रांति का निर्माण नहीं किया जा सकता...और फिर लोगों की सेना के बिना बेस एरिया का निर्माण नहीं किया जा सकता।" एम.सी.सी. ने विभिन्न मोर्चा संगठनों के माध्यम से लोगों को लामबंद करने की गतिविधियों को आगे बढ़ाया। इसने बिहार में अपने पहले क्रांतिकारी छात्र संगठन का गठन किया, जिसका नाम 'रिवोल्यूशनरी स्टूडेंट्स लीग' रखा गया। क्रांतिकारी बुद्धिजीवी संघ और क्रांतिकारी सांस्कृतिक संघ जैसे मजबूत सांस्कृतिक संगठन नृत्यों, गीतों, पुस्तकों, पत्रिकाओं, पोस्टरों, परचों आदि के जरिए लोगों को लामबंद करने में सक्रिय रूप से जुटे थे।

एम.सी.सी. ने क्रांतिकारी किसान समितियों की विभिन्न यूनिटों की स्थापना की, जिसने वर्ग शत्रुओं के खिलाफ और हलवाहों के बीच जमीन के वितरण के लिए जन अदालतें चलाईं। नक्सली आंदोलन में उनका महत्त्वपूर्ण योगदान 'नारी मुक्ति संघ' के जरिए महिलाओं को एकजुट करना है। उन्होंने 'मजदूर मुक्ति संघ' के माध्यम से उद्योगों में मजदूर वर्ग को लामबंद किया। इसकी एक सैन्य विंग थी, जिसमें 50 दस्ते

थे और हर दस्ते में 20 कैडर थे। महासचिव एम.सी.सी. संगठन का महासचिव होता है। वह शीर्ष निर्णायक इकाई, केंद्रीय समिति का प्रमुख होता है। इसके अलावा, जोनल समितियाँ, सब-जोनल समितियाँ, एरिया कमेटी और गाँव समितियाँ भी हैं।

एम.सी.सी. का संगठनात्मक ढाँचा

केंद्रीय समिति

|

स्पेशल एरिया कमेटियाँ

बिहार बंगाल	असम त्रिपुरा	बिहार यू.पी.	बंगाल ओडिशा	आंध्र प्रदेश ओडिशा

पश्चिमी बिहार/झारखंड जोनल कमेटी जोनल कमांडर

एम.सी.सी. का संगठन तीन स्तंभों पर आधारित है—

1. पार्टी संगठन
2. सैन्य संगठन
3. जन संगठन

एम.सी.सी. के पूरे संघर्ष को व्यापक रूप से चार चरणों में विभाजित किया जा सकता है—

(1) 1964 से 1968 के बीच का समय माकपा के साथ वैचारिक मतभेदों, क्रांतिकारी गतिविधियों को ठोस आकार देने के लिए राजनीतिक और रणनीतिक सोच के विकास तथा एक क्रांतिकारी पार्टी के निर्माण का आधार तैयार करने के रूप में जाना जाता है।

(2) दूसरा चरण 1969 से 1978 के बीच का है। यह समय पार्टी की विचारधारा, नीतियों और योजनाओं को लागू करने का रहा। इसमें कृषक क्रांति के क्षेत्र में व्यावहारिक अनुभव भी हासिल किया गया। इनमें से कांक्सा और हजारीबाग सबसे अधिक महत्त्वपूर्ण हैं। यहाँ उन्होंने मजदूरी की दरों में वृद्धि, फसलों की जब्ती, जमींदारों से खाद्यान्न की जब्ती, भूमिहीन किसानों के बीच जमीन का पुनः वितरण आदि गतिविधियों के लिए युद्ध छेड़ा।

(3) तीसरा चरण, 1979 से 1988 का था, जब सिद्धांत के साथ ही व्यावहारिक ज्ञान में वृद्धि हुई। इस चरण में एम.सी.सी. ने 'बिहार-बंगाल स्पेशल एरिया

कमेटी' के साथ बिहार पर अपना ध्यान केंद्रित किया। जमींदारों के खिलाफ उग्रवादी संघर्ष को तेज किया गया। हजारों एकड़ जमीन पर कब्जा कर लिया गया। पी.डब्ल्यू.जी. के साथ 1981 में पहली बैठक के बाद संबंध बनने शुरू हुए। कन्हाई चटर्जी और कोंडापल्ली सीतारमैया के बीच मुलाकात हुई और दोनों ने 12 दिनों से ज्यादा समय तक चर्चा की। दोनों नेताओं ने विलय की जरूरत को महसूस किया और कागज-पत्र तैयार करवाए गए। एम.सी.सी. ने भाकपा (माले) पार्टी यूनिटी के साथ भी अच्छे संबंध बनाकर रखे। विलय की यह प्रक्रिया आगे नहीं बढ़ सकी, क्योंकि बीमारी के कारण 1982 में कन्हाई चटर्जी की मौत हो गई।

(4) चौथा चरण 1988 से 2001 के बीच का रहा, जो पी.डब्ल्यू.जी. के साथ गंभीर संघर्षों का गवाह है। दोनों दल एक ऐसे काल में प्रवेश कर गए, जिसे 'काला अध्याय' कहा जाता है। बड़ी संख्या में दोनों पक्षों के सदस्य मारे गए। विभिन्न कम्युनिस्ट क्रांतिकारी समूहों और दलों ने दोनों से अपने-अपने टकराव के मुद्दों को सुलझाने की अपील की। एम.सी.सी. ने पहल की और जनवरी 2000 में एकपक्षीय रूप से संघर्ष विराम की घोषणा कर दी।

(5) अंतिम चरण विलय का है। यह 2001 से 2004 के बीच का समय था। पी.डब्ल्यू.जी. और एम.सी.सी. के बीच अगस्त 2001 में फिर से वार्त्ता प्रक्रिया शुरू हुई। दोनों बिहार और झारखंड में संयुक्त रूप से गतिविधियों को अंजाम देने पर राजी हुए। उन्होंने बिहार और झारखंड में पोटा के खिलाफ संयुक्त प्रदर्शन किया। फरवरी 2003 की द्विपक्षीय बैठक में फैसला किया गया कि विलय के उद्देश्य से ठोस कदम उठाए जाएँ। 2004 में अंततः दोनों पार्टियों का विलय हो गया और एक एकल पार्टी 'कम्युनिस्ट पार्टी ऑफ इंडिया (माओवादी)' का गठन किया गया।

तालिका 5.1 : 1986 से 2004 तक एम.सी.सी. द्वारा किए गए अपराध

राज्य	असैनिक		सुरक्षाबल	
	मारे गए	घायल	मारे गए	घायल
बिहार	148	9	41	14
झारखंड	92	5	173	41
छत्तीसगढ़	4	0	0	0
उत्तर प्रदेश	6	0	1	0

पश्चिम बंगाल	1	0	1	4
उड़ीसा	0	0	0	2
कुल	**251**	**14**	**216**	**61**

कम्युनिस्ट पार्टी ऑफ इंडिया (मार्क्सवादी-लेनिनवादी) पीपल्स वार ग्रुप

कम्युनिस्ट पार्टी ऑफ इंडिया (मार्क्सवादी-लेनिनवादी) पीपल्स वार ग्रुप को आमतौर पर 'पीपल्स वार ग्रुप' (पी.डब्ल्यू.जी.) कहा जाता है, जोकि भारत में एक भूमिगत माओवादी पार्टी थी। इसका गठन 22 अप्रैल, 1980 को कोंडापल्ली सीतारमैया और डॉ. कोल्लुरू चिरंजीवी द्वारा आंध्र प्रदेश में किया गया था। चारू मजूमदार की मौत के बाद कोंडापल्ली सीतारमैया, सुनीति कुमार घोष ने दिसंबर 1972 में सेंट्रल ऑर्गेनाइजिंग कमेटी सी.पी.आई.(माले) का गठन कर दिया। बाद में कोंडापल्ली 1976 में सी.ओ.सी., सी.पी.आई. (माले) से अलग हो गए। तमिलनाडु में कोथानंदरामन समूह के साथ विलय के माध्यम से एक नई पार्टी का गठन किया गया। अगस्त 1998 में भाकपा (माले) पार्टी यूनिटी का पी.डब्ल्यू.जी. में विलय हो गया। इस विलय के बाद पी.डब्ल्यू.जी. ने बिहार, मध्य प्रदेश, ओडिशा और उत्तर प्रदेश में अपने ऑपरेशन का विस्तार कर दिया। उसने केरल, हरियाणा और पंजाब में राज्य कमेटियों का गठन करना शुरू कर दिया। भाकपा (माले) का गठन करने के लिए पी.डब्ल्यू.जी. के विलय से पूर्व इसने नवंबर 2004 में हैदराबाद में 1,50,000 लोगों की जन रैली का आयोजन किया।

उद्देश्य

पार्टी ने चारू मजूमदार की विरासत को बरकरार रखा है और यह अपनी विचारधारा की जड़ों को माओ की कृषक क्रांति की थ्योरी में पाती है। यह चुनावों में भागीदारी के विचार को खारिज करने के साथ ही छापामार युद्ध के जरिए सत्ता पर कब्जा करने में यकीन रखती है। यह आई.ई.डी. विस्फोटों, शीर्ष राजनेताओं को निशाना बनाने और बारूदी सुरंगों के जरिए पुलिस पर हमला करने जैसी हिंसक गतिविधियों में अधिक विश्वास करती है। इससे इन्हें प्रचार मिलेगा। इसके अलावा, यह जन आंदोलनों पर जोर देती है। इस रणनीति में भीतरी इलाकों में आधार क्षेत्रों का निर्माण, उन्हें गुरिल्ला क्षेत्रों में और फिर मुक्त क्षेत्रों के रूप में बदलना तथा बाद में धीरे-धीरे शहरों को घेरना शामिल है। इसका अंतिम लक्ष्य पीपल्स वार के माध्यम से लोगों की सरकार बनाना है, जिसे पी.डब्ल्यू. 'नई लोकतांत्रिक क्रांति' (एन.डी.आर.) होने का दावा करता है।

पी.डब्ल्यू.जी. गतिविधियों का फैलाव

शुरुआत में पी.डब्ल्यू.जी. तेलंगाना क्षेत्र तक सीमित था। इसने दुर्गम इलाकों में आजाद क्षेत्रों में अपने आधार शिविर बनाए। उन्होंने इन क्षेत्रों में एक प्रकार से समानांतर सरकार चलाई। तेलुगु दैनिक 'आंध्र प्रभा' के संपादक पोट्टुरी वेंकटेश्वर राव लिखते हैं—"पी.डब्ल्यू.जी. व्यावहारिक रूप से करीमनगर, वारंगल और आदिलाबाद जिलों में 'समानांतर सरकार' चलाता है। यह वन और आबकारी ठेकेदारों, धनी जमींदारों और व्यापारियों से 'कर और जुरमाना' वसूली करता है। जनता की शिकायतों का संज्ञान लेता है, पूछताछ और जाँच करता है, जन अदालतें लगाता है, फैसले देता है और सजा सुनाने के साथ ही सजाओं का क्रियान्वयन सुनिश्चित करता है।" यह समूह आंध्र प्रदेश, ओडिशा, मध्य प्रदेश, छत्तीसगढ़, झारखंड, बिहार, पश्चिम बंगाल, उत्तर प्रदेश और महाराष्ट्र में सक्रिय था। इस समूह ने तमिलनाडु, केरल, कर्नाटक, हरियाणा और पंजाब जैसे कम प्रभावित राज्यों में अपने प्रभाव का विस्तार करने का प्रयास किया। आंध्र प्रदेश में इस समूह ने तेलंगाना में अपना आकार बढ़ाया और जल्द ही इसे पूरे तेलंगाना, रायलसीमा क्षेत्र और तटीय आंध्र में अपने ऑपरेशन का विस्तार किया।

पी.डब्ल्यू.जी., रायतू कुली संगम (कृषि श्रमिक संघ), सिंगरेनी कार्मिक समाख्या (सिंगरेनी कोलीएरीज वर्कर्स फेडरेशन), रेडिकल यूथ लीग, ऑल इंडिया रिवोल्यूशनरी स्टूडेंट्स फेडरेशन और सांस्कृतिक शाखा 'जन नाट्य मंडली' के जरिए आम जनता से जुड़ चुकी है। ऐसा कहा जाता है कि पी.डब्ल्यू.जी. ने 80,000 एकड़ कृषि भूमि और 1,20,000 एकड़ वन भूमि का पुनः वितरण किया है। आंध्र प्रदेश में भूमि सुधारों को प्रभावी तरीके से लागू नहीं किया गया। वहाँ जमींदारों और भूमिहीनों के बीच में बड़ी खाई थी। पार्टी कार्यकर्ताओं ने पूरी कड़ाई के साथ यह सुनिश्चित किया कि जीतागुडू (साल भर काम करनेवाले श्रमिक) को 15 रु. से 25 रु. न्यूनतम दैनिक मजदूरी मिले और साथ ही उन्हें 2,000 से 4,000 सालाना वेतन दिया जाए। उन्होंने कुछ नक्सल प्रभावित इलाकों में अरक पर भी प्रतिबंध लगाया। अपने प्रतिबंधों का विरोध किए जाने पर उन्होंने शराब की दुकानों को आग लगा दी, डीलरों का अपहरण कर लिया और अरक की नीलामी को रुकवा दिया। पी.डब्ल्यू.जी. ने जुए और वेश्यावृत्ति के खिलाफ भी अभियान चलाया। ये सब कदम उन्हें व्यापक स्तर पर जनता, विशेष रूप से गरीब और आदिवासियों के करीब ले आए।

बिहार में पी.डब्ल्यू.जी. ने 1998 में भाकपा (माले) (पार्टी यूनिटी) के साथ विलय कर लिया। उसके बाद से संगठन ने पटना, औरंगाबाद, गया, जहानाबाद, रोहतास, बक्सर, सहरसा, खगड़िया, बाँका और जमुई जिलों में संगठन के विस्तार के साथ ही संचालन के अपने क्षेत्रों को समेकित किया। लोक संग्राम मोर्चा (पीपल्स

स्ट्रगल फ्रंट), मजदूर किसान मुक्ति मोर्चा (वर्कर्स पीजेनट्स लिबरेशन फ्रंट), भारत नवजवान सभा (इंडियन यूथ एसोसिएशन) और ऑल इंडिया पीपल्स रेजिस्टेंस फोरम मुख्य संगठन हैं।

बिहार और उत्तर प्रदेश में केवल कुछ ही क्षेत्र हैं, जहाँ पी.डब्ल्यू.जी. की गतिविधियाँ देखी गईं। इस समूह का प्रमुख कामेश्वर बैथा उर्फ उद्देश्वर उर्फ डी.आई. जी. है। वह उत्तर प्रदेश के सोनभद्र जिले और साथ लगते बिहार का क्षेत्रीय प्रमुख भी है। सलीम उर्फ श्याम बिहारी उर्फ विजयी आर/ओ भटकेरिया, पी.एस.भवंतपुर, जिला गढ़वा, झारखंड एरिया कमांडर हैं। इस समूह के अधिकतर सदस्य बिहार, उत्तर प्रदेश और झारखंड से हैं। यह संगठन तीन भागों में विभाजित है—

1. **प्लाटून :** इसमें सर्वाधिक कुशल नक्सली सदस्य होते हैं। इनकी संख्या करीब 30 होती है, जिनके पास चार एस.एल.आर.-2सी.एम.; चार 303 और सात 315 राइफल, दो डी.वी.एल., दो या तीन सिंगल बैरल बंदूकें तथा पर्याप्त मात्रा में विस्फोटक होता है।
2. **एस.जी.एस. :** इसमें 15 नक्सली होते हैं, जिनके पास दो एस.एल.आर., दो 315, दो या तीन डी.बी.बी.एल. और दो या तीन सिंगल बैरल बंदूकें होती हैं। इसके अलावा, उनके पास पर्याप्त मात्रा में विस्फोटक सामग्री होती है। इन्हें 'स्पेशल गुरिल्ला स्क्वॉड' कहा जाता है।
3. **एल.जी.एस. :** इसमें 8-9 नक्सली सदस्य होते हैं। उनके पास दो 303, दो 315, दो या तीन डी.बी.बी.एल., दो या तीन सिंगल बैरल बंदूकें होती हैं। इसके अलावा, उनके पास पर्याप्त मात्रा में विस्फोटक सामग्री होती है। इन्हें 'लोकल गुरिल्ला स्क्वॉड' कहा जाता है। पी.डब्ल्यू.जी. छापामार युद्ध रणनीति के तहत हमले करती है। इनमें एक लोमड़ी की तरह दुष्टता होती है और इनके संगठनों में महिला सदस्य भी शामिल हैं। ये लोगों को केंद्र और राज्य सरकारों के खिलाफ भड़काते हैं और स्वयं को क्रांतिकारी कहते हैं। इनके संगठन ने नेपाल, पेरू और फिलीपींस के माओवादियों के साथ संबंध बनाकर रखे हैं।

संगठन और नेतृत्व

केंद्रीय समिति (सी.सी.) पी.डब्ल्यू.जी. का नेतृत्व करनेवाली और सर्वोच्च नीति नियंता इकाई है। सी.सी. में 21 स्थायी सदस्य और 6 वैकल्पिक सदस्य होते हैं। वैकल्पिक सदस्य वे हैं, जो बैठकों में स्थायी सदस्यों की अनुपस्थिति में उनकी जगह पर खड़े होते हैं। सी.सी. के लिए मार्च 2001 में चुनाव कराया गया था। मुप्पाला लक्ष्मण राव गणपति इस संगठन के महासचिव हैं। 21 स्थायी सदस्य इस प्रकार हैं—

1. मुप्पाला लक्ष्मण राव उर्फ गणपति—महासचिव
2. चेरूकुरी राजकुमार उर्फ देवन्ना उर्फ उदय उर्फ मधु
3. मल्लोजुला कोटेश्वर राव
4. पी.डब्ल्यू.जी. के साथ विलय करनेवाली पार्टी यूनिटी के नवीन प्रसाद
5. नामबाला केशव राव उर्फ गंगन्ना—सेंट्रल मिलिटरी कमीशन का सदस्य
6. कटकम सुदर्शन उर्फ आनंद
7. कर्नाटक राज्य की राज्य समिति का पूर्व सचिव
8. मल्लोजुला वेणुगोपाल उर्फ भूपति
9. जिंगो नरसिम्हा रेड्डी @ जमपन्ना, नॉर्थ तेलंगाना स्पेशल जोन कमेटी (एन. टी.एस.जेड.सी.) का सचिव
10. संदे राजामौली @ प्रसाद, पूर्व आंध्र प्रदेश राज्य कमेटी के सचिव, सेंट्रल कमेटी में पूर्णकालिक
11. लंका पापी रेड्डी @ लाचछन्ना, सचिव, दंडकारण्य स्पेशल जोन कमेटी (डी. एस.जेड.सी.)
12. अक्कीराजू हराहोप्ला उर्फ राम कृष्ण, आंध्र प्रदेश राज्य कमेटी सचिव
13. वडकपूर चंद्र मोहन @ देवन्ना, सचिव, आंध्र-ओडिशा बॉर्डर स्पेशल जोन कमेटी और सेंट्रल मिलिटरी कमीशन का सदस्य
14. कर्नाटक से संबंधित सेंट्रल कमेटी सदस्य, पूर्ण कालिक
15. बिहार राज्य समिति सचिव
16. पश्चिम बंगाल राज्य समिति सचिव
17. तिप्पाड़ी तिरुपति @ देवूजी, सचिव, दंडकारण्य एरिया कमेटी
18. पार्टी यूनिटी का सुमित, जिसका पी.डब्ल्यू.जी. में विलय हुआ
19. महाराष्ट्र राज्य समिति सचिव
20. तमिलनाडु राज्य समिति सचिव
21. पी.डब्ल्यू.जी. के साथ विलय करनेवाली पार्टी यूनिटी का सुरजीत

डॉ. पी. वरवारा राव एक अन्य प्रभावशाली नेता हैं और वे पी.डब्ल्यू.जी. के प्रमुख 'विचारक' हैं। जनता के बीच व्यापक प्रभाव रखनेवाले एक अन्य नेता हैं, सांस्कृतिक कलाकार गद्दार राजनीतिक पक्ष की ओर पी.डब्ल्यू.जी. के संगठनात्मक वरिष्ठता क्रम में सेंट्रल कमेटी इसके शीर्ष पर है। इसके बाद क्षेत्रीय ब्यूरो या राज्य समितियों, जिला या प्रखंड समितियों और स्क्वॉड एरिया कमेटियों का स्थान आता है। ऑपरेशन में 'सेंट्रल मिलिटरी कमीशन' सबसे ऊपर है और इसकी कमान महासचिव गणपति सँभालते हैं। सबसे निचले स्तर पर है 'ग्राम रक्षा दस्ता'। पी.डब्ल्यू.जी. के लड़ाका बल को 'पीपल्स

गुरिल्ला आर्मी' (पी.जी.ए.) के रूप में संगठित किया गया है। इसका अपना ध्वज और प्रतीक चिह्न है। पी.जी.ए. का गठन 2000 में किया गया था। पी.डब्ल्यू. की ताकत का अंदाजा इसी से लगाया जा सकता है कि इसके करीब 60 बेहद सक्रिय और जोश से भरे दस्ते हैं, जिसमें से हर दस्ते में 40-40 लोग होते हैं। करीब 125 गाँवों में वे समानांतर प्रशासन चलाते हैं। एक रिपोर्ट के अनुसार, इसके करीब 1,050 भूमिगत कैडर और करीब 5,000 जमीन पर सक्रिय कैडर हैं। कस्बों, गाँवों और आदिवासी इलाकों में इसका मजबूत नेटवर्क है, जहाँ इसके प्रतिबद्ध अग्रिम संगठन हैं। इन अग्रिम संगठनों में छात्र, युवा, औद्योगिक श्रमिक, खनिक, कृषि मजदूर, कवि, लेखक और सांस्कृतिक कलाकार शामिल हैं।

तालिका 5.2 : 1987 से 2004 के बीच पी.डब्ल्यू.जी. द्वारा किए गए अपराध

वर्ष	असैनिक		सुरक्षाबल	
	मारे गए	घायल	मारे गए	घायल
1987	–	–	06 आंध्र प्रदेश	–
1989	–	–	07 आंध्र प्रदेश	–
1991	–	–	10 महाराष्ट्र	13
1992	–	–	13 आंध्र प्रदेश	–
1993	–	–	10 छत्तीसगढ़ 10 आंध्र प्रदेश	–
1997	–	–	16 आंध्र प्रदेश	–
1999	01 मध्य प्रदेश	–	06 आंध्र प्रदेश	–
2003	22 आंध्र प्रदेश 02 झारखंड 01 बिहार	05 आंध्र प्रदेश	08 छत्तीसगढ़ 01 आंध्र प्रदेश 11 बिहार 05 महाराष्ट्र	07 छत्तीसगढ़ 02 महाराष्ट्र
2004	08 झारखंड 04 बिहार 01 उड़ीसा 01 आंध्र प्रदेश		06 झारखंड 11 बिहार 02 उड़ीसा	–

वैश्विक संबंध

पी.डब्ल्यू.जी. नक्सलियों ने समान विचारधारावाले लोगों के साथ विदेशों में भी संबंध बनाए हुए हैं। इस संगठन के लिबरेशन आर्मी ऑफ पेरू और कुर्दिस्तान वर्कर्स पार्टी के साथ मैत्रीपूर्ण संबंध हैं। पी.डब्ल्यू.जी. ने मई 1995 में वर्कर्स पार्टी ऑफ बेल्जियम द्वारा आयोजित एक अंतरराष्ट्रीय सेमिनार में हिस्सा लिया था, जिसमें 40 देशों के 60 अन्य संगठन भी शामिल हुए थे। ऐसा समझा जाता है कि इस समूह के श्रीलंका के लिट्टे के साथ भी संबंध हैं। नेपाल माओवादियों और बांग्लादेश कम्युनिस्ट के सहयोग से पी.डब्ल्यू.जी. ने एक महासंगठन का गठन किया था, जिसे 'कॉर्डिनेशन कमेटी ऑफ माओइस्ट पार्टीज एंड ऑर्गेनाइजेशन' (सी.सी.ओ.एम.पी.ओ.एस.ए.) कहा जाता है।

कम्युनिस्ट पार्टी ऑफ इंडिया (मार्क्सवादी-लेनिनवादी) पार्टी यूनिटी

कम्युनिस्ट पार्टी ऑफ इंडिया (मार्क्सवादी-लेनिनवादी) पार्टी यूनिटी, जिसे 'पार्टी यूनिटी' के नाम से अधिक जाना जाता है, उसकी स्थापना 1982 में की गई थी। एन. प्रसाद (बिहार)और पश्चिम बंगाल के भवानी राय चौधरी के भाकपा (माले) यूनिटी संगठन का एम. अप्पलासुरी की अगुआईवाले सी.ओ.सी., भाकपा (माले) गुट में विलय होने के बाद यह स्थापना की गई थी। भाकपा (माले) यूनिटी संगठन की स्थापना 1978 में जहानाबाद-पलामू इलाके के नक्सलियों के एक समूह द्वारा की गई थी। इस क्षेत्र का कैडर सत्यनारायण सिंह के संशोधनवादी रवैए और भोजपुर के कामरेड के वामपंथी रवैए के खिलाफ संघर्ष कर रहा था। 1977 में कई कामरेड के जेल से रिहा होने के बाद असहमति ने एक नई पार्टी के रूप में जन्म ले लिया। भाकपा (माले) पार्टी यूनिटी एक महत्त्वपूर्ण और मजबूत माओवादी समूह है। इसकी गतिविधियों का विस्तार मध्य बिहार में जहानाबाद, गया, औरंगाबाद, पलामू, नालंदा और नवादा तक हुआ। इसने पश्चिम बंगाल, झारखंड, आंध्र प्रदेश और पंजाब में भी अपनी मौजूदगी दर्ज कराई है। एन. प्रसाद पार्टी के महासचिव थे। अग्रिम संगठनों के साथ 'पार्टी यूनिटी' के करीब 30,000 सदस्य थे। इनके 25 सशस्त्र दस्ते थे, जिनके पास करीब 150 हथियारों का जखीरा था। 1990 में पार्टी अपने शीर्ष स्तर पर थी, जब उसने 175 वारदातों को अंजाम दिया था।

उद्देश्य

पार्टी कृषि क्रांति और दीर्घकालिक पीपल्स वॉर की पैरोकार रह चुकी है। 'पार्टी यूनिटी' ने क्रांति के लिए दलितों को लामबंद करने के मकसद से सवर्णों के खिलाफ सशस्त्र संघर्ष छेड़ा था।

चुनावों में किसी भी प्रकार की भागीदारी को पार्टी ने खारिज कर दिया। पार्टी ने

अपनी कांग्रेस में एक बयान जारी किया—"हम जन प्रतिरोध के माध्यम से, लेकिन इस प्रतिरोध में भाग लेने के लिए अंततः दस्तों को भी सामने आना पड़ेगा। जमींदारों की सारी जमीन को अपने कब्जे में लेने के चरण में और छापामार क्षेत्रों का निर्माण करने से पूर्व, राज्य के सशस्त्र हमलों के खिलाफ दस्तों की गतिविधियाँ जन प्रतिरोध का मुख्य पहलू होंगी।"

जन संघर्ष

संगठन ने जमींदारों के शोषण के खिलाफ संघर्ष छेड़ने के लिए जन आंदोलनों और जन संगठनों को खड़ा करने की प्रतिबद्धता ली। पलामू क्षेत्र में जहानाबाद बिहार के पिछड़े इलाकों में शामिल है। खेती-किसानी के अलावा, लोगों को वनोपज पर निर्भर रहना पड़ता है। यहाँ जमीन की सारी संपत्ति कुछ भूमिहारों के हाथों में केंद्रित थी। वहाँ उनका ही राज चलता था। उच्च जातियों के लोगों के दमन के कारण दलितों का जीवन और भी बदतर हो गया था। कृषि मजदूरों को प्रतिदिन मजदूरी के बदले में एक सेर कच्चा चावल दिया जाता था, जबकि कानूनी रूप से यह प्रतिदिन चार किलोग्राम होना चाहिए था। इस समस्या का समाधान निकालने के लिए 'पार्टी यूनिटी' ने कृषकों के एक संगठन का गठन किया, जिसे 'मजदूर किसान संग्राम समिति' (एम.के.एस.एस.) नाम दिया गया।

इस समिति ने कम मजदूरी, महिलाओं और अनुसूचित जातियों के दमन और वन उत्पादों की नीलामी के खिलाफ संघर्ष शुरू कर दिया। एम.के.एस.एस. पर 1986 में प्रतिबंध लगा दिया गया। 'पार्टी यूनिटी' ने अपने नए किसान मोर्चे के रूप में मजदूर किसान संग्राम परिषद् (एम.के.एस.एस.) की शुरुआत की थी। पार्टी ने बिहार में पाँच जन संगठनों का गठन किया। वे इस प्रकार हैं—(1) भारत नौजवान सभा, जिसने जिलों और अस्पतालों में भ्रष्टाचार तथा कदाचार के खिलाफ युवाओं का संघर्ष शुरू किया। (2) नारी मुक्ति संघर्ष समिति, एक क्रांतिकारी महिला मोर्चा, जिसने एक विशाल महिला क्रांतिकारी सांस्कृतिक संगठन का निर्माण किया। (3) पार्टी ने बिहार में 1994 में अपना पहला छात्र संगठन शुरू किया। (4) लोक संग्राम मोर्चा (पीपल्स स्ट्रगल फ्रंट), (5) जन मुक्ति परिषद् (पीपल्स लिबरेशन काउंसिल), जिसने जमीनों पर कब्जा किया और बिहार में 5,000 एकड़ जमीन का पुनः वितरण किया। जमीनों को अपने कब्जे में लेने के इस संघर्ष के जरिए भाकपा (माले) पार्टी यूनिटी इस नारे के साथ जुड़ गई 'जमीन जब्ती, फसल जब्ती'। पार्टी ने दलितों के लिए ग्रामीण स्कूलों की स्थापना की और उन्हें वैकल्पिक स्वास्थ्य सुविधाएँ उपलब्ध कराईं।

अन्य पार्टियों के साथ संघर्ष

'पार्टी यूनिटी' का बिहार में अन्य समूहों के साथ अकसर टकराव होता रहता था। इसने जहानाबाद इलाके में प्रभुत्व को लेकर भाकपा (माले) लिबरेशन के साथ लड़ाई लड़ी। भाकपा (माले) लिबरेशन का दावा था कि पार्टी यूनिटी ने उसके 82 समर्थकों की हत्या की है। पार्टी यूनिटी ने भी दावा किया कि लिबरेशन ने उसके 65 कैडर की जान ली है। इसी प्रकार से गया, टिकारी, कोंच और बेलागंज में भाकपा (माले) पार्टी यूनिटी और एम.सी.सी. के बीच संघर्ष हुए। ऐसा कहा जाता है कि इन संघर्षों में उनके करीब 50 कैडर मारे गए।

इन संघर्षों के अलावा, एम.के.एस.एस. को जमींदारों और सवर्ण जातियों के लोगों द्वारा निशाना बनाया गया। गया जिले में भगवानपुर के जमींदारों ने लखन माँझी (20), सुदेशजी (19) और बालकिशोर माँझी (15) का अपहरण कर उनकी हत्या कर दी। लखन पार्टी के लाल दस्ते का महत्त्वपूर्ण सदस्य था। जून 1984 में पलामू जिले के झरना में एक सभा के दौरान एम.के.एस.एस. के लोकप्रिय सचिव की जमींदारों द्वारा गोली मारकर हत्या कर दी गई। 1986 में जहानाबाद जिले के अरवल में हुए एक जनसंहार में एम.के.एस.एस. के 21 सदस्य मारे गए। इससे पार्टी को बहुत बड़ा नुकसान हुआ।

भाकपा (माले) पीपल्स वॉर में विलय

एक-दूसरे से प्रतिस्पर्धा और टकराव में लगे धड़ों के बीच एकता कायम करने की दिशा में प्रयास किए गए। 1980 के दशक के दौरान, एम.के.एस.एस. और भाकपा (माले) लिबरेशन के बीच रणबीर सेना और सरकार की कारवाइयों के खिलाफ आपस में काफी सहयोग था। उन्होंने मिलकर 'दमन विरोधी संयुक्त मोर्चा' (यूनाइटेड एंटी-रिप्रेशन फ्रंट) का गठन किया था। इन दोनों समूहों ने मिलकर बिहार विधानसभा के बाहर ऐतिहासिक घेराव किया था। पार्टी यूनिटी के दो जनसंहारों के बाद 1988 में लिबरेशन पार्टी ने पार्टी यूनिटी के साथ अपने संबंध खत्म कर लिये। इस जनसंहार में लिबरेशन के 30 समर्थक मारे गए थे। 1993 में पार्टी यूनिटी, एम.सी.सी. और पी.डब्ल्यू.जी. द्वारा 'ऑल इंडिया पीपल्स रेजिस्टेंस फोरम' (ए.आई.पी.आर.एफ.) का गठन किया गया। इसने तीनों समूहों के बीच गतिविधियों के समन्वय के लिए एक केंद्र के रूप में काम किया। भाकपा (माले) पार्टी यूनिटी का अगस्त 1998 में भाकपा (माले) पीपल्स वॉर ग्रुप में विलय हो गया। इस एकीकृत पार्टी ने 'सी.पी.आई.(एम.एल.) पीपल्स वॉर' नाम बरकरार रखा। इस विलय से उन्हें उत्तर भारत में मजबूती प्राप्त हुई।

कम्युनिस्ट पार्टी ऑफ इंडिया (मार्क्सवादी-लेनिनवादी) लिबरेशन

भाकपा (माले) का गठन 1969 में भाकपा (एम) से अलग होने के बाद किया गया था। दो साल बाद, जब सत्यनारायण सिंह ने चारू मजूमदार के संप्रदायवाद के खिलाफ बगावत की, तो पार्टी दो फाड़ हो गई। बाद में जाकर मजूमदार की भाकपा (माले) का लिन बियाओ के समर्थक और विरोधियों के रूप में विभाजन हो गया। भाकपा (माले) लिबरेशन लिन बियाओ धड़े के विरोध से निकली पार्टी थी। उनका इस सरकारी चीनी थ्योरी में यकीन था कि लिन बियाओ, माओ की हत्या का प्रयास करने के अपराधी थे। उत्तर प्रदेश के कानपुर का रहनेवाला विनोद मिश्रा इस समूह की अगुआई कर रहा था। उसे 1975 में महासचिव चुना गया। उन्होंने ऐलान कर दिया कि जन संगठनों का गठन किया जाएगा और दूसरे समूहों के विपरीत, यह पार्टी चुनाव लड़ने के खिलाफ नहीं थी। उन्होंने स्पष्ट कर दिया था कि मार्क्सवादी-लेनिनवादी का लक्ष्य केवल एक ऐसी पार्टी द्वारा ही हासिल किया जा सकेगा, जो अपने जनाधार के माध्यम से चुनाव में अपनी ताकत का प्रदर्शन कर सकती है। उन्होंने माओ के निधन के बाद भी चीन से अच्छे संबंध बनाए रखे। शुरुआत में पार्टी ने भोजपुर में अपनी गतिविधियों को अंजाम देना शुरू किया और बाद में मध्य बिहार के रोहतास, पटना, जहानाबाद और नालंदा जिलों तक इसका विस्तार हो गया। इस समूह के करीब 50 भूमिगत सशस्त्र दस्ते थे और उनके पास बड़ी मात्रा में गन, राइफल और कुछ स्टेनगन थीं। 1990 में इस पार्टी की हिंसक गतिविधियाँ अपने चरम पर थीं, जब उसने 106 वारदातों को अंजाम दिया। भाकपा (माले)लिबरेशन को यह नाम सुब्रतो दत्ता उर्फ जौहर ने दिया था। उसने सरकार द्वारा वामपंथी उग्रवादियों के खिलाफ तगड़ी कारवाई किए जाने के बाद 1970 के दशक की शुरुआत में भाकपा (माले) को पुनः संगठित किया था और तभी यह नाम दिया।

ऑपरेशन क्षेत्र : यह संगठन असम, पश्चिम बंगाल और बिहार समेत कई राज्यों में सक्रिय है।

कैडर : इसके 5,000 से अधिक पूर्णकालिक सदस्य हैं और यह दावा करता है कि इसके सदस्यों की संख्या 2.5 लाख से अधिक है।

अग्रिम मोरचे : लिबरेशन के महत्त्वपूर्ण अग्रिम मोरचे इस प्रकार हैं—

- क्रांतिकारी युवा संघ (आर.वाई.ए.)
- अखिल भारतीय छात्र संघ (ए.आई.एस.ए.)
- अखिल भारतीय कृषि श्रम संघ (ए.आई.ए.एल.ए.)
- अखिल भारतीय केंद्रीय व्यापार संघ परिषद् (ए.आई.सी.सी.टी.यू.)
- स्वायत्त राज्य माँग समिति (ए.एस.डी.सी.)।

इस पार्टी का आधिकारिक समाचार-पत्र 'लिबरेशन' था।

एंटी-लिन बियाओ की राजनीतिक शाखा, इंडियन पीपल्स फ्रंट (आई.पी.एफ.) का गठन 1982 में किया गया। इस फ्रंट के नेता नागभूषण पटनायक थे। आई.पी.एफ. ने बिहार में 1985 में चुनाव लड़ा, लेकिन इसे सफलता नहीं मिली। इसने 1989 में फिर से चुनाव लड़ा और बिहार की आरा लोकसभा सीट और सात विधानसभा सीटें जीत लीं। लिबरेशन समूह ने इन चुनावों में आई.पी.एफ. का पूरी तरह समर्थन किया। सफलता की रणनीति का श्रेय जन रैलियों को दिया गया, जिनका आयोजन पार्टी ने किया था। इसने 1982 में बिकास दासगुप्ता के नेतृत्व में कलकत्ता में नगरपालिका के चुनाव लड़े और हार गई। 1991 के चुनाव में पार्टी आरा की सीट हार गई, लेकिन 'ऑटोनोमस स्टेट डिमांड कमेटी' के जन आंदोलन के माध्यम से असम में एक सीट जीत ली। 1994 में आई.पी.एफ. को असम में भंग कर दिया गया और पार्टी ने 1999 तक ए.एस.डी.सी. के बैनर तले चुनाव लड़ा।

1998 में विनोद मिश्रा का निधन हो गया। उनका स्थान दीपांकर भट्टाचार्य, पश्चिम बंगाल ने लिया। 1999 के चुनाव में पार्टी ने फिर से असम की सीट पर जीत हासिल की, लेकिन ए.एस.डी.सी. के भीतर विघटन होने से पार्टी 2004 के चुनाव में बुरी तरह हार गई। पार्टी को अपनी ताकत कृषि मजदूरों, गरीब किसानों और दलितों से प्राप्त होती है। नागभूषण पटनायक ने स्पष्ट शब्दों में कहा था कि "उनकी पार्टी किसी भी प्रकार के अलगाववाद, आतंकवाद और धार्मिक कट्टरपंथ के खिलाफ है।"

कम्युनिस्ट पार्टी ऑफ इंडिया (माले) [मूल पार्टी]

[यहाँ प्रस्तुत की गई अधिकतर सूचना भाकपा (माले) के विभिन्न समूहों द्वारा इंटरनेट पर तैयार किए गए पन्नों में दी गई ऐतिहासिक सूचना से ली गई है, विशेष रूप से 'क्रांतिकारी वीरता की एक गाथा, सर्वोच्च बलिदान और पूर्ण दृढ़ संकल्प' (ए सागा ऑफ रिवोल्यूशनरी हीरोइज्म, सुप्रीम सैक्रिफाइज एंड एब्सोल्यूट डिटरमिनेशन) से]।

यह मूल भाकपा (माले) पार्टी है, जिसका गठन औपचारिक रूप से 22 अप्रैल, 1969 को लेनिन के जन्मदिवस पर किया गया था। चारू मजूमदार और कानू सान्याल इसके दो सर्वाधिक प्रमुख नेता थे। जिस समय पार्टी का गठन किया गया, मजूमदार को केंद्रीय संगठन समिति का महासचिव चुना गया था। वह और सान्याल 1967 में पश्चिम बंगाल के दार्जिलिंग जिले में प्रसिद्ध नक्सलबाड़ी विद्रोह के नेता थे। मजूमदार 28 जुलाई, 1972 को अपने निधन तक नई पार्टी के शीर्ष नेता बने रहे। पार्टी का शुरुआती इतिहास बहुत ही उतार-चढ़ावों से घिरा हुआ था।

'नक्सलबाड़ी विद्रोह' को 1967 में भारतीय कम्युनिस्ट पार्टी (मार्क्सवादी) ने कुचल दिया था, जो पहले ही पश्चिम बंगाल की संयुक्त मोर्चा सरकार में सत्ता में थी।

कई क्रांतिकारियों ने भारतीय कम्युनिस्ट पार्टी (मार्क्सवादी) सरकार के रवैए के खिलाफ विद्रोह किया, लेकिन क्रांतिकारियों के प्रति माकपा नेताओं की प्रताड़ना बढ़ती ही गई।

भाकपा (माले) के गठन के एक सप्ताह बाद 1 मई, 1969 को माकपा ने भाकपा (माले) की कोलुआता में हो रही एक विशाल मई दिवस सभा को बाधित करने का प्रयास किया और इसके परिणामस्वरूप सशस्त्र संघर्ष छिड़ गया। अगले कुछ सालों तक इन संघर्षों में भाकपा (माले) के एक हजार से अधिक सदस्य मारे गए। भाकपा (माले) का गठन करनेवाले क्रांतिकारियों ने पहले ही पश्चिम बंगाल, उत्तर प्रदेश और विशेष रूप से आंध्र प्रदेश के श्रीकाकुलम में छापामार जोन की स्थापना करना शुरू कर दिया था। लेकिन इन सभी इलाकों, विशेष रूप से श्रीकाकुलम में सरकार ने क्रांतिकारियों के खिलाफ भीषण दमनात्मक काररवाई की। 26-27 मई, 1969 को पुलिस की काररवाई में पार्टी के सात शीर्ष नेता खत्म हो गए और कई अन्य शीर्ष नेता उस साल के अंत तक मारे गए। इससे कलकत्ता और पूरे पश्चिम बंगाल में छात्रों और युवकों का अभूतपूर्व विद्रोह शुरू हो गया। 27 अप्रैल, 1970 को 'देशभारती प्रकाशन' कार्यालयों पर सरकार द्वारा छापेमारी किए जाने के बाद पार्टी को मजबूरन भूमिगत हो जाना पड़ा। 10-11 जुलाई को श्रीकाकुलम विद्रोह के दो शीर्ष नेता एक मुठभेड़ में मारे गए। श्रीकाकुलम छापामार जोन में उलटी गिनती शुरू हो गई। 1971 में केंद्र सरकार ने पश्चिम बंगाल में आंदोलन को कुचलने के लिए सेना को तैनात कर दिया और हजारों लोग मारे गए। 50,000 से अधिक लोगों को जेलों में बंद कर दिया गया। सरकारी बलों के दमन चक्र और पीपल्स वॉर को ध्वस्त करने के शुरुआती प्रयासों से पार्टी में शुरुआत में वैचारिक मतभेद तथा अराजकता की स्थिति पैदा हो गई। इसकी परिणति 1971 में पार्टी में कई विभाजनों के रूप में सामने आई। 1972 में चारू मजूमदार के निधन के बाद बिखराव की यह प्रक्रिया और तेज हो गई। जैसाकि एक पार्टी इतिहासकार टिप्पणी करते हैं—"उसकी शहादत के बाद पार्टी की केंद्रीय सत्ता का आखिरी अवशेष भी ढह गया।"

भारतीय कम्युनिस्ट पार्टी (एम.एल.) [2005 में गठित नई पार्टी]

यह नई पार्टी, पुराने नाम, सी.पी.आई. (एम.एल.) का इस्तेमाल करते हुए, जनवरी 2005 में भाकपा (एम.एल.) [सान्याल ग्रुप] का विलय करके बनाई गई थी, जिसने आधिकारिक तौर पर अपने आप को भाकपा (एम.एल.) और भाकपा सी.पी. (एम.एल.) 'लाल झंडा' ग्रुप कहा था।

ऐसा लगता है कि यह पार्टी भारत में माओवादी या माओवादी प्रभावित संगठनों के विस्तार के बीच—दाएँ हिस्से के करीब है। दूसरी ओर, इस प्रवृत्ति के लोग भी भाकपा (एम.एल.) लिबरेशन पार्टी के चुनावी आधार से असहमत लगते हैं, भले ही वे दोनों

कभी-कभी खुद चुनाव में भाग लेते हैं। सामान्य राजनीतिक संघर्ष में उनकी रणनीति जनता को संगठित करने की कोशिश करने की ज्यादा रहती है।

यह नई पार्टी विभिन्न माओवादी ग्रुपों के विलय का संकेत है। 2006 के पश्चिम बंगाल विधानसभा चुनावों से ठीक पहले, उखरा से सोमनाथ चटर्जी (लोकसभा अध्यक्ष सोमनाथ चटर्जी से भ्रमित न हों) और कोलकाता से प्रदीप बनर्जी, ये दो क्षेत्रीय दल के नेता नई पार्टी से अलग हो गए।

भारतीय कम्युनिस्ट पार्टी (एम.एल.) [केंद्रीय टीम]

इसकी स्थापना दिसंबर 1977 में भाकपा (एम.एल.) अनंतिम केंद्रीय समिति [सत्यनारायण सिंह, भाकपा (एम.एल.) के चंद्र पुल्ला रेड्डी गुट] से एक अलग ग्रुप के रूप में की गई थी और मूल रूप से चारू मजूमदार की पद्धति को बरकरार रखा था। 1978 में इसने शोधन नीति (व्यक्तिगत वर्ग के शत्रुओं की हत्या) के खिलाफ एक सुधार अभियान चलाया और इस निष्कर्ष पर पहुँचा कि जन संगठन अनिवार्य होने के साथ-साथ सामूहिक संघर्ष भी थे। यह भी सोचा था कि सशस्त्र संघर्ष का समय आ गया है और 1969 की केंद्रीय समिति ['आठवीं केंद्रीय समिति'] की पुनर्गठन योजना के इर्द-गिर्द भाकपा (एम.एल.) को एकजुट करने के प्रयास के पक्ष में रहा।

भाकपा (एम.एल.) की केंद्रीय टीम पंजाब में सक्रिय थी और महाराष्ट्र तथा पश्चिम बंगाल में भी बनी हुई है।

पंजाब में उन्होंने बहुत प्रभावशाली क्रांतिकारी पत्रिका 'सुरख रेखा' प्रकाशित की। खालिस्तानी काल (1980 के दशक) के दौरान इस ग्रुप के पंजाब खंड ने दमन और सांप्रदायिकता के खिलाफ महत्त्वपूर्ण मोरचा बनाने में भारत के कम्युनिस्ट क्रांतिकारियों के केंद्र के साथ काम किया। इस अनुभव ने पार्टी के पंजाब वर्ग को 'जन क्रांतिकारी पद्धति' की रणनीति पर जीत दिलाई। अगस्त 1994 में रोशन के नेतृत्व में पंजाब खंड सी.सी.आर.आई. और दो अन्य ग्रुपों के साथ विलय कर भारतीय कम्युनिस्ट पार्टी पुनर्गठन केंद्र (एम.एल.) बना। 'सुरख रेखा' बेशक सी.पी.आर.सी.आई. (एम.एल.) का प्रकाशन बन गई।

हालाँकि, केंद्रीय टीम के महाराष्ट्र और पश्चिम बंगाल वर्गों ने इसके साथ जाने से इनकार कर दिया और पंजाब वर्ग पर पुराने भाकपा (एम.एल.) आंदोलन को धोखा देने का आरोप लगाया। वे भाकपा (एम.एल.) केंद्रीय दल के नाम से एक स्वतंत्र संगठन के रूप में कार्य करते रहे। 1999 के लोकसभा चुनावों से पहले केंद्रीय दल ने भाकपा (एम.एल.) पीपल्स वॉर और भारतीय क्रांतिकारी कम्युनिस्ट केंद्र (माओवादी) के साथ मिलकर बहिष्कार के आह्वान पर हस्ताक्षर किए।

भारतीय कम्युनिस्ट पार्टी (एम.एल.) [चंद्र पुल्ला रेड्डी ग्रुप]

चंद्र पुल्ला रेड्डी मूल रूप से कम्युनिस्ट क्रांतिकारियों की आंध्र प्रदेश समन्वय समिति में टी. नागी रेड्डी के साथ जुड़े। 1971 में वे अलग हो गए और अपना स्वयं का ग्रुप बना लिया और फिर 1973 (या 1975 ?) में इसे भाकपा (एम.एल.) [एस.एन. सिंह] ग्रुप में मिला दिया। उस ग्रुप का 1977 में भाकपा (एम.एल.) की अस्थायी केंद्रीय समिति बनने के लिए दूसरे ग्रुप में विलय हो गया। 1980 में सी.पी. रेड्डी ने एस.एन.सिंह ग्रुप से नाता तोड़ लिया और फिर से अपना स्वयं का भाकपा (एम.एल.) संगठन बना लिया।

वह ग्रुप स्पष्ट रूप से कई भाकपा (एम.एल.) जनशक्ति गुटों में से एक के रूप में विकसित हुआ है।

भारतीय कम्युनिस्ट पार्टी (एम.एल.) [चंद्रशेखर ग्रुप]

भारत में कम्युनिस्ट क्रांतिकारियों का केंद्र बनाने के लिए 1988 में 4 अन्य ग्रुपों के साथ विलय हुआ।

भारतीय कम्युनिस्ट पार्टी (एम.एल.) [जनशक्ति]

'जनशक्ति' का अर्थ है—'लोगों की शक्ति'। इस ग्रुप का गठन 30 जुलाई, 1992 को सात ग्रुपों के विलय करने से हुआ था। छह ग्रुपों का प्रतिनिधित्व करनेवाले निम्नलिखित व्यक्तियों द्वारा एकता दस्तावेज पर हस्ताक्षर किए गए थे—

- के. राम चंद्रन—भाकपा (एम.एल.) प्रतिरोध
- मधु—यू.सी.सी.आर.आई. (एम.एल.) [मुक्तिगामी गुट]
- पैला वासुदेव राव—भाकपा (एम.एल.) [पी.वी. राव के नेतृत्ववाला गुट, जो भाकपा (एम.एल.) नया लोकतंत्र से अलग हो गया]
- कौशिक बनर्जी—भाकपा (एम.एल.) [खोकन मजूमदार के नेतृत्ववाला गुट]
- परिमल दासगुप्ता—सी.सी.सी.आर. [पी. दासगुप्ता ने कम्युनिस्ट क्रांतिकारियों की समन्वय समिति का नेतृत्व किया]
- जितेन दासगुप्ता—सी.आर.जी.यू. [एकता के लिए कम्युनिस्ट रिवोल्यूशनरी ग्रुप]

(7वाँ ग्रुप था—भाकपा (एम.एल.) अगामी युग)

वह मेल संदिग्ध था। 'सी.ओ.सी.' गुट टूट गया और भाकपा (एम.एल.) एकता की पहल करते हुए दूसरे ग्रुप में मिल गया और 1996 में भाकपा (एम.एल.) जनशक्ति का विभाजन हो गया।

जल्द ही फिर से और विभाजन हो गए, जब तक कि 2002 में और सात अलग-

अलग गुट स्वतंत्र रूप से काम करने लगे। (जरूरी नहीं कि नए गुट मूल ग्रुपों के समान ही हों।) ऐसा कहा जाता है कि जनशक्ति मूल रूप से चंद्र पुल्ला रेड्डी और टी. नागी रेड्डी के 'क्रांतिकारी जन पद्धति' दृष्टिकोण पर आधारित थी, लेकिन इसने संघर्ष के कानूनी और अवैध तरीकों की गुटबंदी को भी इस्तेमाल किया। कुछ समय के लिए चीजें ठीक चल रही थीं और एक ट्रेड यूनियन (ऑल इंडिया फेडरेशन ऑफ ट्रेड यूनियंस) और एक किसान आंदोलन जोरदार रूप से विकसित हो रहे थे। लेकिन कुछ गंभीर समस्याएँ भी रही होंगी, जिस वजह से बँटवारे शुरू हो गए।

हाल ही में कुछ गुट, जो अभी भी 'जनशक्ति' नाम का उपयोग करते हैं, वे ज्यादा गंभीर सशस्त्र संघर्ष में बदल गए हैं और पार्टी अब अवैध और भूमिगत है।

'हिंदुस्तान टाइम्स' ने दावा किया (9 मई, 2002) कि भाकपा (एम.एल.) जनशक्ति बिहार में, विशेष रूप से कैमूर और पूर्वी चंपारण में सक्रिय है। लेकिन उनकी गतिविधि का प्राथमिक क्षेत्र आंध्र प्रदेश में है।

एम.एल. पार्टियों की एक छोटी अंतरराष्ट्रीय सभा के लिए तैयार और वेब (http://www.icmlpo.de/us/6con/country/indianjan.htm पर) पर पोस्ट किए गए एक बिना तारीख बयान में भाकपा (एम.एल.) जनशक्ति के एक बेनामी गुट की केंद्रीय समिति कहती है (अंश)—

"एम.एल आंदोलन, जिसे भारत में क्रांतिकारी विकल्प माना जाता था, अब भारत में मौजूद कई एम.एल. पार्टी ग्रुपों के साथ विभाजित स्थिति में है। 70 के दशक में नक्सल आंदोलन मुख्य रूप से 'वामपंथी' पद्धति के नक्सल अभ्यास के कारण पराजित हुआ था। उसके बाद, यद्यपि सुधार की प्रक्रिया शुरू हुई, लेकिन 'जन रेखा' के नाम से जो रेखा दिखाई दी, वह अब तक वर्ग संघर्ष को नियमित गुरिल्ला युद्ध स्तर पर विकसित कर संबंधित मुख्य समस्या को हल करने में असमर्थ रही है।

चुनाव में भाग लेने की रणनीति बनाने या क्रांतिकारियों और संशोधनवादियों के बीच मानक या विभाजन रेखा के मामले में इसका बहिष्कार करने जैसे विभिन्न रूपों में 'वाम' परेशानियाँ अभी भी बहुत अधिक हैं। लेकिन नक्सल आंदोलन की मुख्य समस्या 'वामपंथी' गलतियों का सिलसिला नहीं है; बल्कि विभिन्न रूपों में सही दक्षिणपंथ की ओर झुकाव मुख्य खतरा है।

70 और 80 के दशकों में आंध्र प्रदेश के विशाल क्षेत्र में विकसित हुआ बड़ा और व्यापक किसान संघर्ष और जिसे अंततः 'प्रतिरोध संघर्ष' के रूप में परिभाषित किया गया था। इस आंदोलन के प्रमुख नेता सी.पी. रेड्डी, इसे गुरिल्ला संघर्ष की ओर ले गए, जिसकी दूसरों द्वारा आलोचना की गई थी।

बाद में, नक्सलियों ने अपनी कुछ खास समस्याओं का जवाब देने के लिए ताकत

बनाई। लेकिन हमारे एक वर्ग के समूहवाद, विभाजनवाद और दक्षिणपंथी नीतियों की आंतरिक समस्याओं के लिए उन्होंने बहुमूल्य समय गँवा दिया।

1998 में विनोद मिश्रा का निधन हो गया, लेकिन महासचिव दीपांकर भट्टाचार्य और अन्य नेतृत्व संशोधनवादी रास्ते पर चलते रहे।

पार्टी असम, बिहार और झारखंड में सबसे मजबूत है, हालाँकि, कई अन्य राज्यों में भी इसकी इकाइयाँ हैं।

भारतीय कम्युनिस्ट पार्टी (एम.एल.) [महादेव मुखर्जी]

भारत में शुरुआती माओवादी आंदोलन में मूल भाकपा (एम.एल.) के गठन से पहले और बाद में दोनों समय बहुत अधिक फूट पड़ने की और कई बँटवारे होने की संभावना थी। 1972 में जब भाकपा (एम.एल.) के प्रमुख नेता चारू मजूमदार की मृत्यु हुई तो उनकी जगह लेनेवाले नेता शर्मा और महादेव मुखर्जी थे। लेकिन उस समय तक मूल भाकपा (एम.एल.) संगठन का एक छोटा सा हिस्सा ही उनके अधिकार में रह गया था। उन्होंने हठधर्मी दृष्टिकोण जारी रखा, जिसके कारण इतने सारे विभाजन हुए और भाकपा (एम.एल.) की केंद्रीय सत्ता और ध्वस्त हो गई।

उस समय मुखर्जी और शर्मा दोनों ही गुट के आगे झुक गए थे और मुखर्जी गुट ने शर्मा को निष्कासित कर दिया था। उसके बाद, शेष भाकपा (एम.एल.) ग्रुप जिससे मुखर्जी जुड़े थे, लिन बियाओ के सवाल पर अलग हो गए। इस विभाजन में मुखर्जी ने 1972 में लिन समर्थक बियाओ गुट का नेतृत्व किया, जो मुझे लगता है कि भाकपा (एम.एल.) की दूसरी केंद्रीय समिति बन गई।

हालाँकि, कुछ समय बाद ही उनके ही गुट ने उन्हें निष्कासित कर दिया। इस बिंदु पर मुखर्जी ने एक छोटे से नए ग्रुप का गठन किया, जिसे वे 'भाकपा (एम.एल.) महादेव मुखर्जी गुट' कहते हैं।

यह एक छोटा, बहुत ही अजीबोगरीब ग्रुप है। इसकी वेबसाइट में अभी भी लिन बियाओ [लिन पियाओ, पुरानी शैली] की एक तसवीर और उनके भाषणों में से एक भाषण शामिल है।

यह एकमात्र 'वास्तविक' भाकपा (एम.एल.) होने का दावा करता है। यह एक भूमिगत पार्टी है और कहा जाता है कि इसकी बिहार, आंध्र प्रदेश, अंडमान-निकोबार द्वीप समूह, पश्चिम बंगाल और नई दिल्ली में कुछ संगठनात्मक उपस्थिति है। यह केवल पश्चिम बंगाल के नक्सलबाड़ी और सिलीगुड़ी क्षेत्रों में रैलियाँ और जनसभाएँ करता है।

भारतीय कम्युनिस्ट पार्टी (एम.एल.) [राणा ग्रुप]

राणा के ग्रुप ने नेतृत्व में बहुमत हासिल किया (अस्थायी केंद्रीय समिति)। भाकपा (एम.एल.) राणा अपने अनुयायियों को सलाह देते हैं कि वे भाकपा (एम) या यहाँ तक कि भारतीय राष्ट्रीय कांग्रेस जैसी पार्टियों को उन निर्वाचन क्षेत्रों में वोट दें, जहाँ कोई क्रांतिकारी कम्युनिस्ट उम्मीदवार उपलब्ध नहीं है।

2004 के लोकसभा चुनावों से पहले पार्टी ने 'भारतीय कम्युनिस्ट पार्टी (मार्क्सवादी-लेनिनवादी) लाल झंडा' और 'भारतीय कम्युनिस्ट पार्टी (मार्क्सवादी-लेनिनवादी)' द्वारा शुरू किए गए क्रांतिकारी कम्युनिस्टों के संयुक्त मोर्चे में भाग लिया।

असम में बोडो बहुल क्षेत्रों में पार्टी एक जन संगठन के माध्यम से काम करती है, जिसे असम की 'संयुक्त आरक्षण आंदोलन परिषद्' (यूनाइटेड रिजर्वेशन मूवमेंट काउंसिल ऑफ असम) कहा जाता है। पी.सी.सी., भाकपा (एम.एल.) और यू.आर. एम.सी.ए. बोडो राष्ट्रवादी आंदोलनों के विरोधी हैं। 2004 में लोकसभा चुनाव में कोकराझार में यू.आर.एम.सी.ए. उम्मीदवार को 2,05,491 वोट (21.25 प्रतिशत) मिले। 1999 के चुनाव में यू.आर.एम.सी.ए. के उम्मीदवार को उसी निर्वाचन क्षेत्र में 2,46,942 वोट (27.75 प्रतिशत) मिले थे।

पी.सी.सी., भाकपा (एम.एल.) ने 'फॉर ए न्यू डेमोक्रेसी' को अपने केंद्रीय अंग के रूप में प्रकाशित किया। इसके प्रधान संपादक वास्कर नंदी हैं।

'हिंदुस्तान टाइम्स' ने दावा किया (9 मई, 2002) कि यह ग्रुप 1977 में बना था, जो बिहार में, विशेष रूप से बोकारो और धनबाद में सक्रिय है।

मुझे नहीं लगता कि यह ग्रुप किसी भी प्रकार के सशस्त्र संघर्ष में लिप्त था।

भारतीय कम्युनिस्ट पार्टी (एम.एल.) [लाल झंडा]

भाकपा (एम.एल.) [लाल झंडा] स्पष्ट रूप से एक ऐसे ग्रुप से बना था, जो 1987 में भाकपा (एम.एल.) केंद्रीय पुनर्गठन समिति से अलग हो गया था। इसका मूल और प्रभाव का मुख्य क्षेत्र केरल राज्य में था, जहाँ यह प्रमुख एम.एल. संगठन बन गया। लेकिन इसका विस्तार कर्नाटक, मध्य प्रदेश, महाराष्ट्र, छत्तीसगढ़ और ओडिशा में भी हुआ। पार्टी का मुख्यालय दिल्ली में था। पार्टी के अखिल भारतीय सचिव के.एन. रामचंद्रन थे।

1994 में भाकपा (एम.एल.) के लाल झंडा ग्रुप ने भाकपा (एम.एल.) को 'एक सच्चे बोल्शेविक शैली में और माओ की जन रेखा पर आधारित' पुनर्निर्माण की वकालत की। ['एक्सपोज द पॉलिटिक्स ऑफ डिसेप्शन', रेड फ्लैग, अगस्त 1994] इसने 'सैन्य पद्धति' और 'जनसमुदाय पद्धति' के बीच भाकपा (एम.एल.) सी.आर.सी. में मूल पद्धति के विकल्प की पुष्टि की।

1997 में पार्टी ने एक नया संविधान, कार्यक्रम और अंतरराष्ट्रीय पद्धति अपनाई। हालाँकि उनकी मूल क्रांतिकारी रणनीति वही रही।

2000 में अखिल भारतीय पार्टी सम्मेलन के बाद, आंध्र प्रदेश में रऊफ के नेतृत्व में एक ग्रुप 'लाल झंडे' से अलग हो गया और फिर भाकपा (एम.एल.) नक्सलबाड़ी में मिल गया।

1997 और 2000 में पार्टी के अखिल भारतीय सम्मेलनों के दौरान कई अतिरिक्त मुद्दों को सुलझाया गया और केंद्रीय कार्यों को स्पष्ट रूप से बताया गया था—भारत के कम्युनिस्ट क्रांतिकारियों के बीच पार्टी की राजनीतिक पद्धति स्थापित करें; वैश्वीकरण और साम्राज्यवाद के खिलाफ जन आंदोलन का राजनीतिक नेतृत्व हासिल करने के लिए काम करना; एक सच्ची बोल्शेविक शैली की पार्टी का निर्माण और एक संयुक्त मोर्चा बनाना।

हालाँकि, इससे पार्टी में कुछ नए मुद्दे सामने आए।

भूमंडलीकरण के खिलाफ सहज जन आंदोलनों से क्रांतिकारी आंदोलनों को एक नया जीवन मिला और विभिन्न एम.एल. ग्रुप्स के बीच फिर से संगठित होने की प्रक्रिया शुरू की जा चुकी है।

1992 के बाद से जब नई आर्थिक नीतियों को लागू करना शुरू किया गया, एन.पी. एम.ओ. ने कई बार अखिल भारतीय हड़ताल का आह्वान किया। एक तरफ तो इन संघर्षों से दूर रहने का मतलब है मजदूरों और किसानों से दूर रहना, लेकिन दूसरी तरफ एन.पी. एम.ओ. से जुड़ना वर्ग सहयोगी, संशोधनवादी और सुधारवादी माँगों से समझौता करना है।

'लाल झंडा ग्रुप' के सामने आनेवाले उन सवालों को थोड़ा सा दाईं ओर स्थानांतरित करके स्पष्ट रूप से हल किया गया था।

2003 में केरल में लाल झंडे का अधिकांश केरल राज्य समिति सहित एक बड़ा खंड अलग हो गया और उसी नाम से एक अलग ग्रुप चलाना शुरू कर दिया। इस विभाजन का नेतृत्व केरल राज्य सचिव, पी.सी. उन्नीचेकन ने किया था। इस पार्टी को 'भाकपा (एम.एल.) लाल झंडा (उन्नीचेकन ग्रुप)' के रूप में जाना जाता है।

पार्टी का मुख्य जन संगठन 'भारतीय व्यापार संघ केंद्र' (टी.यू.सी.आई.) था। क्षेत्रीय जन संगठनों में युवाजनवेदी, केरल विद्यार्थी संगठन (केरल छात्र संगठन), और केरल में जनकी कला साहित्य वेदी (एक सांस्कृतिक मोर्चा) और मध्य प्रदेश में आदिवासी लोकतांत्रिक मोर्चा शामिल थे।

भाकपा (एम.एल.) लाल झंडा ने अंग्रेजी में 'रेड स्टार', कन्नड़ में 'एक्य होराटा', मलयालम में 'सखावु' प्रकाशित किया और उनकी एक सक्रिय वेबसाइट थी।

2004 के लोकसभा चुनावों में भाकपा (एम.एल.) लाल झंडा और भाकपा (एम.एल.) [सान्याल ग्रुप] ने कम्युनिस्ट क्रांतिकारी केंद्र (पश्चिम बंगाल), लाल

निशान पार्टी (लेनिनवादी), भारतीय मार्क्सवादी कम्युनिस्ट पार्टी, मार्क्सवादी-लेनिनवादी समिति, न्यू सोशलिस्ट मूवमेंट, गुजरात, भाकपा (एम.एल.) अनंतिम केंद्रीय समिति और भगत सिंह विचार मंच के साथ मिलकर एक चुनावी मोरचा बनाया। केरल में चुनाव के लिए वी.बी. चेरियन के बी.टी.आर.-ई.एम.एस.-ए.के.जी. जानकी संस्कार वेदी के साथ एक वाम मोर्चा बनाया गया था।

जनवरी 2005 में विजयवाड़ा में एक 'एकता सम्मेलन' आयोजित किया गया था, जिसमें भाकपा (एम.एल.) के लाल झंडे को भाकपा (एम.एल.) [सान्याल ग्रुप] के साथ मिला दिया गया था, ताकि पुराने नाम भाकपा (एम.एल.) का उपयोग करके एक नई पार्टी बनाई जा सके।

भारतीय कम्युनिस्ट पार्टी (एम.एल.) [सान्याल ग्रुप]

इस ग्रुप का गठन जून 2003 में भारतीय कम्युनिस्ट संगठन (एम.एल.) और भाकपा (एम.एल.) यूनिटी इनिशिएटिव के विलय से हुआ था।

आधिकारिक तौर पर इस ग्रुप ने खुद को केवल भाकपा (एम.एल.) कहा, लेकिन अन्य समूहों के साथ अंतर करने के लिए सान्याल को जोड़ा गया। कानू सान्याल भाकपा-एम.एल. के नेता थे और 1967 में मूल नक्सलबाड़ी विद्रोह के नेताओं में से एक थे। इसके बावजूद, भाकपा-एम.एल. भारत में माओवादी संगठनों के विस्तार के मध्य भाग की ओर ज्यादा था। यह मिलाया गया ग्रुप इसी तरह विस्तार के मध्य भाग में था।

नवंबर 2003 में भारतीय कम्युनिस्ट पार्टी (एम.एल.) का भी इस पार्टी में विलय हो गया।

भाकपा (एम.एल.) [सान्याल ग्रुप] की आंध्र प्रदेश, झारखंड और पश्चिम बंगाल में मुख्य ताकत है। इसने ए.पी. ट्रेड यूनियनों का संघ, रैतु कुली संघम [स्टेट फार्मर्स यूनियन], प्रगतिशील लोकतांत्रिक छात्र संगठन, नव युवा समिति [नया युवा संघ], श्री विमुक्ति संगठन [आंध्र प्रदेश में महिला मुक्ति संगठन] जैसे जन संगठनों के साथ काम किया और पश्चिम बंगाल में इसने 'अखिल पश्चिम बंगाल चाय बागान मजदूर संघ' के साथ काम किया।

पार्टी वर्ग संघर्ष में विश्वास करती है। इसकी एक वेबसाइट है—www.cpiml.in.

भाकपा (एम.एल.) [सान्याल ग्रुप] ने आंध्र प्रदेश के कुछ चुनावों में भी भाग लिया है।

उन्होंने 2004 के लोकसभा चुनावों में निम्नलिखित निर्वाचन क्षेत्रों में भाग लिया—

- पार्वतीपुरम, आंध्र प्रदेश : उओयाका मुत्यालु—13,895 वोट (2.1 प्रतिशत)

- झारग्राम, पश्चिम बंगाल : लेबा चंद टुडू—9,422 वोट (1.18 प्रतिशत)
- राँची, झारखंड : अंजनी कुमार पांडे—2,044 वोट (0.29 प्रतिशत)
- दार्जिलिंग, पश्चिम बंगाल : राजू भट्टा—11,112 वोट (1.25 प्रतिशत)

जनवरी 2005 में इस ग्रुप का भाकपा (एम.एल.) लाल झंडा संगठन में विलय हो गया और पुराने नाम भाकपा (एम.एल.) के तहत एक नई पार्टी बनाई गई।

भारतीय कम्युनिस्ट पार्टी (एम.एल.) [सत्यनारायण सिंह ग्रुप]

सिंह के हस्ताक्षर के बाद इस ग्रुप को कभी-कभी 'भाकपा (एम.एल.) एस.एन. एस.' कहा जाता था। एस.एन. सिंह, गुरुबक्स सिंह और राजकिशोर, सितंबर 1970 में बिहार में मूल भाकपा (एम.एल.) से अलग हो गए। उन्होंने चारू मजूमदार की सांप्रदायिकता और विनाश नीति का विरोध किया।

पश्चिम बंगाल में आसिम चटर्जी और भाकपा (एम.एल.) के अन्य सदस्यों ने 1971 में मजूमदार केंद्रीय समिति से नाता तोड़ लिया और एस.एन. सिंह ग्रुप में शामिल हो गए, हालाँकि चटर्जी जल्द ही चले गए। 1975 में आंध्र प्रदेश में चंद्र पुल्ला रेड्डी ग्रुप का एस.एन.एस. ग्रुप में विलय हो गया, जिसमें सिंह उनके नेता थे।

1977 में एस.एन.एस. ग्रुप का भाकपा (एम.एल.) एकता समिति के साथ विलय होकर भाकपा (एम.एल.) की अनंतिम केंद्रीय समिति बनी, जिसमें सिंह अभी भी शीर्ष पर थे।

भारतीय कम्युनिस्ट पार्टी (एम.एल.) [दूसरी केंद्रीय समिति]

विकिपीडिया के अनुसार, यह भाकपा (एम.एल.) का एक अवैध, भूमिगत गुट था, जिसकी स्थापना 1970 के दशक के अंत में दो प्रमुख कम्युनिस्ट नेताओं और बुद्धिजीवियों अजीजुल हक और निशित भट्टाचार्य ने की थी। ऐसा लगता है कि महादेव मुखर्जी भी कुछ समय के लिए इस ग्रुप का हिस्सा थे। यह भाकपा (एम.एल.) का लिनबीओ समर्थक गुट था।

'हिंदुस्तान टाइम्स' ने दावा किया (9 मई, 2002) कि महादेव मुखर्जी द्वारा 1972 में गठित यह ग्रुप बिहार और विशेष रूप से वैशाली, भागलपुर और बाँका में सक्रिय था।

कहा जाता है कि इस ग्रुप ने मुखर्जी को निष्कासित कर दिया है।

दूसरा सी.सी. ग्रुप बिहार, पश्चिम बंगाल आदि में सक्रिय था और इसके बड़े मोर्चों में जनसंग्राम समिति (जन संघर्ष समिति), विप्लोव कृषक फ्रंट (क्रांतिकारी किसान मोर्चा), चेतना सांस्कृतिक मंच और किसान मजदूर मुक्ति मोर्चा (किसान श्रमिक मुक्ति मोर्चा) शामिल थे।

इसने हिंदी में 'जंदिशा' और बंगाली में 'जनेद ईशा' को इसके मोर्चों के माध्यम से प्रकाशित किया। 19 मई, 2003 को भाकपा (एम.एल.) की दूसरी केंद्रीय समिति का 'माओवादी कम्युनिस्ट सेंटर ऑफ इंडिया' में विलय हो गया। विलय को आगे बढ़ाने के लिए उसे अपने लिन बियाओ समर्थक रुख को वापस लेना पड़ा।

भारतीय कम्युनिस्ट पार्टी (एम.एल.) [शांतिपाल]

भाकपा (एम.एल.) शांति पाल ग्रुप के रूप में भी जाना जाता है।

इसका गठन उत्तरी-पश्चिम बेंगा में 1972 में हुआ था। 'हिंदुस्तान टाइम्स' ने दावा किया (9 मई, 2002) कि यह ग्रुप बिहार में और विशेष रूप से साहेबगंज, गोड्डा, सहरसा और पूर्णिया में सक्रिय है।

भारतीय कम्युनिस्ट पार्टी (एम.एल.) एकता की पहल

'हिंदुस्तान टाइम्स' ने दावा किया (9 मई, 2002) कि यह ग्रुप 1990 में बनाया गया था। बिहार में विशेष रूप से राँची, गुमला और धनबाद में सक्रिय है। हालाँकि अन्य सूत्रों का कहना है कि इसका गठन 2000 में भाकपा (एम.एल.) नई पहल और भाकपा (एम.एल.) जनशक्ति सी.ओ.सी. ग्रुप के विलय से हुआ था।

2003 की गरमियों में इस ग्रुप का सी.ओ.आई.-एम.एल. में विलय हो गया और भाकपा (एम.एल.) नाम को पुनः प्राप्त करने का प्रयास करनेवाला एक नया ग्रुप बना।

भारतीय कम्युनिस्ट क्रांतिकारी लीग

सी.आर.एल.आई. पश्चिम बंगाल में एक छोटी पार्टी है और इसका नेतृत्व मूल भाकपा (एम.एल.) के पूर्व छात्र नेता असीम चटर्जी कर रहे हैं। चटर्जी ने 1971 में पश्चिम बंगाल के देबरा-गोपीबल्लवपुर क्षेत्र में सशस्त्र संघर्ष की विफलता के बाद और पाकिस्तान से बांग्लादेश के स्वतंत्रता संग्राम में भाकपा (एम.एल.) नेतृत्व के विरोध के कारण चारू मजूमदार से नाता तोड़ लिया। चटर्जी ने सोचा कि बांग्लादेश के स्वतंत्रता संग्राम का विरोध करना हानिकारक होगा। चटर्जी ने शुरू में भाकपा (एम.एल.) की 'बंगाल-बिहार-ओडिशा सीमा क्षेत्रीय समिति' बनाई और फिर बाद में इसे भाकपा (एम.एल.) [सत्यनारायण सिंह ग्रुप] में मिला दिया। बाद में चटर्जी ने सी.आर.एल.आई. का गठन किया।

1995-2000 के दौरान सी.आर.एल.आई. प्रमुख संशोधनवादी पार्टी, भाकपा (मार्क्सवादी) के साथ 'वाम मोर्चा' का सदस्य था। भाकपा (एम) से टूटने के बाद, सी.आर.एल.आई. लोकतांत्रिक समाजवाद पार्टी के संपर्क में रहा है, जो 2001 में

सैफुद्दीन चौधरी के नेतृत्व में सी.पी.आई. (एम) से अलग हो गया था। चटर्जी ने 2005 में पश्चिम बंगाल विधानसभा चुनाव तृणमूल कांग्रेस के चुनाव चिह्न पर लड़ा था।

कम्युनिस्ट क्रांतिकारी पार्टी

यह केरल में के पी.आर. गोपालन के नेतृत्ववाली एक पार्टी थी। इसने 1970 का चुनाव लड़ा और विफलता हाथ लगी। हालाँकि, यह महत्त्वपूर्ण था, क्योंकि यह ए.आई.सी.सी.सी.आर. परंपरा से आनेवाला पहला ग्रुप था, जिसने क्रांतिकारी उद्देश्यों के लिए चुनाव लड़ने की कोशिश की थी।

भारतीय कम्युनिस्ट पार्टी

यह कर्नाटक के यू. कृष्णप्पा के नेतृत्व में एक छोटा सा कम्युनिस्ट ग्रुप था। 1 मई, 1985 को आई.सी.पी. को भाकपा (एम.एल.) में मिला दिया गया।

झारखंड मुक्ति टाइगर्स (जे.एल.टी.)

जे.एल.टी. झारखंड में भाकपा (माओवादी) से अलग हो गया है, लेकिन उस पार्टी के साथ-साथ अन्य प्रतिक्रियावादी संगठनों के खिलाफ भी लड़ा है।

तृतीय प्रस्तुति समिति

टी.पी.सी. भाकपा (माओवादी) से एक अलग संप्रदाय है, जिसका गठन 2002 में किया गया था और झारखंड, बिहार और संभवत: अन्य जगहों पर काम कर रहा था। हालाँकि, यह एक प्रतिक्रियावादी संगठन लगता है, जो अब माओवादियों के खिलाफ सरकारी तंत्र के करीब है। 2007 में टी.पी.सी. ने घोषणा की कि 'इसका मुख्य लक्ष्य पुलिस मशीनरी नहीं है, बल्कि भाकपा-माओवादी हैं'।

माओवादी प्रतिरोध साइट पर इंटरनेट रिपोर्टों में कहा गया है कि 14 सितंबर, 2007 को झारखंड के लातेहार जिले के बरवाडीह गाँव में सक्रिय टी.पी.सी. ने भाकपा (माओवादी) के चार समर्थकों का अपहरण कर लिया और उन्हें धारदार हथियारों से मार डाला। एक प्रतिक्रिया में, टी.पी.सी. के तीन सदस्यों को झारखंड मुक्ति टाइगर्स (जे.एल.टी.) ने मार डाला।

'द हिंदू' अखबार ने अपने 19 जून, 2008 के अंक में बताया कि गया जिले में टी.पी.सी. के एक सदस्य की भाकपा (माओवादी) सदस्यों ने गोली मारकर हत्या कर दी।

भारत के कम्युनिस्ट क्रांतिकारियों का एकता केंद्र (एम.एल.)

आंध्र प्रदेश क्रांतिकारी कम्युनिस्ट समिति से पहले का एक ग्रुप विकसित हुआ, जिसका गठन 1969 में किया गया था और इसका नेतृत्व टी. नागी रेड्डी ने किया था। (चीन की कम्युनिस्ट पार्टी के प्रति वफादारी के मुद्दे पर असहमति के कारण और तत्काल सशस्त्र संघर्ष के विरोध और सभी चुनावों के बहिष्कार के कारण इस ग्रुप को ए.आई.सी.सी.सी.आर. में भाग लेने की अनुमति नहीं थी।) [नीचे दी गई कुछ जानकारी विकिपीडिया से ली गई हैं।]

यू.सी.सी.आर.आई. (एम.एल.) का गठन अप्रैल 1975 में निम्नलिखित संगठनों के विलय के साथ किया गया था—

- ए.पी.सी.सी.सी.आर./ए.पी.आर.सी.सी.
- क्रांतिकारी कम्युनिस्ट की उत्तरी क्षेत्रीय समिति एकता केंद्र (एम.एल.)
- पश्चिम बंगाल कम्युनिस्ट एकता केंद्र
- डब्ल्यू.बी.सी.सी.आर.

एकता सम्मेलन ने शहीदों पर संकल्प,, कार्यक्रम, पथ, कार्य के तरीकों, संविधान और एकीकरण पर बयान के प्रस्तावों को अपनाया। इसकी महत्त्वाकांक्षा अंततः भारत में सभी कम्युनिस्ट क्रांतिकारी ताकतों को एकजुट करने की थी। इसने देवुल्लापाली वेंकटेश्वर राव (डी.वी.) के सचिव के रूप में एक केंद्रीय समिति का चुनाव किया और स्पार्क को अपने केंद्रीय अंग के रूप में स्थापित किया।

यू.सी.सी.आर.आई. (एम.एल.) के गठन के तुरंत बाद प्रधानमंत्री इंदिरा गांधी ने आपातकाल की घोषणा की। नतीजतन यू.सी.सी.आर.आई. (एम.एल.) को भूमिगत होने के लिए मजबूर होना पड़ा।

केरल कम्युनिस्ट यूनिटी सेंटर ने जून 1975 में यू.सी.सी.आर.आई. (एम.एल.) के साथ विलय करने का फैसला किया, लेकिन विलय से पहले उस ग्रुप को आंतरिक विभाजन का सामना करना पड़ा और इसलिए इसे बंद कर दिया गया।

यू.सी.सी.आर.आई. (एम.एल.) मूल रूप से आंध्र प्रदेश में स्थित था और इसका नेतृत्व टी. नागी रेड्डी (उनकी मृत्यु तक) और डी.वी. राव ने किया था। नागी रेड्डी पार्टी के सबसे महत्त्वपूर्ण नेता थे और जुलाई 1976 में उनकी मृत्यु यू.सी.सी.आर.आई. (एम.एल.) के लिए एक गंभीर झटका थी। अगस्त 1976 में संगठन का विभाजन हो गया। केंद्रीय समिति और डी.वी. राव में विवाद खड़ा हो गया। उन्हें सचिव के पद से हटा दिया गया था। डी.वी. ने तीन अन्य सी.सी. सदस्यों (एन.जेड.सी. के एक सी.सी. सदस्य के नेतृत्व में) पर 'प्रतिद्वंद्वी केंद्र' बनाने का आरोप लगाया और उन्हें एकतरफा निलंबित कर दिया। इस विभाजन में उत्तरी क्षेत्र समिति (राजस्थान) और बंगाल समिति

'प्रतिद्वंद्वी केंद्र' से अलग हो गई।

डी.वी. राव आंध्र प्रदेश लौट आए और उन्होंने अपने आसपास के आंध्र संगठन को लामबंद किया। उन्होंने जून 1976 में कम्युनिस्ट क्रांतिकारियों की पंजाब समन्वय समिति के यू.सी.सी.आर.आई. (एम.एल.) में विलय को आगे बढ़ाया। उन्होंने खुद पी.सी.आर.सी. सचिव हरभजन सोही और आंध्र प्रदेश, मधु तथा आनंद के दो नेताओं सहित एक अस्थायी केंद्रीय समिति को फिर से जीवित कर दिया, जब तक कि एक नियमित पार्टी सम्मेलन आयोजित नहीं किया जा सका था।

यू.सी.सी.आर.आई. (एम.एल.) ने 'जन क्रांतिकारी पद्धति' की वकालत की। ओडिशा और केरल में शाखाएँ शुरू की गईं। 1978 में पश्चिम बंगाल के मिदनापुर के देबरा क्षेत्र का एक समूह यू.सी.सी.आर.आई. (एम.एल.) में शामिल हो गया। कम्युनिस्ट क्रांतिकारियों की तत्कालीन महाराष्ट्र राज्य समिति के संयोजक (जिसने ए.पी.सी.सी.सी.आर. के निष्कासन के बाद ए.आई.सी.सी.आर. छोड़ दिया था) यू.सी.सी.आर.आई. (एम.एल.) में शामिल हो गए, जिसके कारण महाराष्ट्र में एक इकाई का गठन हुआ।

जब डी.वी. राव के नेतृत्व में यू.सी.सी.आर.आई. (एम.एल.) ने 'तीन दुनिया' सिद्धांत को स्वीकार किया और चीन में देंग शासन का समर्थन किया तो दूसरा विभाजन हुआ। 1979 में हरभजन सोही के नेतृत्व में संगठन का एक वर्ग अलग हो गया। आनंद के नेतृत्व में ग्रुप का एक और वर्ग बाद में (1988) उन्हीं कारणों से अलग हो गया। (उन दो गुटों ने तीन अन्य ग्रुप के साथ 1988 में भारत के कम्युनिस्ट क्रांतिकारियों के केंद्र का गठन किया और सी.सी.आर.आई. स्वयं उन ग्रुपों में से एक था, जिनका अगस्त 1994 में सी.पी.आर.सी.आई. (एम.एल.) बनाने के लिए विलय कर दिया गया था।)

1980 के चुनावों से पहले की अवधि में यू.सी.सी.आर.आई. (एम.एल.) ने भागीदारी के प्रति उनके रुख की समीक्षा की। यू.सी.सी.आर.आई. (एम.एल.) ने हमेशा चुनाव को एक व्यवहारकुशल मुद्दे के रूप में देखा। प्रारंभ में पार्टी ने गैर-भागीदारी की नीति अपनाई थी। लेकिन 1980 में वे 'चुनावों में महाशक्ति समर्थक प्रतिक्रियावादी ताकतों को हराने' की अपील के साथ सामने आए। वास्तविक चुनावी अभियान में नई नीति सुसंगत नहीं थी। वास्तव में, आंध्र प्रदेश में पार्टी ने बहिष्कार को बढ़ावा दिया, जबकि पार्टी ने पश्चिम बंगाल और ओडिशा में कुछ उम्मीदवारों का समर्थन किया।

चुनावों के बाद डी.वी. के आंध्र प्रदेश में अनुयायियों के एक ग्रुप के साथ पार्टी छोड़ने के साथ एक विभाजन हुआ। डी.वी. ने अपना अलग यू.सी.सी.आर.आई. (एम.एल.) बनाया। डी.वी. के जाने के बाद आनंद शेष यू.सी.सी.आर.आई. (एम.एल.) के नए केंद्रीय समिति सचिव बने।

1988 में आनंद ने संगठन में लंबे समय तक असंतोष रहने के बाद यू.सी.सी.आर.आई. (एम.एल.) से नाता तोड़ लिया। पार्टी कॉन्फ्रेंस आयोजित करने की तैयारियों के दौरान आनंद और दूसरे गुटों के बीच अनबन बढ़ गई। आनंद महाराष्ट्र इकाई पर विजय प्राप्त करने में सफल रहे। उन्होंने सोही के यू.सी.सी.आर.आई. (एम.एल.) के साथ भी संबंध जोड़े। विभाजन के बाद आनंद गुट और सोही गुट ने तीन अन्य ग्रुपों के साथ उसी वर्ष भारत के कम्युनिस्ट क्रांतिकारियों का केंद्र बनाया।

विश्वम और मधु के नेतृत्व में शेष यू.सी.सी.आर.आई. (एम.एल.) गुट 1992 में भाकपा (एम.एल.) जनशक्ति में मिल गया। मधु ने यू.सी.सी.आर.आई. (एम.एल.) की ओर से विलय समझौते पर हस्ताक्षर किए।

मदन के नेतृत्व में एक ग्रुप और श्यामल के नेतृत्व में दूसरा ग्रुप बेलपहानी क्षेत्र में सक्रिय है। जयंत ग्रुप झारखंड के चाकुलिया इलाके में काम कर रहा है। वे कभी-कभी सीमा पार करते हैं, बैठकें करते हैं और वापस चले जाते हैं।

भारत में माओवादी प्रभावित क्रांतिकारी संगठन

अंतिम संशोधन : 25 नवंबर, 2008। यह जानकारी आगे सुधार और नवीनतम बनाने के अधीन है।

भाकपा (माओवादी) पार्टी

भाकपा (माओवादी) भारत का सबसे घातक नक्सली संगठन है। इसका गठन 21 सितंबर, 2004 को भाकपा (एम.एल.) (पी.डब्ल्यू.) और एम.सी.सी.आई. के विलय के बाद हुआ था। वास्तव में पी.डब्ल्यू. पीपल्स वॉर ग्रुप (पी.डब्ल्यू.जी.) और अब निष्क्रिय बिहार स्थित पार्टी यूनिटी (पी.यू.) का एक मिश्रण था। वर्षों की बातचीत के बाद पी.डब्ल्यू.जी. और पी.यू. का विलय हुआ था। इसके अलावा, पंजाब में स्थित भारतीय क्रांतिकारी कम्युनिस्ट सेंटर (माओवादी) का एम.सी.सी. में विलय हो गया और नए समूह का नाम एम.सी.सी.आई. रखा गया।

चेन्नई में 'द हिंदू' नई दिल्ली में 'इंडियन एक्सप्रेस' और हैदराबाद में 'ईनाडु' ने 15 अक्तूबर, 2004 को भाकपा (माओवादी) के विलय और गठन के बारे में प्रकाशित किया। विलय की घोषणा 14 अक्तूबर को एक साथ राष्ट्रीय राजधानी दिल्ली में और आंध्र प्रदेश की राजधानी हैदराबाद में एक प्रेस कॉन्फ्रेंस में की गई थी। 15 अक्तूबर, 2004 को राज्य सरकार के साथ शांति वार्त्ता के लिए माओवादी प्रतिनिधिमंडल का नेतृत्व करने से कुछ घंटे पहले, ग्रुप के राज्य सचिव, अक्की राजू हरगोपाल 'रामकृष्ण' द्वारा हैदराबाद में घोषणा की गई थी। आंध्र प्रदेश में पहले वाला पी.डब्ल्यू.जी. प्रभावी

था, जहाँ इसकी स्थापना 1980 में हुई थी और कम-से-कम सात अन्य राज्यों के कुछ हिस्सों में इसका प्रभाव था। जबकि पहलेवाला एम.सी.सी.आई. मुख्य रूप से बिहार में स्थित था और पश्चिम बंगाल, ओडिशा और झारखंड के कुछ हिस्सों में काम करता था।

विलय की घोषणा 15 जनवरी, 2003 को जारी एक संयुक्त विज्ञप्ति में की गई थी। उस समय भारत की मेहनतकश जनता के सामने संगठनों ने घोषणा की—"हमारा एकजुट संगठन मार्क्सवाद-लेनिनवाद-माओवाद पर आधारित होगा और महान् भारतीय लोगों की नई लोकतांत्रिक क्रांति को आगे बढ़ाने के लिए लंबे समय से जानी गई आवश्यकताओं के लिए दृढ़ता से प्रतिबद्ध रहेगा।"

ग्रुप की केरल, महाराष्ट्र और कर्नाटक में कुछ पकड़ है। इसके अलावा, भाकपा (एम.एल.), नक्सलबाड़ी भाकपा (एम.एल.), माओवादी एकता केंद्र (सी.पी.आई.-एम.एल.-एम.यू.सी.) और भाकपा (एम.एल.) लाल झंडे का एक मिश्रण है। एम.यू. सी. का गठन 22 अप्रैल, 1997 को केरल कम्युनिस्ट पार्टी और महाराष्ट्र कम्युनिस्ट पार्टी के नक्सली तत्त्वों के विलय के साथ हुआ था, जो भाकपा (एम.एल.) केंद्रीय पुनर्गठन समिति के विघटन के बाद उभरा था। अप्रैल 1999 में एम.यू.सी. का भाकपा (एम.एल.) नक्सलबाड़ी में विलय हो गया। इसके बाद, वर्ष 2000 के दौरान या उसके बाद, रऊफ के नेतृत्व में भाकपा (एम.एल.) के लाल झंडे के एक अलग ग्रुप का भाकपा (एम.एल.) नक्सलबाड़ी में विलय हो गया। माना जा रहा है कि रऊफ वर्तमान में भाकपा (एम.एल.) नक्सलबाड़ी का नेतृत्व कर रहे हैं।

गिरफ्तार किए गए नक्सलियों की स्वीकारोक्ति के अनुसार 2004 में चार दर्जन वामपंथी गुटों का विलय कर भारतीय राज्य की लड़ाई में एक गठबंधन बनाया गया था। अब वे एक-दूसरे के खिलाफ खुले युद्ध में हैं। उदाहरण के लिए, अकेले झारखंड में सोलह अलग ग्रुप हैं। पीपल्स लिबरेशन फ्रंट ऑफ इंडिया (पी.एल.ई.), तृतीया प्रस्तुति समिति (टी.पी.सी.) जैसे महत्त्वपूर्ण ग्रुप भाकपा (माओवादी नेतृत्व और संसाधनों और प्रभाव के मामले में प्रतिस्पर्धा) को चुनौती दे रहे हैं। बिहार, छत्तीसगढ़ और ओडिशा में भी इसी तरह के रुझान हैं।

भाकपा (माओवादी) का प्रेस वक्तव्य

21 सितंबर, 2004 को भारत के कुछ हिस्सों में घने जंगलों के बीच भाकपा (माओवादी) के गठन की घोषणा लोगों के गुरिल्ला सेनानियों, पार्टी कार्यकर्ताओं और जन संगठनों के कार्यकर्ताओं की एक सभा के सामने की गई। दो पार्टियों—माओवादी कम्युनिस्ट सेंटर ऑफ इंडिया और भारतीय कम्युनिस्ट पार्टी (मार्क्सवादी-लेनिनवादी) [पीपल्स वॉर] को एक नई एकीकृत पार्टी, सी.पी.आई. (माओवादी) बनाने के लिए

मिला दिया गया। हालाँकि, इस विलय की घोषणा को सुरक्षा कारणों से मीडिया से रोक दिया गया है और अब इसे हमारे देश और दुनिया के पूरे लोगों के लिए जारी किया जा रहा है। इस नई पार्टी के गठन ने देश की उत्पीड़ित जनता की वास्तविक श्रमजीवी व्यक्ति की पार्टी की इच्छाओं और आकांक्षाओं को पूरा किया है, जो उन्हें समाजवाद और कम्युनिज्म की ओर बढ़ते हुए एक नए लोकतांत्रिक समाज की स्थापना के लिए क्रांतिकारी परिवर्तन की ओर ले जा सकती है।

इस एकीकृत पार्टी का गठन शुरू में दोनों पक्षों के उच्च स्तरीय प्रतिनिधिमंडलों के बीच गहन विचार-विमर्श के बाद हुआ है और फिर दोनों पक्षों की संयुक्त केंद्रीय समिति की बैठक द्वारा इसे अंतिम रूप दिया गया है। समान स्तर पर आयोजित इन गहन और रचनात्मक चर्चाओं के माध्यम से पाँच दस्तावेजों का मसौदा तैयार किया गया और उन्हें अंतिम रूप दिया गया। ये दस्तावेज हैं—मार्क्सवाद-लेनिनवाद-माओवाद के उज्ज्वल लाल बैनर को ऊँचा रखें, पार्टी कार्यक्रम, भारतीय क्रांति की रणनीति और कार्यनीति, अंतरराष्ट्रीय और घरेलू स्थिति पर राजनीतिक संकल्प और पार्टी संविधान।

इन दस्तावेजों के अलावा यह भी तय किया गया है कि हमारे प्रिय नेता और संबंधित पार्टियों के शिक्षक स्वर्गीय कॉमरेड चारू मजूमदार एवं कॉमरेड कनाई चटर्जी को एकीकृत पार्टी के संस्थापक नेताओं के रूप में पहचाना जाएगा और उन पर प्रकाश डाला जाएगा। यह भी निर्णय लिया गया कि 1960 के दशक के अशांत काल, विशेषकर महान् नक्सलबाड़ी विद्रोह से उपजी इन दोनों पार्टियों को भारतीय कम्युनिस्ट आंदोलन के लंबे इतिहास में जो कुछ क्रांतिकारी था, वह जीवंत रूप से विरासत में मिला। स्थिति की खासियत यह है कि ये दोनों पार्टियाँ क्रांतिकारी कम्युनिस्ट आंदोलन की दो अलग-अलग धाराओं के रूप में बहती रहीं, पिछले 35 वर्षों में भारतीय क्रांति को आगे बढ़ाने के एक ही कारण से जुड़ गई। एक साथ उठाए गए इन सभी कदमों ने स्पष्ट रूप से सभी वैचारिक और राजनीतिक सवालों पर एक एकीकृत समझ का खुलासा किया। स्थापित पद्धति ने दोनों पक्षों द्वारा हासिल की गई एकता के लिए एक सैद्धांतिक आधार प्रदान किया।

इस पर अपने निर्णय के आधार पर संयुक्त केंद्रीय समिति की बैठक ने अंततः दोनों पार्टियों को एक एकीकृत पार्टी में एकजुट करने का संकल्प लिया, जिसे अब 'भारतीय कम्युनिस्ट पार्टी (माओवादी)' के रूप में जाना जाएगा। कॉमरेड गणपति को सर्वसम्मति से नई पार्टी का महासचिव चुना गया।

एकीकृत भारतीय कम्युनिस्ट पार्टी (माओवादी) का गठन निश्चित रूप से भारत के कम्युनिस्ट आंदोलन के इतिहास में एक नया मील का पत्थर साबित होगा। एम.एल. एम. पर आधारित एकीकृत माओवादी पार्टी हमारे सभी रैंकों सहित देश के क्रांतिकारी

दिमाग और उत्पीड़ित लोगों और दक्षिण एशिया तथा दुनिया के अन्य हिस्सों की सभी माओवादी ताकतों की एक लंबी और अत्यधिक वांछित जरूरत बनी रही। आज यह लंबे समय से वांछित जरूरत और सपना हकीकत में तब्दील हो गया है।

नई भारतीय कम्युनिस्ट पार्टी (माओवादी) भारतीय श्रमजीवी वर्ग के संगठित राजनीतिक अगुआ के रूप में कार्य करना जारी रखेगी। मार्क्सवाद (लेनिनवाद-माओवाद) उसकी गतिविधियों के सभी क्षेत्रों में उसकी सोच का मार्गदर्शन करनेवाला वैचारिक आधार होगा। यह दक्षिणपंथी और वामपंथी झुकाव के खिलाफ, विशेष रूप से संशोधनवाद के खिलाफ, समग्र रूप से कम्युनिस्ट आंदोलन के लिए मुख्य खतरे के रूप में लेते हुए अपना संघर्ष जारी रखेगा। यह अभी भी उन सभी वास्तविक माओवादी ग्रुपों को एकजुट करने की कोशिश करेगा, जो इस एकीकृत पार्टी से बाहर रहते हैं।

माओवादी पार्टी का तात्कालिक उद्देश्य और कार्यक्रम भारत में पहले से चल रही और आगे बढ़ रही नई लोकतांत्रिक क्रांति को 'विश्व श्रमजीवी क्रांति' के एक हिस्से के रूप में अर्ध-औपनिवेशिक, अर्ध-सामंती व्यवस्था को अप्रत्यक्ष शासन, शोषण और नियंत्रण के नव-औपनिवेशिक रूप से उखाड़ फेंकना है। यह क्रांति साम्राज्यवाद, सामंतवाद और दलाल, नौकरशाही, पूँजीवाद के खिलाफ निर्देशित रहेगी। इस क्रांति को सशस्त्र कृषि क्रांतिकारी युद्ध से अंजाम दिया जाएगा और पूरा किया जाएगा, यानी सत्ता की सशस्त्र जब्ती के साथ लंबे समय तक चलनेवाले जनयुद्ध को इसके केंद्रीय और प्रमुख कार्य के रूप में छोड़ दिया जाएगा, शहरों को ग्रामीण इलाकों से घेर लिया जाएगा और अंत में उन पर कब्जा कर लिया जाएगा। इसलिए ग्रामीण इलाकों के साथ-साथ पी.पी.डब्ल्यू. (दीर्घ जनयुद्ध) पार्टी का काम 'गंभीरता के केंद्र' में रहेगा, जबकि शहरी काम इसके लिए पूरक होगा।

चूँकि सशस्त्र संघर्ष संघर्ष का सर्वोच्च और मुख्य रूप रहेगा और सेना इस क्रांति के संगठन के मुख्य रूप में निर्णायक भूमिका निभाती रहेगी, जबकि सशस्त्र संघर्ष के दौरान और सशस्त्र संघर्ष के माध्यम से सत्ता की जब्ती के लिए यू.एफ. का निर्माण किया जाएगा। जनसंगठन और जनसंघर्ष आवश्यक और अपरिहार्य हैं, लेकिन उनका उद्देश्य युद्ध में मदद करना है।

हम एतद् द्वारा यह भी घोषणा करते हैं कि भाकपा (एम.एल.) [पी.डब्ल्यू.] और एम.सी.सी.आई.-पी.जी.ए. और पी.एल.जी.ए. की दो गुरिल्ला सेनाओं को एकीकृत पी.एल.जी.ए. (पीपल्स लिबरेशन गुरिल्ला आर्मी) में मिला दिया गया है। इसके बाद, सबसे जरूरी कार्य, यानी पार्टी का प्रमुख कार्य एकीकृत पी.एल.जी.ए. को एक पूर्ण जन मुक्ति सेना (पी.एल.ए.) के रूप में विकसित करना और मौजूदा गुरिल्ला क्षेत्रों को आधार क्षेत्रों में बदलना है, जिससे नई लोकतांत्रिक क्रांति को पूरा करने की दिशा में लहर

को आगे बढ़ाना है। पी.एल.जी.ए. का स्थापना दिवस 2 दिसंबर है, जिस दिन हमारे देश में पहली बार 2,000 में तीन सी.सी.एम., कॉमरेड श्याम, महेश और मुरली की शहादत की पहली वर्षगाँठ पर एक जन सेना का गठन किया गया था।

इसके अलावा, संयुक्त पार्टी लोगों के विभिन्न राजनीतिक और अन्य मुद्दों पर क्रांतिकारी जन आंदोलनों की एक नई लहर बनाने पर अतिरिक्त ध्यान देना जारी रखेगी। साम्राज्यवाद, सामंतवाद और दलाल, नौकरशाही, बुर्जुआ वर्ग के खिलाफ इस संघर्ष में जनता के सभी बड़े तबके शामिल होंगे। हमारे देश में शातिर साम्राज्यवादी हमले के परिणामस्वरूप पहले से ही गरीब लोगों की बड़े पैमाने पर तबाही हुई है, खासकर ग्रामीण इलाकों में, जो हजारों आत्महत्याओं को भी देख चुके हैं। भाकपा (माओवादी) साम्राज्यवाद और सामंतवाद के खिलाफ निर्देशित सभी आंदोलनों के लिए समर्थन जुटाने के साथ-साथ देश में साम्राज्यवादियों के बढ़ते हमले के खिलाफ, राज्य दमन के खिलाफ जनता के एक बड़े हिस्से को लामबंद करेगी।

नई पार्टी उनके अलगाव के अधिकार सहित आत्मनिर्णय के लिए राष्ट्रीयताओं के संघर्ष का समर्थन करना जारी रखेगी और इन आंदोलनों के क्रूर राज्य दमन की निंदा करेगी। यह क्रांति के शक्तिशाली बल के रूप में महिलाओं को जुटाने और संगठित करने पर विशेष ध्यान देगी और सभी प्रकार के अन्य सामाजिक उत्पीड़न, विशेष रूप से छुआछूत तथा जातिवाद के खिलाफ लड़ेगी। यह अन्य सभी कट्टरपंथी ताकतों को बेनकाब करते हुए वर्गवादी शत्रुओं को बेनकाब, अलग-थलग और हराना जारी रखेगी। यह सी.पी.आई./सी.पी.एम. और उनकी साम्राज्यवादी सरदारों के साथ दिल्ली में नए कांग्रेसी शासकों के खिलाफ निर्देशित जनसंघर्ष की धार को बनाए रखते हुए ऐसा करना जारी रखेगी।

यह भारतीय शासक वर्गों के साथ-साथ उनके साम्राज्यवादी सरदारों, विशेषकर यू.एस.ई. साम्राज्यवादी के विस्तारवादी मनसूबों का परदाफाश और विरोध करना जारी रखेगी। यह सी.पी.एन. (माओवादी) के नेतृत्व में नेपाली लोगों के पक्ष में अधिक सक्रिय रूप से खड़ी होगी और भारतीय विस्तारवादियों और अमेरिकी साम्राज्यवादियों को अपनी सैन्य शक्ति के साथ नेपाल में हस्तक्षेप करने का सख्ती से विरोध करेगी। यह पेरू, फिलीपींस, तुर्की और अन्य जगहों पर माओवादी दलों के नेतृत्व में जनयुद्ध का समर्थन करना भी जारी रखेगी। यह साम्राज्यवाद और प्रतिक्रिया के खिलाफ निर्देशित सभी लोगों के संघर्षों का समर्थन करना जारी रखेगी। यह दुनिया भर में मजदूर वर्ग के आंदोलन और अन्य लोगों के आंदोलनों का भी समर्थन करेगी। यह अमेरिकी साम्राज्यवादी नेतृत्ववाली आक्रामकता और दखल के खिलाफ उनके शक्तिशाली संघर्ष में इराकी और अफगान लोगों के साथ खड़ी रहेगी।

संयुक्त पार्टी श्रमिक अंतरराष्ट्रीयवाद का झंडा बुलंद करना जारी रखेगी और अंतरराष्ट्रीय स्तर पर वास्तविक माओवादी ताकतों को एकजुट करने में और अधिक मजबूती से योगदान देना जारी रखेगी। इसके अलावा, यह पूरी दुनिया के उत्पीड़ित लोगों और राष्ट्रों के साथ एकता भी स्थापित करेगी और साम्राज्यवाद तथा उनके अभावों के खिलाफ विश्व श्रमिक क्रांति को आगे बढ़ाने में उनके साथ कंधे-से-कंधा मिलाकर लड़ाई जारी रखेगी, जिससे विश्व स्तर पर समाजवाद और फिर साम्यवाद को साकार करने का मार्ग प्रशस्त होगा।

इन ऊँचे लक्ष्यों के लिए हजारों नक्सली शहीदों ने अपने बहुमूल्य जीवन का बलिदान दिया है। संयुक्त पार्टी-भाकपा (माओवादी) की केंद्रीय समिति (अनंतिम) प्रतिज्ञा करती है कि वह उनके द्वारा प्रकाशित पथ पर आगे बढ़ना जारी रखेगी और इस तरह शहीदों के सपनों को हकीकत में बदलने के लिए अपनी सभी मौजूदा और गुप्त ऊर्जा को जुटाएगी।

क्रांतिकारी शुभकामना के साथ,

किशन
महासचिव
केंद्रीय समिति
माओवादी कम्युनिस्ट सेंटर ऑफ इंडिया

गणपति
महासचिव
केंद्रीय समिति
सी.पी.आई. (एम.एल.) [पी.डब्ल्यू.]

दिनांक : 14-10-2004

स्रोत : 'पीपल्स मार्च', एर्नाकुलम, खंड-5, संख्या 11-12, नवंबर-दिसंबर, 2004।

□

6

फ्रंट संगठन

नक्सली खुले मैदान में काम नहीं करते। वे घने जंगलों और पहाड़ी इलाकों में रहते हैं। उन्हें ज्यादातर सरकार द्वारा प्रतिबंधित कर दिया जाता है। चूँकि वे हिंसक गतिविधियाँ अपनाते हैं, इसलिए उन्हें अपनी पहचान और अपने आंदोलनों को ढकना और छुपाना पड़ता है। उन्हें अपने विचारों, आदर्शों और गतिविधियों को मैदानी इलाकों के लोगों तक ले जाने के लिए एक मुख्तार की जरूरत होती है। उन्हें शहरी क्षेत्रों में नक्सलवाद की स्पष्ट तसवीर दिखाने के लिए प्रवक्ताओं की जरूरत रहती है। जब भी उन्हें पुलिस द्वारा हिरासत में लिया जाता है तो उन्हें मदद की जरूरत होती है। उन्हें ऐसे कार्यकर्ताओं की जरूरत होती है, जो गोलीबारी में मारे जाने पर आवाज उठा सकें। बुद्धिजीवियों में समाजवादी विचार युगों से विद्यमान है। बुद्धिजीवियों में शिक्षाविद्, छात्र, लेखक, पत्रकार, फिल्म-निर्माता शामिल हैं, जो अपने पदों का लाभ उठाते हैं और नागरिक अधिकारों, न्याय की रक्षा में अपने विचार खुलकर व्यक्त करते हैं। ये बुद्धिजीवी सत्ता से दूरी बनाकर रखते हैं और कुछ हद तक स्वायत्तता का आनंद लेते हैं। अरुंधति रॉय, स्वामी अग्निवेश जैसे व्यक्ति या ग्रुप या पी.यू.सी.एल., पी.यू.डी.आर., ए.पी.डी.आर. जैसे संगठन दुर्गम नक्सल क्षेत्रों में गए और नक्सलियों से बातचीत की। उन्होंने आदिवासियों के साथ अन्याय, उत्पीड़न और अधिकारों से वंचित करने के कई मामलों का दस्तावेजीकरण और प्रकाशन किया। वे वन क्षेत्र में विभिन्न औद्योगिक परियोजनाओं के खिलाफ तर्क देकर आवाज उठाते हैं।

नक्सलवाद के फ्रंटल संगठनों को मोटे तौर पर दो श्रेणियों में विभाजित किया जा सकता है। एक, वे समितियाँ, जो नक्सलियों के आपसी सहयोग से भीतरी इलाकों में काम कर रही हैं। वे गुरिल्ला ऑपरेशन के लिए जमीन तैयार करती हैं। किसान समिति, महिला समिति, सांस्कृतिक इकाइयाँ आदि लोगों को नक्सल गतिविधियों के पक्ष में लामबंद करती हैं। ये समितियाँ भले ही सुसंगठित न हों और न ही सरकार द्वारा मान्यता प्राप्त हों, पर वे प्रशासनिक विफलताओं, ठेकेदारों, जमींदारों और साहूकारों

द्वारा शोषण के खिलाफ जनमत तैयार करती हैं। ये समितियाँ बताती हैं कि नक्सलवाद ही अपने गीतों, नाटकों, व्याख्यानों के माध्यम से सभी बुराइयों का एकमात्र उत्तर है। वे जन अदालतों द्वारा तत्काल न्याय प्रदान करते हैं। वे नक्सलियों द्वारा जमींदारों, साहूकारों आदि को दी जानेवाली सजा का प्रचार करते हैं। नक्सली कहानियों की रॉबिन हुड गतिविधियों से निर्दोष लोग आकर्षित होते हैं, युवा और बच्चे बंदूक की कहानियों से मोहित होते हैं और धीरे-धीरे नक्सल ग्रुपों में चले जाते हैं। इन समितियों की गतिविधियाँ सार्वजनिक नहीं होती हैं। एक गुरिल्ला क्षेत्र को नए क्षेत्र में विस्तारित करने से पहले नक्सली स्थानीय लोगों को विभिन्न समितियों, जैसे—किसान समिति, सांस्कृतिक समिति आदि में संगठित करते हैं।

दूसरा, कुछ प्रमुख संगठन माओवादी विचारधारा के समर्थन में काम कर रहे हैं। चूँकि ये संगठन कानूनी ढाँचे के भीतर काम करते हैं और मानवाधिकारों, सामाजिक न्याय, श्रम मुद्दों की सुरक्षा के लिए आवाज उठाते हैं, इसलिए वे किसी भी दंडात्मक कारवाई को आकर्षित नहीं करते हैं। समाजवादी विचारधारा से प्रभावित कुछ बुद्धिजीवी इन संगठनों से जुड़े हुए हैं। ये संगठन माओवादी ग्रुपों में संभ्रांतवादी स्वाद जोड़ते हैं। सरकार ने देश में 128 फ्रंट संगठनों की पहचान की है, जो अपेक्षाकृत अप्रभावित राज्यों में भी 16 राज्यों में काम कर रहे हैं।

'इंटेलिजेंस ब्यूरो' की रिपोर्ट में झारखंड में 17, आंध्र में 13, कर्नाटक में 12, बिहार और ओडिशा में 10-10, दिल्ली, महाराष्ट्र और बंगाल में 9-9, हरियाणा में 8, छत्तीसगढ़ में 6, केरल और तमिलनाडु में 4-4, गुजरात में 3 ऐसे संगठनों की सूची है। ये निकाय दिल्ली, यू.पी., उत्तराखंड, तमिलनाडु, बंगाल, पंजाब, आंध्र प्रदेश, बिहार, छत्तीसगढ़, कर्नाटक, महाराष्ट्र, ओडिशा, गुजरात, हरियाणा, झारखंड और केरल में सक्रिय हैं। नई दिल्ली स्थित 'संघर्ष प्रबंधन संस्थान' के कार्यकारी निदेशक अजय साहनी के अनुसार—"उनके (माओवादियों) पास राज्यों (अप्रभावित क्षेत्रों) में सहानुभूति रखनेवालों की एक बड़ी संख्या है, लेकिन तथ्य यह है कि वे बहुत कम समय के लिए रहे हैं और हैं, उनके पास कोई सामूहिक लामबंदी का साधन नहीं था, वे इन क्षेत्रों में बहुत सफल नहीं रहे हैं।"

कुछ फ्रंटल संगठन

पी.यू.डी.आर. – पीपल्स यूनियन ऑफ डेमोक्रेटिक राइट्स

पी.यू.सी.एल. – पीपल्स यूनियन ऑफ सिविल लिबर्टीज

ए.पी.डी.आर. – एसोसिएशन ऑफ पीपल फॉर डेमोक्रेटिक राइट्स (पश्चिम बंगाल में)

- कॉलेज/विश्वविद्यालय के नेता, बौद्धिक कार्यकर्ता, सही सोचवाले वकील और लेखक।
- इन संगठनों और अन्य बुद्धिजीवियों ने अन्याय, गरीबों, कार्यकर्ताओं और माओवादियों को अधिकारों से वंचित करने के खिलाफ लड़ाई लड़ी।
- पश्चिम बंगाल में ए.पी.डी.आर. ने कलकत्ता विश्वविद्यालय के युवा व्याख्याता कौशिक गांगुली का मामला उठाया, जिन्हें 2002 में उनके माओवादी संबद्धता के कारण पुलिस ने गिरफ्तार किया था। इस संगठन के आंदोलन ने सरकार को कुछ महीनों के बाद गांगुली को रिहा करने के लिए मजबूर किया।
- छत्तीसगढ़ में डॉ. बिनायक सेन की कैद के खिलाफ कई बौद्धिक और नागरिक अधिकार मंचों ने राष्ट्रीय और अंतरराष्ट्रीय स्तर पर एक बड़ा अभियान चलाया। उन्हें छत्तीसगढ़ विशेष सार्वजनिक सुरक्षा अधिनियम (सी.एस.पी.एस.ए.) के तहत गिरफ्तार किया गया था। डॉ. सेन ने आदिवासी स्वास्थ्य देखभाल के लिए छत्तीसगढ़ के गाँवों में काम करने के लिए प्रतिष्ठित वेल्लोर अस्पताल में अपनी नौकरी छोड़ दी थी। उन्हें अब रिहा कर दिया गया है।

डी.ए.के.एम.एस. - (दंडकारण्य आदिवासी किसान मजदूर संघ), किसान मजदूर मोर्चा के वर्तमान में लगभग 1,00,000 सदस्य हैं।

के.ए.एम.एस. - (क्रांतिकारी आदिवासी महिला समिति), महिला मोर्चा है, जिसमें लगभग 90,000 सदस्य हैं।

सी.एन.एम. - दंतेवाड़ा में सांस्कृतिक मोर्चा (चेतना नाट्य मंच) के 10,000 से अधिक सदस्य हैं।

सी.एम.एम. - (छत्तीसगढ़ मुक्ति मोर्चा), प्रसिद्ध कार्यकर्ता शंकर गुहा नियोगी ने 1980 के दशक में पास के राजनांदगाँव में सी.एम.एम. के बैनर तले बिलाडिला के खदान श्रमिकों को संगठित किया। नियोगी की हत्या के बाद, सी.एम.एम. ने अपना संघर्ष जारी रखा और इसके परिणामस्वरूप उच्च वेतन, अच्छे आवास, स्कूल और अस्पताल मिले।

ए.पी.	–	क्रांतिकारी लेखक संघ प्रजा नाट्य मंडली–गद्दार
केरल	–	आर.डी.एफ.
पंजाब	–	लोक संग्राम मंच, भारतीय किसान संघ, क्रांतिकारी पेंडु मजदूर संघ
सी.एम.एस.	–	'छासी मुलिया संघ' ओडिशा के कोरापुट में आदिवासियों का एक संगठन है। इस संगठन ने अपने सदस्यों को उद्योगपतियों से अपनी जमीन पर फिर से कब्जा लेने का निर्देश दिया है। हाल ही में 300 एकड़ जनजातीय भूमि, जो सरकारी वृक्षारोपण कार्यक्रम के तहत थी, उस पर संघ का कब्जा है।

गृह मंत्रालय के अधिकारी ने पहले उद्धृत किया था कि इन निकायों को सी.पी.आई.–माओवादियों से जोड़ा गया था, ये उन तरीकों से जुड़े हुए हैं, जिसमें इनमें से कुछ संबंध सेल फोन की रखवाली से सेट किए गए हैं। इन निकायों में छात्र संघ, युवा संगठन, वकील समूह, किसान और श्रमिक संघ, महिला संगठन, नागरिक अधिकार संगठन, मानवाधिकार संगठन, सांस्कृतिक संगठन और आदिवासी निकाय शामिल हैं।

राज्य के पूर्व गृहमंत्री श्री जितेंद्र सिंह ने राज्यसभा में कहा कि नक्सल आंदोलन से सहानुभूति रखनेवाले कई संगठनों ने कार–निर्माता मारुति सुजुकी इंडिया लिमिटेड के मानेसर संयंत्र में श्रमिक अशांति के दौरान विरोध प्रदर्शन किया था। उन्होंने फिर से कहा, "घटना के बाद (मारुति मानेसर संयंत्र की हिंसा) प्रतिबंधित भाकपा–माओवादियों के कई प्रमुख संगठनों के साथ–साथ संगठन से सहानुभूति रखनेवाले निकाय, जैसे मेहनतकश मजदूर मोर्चा, लोकतांत्रिक छात्र संघ, पीपल्स डेमोक्रेटिक फ्रंट ऑफ इंडिया और राजनीतिक कैदियों की रिहाई के लिए समिति ने मारुति कारखाने के श्रमिकों के समर्थन में प्रदर्शन आयोजित किए हैं।" हरियाणा के मुख्य सचिव ने स्पष्ट किया कि मारुति प्लांट की घटना में कोई माओवादी शामिल नहीं था। साहनी सरकार के इस दावे का खंडन करते हैं कि उसने संगठनों को नक्सल आंदोलन से जोड़ने के लिए सत्यापन योग्य धन का पता लगाया है। वे कहते हैं, "वास्तव में गैर–सरकारी संगठनों में से कुछ संगठन, जो लघुगणक मुद्दों को उठा रहे हैं, मजदूरों और झुग्गीवासियों की ओर से कहते हैं तथा उन्हें कानूनी सहायता दे रहे हैं और सरकार के लिए उनका खंडन करना बहुत मुश्किल है।"

साहनी सभी संगठनों के बारे में सही नहीं हैं। कुछ संगठन ऐसे हैं, जो नक्सल ग्रुपों से संबंध बनाए हुए हैं। उदाहरण के लिए, आंध्र प्रदेश क्रांतिकारी लेखक संघ को राज्य सरकार द्वारा प्रतिबंधित कर दिया गया है। 2007 में बिनायक सेन, जो पी.यू.

सी.एल. के राष्ट्रीय उपाध्यक्ष और पी.यू.सी.एल. की छत्तीसगढ़ इकाई के महासचिव हैं, को माओवादियों के साथ उनके अवैध संबंधों के लिए गिरफ्तार किया गया था। डॉ. बिनायक सेन एक प्रसिद्ध बाल रोग विशेषज्ञ हैं और उन्हें जोनाथन मान पुरस्कार, मानवाधिकारों के लिए ग्वांगजू पुरस्कार और गांधी अंतरराष्ट्रीय शांति पुरस्कार सहित कई पुरस्कार मिले हैं। रायपुर सत्र न्यायालय, छत्तीसगढ़ द्वारा नक्सलियों की मदद करने के लिए उन्हें दोषी ठहराया गया और आजीवन कारावास की सजा सुनाई गई। वयोवृद्ध नेता जयप्रकाश नारायण (जे.पी.) ने 1976 में पीपल्स यूनियन फॉर सिविल लिबर्टीज की स्थापना पीपल्स यूनियन फॉर सिविल लिबर्टीज एंड डेमोक्रेटिक राइट्स (पी.यू.सी. एल.डी.आर.) के रूप में की। उन्होंने आपातकाल के दौरान जेल से रिहा होने के बाद नागरिक और राजनीतिक अधिकारों के दमन का विरोध करने के लिए संगठन का गठन किया। उनकी मृत्यु के बाद और जनता पार्टी के सत्ता में आने के बाद संगठन ने अपना महत्त्व खो दिया। 1980 में इंदिरा गांधी के सत्ता में आने के बाद इसे फिर से हासिल किया गया और इसका नाम बदलकर पीपल्स यूनियन फॉर सिविल लिबर्टीज (पी.यू.सी.एल.) कर दिया गया। पत्रकार और सामाजिक कार्यकर्ता सीमा आजाद और उनके पति विश्व विजय को उत्तर प्रदेश एस.टी.एफ. ने फरवरी 2010 में गिरफ्तार किया था और पुलिस ने उनके पास से माओवादी साहित्य और बड़ी मात्रा में नकदी बरामद करने का दावा किया था। पुलिस ने उन पर प्रतिबंधित माओवादियों से संबंध रखने का आरोप लगाया है। सीमा पी.यू.सी.एल. की यू.पी. सचिव थीं। पुलिस ने दावा किया कि उन्होंने क्रांतिकारी जन समिति का एक विस्तृत कार्यक्रम, कोबाद गांधी की गिरफ्तारी से संबंधित एक पुस्तिका और बिहार, झारखंड, ओडिशा और छत्तीसगढ़ में नक्सलियों और माओवादी कार्यकर्ताओं और सदस्य की गिरफ्तारी पर एक पुस्तिका बरामद की है। सीमा आजाद और उनके पति को 8 जून, 2012 को इलाहाबाद की एक अदालत ने देशद्रोह के आरोप में आजीवन कारावास की सजा सुनाई थी। एन.ए.पी.एम. के महासचिव और मैग्सेसे पुरस्कार विजेता संदीप पांडे ने कहा, "सीमा पी.यू.सी.एल. की यू.पी. सचिव थीं और 'दस्तक' पत्रिका प्रकाशित कर रही थीं।"

आंध्र प्रदेश में भाकपा (माओवादियों) के सात महत्त्वपूर्ण संगठन हैं—रेडिकल यूथ लीग (आर.वाई.एल.), रायथू कुली संघम (आर.सी.एस.), कट्टरपंथी छात्र संघ (आर.एस.यू.), द सिंगरेम कर्मिक शाकख्या (एस.के.एस.), द विप्लव कर्मिका समाख्या (वी.के.एस.), द अखिल भारतीय क्रांतिकारी छात्र संघ (ए.आई.एस.एफ.) और क्रांतिकारी लेखक संघ (आर.डब्ल्यू.ए.)। छत्तीसगढ़ में भाकपा (माओवादियों) के पाँच महत्त्वपूर्ण मोर्चा संगठन हैं—दंडकारण्य किशन आदिवासी मजदूर संघ (डी.के.ए.एम.एस.), क्रांतिकारी आदिवासी महिला संघ (के.ए.एम.एस.), क्रांतिकारी

आदिवासी बालक संघ (के.ए.बी.एस.), क्रांतिकारी किशन समिति (के.के.एम.), महिला मुक्ति मोर्चा (एम.एम.एम.)। मध्य प्रदेश में क्रांतिकारी किसान समिति और क्रांतिकारी जन समिति लोगों को लामबंद करने में सक्रिय है। ओडिशा में ऐसे पाँच संगठन हैं—दानव प्रतिशोध मोर्चा, रिवोल्यूशनरी डेमोक्रेटिक फ्रंट, चासी मुलिया समिति, कुई लवंगा संघ, जन नाट्य मंडली, क्रांतिकारी किसान समिति और बालसंगम।

भाकपा (माओवादी) मोर्चा संगठन दिल्ली, हरियाणा, गुजरात, कर्नाटक, तमिलनाडु, उत्तराखंड और केरल जैसे गैर-नक्सल प्रभावित राज्यों में भी सक्रिय हैं। ये संगठन शहरी बुद्धिजीवियों और विश्वविद्यालयों में प्रमुख हैं। वे माओवादियों की विचारधारा के प्रति सहानुभूति रखते हैं। दिल्ली से संचालित होनेवाले संगठनों में क्रांतिकारी लोकतांत्रिक मोर्चा (आर.डी.एफ.), राजनीतिक कैदियों की रिहाई के लिए समिति, लोकतांत्रिक छात्र संघ, नारी मुक्ति संघ, पीपल्स डेमोक्रेटिक फ्रंट ऑफ इंडिया और मेहनतकश मजदूर मोर्चा शामिल हैं। ये शहरी संगठन कोई जन समर्थन हासिल नहीं कर सके या कोई गुरिल्ला इकाई स्थापित नहीं कर सके। वे 2009 में दिल्ली से कोबाद गांधी जैसे महत्त्वपूर्ण नेताओं की गिरफ्तारी के खिलाफ आवाज उठाते हैं। वे पूँजीवादी नीतियों, वन क्षेत्रों में उद्योगों, दंडकारण्य में खनन गतिविधियों आदि का विरोध करते हुए विभिन्न पत्रिकाओं में लेख लिखते हैं।

चिंताजनक बात यह है कि इनमें से कुछ संगठन माओवादियों को कानूनी और साजो-सामान की मदद दे रहे हैं। उन्हें कानून के दायरे में लाना मुश्किल होता जा रहा है, क्योंकि वे कानूनी ढाँचे के अंदर काम करते हैं। खुफिया एजेंसियों की रिपोर्ट है कि ये संगठन भी फंड इकट्ठा करते हैं और कैदियों की रिहाई के लिए काम करते हैं। इनमें से अधिकांश संगठन एन.जी.ओ. के रूप में कार्य करते हैं। वे आदिवासियों और दलितों के साथ किए गए अन्याय का परदाफाश करते हैं। इनमें से कुछ संगठनों ने जंगलों में उद्योगों के खिलाफ विरोध प्रदर्शन किया, जैसे—ओडिशा में पॉस्को प्लांट, दंडकारण्य में एस्सार प्लांट। इन संगठनों की गतिविधियों ने शहरी केंद्रों में श्रमिक संघों, सामाजिक मंचों और ट्रेड यूनियनों के कैडर में घुसपैठ की। वे माओवादी विचारधारा से संबंधित पैंफलेट और अन्य सामग्री के वितरण में शामिल हैं, रैलियाँ आयोजित करते हैं और अंत में विरोध-प्रदर्शन आयोजित करते हैं, जिससे हिंसा का नेतृत्व होता है, आदि। जवाहरलाल नेहरू विश्वविद्यालय के छात्र हेम मिश्रा को महाराष्ट्र पुलिस ने माओवादियों की मदद करने के आरोप में गिरफ्तार किया था। उनकी गिरफ्तारी के बाद आर.डी.एफ. के संयुक्त सचिव, दिल्ली विश्वविद्यालय के प्रो. जी.एन. साईंबाबा के आवास की तलाशी ली गई। साईंबाबा ने संवाददाताओं से कहा, "हम एक स्वतंत्र संगठन हैं और माओवादियों या किसी राजनीतिक दल से उनका कोई संबंध नहीं है। हमारे कुछ विचार माओवादियों के समान

हो सकते हैं, लेकिन इससे हम माओवादी मोर्चा संगठन नहीं बन जाते हैं। हम इस बात पर मुखर हैं कि भाकपा (एम) या उसके लिए किसी अन्य निकाय को प्रतिबंधित नहीं किया जाना चाहिए। उनका कहना है कि उनका संगठन जेल में बंद कैदियों की मदद करता है, जिन्हें माओवादियों सहित कानूनी सहायता नहीं मिल सकती है।" 9 मई, 2014 को जी.एन. साईंबाबा को महाराष्ट्र पुलिस ने गिरफ्तार किया था। गढ़चिरौली के पुलिस उप-महानिरीक्षक (डी.आई.जी.) रवींद्र कदम ने बताया, "उन्हें कथित रूप से प्रतिबंधित आतंकवादी संगठन (सी.पी.आई.-माओवादी) का सदस्य होने, रसद प्रदान करने और ग्रुप के लिए भरती में मदद करने के आरोप में गिरफ्तार किया गया है।"

प्रबीर रॉय चौधरी, जिसका उप-नाम 'पाखी' या 'पक्षी' था, को 3 मई, 1975 को हावड़ा जेल में पाँच अन्य नक्सली कैदियों के साथ मार दिया गया था। ऐसा कहा जाता है कि नोम चॉम्स्की और सिमोन द बोउआर सहित दुनिया भर के लगभग 300 शिक्षाविदों और लेखकों ने इस बारे में सरकार को लिखा था।

डॉ. के. बालगोपाल, एक गणितज्ञ, वकील और एक प्रसिद्ध मानवाधिकार कार्यकर्ता और ए.पी. नागरिक स्वतंत्रता समिति के एक प्रमुख सदस्य और मानवाधिकार मंच के संस्थापक और साथ में के.जी. कन्नेबिरन, उन्होंने 'पुलिस मुठभेड़ों' पर सवाल उठाए थे, माओवादी आंदोलन से जुड़े थे।

संदीप चक्रवर्ती ने अपने 'रेड सन' में सेंट जेवियर्स कॉलेज से स्नातक जे.एन. यू. की छात्रा कविता के बारे में लिखा है, जो 'आइसा' की महासचिव हैं। वे वामपंथी विचारधारा की ओर आकर्षित हुई हैं, अपरिवर्तनशीलता के साथ नितांत वामपंथ की ओर नहीं, बल्कि भाकपा (एम.एल.) मुक्ति के नरम नितांत वामपंथ की ओर। कहती हैं, "मुझे पता है कि जिन्हें मैं जानती हूँ, उनके अलावा कोई नहीं आएगा। देखिए, सशस्त्र काररवाई का इस्तेमाल तात्कालिक उद्देश्यों के लिए किया जाना है, लेकिन अंधाधुंध तरीके से नहीं, बदला और प्रतिशोध के लिए नहीं, बल्कि राजनीतिक उद्देश्य के लिए, एक खास उद्देश्य के लिए।"

उन्होंने कलिंगनगर में टाटा समूह के इस्पात संयंत्र स्थल का विरोध किया था, जिससे सिंगूर का विस्थापन होगा, जो खेतों को कारखानों में बदलने का एक और हालिया उदाहरण है। पुलिस ने 'सिंगूर कृषिजामी रक्षा समिति' आंदोलनकारियों के खिलाफ काररवाई की। भाकपा (एम.एल.) महासचिव दीपांकर भट्टाचार्य के साथ क्रांतिकारी लोकतांत्रिक मोर्चा (आर.डी.एफ.) के सह-संयोजक प्रो. दर्शन पाल ने सिंगूर का दौरा किया। 2005 में स्थापित आर.डी.एफ. को पीपल्स डेमोक्रेटिक फ्रंट ऑफ इंडिया (पी.डी.एफ.आई.) में विस्तारित किया गया है।

अरुंधति रॉय, जी.एन. साईंबाबा, महाश्वेता देवी, सुजाता भद्र और अन्य

ने माओवादियों और बिहार पुलिसकर्मियों की हत्या की निंदा की है। मानवाधिकार कार्यकर्ता और बुद्धिजीवी पुलिस के अत्याचारों और मुठभेड़ों के खिलाफ माओवादियों के प्रति सहानुभूति रखते हैं। वे आदिवासियों के न्याय के लिए लड़ते हैं। अधिकांश समय वे माओवादियों द्वारा किए गए अत्याचारों और मानवाधिकारों के उल्लंघन पर चुप रहते हैं। इस बार माओवादियों ने बुद्धिजीवियों की आलोचना की। बुद्धिजीवियों के बीच हमेशा यह बहस होती है कि हिंसा को अपने लक्ष्य की प्राप्ति के लिए एक साधन के रूप में इस्तेमाल किया जाए। कुछ कार्यकर्ताओं ने कहा, "दोनों पक्षों में निर्दोष हत्याओं के बीच संतुलन बनाने का प्रयास किया जा रहा है।" कुछ कार्यकर्ताओं ने तर्क दिया कि 'युद्ध और प्रेम में कुछ भी गलत नहीं है', इसलिए निहत्थे, ऑफ ड्यूटी पुलिसकर्मियों की हत्या उचित है, क्योंकि वे अपने ही लोगों के खिलाफ युद्ध छेड़ रहे हैं। इस खेमे के कट्टरपंथी इससे कहीं आगे जाते हैं और रॉबस्पिन की क्रांतिकारी आतंक की धारणा को न्यायसंगत और समतावादी समाज की जननी मानते हैं। उन्होंने पश्चिम मिदनापुर के शिल्डा में ई.एफ.आर. शिविर पर माओवादी हमले और जवानों की हत्या को सही ठहराया है, जिनमें से कई सोते या आराम करते हुए मारे गए।

- प्रमुख लेखकों, वकीलों और प्रोफेसरों जैसे बुद्धिजीवियों के एक ग्रुप ने दिल्ली विश्वविद्यालय में व्याख्याता, एस.ए.आर. गिलानी को बचाने के लिए एक समिति बनाई, जिन्हें दिल्ली पुलिस ने भारतीय संसद् पर हमले में एक सहयोगी के रूप में गिरफ्तार किया था।
- प्रो. नंदिनी सुंदर, प्रसिद्ध समाजशास्त्री और समाजशास्त्र विभाग, दिल्ली स्कूल ऑफ इकोनॉमिक्स की प्रमुख पर छत्तीसगढ़ में प्रतिबंधित माओवादियों के साथ संबंध होने का आरोप लगाया गया था। यह अंतागढ़ प्रखंड के कांग्रेस नेता के बयान से जाहिर होता है, जिसे पुलिस ने गिरफ्तार किया था। उन्होंने मीडिया और अधिकारियों से कहा कि उन्होंने प्रो. सुंदर और माओवादियों के बीच बैठक की व्यवस्था की थी।

पश्चिम बंगाल में ए.पी.डी.आर. जैसे मानवाधिकार और नागरिक अधिकार समूहों, लालगढ़ संहता मोर्चा ने मिदनापुर की घटना की आलोचना की है। वे जंगल महल में माकपा कार्यकर्ताओं और पुलिसकर्मियों, विद्रोहियों और मुखबिरों की माओवादियों की हत्याओं के आलोचक थे, लेकिन उनकी आलोचना चहारदीवारों तक ही सीमित थी।

के. बालगोपाल ने इस वास्तविक और दार्शनिक दुविधा 'राजनीतिक हिंसा और मानवाधिकार, आंध्र प्रदेश में नक्सली आंदोलन का मामला' को संबोधित किया—"आज का जीवन कल के न्याय से कैसे न्यायोचित होगा? या एक दर्जन अन्य लोगों को दी जानेवाली राहत से एक व्यक्ति के जीवन की हानि को कैसे उचित ठहराया जा

सकता है?" उन्होंने संतुलन बनाते हुए माओवादियों की हिंसा की वैधता की जाँच की। विद्रोहियों ने तर्क दिया कि "अगर गरीबों को स्वतंत्र रूप से साँस लेनी है तो गरीबों पर अत्याचार करनेवाले को हिंसक तरीके से प्राथमिक स्तर पर निपटाना चाहिए।" इसके लिए बालगोपाल कहते हैं—"वास्तव में किसी व्यक्ति के दमनकारी प्रभुत्व को सँभालने का कोई दूसरा तरीका नहीं है (जो बहुत महँगा नहीं है)।" माओवादियों का दूसरे स्तर का औचित्य यह है—"गरीबों और शोषितों को समाज पर अपना अधिकार जमाना चाहिए।" और तीसरा औचित्य यह है कि गरीबों और शोषितों को अपनी पार्टी द्वारा राज्य की सत्ता पर कब्जा करना चाहिए और उस शक्ति से समाज का पुनर्निर्माण करना चाहिए। उन्होंने देखा—"वास्तव में, नक्सलियों द्वारा किए गए हिंसा के कृत्यों का केवल एक छोटा सा अंश हिंसा के पहले स्तर से संबंधित कहा जा सकता है, माओवादी दूसरे और तीसरे स्तर के हैं। इन स्तरों पर साध्य और साधनों की सहमति या पुलिस की छापेमारी और प्राप्त परिणाम का आकलन करना काफी कठिन है।"

1. भारतीय कम्युनिस्ट पार्टी (माओवादी) के हितों और उद्देश्यों की रक्षा करना, जिसका स्वीकृत उद्देश्य आग्नेयास्त्रों और विस्फोटकों के उपयोग से संबंधित आतंकवादी गतिविधियों के बल और हिंसा के माध्यम से कानूनी रूप से स्थापित सरकार को उखाड़ फेंकना है।
2. लोगों से पुलिस के खिलाफ लड़ने और माओवादी आंदोलन में शामिल होने का आग्रह करना।
3. राज्य के वामपंथी चरमपंथियों से प्रभावित क्षेत्र में पुलिस और सुरक्षाबलों के उग्रवाद विरोधी तलाशी अभियान का विरोध और रोक की माँग करना और माओवादियों की हिंसक गतिविधियों को बढ़ावा देना और प्रोत्साहित करना।
4. भारतीय कम्युनिस्ट पार्टी (माओवादी) की गैर-कानूनी गतिविधियों के समर्थन में धरने, रैलियाँ और अन्य प्रकार के आंदोलन आयोजित करना।
5. पुलिस और आपराधिक न्याय प्रणाली की कानूनी काररवाइयों का विरोध करना और लोगों को कानून द्वारा स्थापित लोकतांत्रिक रूप से चुनी गई सरकार के खिलाफ हिंसा करने के लिए उकसाना।

आर.डी.एफ. के अखिल भारतीय अध्यक्ष वरवारा राव (जो वीरसम या रिवोल्यूशनरी राइटर्स एसोसिएशन के सदस्य हैं) और उपाध्यक्ष गंती प्रसादम हैं। प्रसिद्ध लेखिका और सामाजिक कार्यकर्ता अरुंधति रॉय ने वरवारा राव के साथ मिलकर आर.डी.एफ. पर प्रतिबंध हटाने की माँग की।

कभी-कभी यह पाया गया है कि इनमें से कुछ फ्रंटल संगठन नक्सलियों को धन दे रहे हैं। वे न केवल नक्सलियों को जमानत दिलवाने और उनके मुकदमे लड़ने

में मदद करते हैं, बल्कि उनकी आर्थिक सहायता भी करते हैं। कट्टरपंथी संगीत ग्रुप 'काबिन कला मंच' (के.के.एम.) के चार सदस्यों को महाराष्ट्र पुलिस ने अप्रैल 2013 में कथित तौर पर नक्सलियों को धन मुहैया कराने के लिए गिरफ्तार किया था। सचिन माली, सागर गोरखा, रमेश गोइचोर और शीतल साथा को गैर-कानूनी गतिविधि रोकथाम अधिनियम (यू.ए.पी.ए.), आई.पी.सी. की विभिन्न धाराओं और आपराधिक साजिश के तहत गिरफ्तार किया गया था। बॉम्बे हाईकोर्ट ने अप्रैल 2014 में उनकी जमानत अर्जी खारिज कर दी थी।

खुफिया रिपोर्टों के अनुसार, कुछ गैर-सरकारी संगठन (एन.जी.ओ.) हैं, जो बिहार के बोधगया जिले में माओवादियों के प्रशिक्षण का वित्तपोषण कर रहे हैं। सी.एन.एन.-आई.बी.एन. टेलीविजन चैनल की एक रिपोर्ट के अनुसार, बिहार सरकार ने 22 गैर-सरकारी संगठनों को उनके नक्सलियों के साथ संबंध होने की वजह से 'कारण बताओ' नोटिस जारी किया था। बोधगया में 'समन्वय आश्रम' चलानेवाले द्वारको सुंदरानी ने कहा—"नक्सली अकसर पैसे के लिए हमसे संपर्क करते हैं, लेकिन हम हृदय परिवर्तन के सिद्धांत में विश्वास के अनुसार उन्हें भोजन, वस्त्र और आश्रय प्रदान करते हैं।" बिहार सरकार ने ऐसे एन.जी.ओ. को लिस्ट किया है, जो नक्सलियों को धन दे रहे हैं। 2006 में 'डी.एन.ए.' अखबार की रिपोर्ट के अनुसार, नक्सलियों को धन देने के लिए झारखंड सरकार द्वारा 57 गैर-सरकारी संगठनों और सामाजिक संगठनों को ब्लैकलिस्ट किया गया था।

□

7

माओवादी संगठन

"हथियार युद्ध का एक महत्त्वपूर्ण घटक है, लेकिन निर्णायक घटक नहीं है; निर्णायक लोग हैं, न कि चीजें।"

—माओ

पदानुक्रम के बिना कोई भी संगठन जीवित नहीं रह सकता है। कोई भी क्रांति बिना संगठन के सफल नहीं हो सकती। लोगों को क्रांति की ओर आकर्षित करने के लिए, अपने अंदर अनुशासन बनाए रखने के लिए और सदस्यों को अपने लक्ष्य के प्रति प्रेरित करने के लिए संगठन आवश्यक है। संगठन में सदस्यों के लिए लिखित और अलिखित आचार-संहिता होती हैं। सभी सदस्यों के लिए भूमिकाएँ ठीक से परिभाषित होती हैं। सदस्यों के कार्यों की समय-समय पर समीक्षा और मूल्यांकन होता है। उनके द्वारा किए गए काम और दक्षता के आधार पर सदस्य को पदानुक्रम में तरक्की मिलती है। क्रांति में ज्ञान और कौशल की सराहना की जाती है। केवल शारीरिक श्रम ही लक्ष्यों को प्राप्त करने के लिए पर्याप्त नहीं। विशेषज्ञता संगठन को अधिक दक्षता के साथ समृद्ध करती है, जिससे बेहतर परिणाम मिलेंगे।

एक क्रांतिकारी दल में एक संगठन के सामान्य सिद्धांत इस प्रकार हैं—

1. पार्टी के संगठन को उसकी गतिविधि की शर्तों और उद्देश्य के अनुरूप होना चाहिए। क्रांतिकारी वर्ग संघर्ष के चरण में पहला चरण है—पार्टी को श्रमिक वर्ग का सबसे उन्नत खंड होना चाहिए।
2. संगठन की कोई पक्की शैली नहीं है, जो हर समय सभी क्रांतिकारी दलों के लिए सही हो। श्रमिक वर्ग संघर्ष की स्थितियाँ लगातार बदल रही हैं और पार्टी का संगठन भी उसी के अनुसार बदलता है। यह एक देश से दूसरे देश में और क्रांति के एक चरण से दूसरे चरण में भिन्न होता है।

3. संगठन बनाने और बनाए रखने तथा पार्टी को उसके लक्ष्य की ओर ले जाने के लिए नेतृत्व महत्त्वपूर्ण घटक है। सफल नेता जनता के साथ निकटतम संपर्क बनाए रखते हैं।
4. क्रांतिकारी वर्ग-संघर्ष का नेतृत्व करने के लिए संगठन के पास बड़ी युद्ध शक्ति और साथ ही वर्ग संघर्ष की बदलती परिस्थितियों के अनुकूल होने की क्षमता होनी चाहिए।
5. सत्ता का केंद्रीकरण नेतृत्व को अन्य सदस्यों और अन्य श्रमिक जनता पर हावी होने देता है।

क्रांतिकारी संगठन के कार्यों की प्रकृति त्वरित निर्णय लेने, गोपनीयता, बेरहम कार्यान्वयन की माँग करती है, जिसके लिए सत्ता के केंद्रीकरण की आवश्यकता होती है।

नक्सली गतिविधियाँ 20 राज्यों और 200 से अधिक जिलों में फैली हुई हैं। यह कई घने जंगलों और कई पहाड़ियों को पार करता है। इसमें समाज के विभिन्न वर्ग शामिल हैं। विभिन्न शोध विश्लेषक नक्सली ताकत 6,500 आग्नेयास्त्रों के साथ लगभग 20,000 सशस्त्र लड़ाके बताते हैं। इन आँकड़ों से संकेत मिलता है कि यह ताकत कोलंबिया में नक्सली एफ.ए.आर.सी. आंदोलन से लगभग दोगुनी है। नक्सल आंदोलन के दो मुख्य संस्थापक—चारू मजूमदार और कानू सान्याल कम्युनिस्ट आंदोलन में सक्रिय थे। 1960 के दशक की शुरुआत में उन्होंने महसूस किया कि सशस्त्र संघर्ष का माओवादी रूप भारतीय परिस्थितियों के लिए बेहतर होगा। मजूमदार चीन की कम्युनिस्ट पार्टी (सी.पी.सी.) के उपाध्यक्ष लिन बायो के लेखन से बहुत प्रभावित थे। उन्होंने चुनावी राजनीति को खारिज कर दिया और लंबी जनयुद्ध की विचारधारा और रणनीतियों का पालन किया। नक्सली संगठनात्मक संरचना में शीर्ष पर एक केंद्रीय समिति के साथ एक विस्तृत पदानुक्रम शामिल है। इसके बाद क्षेत्रीय ब्यूरो, क्षेत्रीय या राज्य समितियाँ और जिला या मंडल समितियाँ शामिल हैं। नक्सल गतिविधियों से प्रभावित पूरे क्षेत्र को 'अंचलों' में विभाजित किया गया है, जो कमोबेश राज्य की सीमाओं से मेल खाता है। क्षेत्रों को आगे 'क्षेत्रों' में विभाजित किया गया है, जो मूल इकाई 'डलास' को नियंत्रित करते हैं। 'दलमा' स्थानीय गुरिल्ला मिलिशिया का 20 से 30 का ग्रुप है। दक्षिणी और मध्य भारत या मिलिशिया में सक्रिय सहानुभूति रखनेवालों का एक ग्रुप है, जिसे 'संघम' कहा जाता है। कई खुफिया विश्लेषकों का अनुमान है कि 'दलम' के लगभग 50,000 सदस्य हैं। लेकिन संघ के सदस्यों का अनुमान नहीं लगाया जा सकता, क्योंकि वे शहरी, ग्रामीण और आदिवासी क्षेत्रों में भूमिगत हैं। उनमें से अधिकांश एन.जी.ओ. या माओवादियों के फ्रंटल संगठनों में संगठित हैं।

माओवादियों का सर्वोच्च निर्णय लेनेवाला निकाय केंद्रीय समिति है। केंद्रीय समिति

(सी.सी.) के अलावा, केंद्रीय स्तर पर पार्टी के ढाँचे में पोलित ब्यूरो (पी.बी.) और केंद्रीय सैन्य आयोग (सी.एम.सी.) शामिल हैं। केंद्रीय समिति 19 सदस्यीय निकाय है, जो राजनीतिक और सैन्य निर्णय लेती है। शीर्ष पर एक केंद्रीय पोलित ब्यूरो के साथ पाँच क्षेत्रीय ब्यूरो हैं। पोलित ब्यूरो में 13 या 14 सदस्य होते हैं। उनमें से छह 2007 और 2010 के बीच मारे गए या गिरफ्तार किए गए। प्रशांत बोस उर्फ 'किशन-दा' और कटकम सुदर्शन उर्फ 'आनंद' पोलित ब्यूरो के महत्त्वपूर्ण सदस्य हैं। सुधाकर उर्फ 'किरण', शमशेर सिंह शेरी उर्फ 'करम सिंह' (अक्तूबर 2005 में सेरेब्रल मलेरिया से मृत्यु) भी पोलित ब्यूरो के सदस्य हैं। मारे गए लोगों में चेरुकुरी राजकुमार उर्फ 'आजाद' और मल्लोजुला कोटेश्वर राव उर्फ 'किशनजी' प्रमुख हैं।

ये दोनों निकाय समय-समय पर बैठकें नियमित करेंगे, जिसमें विचारधारा, रणनीति, संचालन, विभिन्न कार्यक्रमों की प्रगति, मध्यावधि सुधार आदि पर चर्चा की जाएगी। मुप्पला लक्ष्मण राव उर्फ 'गणपति', भाकपा (माओवादी) के महासचिव चुने गए। पार्टी के पोलित ब्यूरो में 'केंद्रीय सैन्य आयोग' शामिल है, जिसके प्रमुख नंबाला केशव राव हैं। मल्लोजुला वेणु गोपाल उर्फ 'भूपति', किशन दास और सुदर्शन केंद्रीय समिति के अन्य महत्त्वपूर्ण व्यक्तित्व हैं। पार्टी के सभी सशस्त्र कार्यकर्ता पी.एल.जी.ए. (पीपल्स लिबरेशन गुरिल्ला आर्मी) के तहत संगठित हैं। सभी पी.एल.जी.ए. केंद्रीय सैन्य आयोग द्वारा नियंत्रित होते हैं।

निम्नलिखित विभाग सी.एम.सी. के सीधे नियंत्रण में हैं—

1. केंद्रीय तकनीकी समिति (सी.टी.सी.),
2. क्षेत्रीय कमान (आर.सी.),
3. विशेष काररवाई दल (सैट),
4. सैन्य खुफिया (एम.आई.),
5. 'जंग' का प्रकाशन और संपादकीय बोर्ड,
6. केंद्रीय सैन्य प्रशिक्षक दल (सी.एम.आई.टी.),
7. संचार टीम (सी.टी.),
8. कार्यनीतिक काउंटर आक्रामक अभियान (टी.सी.ओ.सी.),
9. पीपल्स लिबरेशन गुरिल्ला आर्मी (पी.एल.जी.ए.),
10. पीपल्स सिक्योरिटी सर्विसेज (पी.एस.एस.)-भाकपा (माओवादी) की खुफिया शाखा।

राज्य स्तर पर राज्य समिति, राज्य सैन्य आयोग आदि होते हैं, जो अंचलीय समितियों, क्षेत्रीय समितियों आदि तक जाते हैं।

पी.एल.जी.ए. में तीन बल होते हैं—

1. मुख्य बल—
   (क) कंपनियाँ
   (ख) पलटनें
   (ग) विशेष काररवाई दल
   (घ) खुफिया इकाइयाँ
2. माध्यमिक बल—
   (क) विशेष गुरिल्ला दस्ते
   (ख) स्थानीय गुरिल्ला दस्ते
   (ग) पलटनें
   (घ) जिला/मंडल स्तरीय एक्शन टीम
3. आधार बल—
   (क) पीपल्स मिलिशिया
   (ख) ग्राम रक्षक दल
   (ग) क्षेत्र रक्षक दल
   (घ) आत्मरक्षा दस्ते

पाँच क्षेत्रीय ब्यूरो हैं, जो क्षेत्रीय सैन्य आयोगों को नियंत्रित करते हैं। अंचलीय सैन्य आयोग लड़ाकू कार्यकर्ताओं या दलमों और संघों को नियंत्रित करते हैं। बल को तीन प्रकारों में विभाजित किया गया है—

1. **प्राथमिक बल—पलटन (सैन्य और सुरक्षा) :** इसमें 30 सदस्य होते हैं, जिसमें लगभग चार सदस्य एस.एल.आर. राइफल रखते हैं, दो सदस्य अर्ध-स्वचालित राइफल रखते हैं, चार (.303) राइफलें रखते हैं, दो सदस्य विस्फोटकों के साथ डी.बी.बी.एल., तीन एस.बी.बी.एल. रखते हैं।
2. **द्वितीयक बल—गुरिल्ला दस्ते :** एल.जी.एस., सी.जी.एस. या एस.जी.एस.।
3. **पीपल्स मिलिशिया—बेस फोर्स :** ये कट्टर और अच्छी तरह से प्रशिक्षित लड़ाके नहीं हैं, बल्कि आम आदमी और महिलाएँ, जैसे—मजदूर, किसान, बेरोजगार युवा आदि हैं। वे ज्यादातर जमीन पर काम करनेवाले मजदूर हैं, जो हथियार, भोजन ले जाने तथा डाक और कूरियर या मुखबिर के रूप में काम करते हैं।
4. **स्थानीय गुरिल्ला दस्ते (एल.जी.एस.)** में 8 से 10 नक्सली होते हैं। ये सदस्य दो .303 राइफल, दो डी.बी.बी.एल., तीन एस.बी.बी.एल. रखते हैं। वे अपने साथ विस्फोटक सामग्री भी रखते हैं।
5. **केंद्रीय गुरिल्ला दस्ते (सी.जी.एस.)** या विशेष गुरिल्ला दस्ते (एस.जी.एस.)

एक विशेष और अच्छी तरह से प्रशिक्षित इकाई है, जिसमें लगभग 15 सदस्य होते हैं। वे दो एस.एल.आर., एक अर्ध, दो .303, दो 315, तीन डी.बी.बी.एल. और तीन एस.बी.बी.एल. ले जाते हैं। वे संचार प्रणाली को बनाए रखते हैं। वे आई.ई.डी., लैंड माइंस जैसे विस्फोटक ले जाते हैं।

जनता सरकार

माओवादियों ने शिकायतों के तत्काल निवारण, त्वरित न्याय, भूमि वितरण के प्रभावी कार्यान्वयन से स्थानीय लोगों का विश्वास हासिल किया। वे अपने स्वयं के शासन की व्यवस्था के माध्यम से गाँवों का प्रशासन करते हैं, जिन्हें जनता सरकार कहा जाता है। ये निहत्थे समुदाय हैं, जो लोगों के न्याय और कल्याण पर जोर देते हैं। ये समुदाय लोगों को माओवादियों के और करीब लाते हैं। वे माओवादी अभियानों के लिए अनुकूल परिस्थिति तैयार करते हैं। वे जमींदारों, बिचौलियों के अत्याचारों को दूर करके, न्यूनतम मजदूरी लागू करके, स्थानीय लोगों के लिए चिकित्सा देखभाल सुनिश्चित करके, व्यापारियों के शोषण को कम करके क्षेत्र में उदाहरण स्थापित करते हैं। ये गतिविधियाँ उन्हें गरीब लोगों का मसीहा बनाती हैं। के. श्रीनिवास रेड्डी का उल्लेख है—"लोगों की अदालत न केवल शोषित वर्गों की आर्थिक समस्याओं को हल करने के लिए, बल्कि कानूनी मामलों, पारिवारिक विवादों, प्रशासन में भ्रष्टाचार और दहेज उत्पीड़न के मामलों से निपटने के लिए भी मुख्य साधन बन गई।" एक सर्वेक्षण के अनुसार, 2007 से 2011 के बीच आयोजित जन अदालतों की संख्या इस प्रकार है—2007 में 68, 2008 में 71, 2009 में 50, 2010 में 75 और 2011 में 96।

नक्सल क्षेत्र में दो तरह की सरकारें काम कर रही हैं—

1. **जनता सरकारें :** वे ग्राम पंचायतों के समान चार से पाँच गाँवों को कवर करती हैं।
2. **क्षेत्र सरकारें :** उनकी तुलना ब्लॉक पंचायतों से की जा सकती है, जो शहरी और ग्रामीण क्षेत्रों में अपने नेटवर्क को फैलाने के लिए क्षेत्रीय समितियों के साथ समन्वय करती हैं।

'रक्षा दलम' गाँवों और तहसीलों में खुफिया जानकारी एकत्र करने में शामिल होते हैं और सरकार की सुरक्षा के लिए जिम्मेदार होते हैं। माओवादी योजनाकारों ने पहले से ही कार्य संबंधी क्रांतिकारी क्षेत्रों के विकास के लिए सशस्त्र और निहत्थे दोनों क्षेत्रों की विभिन्न श्रेणियों को तराशा है। दिल्ली, हरियाणा, पंजाब, कर्नाटक और तमिलनाडु को शामिल करने के लिए वर्तमान में महत्त्वपूर्ण नौ के अलावा, राज्य समितियाँ 13 राज्यों और केंद्रशासित प्रदेशों में काम कर रही हैं।

इनके अलावा, दो विशेष क्षेत्र समितियाँ (एस.ए.सी.) निर्धारित की गई हैं। एक में पूर्वी उत्तरांचल, उत्तर प्रदेश का पूरा उत्तरी भाग और उत्तर बिहार का निकटवर्ती भाग—सभी नेपाल की सीमा से लगे हुए हैं। दूसरे एस.ए.सी. में पूर्वी बिहार, पूर्वोत्तर झारखंड और पश्चिम बंगाल के पश्चिम दिनाजपुर, मालदा जिलों के पूरे हिस्से शामिल हैं। यह पश्चिम बंगाल के तथाकथित मुरगे की गरदनवाले हिस्से पर एक पकड़ दे सकता है, जो पूर्वोत्तर भारत और देश के बाकी हिस्सों के बीच एक महत्त्वपूर्ण सड़क और रेल लिंक है।

कुलीन वर्ग में तीन विशेष क्षेत्रीय समितियाँ शामिल हैं (एस.जेड.सी.)। ये सभी व्यावहारिक उद्देश्यों के लिए अधिकतम प्रभाव—और अधिकतम संघर्ष—उत्तरी तेलंगाना, दंडकारण्य और आंध्र-ओडिशा हैं। (1) उत्तरी तेलंगाना स्पेशल जोनल कमेटी, (2) दंडकारण्य स्पेशल जोनल कमेटी, (3) दंडकारण्य आंध्र-ओडिशा स्पेशल जोनल कमेटी।

□

8

मन जीतना

“क्रांति कोई डिनर पार्टी, या निबंध लिखना, या चित्र बनाना या कढ़ाई करना नहीं है¨ क्रांति एक विद्रोह है, एक हिंसा का कार्य है, जिसके द्वारा एक वर्ग दूसरे को उखाड़ फेंकता है।”

—माओ

भाकपा (माओवादी) पार्टी मार्क्सवाद की वैचारिक नींव पर आधारित है।

—लेनिनवाद-माओवाद (एम.एल.एम.)

मार्क्सवाद-लेनिनवाद-माओवाद : नक्सल की विचारधारा की नींव एम-एल-एम यानी मार्क्सवाद-लेनिनवाद-माओवाद है। कार्ल मार्क्स और फ्रेडरिक एंगेल्स ने पूँजीवाद को समाप्त करने की माँग की, जो श्रमिकों के शोषण के लिए जिम्मेदार है। मार्क्सवाद का मानना है कि वर्ग संघर्ष और क्रांतिकारी संघर्ष की एक प्रक्रिया के परिणामस्वरूप श्रमिक वर्ग की जीत होगी और एक ऐसे कम्युनिस्ट समाज की स्थापना होगी, जिसमें निजी संपत्ति और स्वामित्व समय के साथ समाप्त हो जाते हैं और उत्पादन और निर्वाह के साधन समुदाय से संबंधित होते हैं।

लेनिनवाद व्लादिमीर लेनिन द्वारा विकसित राजनीतिक आंदोलन है, जो कम्युनिस्ट पार्टियों के संगठनात्मक ढाँचे का आधार बन गया। श्रमिक वर्ग और किसान क्रांति को जीत की ओर ले जाने के लिए लेनिन समर्पित क्रांतिकारियों के नेतृत्व में एक अगुआ पार्टी के निर्माण की वकालत करते हैं। लेनिनवाद एकल-पार्टी, सत्तावादी राज्य स्थापित करता है और राज्य और अर्थव्यवस्था पर नियंत्रण रखता है। लेनिनवाद राजनीतिक बहुलवाद को विभाजनकारी और विनाशकारी के रूप में खारिज करता है। लेनिनवादी एक समाजवादी राज्य बनाना चाहते हैं, जिसमें मजदूर वर्ग सत्ता में होगा और अगुआ पार्टी केंद्र के रूप में कार्य करेगा।

मार्क्सवादी आर्थिक सिद्धांत के साथ-साथ लेनिनवादी क्रांतिकारी सिद्धांत मार्क्सवाद-लेनिनवाद की विचारधारा का निर्माण करता है।

माओवाद चीन की कम्युनिस्ट पार्टी के माओत्से तुंग द्वारा विकसित साम्यवाद की मार्क्सवादी-लेनिनवादी प्रवृत्ति है, जो ज्यादातर चीन में प्रचलित है। जैसाकि एम.एच.ए. की आधिकारिक वेबसाइट में दिया गया है—"यह सशस्त्र विद्रोह, सामूहिक लामबंदी और रणनीतिक गठजोड़ के संयोजन द्वारा राज्य की सत्ता पर कब्जा करने का एक सिद्धांत है। राज्य संस्थानों के खिलाफ प्रचार और दुष्प्रचार का उपयोग अतिरिक्त साधन के रूप में किया जाता है। माओ ने इस प्रक्रिया को 'दीर्घ लोक युद्ध' कहा है।" माओवाद जनता की लामबंदी में माओ के विश्वास को संदर्भित करता है, विशेष रूप से बड़े पैमाने पर राजनीतिक आंदोलनों में; यह समतावाद का भी उल्लेख कर सकता है। चीन में माओवादी एक संशोधनवादी कम्युनिस्ट पार्टी द्वारा बनाई गई सामाजिक असमानताओं की आलोचना करते हैं।

1. दीर्घकालिक जनयुद्ध : भारतीय क्रांति का उद्देश्य दीर्घ जनयुद्ध द्वारा सत्ता पर कब्जा करना है। इस कार्य को पूरा करने के लिए वे लोगों की गुरिल्ला और फिर जन सेना संगठित करते हैं। तब यह भारतीय राज्य के सशस्त्र बलों का सफाया कर देगा और जन लोकतांत्रिक राज्य की स्थापना करेगा। जैसाकि माओ ने कहा था, "जन सेना द्वारा सत्ता की जब्ती, युद्ध द्वारा मुद्दे का समाधान, क्रांति का मुख्य कार्य और बढ़िया रूप है। लेकिन, जबकि सिद्धांत (सभी देशों के लिए) एक ही रहता है, श्रमिक वर्ग की पार्टी द्वारा इसका उपयोग अलग-अलग परिस्थितियों के अनुसार, अलग-अलग तरीकों से होता है।" अपने दस्तावेज एस.टी.आई.आर. में माओवादियों ने भारत के क्रांतिकारी युद्ध की प्रमुख विशेषताओं को निम्नलिखित तरीके से बताया—

(क) भारत एक विशाल अर्ध-औपनिवेशिक और अर्ध-सामंती देश है, जिसमें असमान राजनीतिक, आर्थिक और सामाजिक विकास है, गुरिल्ला युद्ध के लिए अनुकूल क्षेत्र है, जिसने किसानों की सशस्त्र संघर्ष की लंबी अवधि देखी है और अब चल रहे कृषि क्रांतिकारी गुरिल्ला संघर्षों को भी देख रहे हैं, जिसमें किसान बहादुराना भूमिका निभा रहे हैं।

(ख) राष्ट्रीय सुरक्षाबल बहुत बड़ा और शक्तिशाली है और इसके पास राज्य की मशीनरी और एक अच्छी सुसज्जित आधुनिक सेना है।

(ग) भारत में कम्युनिस्ट पार्टी, गुरिल्ला सेना और कृषि क्रांतिकारी आंदोलन अभी भी कमजोर हैं।

(घ) नक्सल देश राष्ट्रीयताओं का एक कारागार है, जहाँ कुछ राष्ट्रीयता अपने

आत्मनिर्णय के अधिकार को प्राप्त करने के लिए भारतीय राज्य के खिलाफ पीड़ादायक संघर्ष में लगी हुई हैं।

उपरोक्त चार घटक भारतीय माओवादी आंदोलन और उसके कई महत्त्वपूर्ण और कार्यनीतिक चरणों का मार्गदर्शन कर रहे हैं।

जनता की लामबंदी पर भरोसा करके राज्य के साथ हथियारों और अन्य चीजों में हीनता को दूर किया जा सकता है।

'दीर्घ जनयुद्ध' चीन, वियतनाम और अन्य देशों के अनुभवों के आधार पर तीन महत्त्वपूर्ण चरणों से होकर गुजरेगा। वे हैं—

(i) योजनाबद्ध रक्षात्मक चरण,

(ii) योजनाबद्ध गतिरोध का चरण,

(iii) योजनाबद्ध आक्रमण का चरण।

इसका मतलब है कि युद्ध के मैदान में सुरक्षाबलों के खिलाफ योजना बनाना। इसमें युद्ध जीतने की प्रक्रिया भी शामिल है। इसके मुख्य अंगों में धोखा देना, चकमा देना, सुरक्षाबल को परेशान करना, उनके साथ धोखाधड़ी करना भी शामिल है। मनोवैज्ञानिक युद्ध गुरिल्ला युद्ध का मुख्य अंग है। इसका उद्देश्य सुरक्षाबलों की लड़ने की इच्छा को कम करना है। माओ और चेखरा ने विश्व के क्रांतिकारियों के लिए तीन चरण निर्धारित किए—

पहले चरण का मतलब है—संगठनात्मक एकता और उसकी सुरक्षा। असंतुष्ट तत्त्वों की पहचान की जाती है और उन्हें खरीदा जाता है। दूसरे चरण में करों का भुगतान नहीं किया जाता है, चुनावों का विरोध किया जाता है और बहिष्कार किया जाता है तथा खाली बंजर भूमि पर कब्जा कर लिया जाता है और राज्य का विरोध किया जाता है। तीसरे चरण में, वे गुरिल्ला युद्ध की रणनीति से सुरक्षाबलों पर हमला करते हैं।

2. कृषि क्रांति : माओवादियों ने अपने दस्तावेज में कहा कि सशस्त्र कृषि क्रांति नई लोकतांत्रिक क्रांति की धुरी है। किसान, भूमिहीन मजदूर, मजदूर वर्ग क्रांति में सबसे महत्त्वपूर्ण हिस्सा हैं। वे गुरिल्ला युद्ध और दीर्घ जनयुद्ध के पथ पर किसानों का नेतृत्व करने में विश्वास करते हैं, ताकि मजदूर वर्ग और किसानों का एक मजबूत क्रांतिकारी गठबंधन बनाया जा सके। यह साम्राज्यवाद और दलाल, नौकरशाह, पूँजीवाद और सामंतवाद का विरोध करनेवाली सभी ताकतों के साथ नए लोकतांत्रिक संयुक्त मोर्चे के आधार के रूप में काम करेगा। उन्होंने 'जोतनेवाले को जमीन—क्रांतिकारी जन समिति को सारी शक्ति' के नारे का प्रचार किया। गुरिल्ला क्षेत्र बनाने तक यह उनका मुख्य नारा बन गया है। आधार क्षेत्रों की ओर गुरिल्ला क्षेत्रों के विकास के क्रम में इस नारे ने एक प्रमुख भूमिका निभाई।

आधार क्षेत्र

नक्सलियों ने सामाजिक–आर्थिक परिस्थितियों का विस्तार से अध्ययन किया और भारत के जनसांख्यिकीय और भौगोलिक मानचित्रण पर अपनी काररवाई की रूपरेखा तैयार की।

उन्होंने क्षेत्रवार बिजली जब्त करने की रणनीति अपनाई, यानी पहले ग्रामीण इलाकों और फिर कस्बों और शहरों को बाद में। चूँकि सभी ग्रामीण क्षेत्रों में एक साथ काररवाई करना संभव नहीं है, इसलिए राज्य समितियों को पहचान की जिम्मेदारी दी गई थी। वे सामंती शोषण, सामाजिक–आर्थिक परिस्थितियों, कड़े वर्ग संघर्ष, पहाड़ों, पहाड़ियों, जंगलों आदि कठोर इलाकों के आधार पर ग्रामीण और आदिवासी क्षेत्रों में अपने काम की योजना बनाते हैं। इन क्षेत्रों में राज्य की गतिविधियाँ अपेक्षाकृत कमजोर हैं। क्षेत्र की पहचान और चयन के बाद माओवादी क्षेत्रों को गुरिल्ला क्षेत्रों और स्वतंत्र क्षेत्रों में विकसित करने के लिए कैडर और नेतृत्व का निर्माण करेंगे। ये आधार क्षेत्र देश में जन–स्वर को सुव्यवस्थित करने और उसे आगे बढ़ाने तथा ग्रामीण इलाकों में राजनीतिक सत्ता हथियाने के लिए आधार के रूप में कार्य करेंगे। नेतृत्व और कैडरों के कंधों पर (i) एक मजबूत श्रमिक पार्टी और एक मजबूत जन सेना का निर्माण और सुदृढ़ीकरण, (ii) लोगों के सहयोग और आर्थिक संसाधनों की खरीद, (iii) एक मुक्त क्षेत्र बनाने के उद्देश्य से गुरिल्ला युद्ध विकसित करने की जिम्मेदारी है।

आधार क्षेत्र की स्थापना

(क) सभी चुने हुए क्षेत्रों में और विशेष रूप से आवश्यक आधार क्षेत्रों में व्यापक रूप से सशस्त्र संघर्ष द्वारा एक कृषि क्रांति के माध्यम से एक मजबूत जन समर्थन जुटाना।

(ख) मजबूत लोगों की सेना तैयार करना।

(ग) पार्टी कार्यकर्ताओं को गाँवों का दौरा करना और पुरुषों तथा महिलाओं, युवाओं की अलग–अलग संख्या और दोस्तों तथा दुश्मनों की पहचान करना।

1. व्यक्तिगत रूप से गाँवों के लोगों से संपर्क कर ग्रामीणों को पार्टी से जोड़ना।
2. पार्टी में शामिल हुए लोगों को हथियारों से लैस करना।
3. जो लोग सत्ता में हैं या अमीर हैं, उन्हें परेशान करना।
4. पुलिस या अर्ध–सशस्त्र बलों में पुरुषों को सरकार और उसके प्रति निष्ठा को खत्म करना।
5. लोगों के बीच नक्सली विचारधारा और गतिविधियों को प्रचारित करना

और गतिविधियों का नए क्षेत्रों में विस्तार करना।

6. अशिक्षित, अनुसूचित जाति और जनजाति और गरीब लोगों के सामने नक्सलियों के वर्ग विभाजन सिद्धांत के बारे में निम्नलिखित वर्गीकरण और तर्क रखें—

तालिका 8.1

विरोधी	दोस्त
सुरक्षाबल, जमींदार, अमीर किसान, पूँजीपति, सामंती लोग, सेठ और साहूकार, अमीर लोग, ठेकेदार और व्यापारी लोग।	किराए पर भूमि लेनेवाले किसान, गरीब किसान, मजदूर, भूमिहीन किसान, आदिवासी, औद्योगिक मजदूर, झुग्गी में रहनेवाले और शहरी मध्यम वर्ग।

राज्य के दबाव के आधार पर, आधार क्षेत्र गुरिल्ला क्षेत्र और गुरिल्ला क्षेत्र आधार क्षेत्र में बदल जाएगा। दंडकारण्य, झारखंड, आंध्र, बिहार, ओडिशा, पश्चिम बंगाल के इलाकों में नक्सलियों ने राज्य की सीमाओं को पार करते हुए व्यापक क्षेत्रों में अपना गढ़ बना लिया है। उनकी योजना है कि एक बार इन क्षेत्रों के संगठित हो जाने के बाद, वे नए क्षेत्रों में विकसित होंगे। उनका उद्देश्य विभिन्न राज्यों के महत्त्वपूर्ण क्षेत्रों में क्रांतिकारी आंदोलन को विकसित करना है।

ग्रामीण इलाकों के महत्त्वपूर्ण क्षेत्रों के अलावा, माओवादियों ने अन्य ग्रामीण क्षेत्रों को उनकी विशेषताओं के आधार पर चार श्रेणियों में वर्गीकृत किया—

(क) कुछ पहाड़ी इलाकों के साथ पिछड़े मैदान और अर्ध-वन क्षेत्र, जहाँ किसानों और जमींदारों के विशाल वर्ग के बीच वर्ग भेद बहुत हैं। यहाँ नक्सलियों ने जन समर्थन हासिल करने और गुरिल्ला युद्ध छेड़ने की योजना बनाई है। वे अपनी ताकत के आधार पर इस क्षेत्र को पहले गुरिल्ला क्षेत्र में और बाद में आधार क्षेत्र में बदल देते हैं।

(ख) तुलनात्मक रूप से विकसित क्षेत्र वे हैं, जहाँ कृषि में कुछ हद तक पूँजीवादी विकास हुआ है, लेकिन भूमि के सवाल अभी तक हल नहीं हुए हैं। राज्य का विकसित परिवहन और संचार पर अधिकार मजबूत है। यहाँ नक्सली सरकार के खिलाफ और जनयुद्ध के पक्ष में लोगों को राजनीतिक लामबंद करने की योजना बनाते हैं।

(ग) तटीय क्षेत्र, जो महत्त्वपूर्ण क्षेत्रों से सटे हैं। चूँकि ये क्षेत्र आधार क्षेत्र से सटे हुए हैं, माओवादी इन इलाकों में गुरिल्ला युद्ध संगठित करने की योजना बना रहे हैं।

(घ) शहरी केंद्रों के आसपास के कई ग्रामीण उप–नगर, जिनका शहरी केंद्रों के साथ दैनिक जैविक संबंध है। यहाँ मजदूर वर्ग में एक बड़ा वर्ग है, जिसके पास व्यापारी वर्ग के खिलाफ बहुत सारी शिकायतें हैं। नक्सली इन क्षेत्रों में छोटे हथियारों के साथ छोटे दस्ते बनाकर और नागरिक पोशाक पहनकर मजदूर वर्ग के संघर्ष को संगठित करते हैं, ताकि ध्यानाकर्षी न दिखाई दें।

3. गुरिल्ला क्षेत्र : सामंती व्यवस्था के खिलाफ संघर्ष को सरकार के खिलाफ संघर्ष में बदलने के लिए गुरिल्ला क्षेत्र बनाए गए हैं। इसके लिए गरीब और अशिक्षित ग्रामीणों को संगठित और प्रेरित किया जाता है तथा विभिन्न समितियों का गठन किया जाता है। इसके लिए सामंतवाद और साम्राज्यवाद के खिलाफ संगठित तरीके से सशस्त्र संघर्ष शुरू किया जाता है। इस संघर्ष में भूमिहीनों को भूमि पर कब्जा बहाल करना, खेतिहर मजदूरों की उचित और सही मजदूरी तय कराना, और उनके शोषण की जाँच करना, वन अधिकारियों द्वारा उनके उत्पीड़न की जाँच करना और सामाजिक और आर्थिक शोषण में लिप्त सभी श्रेणियों के ठेकेदारों द्वारा किसी भी प्रकार के शोषण को रोकने के लिए संघर्ष करना शामिल है। इस तरह इनकी राजनीति विस्तृत और अच्छी तरह से परिभाषित है। गुरिल्ला क्षेत्र में अवैध वृक्षारोपण की मनाही है। गुरिल्ला क्षेत्र की मुख्य विशेषता यह है कि एक ओर सरकार अपने आदेशों का पालन करने और अपने कार्यक्रमों को प्रभावी ढंग से क्रियान्वित नहीं कर पाती है, वहीं दूसरी ओर नक्सली अपने अधिकारों को मजबूती से स्थापित कर लेते हैं।

गुरिल्ला क्षेत्रों के मुख्य भाग

(क) ग्राम शासन समिति : नक्सलियों का कहना है कि संपत्ति समाज का मजदूर वर्ग बनाता है, लेकिन राजनीतिक सत्ता चलानेवाले सामंती लोग उसका आनंद उठाते हैं। इस व्यवस्था को बदला जाना चाहिए। इसके लिए गरीब किसानों, मजदूरों और भूमिहीन मजदूरों की 'ग्राम राज्य समितियाँ' बनाई जाती हैं। इससे वर्गवादी शत्रुता होती है।

(ख) ग्राम सुरक्षा दल : ग्राम सुरक्षा ग्रुप : आम आदमी को शोषण और उत्पीड़न से छुटकारा दिलाने के लिए ग्राम राज्य समितियों के कुछ सदस्य हथियारों से लैस हैं। इस तरह 'ग्राम राज्य समिति' के कुछ सदस्य एक रक्षा और सुरक्षा ग्रुप के रूप में ग्राम सुरक्षा दल बन जाते हैं। ये ग्रुप नए लड़कों को सदस्य के रूप में शामिल कर स्थानीय स्तर पर जमींदारों, ठेकेदारों के खिलाफ युद्ध छेड़ने में महत्त्वपूर्ण भूमिका निभाते हैं।

(ग) स्थानीय गुरिल्ला ग्रुप : यह ग्रुप 25–30 ग्रामीणों के 7 सदस्यों से बना है।

यह ग्रुप ग्राम राज्य समिति और ग्राम सुरक्षा दल पर नियंत्रण रखता है। इस ग्रुप का मुख्य कार्य सरकार के विरुद्ध प्रचार-प्रसार करना तथा स्थानीय शत्रुओं के विरुद्ध प्रभावी काररवाई करना है।

(घ) **केंद्रीय गुरिल्ला ग्रुप :** इस ग्रुप में 11 सदस्य होते हैं, जो केंद्रीय ग्रुप के सदस्यों के रूप में काम करते हैं। इस ग्रुप में पार्टी के राजनीतिक सिद्धांतों और पार्टी द्वारा पहचाने गए लक्ष्यों की देखभाल के लिए एक 'स्क्वॉड क्षेत्र समिति' का गठन किया जाता है। इसकी बैठक हर दो महीने में होती है।

(ङ) **प्लाटून :** सभी प्लाटून सदस्य प्रशिक्षित आतंकवादी हैं। एक पलटन में तीन खंड होते हैं। प्रत्येक खंड में 7 से 11 सदस्य होते हैं। सभी सदस्यों को मानसिक और शारीरिक रूप से स्वस्थ होना चाहिए। प्रत्येक सदस्य को ग्रुप के सदस्य के रूप में एक वर्ष का अनुभव होना चाहिए।

4. गुरिल्ला क्षेत्रों का आधार क्षेत्रों में परिवर्तन : माओवादियों ने भारतीय क्रांति की अपनी रणनीति और कार्यनीति (एस.टी.आई.आर.) दस्तावेज में गुरिल्ला क्षेत्रों को आधार क्षेत्रों में बदलने की प्रक्रिया को समझाया। वे कहते हैं कि इस परिवर्तन को पाने के लिए एक मजबूत कम्युनिस्ट पार्टी, एक लोगों की मुक्ति सेना और एक क्रांतिकारी संयुक्त मोर्चा की जरूरत है। गुरिल्ला युद्ध मुक्त क्षेत्रों को बनाने के लिए होना चाहिए, जबकि लोगों की मुक्ति सेना आधार क्षेत्र के लिए जरूरी है। जैसे-जैसे पी.एल.ए. मजबूत होता जाता है, गुरिल्ला युद्ध तेज होता जाता है। गुरिल्ला क्षेत्रों में विद्रोहियों का उद्‌देश्य प्रतिद्वंद्वी की राजनीतिक शक्ति का विनाश है। जब उनके विरोधी आक्रामक हो जाते हैं तो वे पीछे हट जाते हैं। गुरिल्ला क्षेत्र में प्रतिद्वंद्वी क्रांतिकारी ताकतों की तुलना में अपेक्षाकृत मजबूत हैं। उनका मानना है कि जनयुद्ध में लोगों को लामबंद करने से सत्ता का संतुलन बदल जाएगा। अच्छे जनाधार और अनुकूल भूभाग के साथ रणनीतिक क्षेत्र बनाने के बाद वे गुरिल्ला ठिकाने बनाते हैं। यहाँ वे क्रांति को बढ़ाने के लिए अपने कैडर को सैन्य और राजनीतिक प्रशिक्षण देते हैं। वे इन ठिकानों में लोगों के मिलिशिया, पार्टी इकाइयों, राजनीतिक सत्ता के अंगों और विभिन्न जन संगठनों को संगठित और मजबूत करते हैं। गुरिल्ला ठिकाने प्रकृति में क्षणभंगुर होते हैं। गुरिल्ला क्षेत्रों को मुक्त क्षेत्रों में बदलने में ये ठिकाने एक महत्त्वपूर्ण भूमिका निभाएँगे। ये गुरिल्ला ठिकाने एक मजबूत पार्टी, एक मजबूत जन मुक्ति सेना और एक मजबूत संयुक्त मोर्चे के विकास के लिए गुरिल्ला क्षेत्रों में केंद्रबिंदु बनाएँगे। फिर वे मुक्त क्षेत्र बनाने के लिए काम करते हैं। भूमि का बँटवारा 'जोतनेवाले को भूमि' के सिद्धांत पर किया जाना चाहिए। इससे लोगों पर गहरा प्रभाव पड़ेगा। वे कृषि के विकास के लिए लोगों के बीच सहकारी आंदोलन का आयोजन करते हैं। अन्य क्षेत्रों में, वे अपना गुरिल्ला युद्ध जारी रखेंगे। क्रांतिकारी जन समितियों द्वारा वे

लोगों को निम्नलिखित संघर्षों के साथ संघर्ष में संगठित करते हैं—

- सामंती सत्ता को उखाड़ फेंककर; लोगों की राजनीतिक शक्ति स्थापित करें।
- जमींदारों की भूमि, सरकार की भूमि और अन्य शोषक संस्थाओं की भूमि पर कब्जा करना और उन्हें गरीब और भूमिहीन किसानों में बाँटना।
- सशस्त्र लोगों के मिलिशिया बनाना।
- जमींदारों और साहूकारों को कर्ज और ब्याज की अदायगी बंद करें।
- सरकार को टैक्स, कर और वसूली देना बंद करें।
- कृषि का विकास करें और सहकारी आंदोलन बनाएँ।

दस्तावेज कहता है कि देश के कई पिछड़े क्षेत्रों को वर्गवादी झगड़े बढ़ाने से गुरिल्ला क्षेत्रों में विकसित करके सरकारी बलों के साथ सशस्त्र संघर्ष के लिए अनुकूल परिस्थितियों का निर्माण होगा। लाभकारी स्थलाकृति और लोगों की लामबंदी के साथ वे मुक्त क्षेत्रों की स्थापना करते हैं।

5. क्रांति के तीन हथियार : माओवादियों के सामने तीन मूलभूत कार्य हैं—(क) पार्टी बनाना, (ख) लोगों की सेना बनाना, (ग) क्रांतिकारी संयुक्त मोर्चा बनाना। जैसाकि माओ ने इन तीन कार्यों के महत्त्व और संबंधों के बारे में बताया—"…यू.एफ. और सशस्त्र संघर्ष सुरक्षाबल को हराने के लिए दो बुनियादी हथियार हैं। यू.एफ. सशस्त्र संघर्ष करने के लिए एक यू.एफ. है और पार्टी दो हथियारों, यू.एफ. और सशस्त्र संघर्ष को चलाने और सुरक्षाबलों की स्थिति को तोड़ने के लिए वीर योद्धा है। इस तरह वे एक-दूसरे से संबंधित हैं।"

(क) पार्टी बनाना : माओवादी पार्टी श्रमिक वर्ग की पार्टी है। इसके लिए एक मजबूत संगठन की जरूरत है। एक पार्टी बनाने में सबसे महत्त्वपूर्ण घटक एक सही वैचारिक और राजनीतिक नियम है। माओवादी पार्टी मार्क्सवाद-लेनिनवाद-माओवाद (एम.एल.एम.) की विचारधारा पर आधारित है। इस विचारधारा के आधार पर उन्होंने क्रांति का एक कार्यक्रम, रणनीति और कार्यनीति तैयार की। इस पार्टी की एक अन्य महत्त्वपूर्ण विशेषता इसकी भूमिगत बनावट और गुप्त प्रबंध है। तीसरा सिद्धांत पार्टी में एकता और काररवाई की एकता और पार्टी और लोगों के बीच एकता है। यह सामूहिक नेतृत्व और व्यक्तिगत जिम्मेदारी का मेल है। यह किसी भी व्यक्ति को पार्टी पर एकाधिकार करने से रोकता है। चौथा सिद्धांत उनकी 'कार्य की तीन बड़ी शैलियाँ' हैं। सिद्धांत को काम के साथ जोड़ने की शैली, जनता के साथ घनिष्ठ संबंध बनाए रखना और आलोचना तथा आत्म-आलोचना का काम करना।

(ख) लोगों की सेना बनाना : भारत में नक्सल आंदोलन जनयुद्ध पर आधारित

है। वे कहते हैं कि लोगों की सेना के बिना, लोगों का युद्ध नहीं हो सकता है। माओ ने कहा था—"लोगों की सेना के बिना लोगों के पास कुछ भी नहीं है।" लोगों की सेना अपने राजनीतिक कार्यों को अंजाम देने के लिए माओवादियों का एक सशस्त्र निकाय है। यह किसानों, भूमिहीन लोगों और मजदूर वर्ग जैसे उत्पीड़ित लोगों के हाथों में लंबे जनयुद्ध के माध्यम से राजनीतिक सत्ता पर कब्जा करने का एक साधन है। वे लोगों की सेना के रूप में लोगों को हथियार देने, उन्हें प्रशिक्षित करने और राज्य के खिलाफ बड़े पैमाने पर प्रतिरोध पैदा करने का इरादा रखते हैं। पार्टी और लोगों की सेना के बीच संबंधों के बारे में माओ ने कहा था—"पार्टी बंदूक की कमान सँभालती है और पार्टी को कभी भी बंदूक से नियंत्रित करने की कोशिश नहीं की जानी चाहिए।" कृषि क्रांति वह आधार है, जिसमें लोगों की सेना में अनगिनत रंगरूटों के भरती करने की गुंजाइश रहती है।

(ग) **क्रांतिकारी संयुक्त मोर्चा बनाना :** माओवादियों का इरादा दो चरणों में संयुक्त मोर्चा बनाने का था। सबसे पहले वे सभी उत्पीड़ित लोगों को उनके वर्ग शत्रुओं के खिलाफ एकजुट करते हैं। दूसरे, वे सभी क्रांतिकारी ग्रुपों और पार्टियों को एकजुट करते हैं, जो एक छतरी के नीचे नई लोकतांत्रिक क्रांति के लिए काम कर रहे हैं। वे स्थानीय स्तर से केंद्र तक ठोस समस्याओं के आधार पर सामंती ताकतों के खिलाफ ज्यादा-से-ज्यादा सुलभ ताकतों के बीच एक सामान्य चेतना बनाते हैं। इस उद्देश्य को प्राप्त करने के लिए माओवादी लेनिनवादी सिद्धांत का पालन करते हैं—"जीत की दिशा में क्रांति का ठीक से प्रबंध करने के लिए हर देश में कम्युनिस्ट पार्टी के लिए जरूरी है, लोगों के बीच से एक दोस्त पाने के लिए हर छोटे से अवसर का उपयोग करना, भले ही वह अवसर अस्थायी हो, उस दोस्त को वश में करना चाहिए, चाहे वह कितना भी असमर्थ हो, हालाँकि, वह अविश्वसनीय भी हो सकता है।"

माओ ने संयुक्त मोर्चे के बुनियादी सिद्धांतों को निर्धारित किया, जैसे—(i) संयुक्त मोर्चे पर मजदूर वर्ग के आधिपत्य को बनाए रखना। इसमें श्रमिक वर्ग की पार्टी अगुआ भूमिका निभाएगी; (ii) मजदूर वर्ग के हाथों में स्वतंत्रता और पहल बनाए रखना और सभी परिस्थितियों में अपने स्वयं के प्रयासों पर निर्भर रहना; (iii) संयुक्त मोर्चे को सशस्त्र संघर्ष की मदद करनी चाहिए।

6. शहरी क्रांति : इस 'शहरी सरलीकरण योजना' को माओवादी दस्तावेज एस.टी.आई.आर. में स्पष्ट रूप से समझाया गया है। इसने शहरी क्षेत्रों में नक्सल क्रांति की कार्यनीति पेश की। धीरे-धीरे नक्सलियों की कार्यनीति पहले कस्बों और फिर शहरों

को घेरने की है। शहरी क्षेत्रों की मुक्ति नई लोकतांत्रिक क्रांति का अंतिम चरण होगा। कई मायनों में यह कार्यनीति आत्मनिरीक्षण और ताकत दिखाने के लिए एक प्रमुख 19 दिवसीय सभा से विचारों का शोधन है, जो 2001 में आयोजित भाकपा (एम.एल.) लोगों का संघर्ष था, जिसके आखिर में कई कार्यों की पहचान की गई। इनमें कार्यकर्ता, निम्न वर्ग और जातियाँ, छात्र, बुद्धिजीवी—आंदोलन को विस्तृत आधार देने के लिए—एक मजबूत भूमिगत पार्टी का ढाँचा विकसित करना था। योजना के प्रारूप ने पहचाना कि शहरी क्षेत्रों में उनकी ताकत मजदूर वर्ग है। इसने अनुभवहीन लोगों की गुरिल्ला सेना की संख्या और गुणवत्ता बढ़ाने की माँग की—इसका संकेत देने के लिए 'मात्रात्मक और गुणात्मक रूप से' जैसे कॉरपोरेट वाक्यांश उपयोग किए गए थे और वर्ग शत्रुओं, आर्थिक दमन और वैश्वीकरण का मुकाबला करने के लिए सभी प्रकार के संगठनों के साथ 'एकजुट मोर्चे' का निर्माण करें। 2006 के अंत तक, शहरी सरलीकरण योजना द्वारा रेखांकित यह कार्ययोजना तेज होगी। शहरी भरती की गति को तेज किया जाएगा। खुफिया हलकों में उग्रवादी दलित ग्रुपों के माओवादियों के साथ जुड़ने की चर्चा होगी। दूसरे जाने-माने गठबंधन जैसेकि किसान ग्रुपों के साथ प्रमुख प्रचार मंच के रूप में उभरेंगे। गृह मंत्रालय 2006-07 की अपनी वार्षिक रिपोर्ट में इसे स्वीकार करेगा—"भाकपा (माओवादी) भी सामाजिक लामबंदी के प्रयासों को तेज कर रहे हैं। इस उद्देश्य के लिए मई 2005 में स्थापित क्रांतिकारी लोकतांत्रिक मोर्चा (आर.डी.एफ.) को भारतीय क्रांतिकारी लोकतांत्रिक मोर्चा (पी.डी.एफ.आई.) में विस्तारित किया गया है।"

महासचिव के रूप में फिर से चुने जाने के बाद गणपति ने शहरी आंदोलन के महत्त्व को "अब और प्रहार कर भागना नहीं के रूप में रेखांकित किया। अब समय आ गया है कि कस्बों में फैल जाएँ और खास लक्ष्यों की पहचान करें, उन पर सटीक निशाना साधें और दायित्वहीनता से मुक्ति पाएँ।"

शहरी क्रांति का निर्णायक महत्त्व

- नक्सलियों को अहसास है कि आपूर्ति, प्रौद्योगिकी निपुणता आदि की व्यवस्था की जिम्मेदारी शहरी केंद्रों में है। उनका दीर्घ जनयुद्ध द्वारा राज्य सत्ता प्राप्त करने का सपना शहरी केंद्रों पर कब्जा करके ही संभव है।
- शहरी केंद्र उन नक्सलियों के लिए सुरक्षित ठिकाने का काम करेंगे, जो अपना आधार बढ़ाने की राह में हैं।
- नक्सली पहले शहरी बुद्धिजीवियों को प्रेरित कर सकते हैं और अपनी विचारधारा के पक्ष में राय बना सकते हैं।
- जनसंचार का साधन शहरी बुद्धिजीवियों के हाथ में है। वे जनसंचार माध्यमों

द्वारा अपनी गतिविधियों को शहरी केंद्रों तक फैला सकते हैं।

- उदारीकरण के दौर के बाद, निजी उद्यमी श्रम अधिकारों की ज्यादा परवाह नहीं करते। नक्सलियों ने इस बढ़ाव को भुनाने की योजना बनाई है।

नक्सलियों के रानी बोडली हमले ने उनकी शहरी रणनीति का खुलासा किया। वे शहरी केंद्र में विस्तार कर रहे हैं।

नक्सलियों की कार्यशैली

1. नक्सली लोगों को जोड़ने और युद्ध में शामिल करने के लिए उन्हें भ्रमित करते हैं, उन्हें राजी करते हैं, उन्हें गुमराह करते हैं और उन्हें समझाते हैं और युद्ध गतिविधियों को अंजाम देते हैं।
2. नक्सलियों का लक्ष्य हर तरह से कम-से-कम समय में लोगों को उनके लक्ष्य के प्रति जगाना है।
3. क्रांतिकारियों की भाषा बोलने के लिए और वर्तमान व्यवस्था को उखाड़ फेंकने के लिए वे प्रशासन को घृणित, विलासिता और भ्रष्टाचार का जीवन जीने के रूप में चित्रित करते हैं।
4. नक्सली ग्रामीण क्षेत्रों में पूरी निष्ठा और अथक परिश्रम करते हैं।
5. नक्सली अपनी क्षेत्रीय सेनाओं को अपनी क्षमताओं को बढ़ाने के लिए कार्य संबंधी स्वायत्तता देते हैं।
6. नक्सली आसपास के छोटे शहरों में स्थानीय लोगों की मदद से आत्मरक्षा के लिए लोगों का मिलिशिया बनाते हैं और वे स्थानीय स्तर पर स्थानीय गुरिल्ला सेना संगठित करते हैं।
7. नक्सली उपलब्ध स्थिति के संबंध में गुरिल्ला युद्ध शुरू करने से पहले पूरी जाँच करते हैं। इसे स्थानीय सहयोग से पूरा किया जाना चाहिए।
8. नक्सलियों के बुद्धिजीवी पहल करेंगे और काम, दिशा और नीति के बारे में फैसला करेंगे और फिर युद्ध का नेतृत्व करेंगे।

नक्सली तकनीक

(क) **दिनांक प्रणाली :** संगठनों के सदस्यों को उनके घर आने-जाने की छुट्टी दी जाएगी। छुट्टी की अवधि समाप्त होने के बाद सदस्य पूर्व निर्धारित स्थान पर पहुँचेगा, चाहे वह जंगल हो या किसी विश्वसनीय व्यक्ति का कोई स्थान. पार्टी के सदस्य उन्हें वहाँ से उठाते हैं।

(ख) **डाक/कूरियर :** संगठन में सूचना के आदान-प्रदान के लिए एक सदस्य को

नामित किया जाता है। सदस्य को एम.सी.सी. द्वारा डाक और पी.डब्ल्यू.जी. द्वारा 'कूरियर' कहा जाता है। उनका काम विभिन्न राज्यों में विभिन्न संगठनों और समितियों को नक्सली साहित्य बाँटना तथा पार्टी के संदेशों को ठेकेदारों और जमींदारों आदि तक पहुँचाना है। वे पार्टी के सबसे गोपनीय सदस्य होते हैं।

(ग) **पॉकेट :** क्षेत्र में सबसे विश्वसनीय व्यक्ति के घर को 'पॉकेट' कहा जाता है। इसी 'पॉकेट' से नक्सलियों के बीच सूचनाओं का प्रसार होता है और साहित्य का आदान-प्रदान होता है। डाक और कूरियर सूचना और साहित्य को यहीं छोड़ देते हैं और वहाँ पहले से पड़े साहित्य और सूचनाओं को इकट्ठा करते हैं। इस 'पॉकेट' का इस्तेमाल तारीख के लिए भी किया जाता है। पार्टी यहाँ से उस सदस्य को इकट्ठा करती है, जिसका एक निश्चित तारीख पर उपस्थित होना तय है। यदि यह निर्धारित समय के अनुसार नहीं होता है तो अगली तारीख के बारे में जानकारी यहाँ पर छोड़ दी जाती है।

(घ) **नोट :** रेलवे स्टेशन पर या ट्रेन के कुछ खास डिब्बों में किसी चिह्नित स्थान का उपयोग वहाँ जानकारी चिपकाकर 'पॉकेट' के रूप में भी किया जाता है।

(ङ) **प्राथमिक उपचार :** नक्सली संगठन अपने सदस्यों को प्राथमिक उपचार का प्रशिक्षण देता है। उन्हें दवाओं के इंजेक्शन लगाने का प्रशिक्षण भी दिया जाता है। वह प्राथमिक चिकित्सा की सभी दवाएँ दे सकता है।

(च) **गायक :** पार्टी में एक या दो सदस्य गायक होते हैं और वे अपने गायन से अन्य सदस्यों को उत्साहित और प्रेरित करते हैं। वे पार्टी को जोश और उत्साह से भरे रखते हैं।

(छ) **संतरी और गार्ड प्रणाली :** नक्सली अपने शिविर वास पर उचित जगहों पर पहरा देते हैं। उन्हें संतरी के माध्यम से चेतावनी सीटी मिलती है।

(ज) **उपनाम :** नक्सली अपना मूल नाम बदलते हैं और उपनाम रखते हैं। उनका मानना है कि इससे उनके परिवार के सदस्यों को सुरक्षाबलों से बचाया जा सकता है। प्रशांत बोस को आमतौर पर 'किशन' के नाम से जाना जाता था। उन्होंने अन्य नाम निर्भय मुखर्जी, काजल, किशना और महेश को उपनाम के रूप में इस्तेमाल किया।

(झ) **नक्सली पूरी सावधानी के साथ डेरा डालकर आराम करते हैं :** आराम के समय, प्रवेश या निकास की सभी जगहों पर संतरी तैनात किए जाते हैं। सभी संतरियों को एक परदे के पीछे रखा जाता है, ताकि वे दिखाई न दें। यदि कोई शंका या अविश्वास होता है तो वे विभिन्न पक्षियों की आवाजों की नकल करके अन्य सदस्यों को सचेत करते हैं।

(ञ) **पहरेदार :** जहाँ पार्टी आराम कर रही होती है या खाना खा रही होती है, वहाँ से 200 से 300 मीटर की दूरी पर नक्सली पहरेदार तैनात करते हैं। ये पहरेदार 10–12 साल के लड़के या लड़कियाँ होते हैं। जैसे ही ये पहरेदार पुलिस को देखते हैं, वे संतरी को सूचित करने के लिए दौड़ते हैं और इस प्रकार, अपने तरीके से जंगली जानवरों की भाषा में या पक्षियों की आवाज में पूरी पार्टी को सचेत करते हैं।

□

9

नक्सल का प्रचार

"लोगों के लिए एकमात्र वास्तविक विकल्प।"

—**भाकपा** (माओवादी) महासचिव, गणपति

माओवादियों ने अपने माओवादी दस्तावेज 'पार्टी प्रोग्राम' में भारत में चार प्रमुख विरोधाभासों की पहचान निम्नलिखित के रूप में की—

1. साम्राज्यवाद और भारतीय लोगों के बीच विरोधाभास।
2. सामंतवाद और भारतीय लोगों के बीच विरोधाभास।
3. सामंतवाद और लोगों की व्यापक जनता के बीच विरोधाभास।
4. पूँजी और श्रम के बीच विरोधाभास।

उन्होंने कहा कि इन चार विरोधाभासों के बीच पहले दो को क्रांति के वर्तमान चरण के दौरान हल करना होगा। ये दोनों वर्तमान चरण में क्रांति के भविष्य को आकार देने में प्रमुख भूमिका निभाएँगे। अन्य दो विरोधाभास भी भारत में नई लोकतांत्रिक क्रांति के लिए रणनीतिक और कार्यनीतिक नीतियों को निर्धारित करने में महत्त्वपूर्ण भूमिका निभाते हैं।

- माओवाद ने जन संघर्ष के सभी विख्यात रूपों को खारिज कर दिया और 'वर्ण विरोधों का नाश' के सिद्धांत में विश्वास किया।
- लोकतांत्रिक आंदोलनों को खत्म कर दिया।
- माओवादी पार्टी को औपचारिक रूप से एक कम्युनिस्ट संगठन के रूप में देखा जा सकता है, जो मार्क्स, लेनिन और माओत्से तुंग के सिद्धांतों की सदस्यता लेता है। इन्हें न्याय, समानता और स्वतंत्रता के सिद्धांतों पर आधारित समतावादी सिद्धांतों के रूप में देखा जाता है। माओवादी एक ऐसी दुनिया बनाने का वादा करते हैं, जहाँ कोई भी व्यक्ति भूखा नहीं रहेगा, जहाँ कोई दूसरे पर अत्याचार नहीं करेगा, जहाँ जाति, धर्म या लिंग के आधार पर कोई भेदभाव

नहीं होगा, जहाँ स्वार्थ और प्रतिस्पर्धा नहीं होगी।

- माओवादी, जिसे माओ ने 'नई लोकतांत्रिक व्यवस्था' कहा है, को स्थापित करने के लिए राज्य सत्ता को हथियाने के लिए एक सशस्त्र दीर्घकालीन युद्ध में विश्वास करते हैं।
- विकासशील देशों में, जहाँ अधिकांश आबादी कृषि पर निर्भर है, माओवादी कृषि क्रांति में विश्वास करते हैं। वे भूमि वितरण, जोतनेवाले को भूमि, कृषि उपज के लिए बाजार-मूल्य आदि के मुद्दों को उठाते हैं और अपने उद्देश्यों को प्राप्त करने के लिए एक सशस्त्र संघर्ष निर्धारित करते हैं। माओवादियों ने हजारों एकड़ जमीन भूमिहीनों को बाँट दी। उन्होंने किसान सभा, किसान मुक्ति मोर्चा और किसान मजदूर संगठन के माध्यम से किसानों को संगठित किया। उन्होंने गाँव के सभी मामलों को किसान समितियों के द्वारा सुलझाने और किसानों का अधिकार स्थापित करने के आह्वान के साथ किसानों को लामबंद किया। जोतदारों, जमींदारों आदि के प्रतिरोध को कुचलने के लिए उन्होंने उन्हें संगठित और सशस्त्र होने के लिए प्रशिक्षित किया। उन्होंने जमीन पर अपना एकाधिकार समाप्त करने और किसान समितियों के माध्यम से इसे पुनर्वितरित करने के लिए जोतदारों को निशाना बनाया। लेकिन उनका अंतिम लक्ष्य जमीन नहीं, बल्कि सत्ता हथियाना है। कानू सान्याल कहते हैं—"एक सशस्त्र संघर्ष-भूमि के लिए नहीं, बल्कि राज्य सत्ता के लिए।"

  माओवादी कार्यक्रम प्रतिज्ञा करता है कि "एक बार एक नए जनवादी राज्य की स्थापना हो जाने पर यह भूमिहीन-गरीब किसानों और खेतिहर मजदूरों में भूमि का पुनर्वितरण 'जोतदारों को भूमि' के नारे के आधार पर करेगा और भूमि के स्वामित्व पर महिलाओं का समान अधिकार पक्का करेगा।"
- माओवादियों ने कम वेतन और बेरोजगारी की दोहरी समस्याओं को भी उठाया। भाकपा (माओवादी) कार्यक्रम के अनुसार—"यह एक दिन में आठ घंटे काम लागू करेगा, मजदूरी दर बढ़ाएगा, अनुबंध श्रम प्रणाली और बाल श्रम को खत्म करेगा, सामाजिक सुरक्षा और सुरक्षित काम करने का माहौल बनाएगा और समान काम के लिए समान मजदूरी की गारंटी देगा, लिंग के आधार पर मजदूरी में भेदभाव को समाप्त करेगा।"
- राष्ट्रीयता के सवाल पर माओवादियों का मानना है कि भारत बहुराष्ट्रीय, बहुभाषी देश है, जिसमें कई संस्कृतियाँ हैं। ये राष्ट्रीयताएँ और जनजातियाँ विकास के विभिन्न चरणों से गुजर रही हैं। माओवादियों ने अपने कार्यक्रम दस्तावेज में कहा था, "···भारत में भी साम्राज्यवाद के अधीन शासक वर्गों ने देश की

'एकता और अखंडता' के तथाकथित नारे के तहत देश को राष्ट्रीयताओं के जेलघर के रूप में बदल दिया है। ऐसे में आज देश के विभिन्न हिस्सों में चल रहे राष्ट्रीयता संघर्ष सशस्त्र संघर्ष सहित विभिन्न रूपों में आगे बढ़ रहे हैं। उत्तर-पूर्वी क्षेत्र में कश्मीरी, नागा, असमिया, मणिपुरी और अन्य राष्ट्रीयताओं के संघर्ष सशस्त्र रूप धारण करके पहले से ही चल रहे हैं।"

माओवादी इन संघर्षों को सहयोग देते हैं और उन्हें नई लोकतांत्रिक क्रांति को पूरा करने की दिशा में श्रमिक वर्ग के नेतृत्व में बड़े संघर्ष के रूप में वास्तविक मुक्ति पाने के लिए आमंत्रित करते हैं।

- माओवादी जाति व्यवस्था और जातिवाद की निंदा करते हैं। उनका मानना है कि जाति व्यवस्था व्यक्ति के स्वाभिमान को कुचलती है, उनमें हीन भावना भरती है और समाज में सामाजिक खाई पैदा करती है। अधिकांश उत्पीड़ित जातियाँ गरीब हैं और वे पीढ़ियों से सभी आर्थिक संसाधनों से वंचित हैं। दलित इस जातिवादी सीढ़ी के सबसे निचले पायदान पर हैं और छुआछूत जैसी अमानवीय प्रथाओं और विकट सामाजिक उत्पीड़न का सामना कर रहे हैं। उनमें से 80 प्रतिशत से अधिक भूमिहीन मजदूर हैं। माओवादियों ने घोषणा की कि दलितों का प्रश्न वर्गवाद का प्रश्न है। पार्टी को सामंती उच्च जाति के लोगों द्वारा दलितों के शोषण के खिलाफ संघर्ष का नेतृत्व करना चाहिए। यह जीवन के सभी क्षेत्रों में अपने समान स्थान के लिए लड़ने के लिए नई लोकतांत्रिक क्रांति का एक हिस्सा है।
- मार्क्सवादी-लेनिनवादी विचार लोगों की बुनियादी आजादी में विश्वास करता है, जो राज्य और उसकी सभी शासन संस्थाओं के निकालने पर ही मिल सकती है। जैसे-जैसे लोग राज्य के प्रति सावधान होते जाएँगे, वे इसका विरोध करने के लिए उठ खड़े होंगे और इसे खत्म करने का रास्ता बनाएँगे। राज्य अपनी संस्थाओं के साथ कानून बनाता है और अपनी एजेंसियों के साथ लागू करता है। मार्क्सवादी मानते हैं कि राज्य शासक वर्गों और पूँजीपतियों के हितों का प्रतिनिधित्व करता है। नक्सली प्रचार करते हैं कि संस्थाएँ, कानून और उसकी न्याय व्यवस्था अमीरों, पूँजीपतियों, जमींदारों, राजनेताओं आदि के हितों की रक्षा के लिए है।
- राज्य को किसी भी समतावादी लक्ष्य के लिए काम करना चाहिए। माओवादियों का तर्क है कि राज्य के खात्मे के बाद श्रमजीवी राज्य बनेगा।
- नक्सलियों ने प्रचार किया कि खुली अर्थव्यवस्था में धन और सत्ता का कुछ ही हाथों में जमाव होता है। राज्य की नीति को चलाने में निजी अर्थव्यवस्था

के नए संस्थान महत्त्वपूर्ण हो गए हैं। बहुराष्ट्रीय कंपनियों को अपने प्रबंधन में भारी लचीलापन मिला है। ये कंपनियाँ अधिकतम लाभ लेने के लिए प्राकृतिक संसाधनों का दोहन करती हैं। उन्हें स्थानीय लोगों के कल्याण में बहुत कम दिलचस्पी है। मार्क्सवादी इस शोषण का इस्तेमाल लोगों को राज्य के खिलाफ खींचने के लिए करते हैं। माओवादी 'पार्टी कार्यक्रम' के लिए बनाए गए दस्तावेज में वैश्वीकरण की निंदा करते हैं—"बाजार के रूढ़िवादियों द्वारा लोगों से टकराव और जाति व्यवस्था सामाजिक दमन का एक रूप है।"

- चारू मजूमदार ने माओ के इस दृष्टिकोण को अपनाया कि एक अर्ध-सामंती और अर्ध-औपनिवेशिक स्थिति में एक समाज को 'एक नई लोकतांत्रिक व्यवस्था' स्थापित करने के लिए एक लंबे किसान संघर्ष से परिवर्तित किया जा सकता है।
- क्रांति के बारे में चारू मजूमदार के मूल विचार इस प्रकार हैं—

  "गुरिल्ला इकाई का अनुसरण करने का तरीका पूरी तरह से षड्यंत्रकारी होना चाहिए। पार्टी की राजनीतिक इकाइयों की बैठकों की किसी को कोई भनक नहीं लगनी चाहिए। व्यक्तियों के बीच यह साजिश व्यक्ति-दर-व्यक्ति आधार पर होनी चाहिए। इस संबंध में छोटे पूँजीपति बुद्धिजीवी कॉमरेड को पहल करनी चाहिए। उसे उस गरीब किसान से संपर्क करना चाहिए, जिसके पास उसकी राय में सबसे ज्यादा क्रांतिकारी क्षमता है और उसके कानों में फुसफुसाना चाहिए—क्या आपको नहीं लगता कि ऐसे जोतदार को खत्म करना अच्छी बात है? हमें इस समय किसी भी प्रकार के आग्नेयास्त्रों का प्रयोग नहीं करना चाहिए। गुरिल्लाओं को पूरी तरह से हेलीकॉप्टर, भाले, भाला और दराँती पर निर्भर रहना चाहिए। गुरिल्लाओं को निर्दोष व्यक्ति होने का नाटक करते हुए विभिन्न दिशाओं से आना चाहिए और पहले से नियुक्त स्थान पर इकट्ठा होना चाहिए, सुरक्षाबलों की प्रतीक्षा करनी चाहिए और जब मौका आता है, तो सुरक्षाबलों पर हमला करें और उन्हें मार डालें। यदि संभव हो तो मध्यम किसान कैडर और छोटे पूँजीपति बौद्धिक साथियों को (गुरिल्ला इकाई से) हटा दिया जाना चाहिए। जब गुरिल्ला काररवाई बहुत बढ़ जाती है तो हमें धीरे-धीरे उन इच्छुक सेनानियों को लाना होगा। जिसने वर्गवादी शत्रुओं के खून में हाथ नहीं डाला, उसे शायद ही कम्युनिस्ट कहा जा सकता है।
- चारू मजूमदार के इस 'पशुकरण अभियान' से उनके साथियों का मतभेद था। कानू सान्याल लिखते हैं—"प्रमोद सेनगुप्ता, सत्यानंद भट्टाचार्य, परिमल दासगुप्ता को मतभेदों की वजह से बाहर निकाल दिया गया। यह

और भी ज्यादा स्पष्ट उदाहरण है कि आसिफ सेन, जिन्होंने पूरे देश में ए.आई.सी.सी.सी.आर. (साम्यवादी क्रांतिकारियों की अखिल भारतीय समन्वय समिति) को लामबंद और संगठित करने के लिए एक प्रमुख नेतृत्व किया, उन्हें ए.आई.सी.सी.सी.आर. में शामिल नहीं किया गया था, यहाँ तक कि उन्हें भाकपा (एम.एल.) के गठन की पूर्व संध्या पर बाहर कर दिया गया था।

- नक्सलियों का कहना है कि लोकतंत्र पाँच नुकीले दाँतोंवाला एक जहरीला साँप है—
  1. पुलिस
  2. अदालत
  3. पुलिस स्टेशन/ब्लॉक
  4. नौकरशाही
  5. जेल।

  नक्सली आगे तर्क देते हैं कि सरकारी दफ्तरों में अधिकारियों और कर्मचारियों के बीच मास्टर-नौकर का रिश्ता होता है, लेकिन नक्सल समाजवाद में ऐसा नहीं है। वर्तमान सामाजिक व्यवस्था में एक वर्ग दूसरे का शोषण करता है और सत्ता में बैठे लोग शोषण करके विदेशों के बैंकों में खजाना भरते हैं। नक्सली संगठन लोगों के बीच धन बाँटता है।
- माओवादी भारतीय राज्य और संविधान के आलोचक हैं। वे पूँजीवाद के शोषण और उससे परिणामी दरिद्रता और जनसंख्या की विशाल प्रतिक्रिया के दमन को उजागर करते हैं।
- माओवादी प्रवक्ता स्वर्गीय चेमकुरी राज कुमार (आजाद 2010) ने अनुभवी पत्रकार बी.जी. वर्गीज को इन शब्दों में जवाब दिया—

  "भारत के किस हिस्से में (भारतीय) संविधान प्रचलित है, मि. वर्गीज? दंतेवाड़ा, बीजापुर, कांकेर, नारायणपुर, राजनांदगाँव में? झारखंड में? ओडिशा में? लालगढ़ में, जंगल महल में? कश्मीर घाटी में? मणिपुर में?"

  भारतीय लोकतंत्र के लिए नक्सली किस प्रकार का विकल्प देते हैं? रूस और चीन जैसी मार्क्सवादी सरकारों के उदाहरण समय के साथ बदल रहे हैं। विघटन के बाद रूस ने लोकतांत्रिक पद्धति को अपनाया। चीन ने बाजार संचालित अर्थव्यवस्था को अपनाया। यहाँ आम आदमी के साथ यह सवाल बना रहता है कि अगर वे देश समानाधिकारवादी व्यवस्था से लंबे समय तक नहीं टिक सके तो भारत में माओवादी क्या कर सकते हैं?
- माओवादी दावा करते हैं कि वे जनजातियों के अधिकारों के हिमायती हैं।

उन्होंने आंध्र प्रदेश, छत्तीसगढ़, ओडिशा, बिहार, झारखंड, महाराष्ट्र और पश्चिम बंगाल में आदिवासियों के कल्याण के लिए कई संघर्ष किए। लेकिन तथ्य यह है कि तथाकथित 'लंबे जनयुद्ध' के सबसे ज्यादा शिकार आदिवासी ही हैं।

- माओवादियों ने चिकित्सा के क्षेत्र में भी अपना योगदान दिया। उन्होंने बस्तर के गाँवों में चिकित्सा इकाइयों की स्थापना की। भाकपा (माओवादी) 'मोबाइल मेडिकल यूनिट' संचालित करते हैं। राहुल पंडिता लिखते हैं—
  "स्वास्थ्य के क्षेत्र में भी माओवादी अकसर राज्य द्वारा छोड़ी गई बड़ी कमी को भरते हैं। आदिवासियों को प्राथमिक स्वास्थ्य उपचार देने के लिए उनकी मोबाइल चिकित्सा इकाइयाँ दूर-दूर तक''नियमित रूप से डायरिया या मलेरिया जैसी बीमारियों के निवारक उपायों पर विभिन्न प्रशिक्षण शिविर आयोजित करती हैं। चिकित्सा दस्तों में जमीनी स्तर के डॉक्टर टीके लगा सकते हैं, लक्षणों को देखकर कई बीमारियों की पहचान कर सकते हैं और साधारण चोटों का इलाज कर सकते हैं। कुछ साधारण रक्त परीक्षण भी कर सकते हैं। ऐसे क्षेत्रों में यह एक महत्त्वपूर्ण लाभ है।" और भाकपा (माओवादी) के चिकित्सा सेवा दस्ते भी गाँव-गाँव जाते हैं और चयनित युवा आदिवासियों को 'बुनियादी चिकित्सा प्रशिक्षण' देते हैं। इसलिए वे निर्बाध रूप से सेवाएँ देते हैं।
- आदिवासी भारतीय आबादी का 8 प्रतिशत हैं। उनकी अर्थव्यवस्था, सामाजिक व्यवस्था और सांस्कृतिक विशेषताएँ बाकी आबादी से काफी अलग हैं। अमीर शहरी लोगों, सामंती वर्गों, ठेकेदारों, साहूकारों और बेईमान व्यापारियों, नौकरशाहों आदि ने उन्हें उनकी आजीविका के पारंपरिक साधनों, यानी भूमि, वन उपज, तालाबों, खनिजों से वंचित कर दिया है। खनन, उत्खनन, अन्य औद्योगिक गतिविधियों, बड़े बाँधों ने आदिवासियों को उनकी पारंपरिक भूमि से हटा दिया है। माओवादियों ने इन आदिवासियों को संगठित करने और उनमें से सैनिकों और क्रांति के नेताओं को तैयार करने का फैसला किया। पार्टी का काम उनके संघर्षों का नेतृत्व इस तरह करना होगा कि वे अपनी पूरी आजादी हासिल कर सकें।
  जमीनी हकीकत यह है कि नक्सल प्रभावित वन क्षेत्र में नक्सली तेंदूपत्ता ठेकेदारों, बीड़ी ठेकेदारों और अन्य व्यापारियों पर लगान लगाकर उन्हें खुलेआम इजाजत दे रहे हैं। वहीं नक्सली बड़े कारोबारियों, खनन कंपनियों और बहुराष्ट्रीय कंपनियों की सुरक्षा के पैसे वसूलकर उनकी रक्षा कर रहे हैं।

- वर्ग विभाजित समाज में महिलाओं को उनके सामाजिक, आर्थिक, सांस्कृतिक और राजनीतिक अधिकारों से वंचित किया जाता है। महिलाओं पर परिवार, धर्म, जाति, संस्कृति और संपत्ति वितरण की गहरी जड़ोंवाली संस्थाओं और दहेज, बाल विवाह, विधवा व्यवस्था, देवदासी आदि के रीति-रिवाजों द्वारा अत्याचार किया जाता है। वे पुरुष वर्चस्व के अधीन हैं। हाल के वर्षों में कार्यस्थल पर यौन उत्पीड़न, महिलाओं के खिलाफ अपराध में वृद्धि हुई है। इसके अलावा, महिलाओं के खिलाफ भेदभावपूर्ण प्रथाओं के कारण महिला-पुरुष अनुपात में कमी आई है। इसके अलावा, महिलाओं के खिलाफ भेदभावपूर्ण प्रथाओं के कारण महिला-पुरुष अनुपात में कमी आई है। कुछ जमींदार और उच्च जाति के हिंदू भूमिहीन किसानों और दलितों की महिलाओं का यौन शोषण कर रहे हैं। इन वंचित वर्ग की महिलाएँ क्रांति में सक्रिय भाग लेने के लिए तैयार हैं। माओवादी पार्टी ने महसूस किया कि साम्राज्यवाद और सामंतवाद के खिलाफ लोगों की लड़ाई में महिलाओं की लामबंदी जरूरी है। इसलिए पार्टी ने चल रही विभिन्न लड़ाइयों और लोगों के संघर्ष में शामिल होने के लिए महिलाओं को संगठित करने को विशेष महत्त्व देने का फैसला किया।

आगामी अध्याय 'नक्सल की सामाजिक पृष्ठभूमि' में हम बेहतर ढंग से समझ पाएँगे कि नक्सलियों के महिलाओं के साथ व्यवहार उतने उज्ज्वल नहीं हैं, जितना वे प्रचारित करते हैं। न ही माओवादी संगठन उन महिलाओं को प्रोत्साहित कर रहा है, जिन्हें केंद्रीय समिति में आश्रय नहीं है।

- भाकपा (माओवादी) इसलामी उन्नति को साम्राज्यवाद के विरुद्ध राष्ट्रीय आजादी की दिशा में एक संघर्ष के रूप में देखती है। पार्टी के वरिष्ठ नेता किशनजी ने कहा, "इसलामी उन्नति का विरोध नहीं किया जाना चाहिए, क्योंकि यह मूल रूप से अमेरिका विरोधी और साम्राज्यवाद विरोधी है। इसलिए हम चाहते हैं कि यह तरक्की करे।"

पार्टी के महासचिव गणपति के शब्दों में—"हमारी पार्टी मुसलिम देशों और लोगों के साम्राज्यवाद के खिलाफ संघर्ष का समर्थन करती है, जबकि मुसलिम कट्टरवाद की प्रतिक्रियावादी विचारधारा और सामाजिक दृष्टिकोण की आलोचना और विरोध करती है। यह केवल माओवादी नेतृत्व ही है, जो सही साम्राज्यवाद विरोधी दिशा-निर्देश दे सकता है और मुसलमानों के साथ-साथ अन्य धार्मिक धारणाओं के लोगों के बीच वर्ग एकता बना सकता है। मुसलिम कट्टरपंथी विचारधारा और नेतृत्व का प्रभाव कम हो जाएगा, क्योंकि कम्युनिस्ट क्रांतिकारियों और अन्य लोकतांत्रिक-धर्मनिरपेक्ष ताकतों ने मुसलिम जनता पर अपना वैचारिक प्रभाव बढ़ाया है। हम क्रांतिकारियों के रूप में हमेशा

मुसलिम जनता पर मुल्लाओं और मौलवियों की रूढ़िवादी-प्रतिक्रियावादी विचारधारा और दृष्टिकोण के प्रभाव को कम करने का प्रयास करते हैं, जबकि दुनिया के लोगों के आम सामाजिक दुश्मन, यानी साम्राज्यवाद, विशेष रूप से अमेरिकी साम्राज्यवाद के खिलाफ लड़नेवाले सभी लोगों को एकजुट करते हैं।"

□

10

योजना और कार्यनीति

"अगर दुश्मन आगे बढ़ता है तो हम पीछे हट जाते हैं;
दुश्मन रुकता है तो हम परेशान करते हैं;
अगर दुश्मन भागता है तो हम हमला करते हैं;
यदि शत्रु पीछे हटता है तो हम उसका पीछा करते हैं।"

—माओ

माओवादी पिछले चार दशकों से भारतीय राज्य के साथ लगातार संघर्ष कर रहे हैं। वे नेपाल को दक्षिणी सिरे से जोड़नेवाले दुर्गम क्षेत्रों में काम कर रहे हैं। उन्होंने आदिवासी गाँवों से लेकर ग्रामीण भारत और शहरी क्षेत्रों तक अपने प्रभाव क्षेत्र का विस्तार किया। उन्होंने महानगरों को भी कवर किया। वे अपनी योजना और कार्यनीति से ग्रामीण आबादी और शहरी बुद्धिजीवियों का समर्थन हासिल करने में सक्षम हो सकते हैं। उन्हें प्रसिद्ध लेखकों, विश्वविद्यालय के प्रोफेसरों, सामाजिक कार्यकर्ताओं और छात्रों की सहानुभूति मिली है। उनकी योजना और कार्यनीति युवाओं को आकर्षित कर रही है, जबकि उनकी विचारधारा सामाजिक विचारकों के बीच अपनी पकड़ मजबूत कर रही है। माओवादियों से महिलाएँ और बच्चे, कुशल और अकुशल, लेखक और प्रशिक्षक, रसोइया और बढ़ई…ये सभी हाथ मिला रहे हैं। माओवादियों को समाज के विभिन्न वर्गों, राज्यों की सीमाओं के पार, सभी जगह अपने अनुयायी मिले। साथ ही, उनकी हिंसा की रणनीति, भूमिगत रहने का लंबा समय, परिणाम के दूरगामी सपने, काररवाई में परिजनों की नियमित मानवीय हानि लोगों को माओवादी गतिविधियों से दूर कर रही है।

सितंबर 2004 में पूर्ववर्ती भाकपा (एम.एल.) और एम.सी.सी.आई. की संयुक्त केंद्रीय समिति द्वारा 'भारतीय क्रांति की योजना और कार्यनीति' (एस.टी.आई.आर.) पर

मूल प्रारूप दस्तावेज को अंतिम रूप दिया गया है। 2003 और 2004 में दोनों पक्षों की गहन चर्चा के बाद 'पाँच मसौदा दस्तावेज' तैयार किए गए थे। यह दस्तावेज दो पूर्ववर्ती पार्टियों के दस्तावेजों में सभी सकारात्मक स्थितियों का संयोग है। यह जनयुद्ध छेड़ने, संशोधनवाद के खिलाफ लड़ने और भारतीय तथा अंतरराष्ट्रीय कम्युनिस्ट आंदोलन में दाएँ और बाएँ अवसरों के दौरान उनके अनुभवों के आधार पर तैयार किया गया था। दस्तावेज में उल्लेख किया गया है—"योजना और कार्यनीति का उद्देश्य हमेशा कार्यक्रम के आधार पर किसी भी क्रांति के दिए गए चरण को सफलतापूर्वक पूरा करना होगा।" जैसाकि स्टालिन ने कहा था—"सिद्धांत को कार्यक्रम का मार्गदर्शन करना चाहिए; कार्यक्रम को रणनीति का मार्गदर्शन करना चाहिए; और रणनीति को कार्यनीति का मार्गदर्शन करना चाहिए।"

योजना और रणनीति के बारे में स्टालिन ने कहा—"रणनीति क्रांति के एक निश्चित चरण में श्रमिक वर्ग के बड़े वॉर की दिशा का निर्धारण है, क्रांतिकारी ताकतों (मुख्य और माध्यमिक भंडार) के स्वभाव के लिए संबंधित योजना का विस्तार है। इस योजना को संघर्ष से क्रांति के दिए गए चरण द्वारा अंजाम दिया।" उन्होंने कार्यनीति को इस प्रकार परिभाषित किया—"रणनीति आंदोलन के प्रवाह या उतार की तुलनात्मक रूप से कम अवधि में श्रमिक वर्ग के व्यवहार की शैली का विचार है या आंदोलन का उतार-चढ़ाव, क्रांति के उत्थान या पतन के संघर्ष के पुराने रूपों को नए रूप में बदलकर इन रूपों को मिलाकर इस शैली को आगे बढ़ाने की लड़ाई है।"

रणनीति

नक्सलियों ने नई लोकतांत्रिक क्रांति के लिए दोतरफा रणनीति अपनाई है। पहला, एक ऐसी पार्टी बनाना, जो आंदोलन को दिशा दे और अलग-अलग गुटों एवं पार्टियों को एक छतरी के नीचे लाना और एक संगठित कमान देना। दूसरा, एक संगठन को ज्यादा-से-ज्यादा लोगों को क्रांति के करीब लाकर उस हद तक बढ़ाना, जहाँ तक वह सशस्त्र संघर्ष द्वारा राज्य की सत्ता हासिल कर सके। माओ ने कहा—"रणनीति एक संघर्ष की स्थिति के कानूनों का समग्र रूप से अध्ययन है।"

राजनीतिक रणनीति : माओवादियों की राजनीतिक रणनीति असली दोस्तों को श्रमिक वर्ग के असली विरोधियों से अलग करना है। यह भारत के वास्तविक वर्गवादी समाज को ठीक से पहचानता है। क्रांति का उद्देश्य साम्राज्यवाद को उखाड़ फेंकना, वर्गवादियों का सफाया करना आदि है। इस प्रकार, भारतीय क्रांति की रणनीति श्रमिक वर्ग, यानी किसान, आदिवासी, मजदूर, भूमिहीन श्रमिकों के नेतृत्व में एकजुट होना है। श्रमिक वर्ग के सबसे मजबूत सहयोगी शहरी छोटे पूँजीपति और राष्ट्रीय पूँजीपति हैं।

कृषि क्रांति और क्षेत्रानुसार सत्ता की जब्ती उनकी मूल रणनीति बनी हुई है। वे पूरे देश के लिए सामान्य राजनीतिक नारे तैयार करते हैं। उन्होंने स्पष्ट किया कि जाति, पंथ, क्षेत्र और सामाजिक-आर्थिक-सांस्कृतिक परिस्थितियों के बावजूद, पूरे देश में नक्सलवाद की रणनीति एक समान रहती है। इसके तीन मुख्य लक्ष्य हैं—साम्राज्यवाद, सामंतवाद और दलाल नौकरशाही, पूँजीवाद।

सैन्य रणनीति : माओवादियों की सैन्य रणनीति लंबा जनयुद्ध है। पीपल्स लिबरेशन गुरिल्ला आर्मी (पी.एल.जी.ए.) और पीपल्स आर्मी के निर्माण पर यह वादा किया गया है। पी.एल.जी.ए. बंदूक की बैरल से राजनीतिक सत्ता को जब्त करने के लिए एक सुव्यवस्थित पीपल्स आर्मी में तब्दील हो जाएगा। माओ ने एक रास्ता दिखाया है, वे पहले देहात में क्रांतिकारी आधार क्षेत्र स्थापित करते हैं, जहाँ सुरक्षाबल अपेक्षाकृत कमजोर होते हैं। धीरे-धीरे वे शहरों को घेर लेते हैं (जैसे लोगों के समुद्र में द्वीप) और उन पर कब्जा कर लेते हैं।

भारतीय क्रांति के पीछे मूल आधार मार्क्सवाद-लेनिनवाद-माओवाद (एम-एल-एम) है।

चुनाव : माओवादी चुनावों का इस विचार से पुरजोर विरोध करते हैं कि चुनावों में भाग लेने से क्रांतिकारी आंदोलन को ही नुकसान होगा।

बाहरी भागीदारी : माओवादी अपनी नई लोकतांत्रिक क्रांति को प्राप्त करने के लिए बाहरी समर्थन की प्रतीक्षा कर रहे हैं। अध्याय छह दरशाता है कि 'हालाँकि पड़ोसी देशों के साथ युद्ध जैसे कई घटकों के कारण लोगों के संघर्ष के तेजी से आगे बढ़ने के लिए क्रांतिकारी स्थिति और भी अनुकूल हो सकती है।'

कार्यनीति

कार्यनीति रणनीति का हिस्सा है। कार्यनीति का संबंध पूर्ण रूप से लड़ाई से नहीं है, रणनीति के विपरीत, कार्यनीति व्यक्तिगत घटना, लड़ाई और काम से निपटती है। कार्यनीति का सबसे महत्त्वपूर्ण कार्य उन तरीकों और साधनों को निर्धारित करना है, जो योजनाबद्ध सफलता के लिए सबसे उपयुक्त हैं। आधुनिक समय में युद्ध की कला, विशेष रूप से संघर्ष के रूप बहुत विविध हैं।

गुरिल्ला युद्ध : जब सुरक्षाबलों को समझना मुश्किल होता है और जब उनके हमले तीव्र हो जाते हैं या सुरक्षाबलों की ताकत अनुमान से परे होती है और भ्रम तथा संदेह के कारण उनके हमलों को समझना मुश्किल हो जाता है तो नक्सली गुरिल्ला युद्ध की रणनीति अपनाते हैं। यह नक्सलियों के नुकसान को कम करता है और प्रतिद्वंद्वी को भारी नुकसान पहुँचाता है। गुरिल्ला युद्ध में गोपनीयता बहुत महत्त्वपूर्ण हिस्सा है। गुरिल्ला

रणनीति में लगातार गतिविधियाँ होती हैं। हालाँकि, जब भी वे किसी एक स्थान पर रहते हैं तो गहराई से चर्चा और विश्लेषण करके आगे की योजना बनाने में लगे रहते हैं।

हर युद्ध में एक रणनीति होनी चाहिए। पारंपरिक या प्रथागत युद्ध में सैनिकों को आमने-सामने लड़ना पड़ता था। इस प्रकार का युद्ध तभी संभव है, जब दोनों पक्ष शक्ति, आकार और साधन में लगभग समान हों। कई क्रांतिकारी युद्ध पारंपरिक युद्धों की तरह नहीं होते हैं। क्रांतिकारी अकसर ताकत और साधनों में छोटे होते हैं और वे कमजोर वर्ग से होते हैं और उन्हें एक मजबूत और बड़े सुरक्षाबल से लड़ना पड़ता है। वे अस्थायी युद्ध रणनीति का सहारा लेते हैं, क्योंकि वे राज्य से आमने-सामने नहीं लड़ सकते। मौर्य साम्राज्य (चौथी ईसा पूर्व) में मंत्री कौटिल्य ने इसे 'राजनयिक युद्ध' का नाम दिया। कौटिल्य ने 'कूटनीतिक युद्ध' को निम्नानुसार परिभाषित किया है—

राजनयिक युद्ध

1. जब सुरक्षाबल मजबूत हो और जमीन की स्थिति उसके पक्ष में हो।
2. पीछे हटने का नाटक करें, सुरक्षाबल को जाने दें और फिर हमला करें।
3. उन्हें एक स्थान पर आने और घात लगाकर मारने के लिए प्रेरित करो।
4. जब वे थके हों या सो रहे हों तो सुरक्षाबल पर हमला करो।

इसके लिए माओ का एक स्पष्ट नियम है—

"अगर दुश्मन आगे बढ़ता है तो हम पीछे हट जाते हैं;
दुश्मन रुकता है तो हम परेशान करते हैं;
अगर दुश्मन भागता है तो हम हमला करते हैं;
यदि शत्रु पीछे हटता है तो हम उसका पीछा करते हैं;"

—माओ

तीसरे चरण में सीधी काररवाई होती है। इसमें शासक की शक्ति कम हो जाती है और गुरिल्ला अपनी गतिविधियों को लगातार अंजाम देते हैं। अंततः सुरक्षाबल हार मान लेते हैं। सैन्य इतिहास में स्पेन की सेना ने 1808-1814 तक नेपोलियन से लड़ते हुए 'गुरिल्ला युद्ध' की नई नीति को जन्म दिया। इन अस्थिर योद्धाओं ने इस शब्द का इस्तेमाल किया, जो स्पेनिश शब्द 'गयारा' से निकला है। यह ताकतवरों के खिलाफ कमजोर लोगों की लड़ाई थी।

गुरिल्ला युद्ध नीति

युद्ध की रणनीति का मतलब है कि विरोधी को कैसे हराया जाए? इसका अर्थ

है—किसी के लक्ष्यों की छानबीन करना। नक्सली तीन चरणों में गुरिल्ला युद्ध के जरिए अपना लक्ष्य हासिल करना चाहते हैं—

1. ऐसा करने के लिए सरकार के खिलाफ शत्रुतापूर्ण नकारात्मक प्रचार करने होंगे। वे शासकों की दमनकारी चालों को सामने लाते हैं। पहले चरण में लोगों को राज्य के खिलाफ भड़काना है।
2. दूसरे चरण में सुरक्षाबल की सेना के खिलाफ सक्रिय काररवाई शामिल है। इसमें शासक और गुरिल्ला दोनों युद्ध में शामिल होंगे। युद्ध के मैदान में गुरिल्ला रात में स्वतंत्र रूप से घूमते हैं और दिन में आराम करते हैं।
3. तीसरे चरण में नक्सली क्षेत्रों को अपने वर्गवादी विरोधियों से मुक्त कराते हैं।

वे मुक्त क्षेत्र और आधार क्षेत्र बनाते हैं। ग्रामीण क्षेत्रों पर नियंत्रण प्राप्त करने के बाद, वे शहरी क्षेत्रों को घेर लेते हैं। अंत में, वे नई लोकतांत्रिक क्रांति की बुनियाद रखते हैं।

नक्सली काम करने का तरीका (मोडस ऑपरेंडिस)

नक्सलियों के तौर-तरीकों को निम्नलिखित चार चरणों में पहचाना जा सकता है—

1. **पहला कदम :** क्षेत्र की पहचान करना।
2. **दूसरा कदम :** चिह्नित क्षेत्र के लोगों से संपर्क स्थापित करना और उन्हें अपना सहयोगी बनाना।
3. **तीसरा चरण :** वर्गवादी विरोधियों के खिलाफ युद्ध छेड़ने के लिए एक गुरिल्ला ग्रुप तैयार करें और जन आधार बढ़ाएँ तथा संगठन को मजबूत करें।
4. **चौथा चरण :** एक मुक्त क्षेत्र बनाना।

अपनी योजनाओं को अंजाम देने के लिए दो नक्सली विंग हैं। वे इस प्रकार हैं—

1. **नागरिक विंग :** यह विंग रणनीति विंग के रूप में काम करता है और सशस्त्र विंग नागरिक विंग द्वारा इसे सौंपी गई योजना को पूरा करने का प्रयास करता है।
2. **कार्यकारी विंग :** यह विंग नागरिक विंग द्वारा तैयार की गई परियोजनाओं को क्रियान्वित करता है। कमांडर स्तर पर अदालतें आयोजित की जाती हैं। यह ठेकेदारों, जमींदारों आदि से कर वसूल करता है।

मार्च 2007 को तड़के सुबह 2 बजे रानी बोदली पर किया गया हमला गुरिल्ला काररवाई का एक प्रसिद्ध उदाहरण था। उस दिन 400 से अधिक माओवादियों ने छत्तीसगढ़ के रानी बोदली में एक पुलिस चौकी पर हमला किया, जिसमें 55 पुलिसकर्मी मारे गए और माओवादी भारी मात्रा में हथियार और गोला-बारूद लेकर फरार हो गए।

रानी बोदली पुलिस चौकी पर 60 एस.पी.ओ., 23 सशस्त्र पुलिसकर्मी, 39 एस.पी.ओ. और 16 सशस्त्र पुलिसकर्मी थे। माओवादियों ने पुलिस चौकी को घेर लिया और पेट्रोल बम व ग्रेनेड फेंके और कैंप में आग लगा दी। बाद में पता चला कि उस समय कई पुलिसकर्मी सो रहे थे। शिविर एक गर्ल्स हॉस्टल में था, लेकिन किसी निवासी को चोट नहीं आई। बताया जा रहा है कि हॉस्टलर्स को हताहत होने से बचाने के लिए नक्सलियों ने इलाके में बाढ़ ला दी थी।

नक्सलियों के 'लाल गलियारा' की बारिश के साथ कुछ संबद्धता और संयोग है। नक्सल प्रभावित क्षेत्र में मानसून की बारिश कम होती है। पेरिस स्कूल ऑफ इकोनॉमिक्स के एक सहायक प्रो. ओलिवर वांडेन आइंडे ने पाया कि जब बारिश कम हो जाती है तो नक्सली नागरिकों पर हिंसा तेज कर देते हैं। कम बारिश से लोगों की नियमित आजीविका बंद हो जाती है। यह बेरोजगारी और गरीबी का कारण बनता है। इससे और भी लोग जुड़ेंगे। वे ज्यादा काररवाइयाँ करते हैं। साथ ही सरकारी तंत्र भी माओवादियों के खिलाफ गरीब लोगों को आकर्षित करने का प्रयास करेगा। विद्रोही लोगों को खतरा दिखाकर सरकार के प्रयासों का विरोध करेंगे। यहाँ नागरिक हताहतों की संख्या में वृद्धि होगी। माओवादी अपना आधार क्षेत्र बढ़ाने के लिए सरकारी तंत्र के खिलाफ अपनी काररवाई की रणनीति बदलते हैं। इस समय वे अपनी सांस्कृतिक गतिविधियों, जनता सरकार और भूमि के वितरण द्वारा स्थानीय आबादी को आकर्षित करते हैं। वे सुरक्षाबलों को भेद देने की कोशिश करनेवाले लोगों को दंडित करते हैं और उनके आदेशों का उल्लंघन करनेवाले जमींदारों, व्यापारियों, कारोबारियों को दंडित करते हैं। इस प्रकार, सरकार के खिलाफ हिंसा में यह गिरावट सुरक्षाबलों पर हमला करने से दूर, विद्रोहियों की रणनीति में बदलाव को दरशा सकती है, जो उन्हें अपने गुरिल्ला क्षेत्र को बढ़ाने में सक्षम बनाता है।

शोधकर्ता ओलिवर वांडेन ने एक और दिलचस्प टिप्पणी की। वे कहते हैं—"यह सहायक प्रभाव उन जिलों में गुम है, जहाँ काफी मात्रा में अच्छी-खासी खनन गतिविधि है।" यह सामान्य तथ्य है कि नक्सलियों के आय के स्रोत ज्यादातर खनन क्षेत्र हैं। भारी बारिश खनन गतिविधि में बाधा है। कम वर्षा के मौसम के दौरान खनिक अपनी गतिविधि बढ़ा देंगे। सुरक्षाबलों ने खनिकों की सुरक्षा बढ़ाने, तलाशी अभियान, छापे आदि जैसे अभियानों को तेज कर दिया है। इससे नक्सलियों से संघर्ष और बढ़ेगा। इसके अलावा, खनिकों से नक्सलियों को अच्छी मात्रा में उगाही भी मिलेगी। वे इसका उपयोग कैडर में आगे की भरती के लिए करते हैं। जब ग्रामीण आबादी अपनी आय में गिरावट देखती है तो विद्रोही आसानी से अपनी गतिविधियों पर पूँजी लगा सकते हैं। संघर्ष में नागरिकों की या तो नक्सलियों या सुरक्षाबलों से संबद्धता महत्त्वपूर्ण है।

नक्सल प्रभावित इलाकों में 'कंगारू कोर्ट' चलाते हैं। वे अपने कार्यक्षेत्र में समानांतर न्यायपालिका चलाते हैं। इन न्यायालयों में तत्काल रूप से न्याय दिया जाता है और ये अदालतें समाज के वंचित वर्गों तक पहुँचती हैं और जल (पानी), जोरू (पत्नी) और जमीन (भूमि) से संबंधित झगड़ों की मध्यस्थता कर सुलझाती हैं। वे इस कहावत का पालन करते हैं—'एक को मारो, दस हजार को आतंकित करो'। नक्सली गुप्त काररवाई करते हैं। उनके ठिकाने और उनकी गतिविधियाँ बेहद गोपनीय हैं। यहाँ तक कि उनके कार्यकर्ता को अपनी गतिविधियों के बारे में अपने परिवार के सदस्यों को बताने की मनाही है। जब कार्यकर्ता छुट्टी पर जाते हैं तो वे उस पर नजर रखते हैं। कार्यकर्ता का निजी जीवन पूरी तरह से व्यवस्थित होता है। उसी तरह वे कार्यकर्ता के साथ-साथ नए सदस्यों के लिए भी सख्त आचार-संहिता लागू करते हैं। नक्सली जानते हैं कि आम लोग सरकार के दबाव और इनाम के आगे झुक सकते हैं। वे ऐसे व्यक्तियों की पहचान करते हैं और शिक्षात्मक दंड देते हैं। वे सूचना के सार्वजनिक होने के परिणाम दिखाते हुए, बाकी लोगों को आतंकित करते हैं। वे विभिन्न कारणों से नागरिकों को मारते हैं। सबसे पहले, वे उन लोगों को मारते हैं, जो उनकी विचारधारा को उन क्षेत्रों में नहीं मानते, जहाँ उनका वर्चस्व है। दूसरे, वे अपने वर्गवादी विरोधियों, जैसे जमींदारों, ठेकेदारों, व्यापारियों आदि को मारते हैं। तीसरा, वे पुलिस मुखबिरों को मारते हैं। चौथा, वे ग्रामीण क्षेत्रों को सत्ता और शासनविहीन कर मारते हैं और उस जगह को स्वयं भरते हैं।

नक्सलियों द्वारा मारे गए नागरिकों की संख्या है (एम.एच.ए. की आधिकारिक नक्सली साइट के अनुसार) : 1989 से 2001—1,610।

तालिका 10.1

2001	2002	2003	2004	2005	2006	2007	2008	2009	2010	2011
439	382	410	466	524	521	460	490	591	720	464

मारे गए इन नागरिकों में से पुलिस मुखबिरों में 2008 में 170, 2009 में 211, 2010 में 323 और 2011 में 216 शामिल हैं। ये आँकड़े बताते हैं कि नक्सलियों ने अपनी व्यवस्था का कोई भेद नहीं दिया। इन मुखबिरों की हत्या दूसरों की तुलना में ज्यादा निष्ठुर और क्रूर है, जो दूसरों को कठोर दंड का संदेश देती है। सरकारी तंत्र पर दबाव बनाए रखने के लिए नक्सली अपहरण के हथकंडे अपनाते हैं। इससे उन्हें भरपूर प्रचार हासिल होता है। अपहरण के बाद वे अपने कट्टर उग्रवादियों की रिहाई, 'ऑपरेशन ग्रीन हंट' जैसी सरकारी नीति में बदलाव और सुरक्षाबलों की काररवाई से

राहत पाने के लिए अपनी माँगें सरकार के सामने रखते हैं।

वे न केवल वी.वी.आई.पी., वी.आई.पी., विदेशियों को, बल्कि पुलिस मुखबिरों, ठेकेदारों और व्यवसायियों को भी निशाना बनाते हैं, जो उनके लेवी के आदेशों का पालन नहीं करते हैं। हाल ही में ओडिशा में एक जिला कलेक्टर का अपहरण उल्लेखनीय है। 22 नवंबर, 2011 को लोकसभा में एक तारांकित प्रश्न के उत्तर में गृह राज्यमंत्री ने कहा कि "नक्सलियों ने 1 जनवरी, 2008 और 14 नवंबर, 2011 के बीच छत्तीसगढ़, झारखंड, ओडिशा, पश्चिम बंगाल, आंध्र प्रदेश, बिहार, महाराष्ट्र, उत्तर प्रदेश और अन्य राज्यों में कुल 1,554 लोगों का अपहरण किया था। उनमें से 489 का अपहरण छत्तीसगढ़ से, 463 का झारखंड से और 137 का ओडिशा से किया गया था। इन अपहरणों में नक्सलियों ने 328 लोगों की हत्या की।"

माओवादी 'प्रहार कर भागने' की रणनीति का पालन करते हैं। वे माओ के सिद्धांत पर विश्वास करते हैं और उसका पालन करते हैं—'जब वे आगे बढ़ते हैं तो नक्सली पीछे हटते हैं, जब वे रुकते हैं, तो नक्सली परेशान करते हैं; जब सुरक्षाबल पीछे हटते हैं तो नक्सली पीछा करते हैं।' वे अपनी कार्यनीति में नई सोच रखनेवाले और शक्तिमान हैं। वे सुरक्षाबलों के साथ सीधे टकराव से बचते हैं। माओवादी जानते हैं कि वे संख्या, तकनीक, हथियार और गोला-बारूद और सुरक्षाबलों की अन्य सुविधाओं से मेल नहीं खा सकते। वे अच्छी तरह जानते हैं कि पारंपरिक युद्ध उन्हें पूरी तरह से मिटा देगा। घरेलू परिस्थितियों और चीन, वियतनाम और अन्य स्थानों में क्रांतियों के विस्तृत अध्ययन के बाद माओवादियों ने गुरिल्ला युद्ध को अपनाने का फैसला किया। वे सुरक्षाबलों पर घात लगाकर हमला करते हैं और बहुत तेजी से हमला करते हैं। वे बहुत जल्दी दृश्य से गायब हो जाते हैं और पूरी तरह से नई पोशाक और नया रास्ता अपनाते हैं। कभी-कभी सुरक्षाबलों के लिए घने जंगल और खराब मौसम जैसे कठिन इलाके में संवाद करना और संचालन करना बेहद मुश्किल होता है। वर्तमान योजना भाकपा (माओवादी) के महासचिव गणपति के अनुसार है—"गुरिल्ला युद्ध को तेज और विस्तारित करना है। नक्सलियों को चतुराई से प्रहार कर भागने की रणनीति का उपयोग करना होगा; हालाँकि, नक्सलियों को गुरिल्ला युद्ध को मोबाइल वॉर और गुरिल्ला सेना को सुव्यवस्थित सेना में विकसित करना होगा।"

नक्सली 'एक जगह चुनें, बहुतों पर प्रहार करें' के सिद्धांत का पालन करते हैं। वे पहले अपने लक्ष्य की प्रवृत्ति के बारे में जानकारी इकट्ठी करते हैं। वे इलाके की अच्छी तरह से जाँच करते हैं। वे काररवाई करने से पहले पूर्वाभ्यास करते हैं। यह पूरी कवायद बेहद गोपनीय होती है, जो वास्तव में अंजाम देनेवाले लोगों तक ही सीमित रहती है। पार्टी की केंद्रीय समिति में विचार-विमर्श करने के बाद, वे काररवाई की रणनीति

चुनते हैं। कभी-कभी वे भौगोलिक परिस्थितियों के आधार पर घात लगाते हैं। ज्यादातर बार वे आई.ई.डी. लगाना पसंद करते हैं। लक्ष्य के महत्त्व के आधार पर वे आई.ई.डी. विस्फोट के बाद भी घात लगाकर हमला करते हैं। इस तरह वे सुरक्षाबलों को भारी नुकसान पहुँचाते हैं। वहीं उनका जोखिम लगभग शून्य रहता है। इस काररवाई में वे उचित खुफिया जानकारी, उचित योजना और क्रियान्वयन के साथ अपने लक्ष्य को ठीक से लक्षित कर लेते हैं।

नक्सली 'मानव ढाल' के हथकंडे अपनाते हैं। लिट्टे के विपरीत, वे बच्चों, महिलाओं, ग्रामीणों को ढाल के रूप में इस्तेमाल करते हैं। वे उन्हें आत्मघाती हमलावर के रूप में उपयोग नहीं करते हैं। नक्सली अपनों को कोई नुकसान नहीं होने देते। उन्होंने महसूस किया है कि लोगों के सहयोग के बिना क्रांति सफल नहीं हो सकती। फिदायीन तरह की काररवाई लोगों को गुरिल्ला सेना से पूरी तरह दूर कर देगी। इसलिए गुरिल्ला सेना को लोगों की सेना में बदलने का उनका सपना शायद साकार न हो। माओवादियों के दस्तावेज 'भारतीय क्रांति की रणनीति और कार्यनीति' (एस.टी.आई.आर.) में उल्लेख किया गया है कि हमें अपने सशस्त्र बलों का जोश से सहयोग करने और उनके साथ मिलकर सुरक्षाबलों से लड़ने के लिए लोगों को जुटाना चाहिए। लोग सेना की आँख और कान हैं; वे हमारे सैनिकों को खिलाते हैं और रखते हैं। यह वे ही हैं, जो तोड़-फोड़ और युद्ध में सेना की मदद करते हैं। लोग पानी हैं और हमारी सेना मछली।

वे महिलाओं और बच्चों को विभिन्न शिकायतों, जैसे—पारिवारिक विवाद, भूमि विवाद, धन-ऋण विवाद आदि के बहाने सुरक्षा चौकियों पर भेजकर उनका उपयोग करते हैं। उस विवाद को निपटाने में चौकी पर तैनात पुलिस बल को पूरी तरह से घसीटा जाएगा। फिर उनकी सशस्त्र शाखा 'दलम' पुलिस चौकी पर हमला करती है और सभी पुलिसकर्मियों को हैरान कर देती है। नक्सली सभी हथियार और गोला-बारूद जब्त कर लेते हैं। उत्तर प्रदेश के मिर्जापुर में कोराडीह की घटना में 2001 में नक्सलियों ने 17 एस.एल.आर. छीन लिये थे। इस घटना में ग्रामीण प्रांतीय सशस्त्र कांस्टेबुलरी (पी.ए.सी.) चौकी पर भूमि विवाद की शिकायत लेकर आ गए थे। सुरक्षाकर्मी काफी आराम के मूड में थे और ग्रामीणों से बातचीत में जुटे थे।

नक्सलियों की सशस्त्र शाखा ने चौकी पर हमला किया और बिना किसी सुरक्षाकर्मी को नुकसान पहुँचाए हथियार और गोला-बारूद छीन लिये। इसी तरह की घटनाएँ नक्सल प्रभावित इलाकों के कई हिस्सों में हुई हैं। नक्सली इस हथकंडे का इस्तेमाल उन जगहों पर करते हैं, जहाँ वे अपेक्षाकृत कमजोर होते हैं और अपने क्षेत्र के वर्चस्व से अलग होते हैं। वे सुरक्षाबलों को अपने आधार क्षेत्रों में आगे बढ़ने से रोकते हैं। नक्सली 'सुरक्षाबल के लिए संख्या की पहेली बन' की रणनीति का उपयोग करते

हैं। जब नक्सली पुलिस लाइन, जेल आदि पर हमला करने जैसे बड़े लक्ष्यों का फैसला लेते हैं तो वे बड़ी संख्या में आगे बढ़ते हैं। वे अपने लक्ष्य पर 500 से ज्यादा लोगों को लेकर हमला करते हैं, जिसमें लगभग 100 पुरुष सशस्त्र होते हैं। सुरक्षाबल इस बड़ी संख्या को देखकर सकपका जाते हैं, क्योंकि उनकी काफी बड़ी संख्या निहत्थी होती है। कोरापुट जिले की पुलिस लाइन पर हमला और बिहार की जहानाबाद जेल पर हमला इस रणनीति के अच्छे उदाहरण हैं।

नक्सली 'माओवादी कहीं भी, कभी भी हमला कर सकते हैं' की रणनीति का पालन करते हैं। 29 जून, 2008 को माओवादियों ने आंध्र-ओडिशा सीमा पर बालीमेला जलाशय में 36 ग्रेहाउंड कर्मियों को ले जा रही एक नाव पर गोलीबारी की। सुरक्षाबल ओडिशा के मलकानगिरि जिले में माओवादियों के गढ़ों का पता लगाने जा रहा था।

नक्सलियों को 'वी.वी.आई.पी. को निशाना बनाने' की रणनीति के जरिए प्रचार मिलता है। 8 सितंबर, 2007 को माओवादियों ने आंध्र प्रदेश के पूर्व मुख्यमंत्री एन. जनार्दन रेड्डी के काफिले पर नेल्लोर जिले के वाकाडु में एक बारूदी सुरंग में विस्फोट किया। रेड्डी तिरुपति विश्वविद्यालय से डॉक्टरेट की उपाधि लेने जा रहे थे। 1990 के दशक की शुरुआत में उन्होंने नक्सलियों के खिलाफ कड़े कदम उठाए थे। उन्होंने 2003 में आंध्र प्रदेश के मुख्यमंत्री एन. चंद्रबाबू नायडू पर हमला किया। एक और उदाहरण में नक्सलियों ने पश्चिम बंगाल के मुख्यमंत्री बुद्धदेव भट्टाचार्य के काफिले के रास्ते पर एक बारूदी सुरंग बिछाई।

पत्रकार से कार्यकर्ता बने और मोर्चा संगठन के सदस्य प्रशांत राही और जवाहरलाल नेहरू विश्वविद्यालय के छात्र हेम मिश्रा की अगस्त 2013 में गढ़चिरौली पुलिस द्वारा गिरफ्तारी इस तथ्य को रेखांकित करती है कि नक्सली रणनीति में बदलाव आया है। अब नक्सली इन तथाकथित 'जमीन पर काम करनेवाले' गुर्गों को वरिष्ठ कार्यकर्ताओं के जीवन को जोखिम में डालने के बजाय संदेशवाहक के रूप में इस्तेमाल करने के इच्छुक हैं। जनशक्ति की कमी और कम भरती के कारण वे ज्यादा कार्यकर्ताओं को वहन नहीं कर सकते। अब नक्सली मोर्चा संगठन के सदस्यों को संदेशवाहक के रूप में इस्तेमाल करने की रणनीति बदल रहे हैं।

देश के विभिन्न हिस्सों में नक्सली बहुराष्ट्रीय निगमों (एम.एन.सी.) के प्रवेश का विरोध करते हैं। वे दो कारणों से उनका विरोध करते हैं—सबसे पहले, बहुराष्ट्रीय कंपनियाँ अकुशल मजदूरों और ग्रामीण क्षेत्र में बेरोजगारी को बढ़ावा देंगी। दूसरा, बहुराष्ट्रीय कंपनियों के बुनियादी ढाँचे की स्थापना, मेगा बाँध आदिवासियों को वन भूमि और पानी से विस्थापित कर देंगे। लंदन में स्थित वेदांत ग्रुप ने ओडिशा के नियमगिरि में भारी मात्रा में जमीन का अधिग्रहण किया था। इसने हजारों डोंगरिया जनजाति को

उस स्थान पर खनन का बुनियादी ढाँचा बनाने के लिए विस्थापित किया है। आंध्र, छत्तीसगढ़, पश्चिम बंगाल, ओडिशा, बिहार और झारखंड में नक्सलियों ने बहुराष्ट्रीय परियोजनाओं को बलपूर्वक रोकने की कोशिश की। बस्तर में टाटा, जिंदल, एस्सार और मित्तल ने खनिजों के शोधन के लिए बोधघाट बाँध के आसपास की परियोजनाओं के लिए समझौता ज्ञापन दिया।

इन परियोजनाओं की वजह से हजारों लोग विस्थापित हुए थे। सरकारी रिपोर्टों के अनुसार, आजादी के बाद से लगभग चार करोड़ लोग बड़े बाँधों और उद्योगों जैसी विभिन्न परियोजनाओं की वजह से विस्थापित हुए हैं। विश्व बाँध आयोग के लिए तैयार अमृता पटवर्धन की एक रिपोर्ट 'भारत में बाँध और जनजातीय लोग' के अनुसार, विस्थापित आदिवासियों की संख्या और अनुपात प्रमुख माओवाद प्रभावित राज्यों—ओडिशा, बिहार, पश्चिम बंगाल, आंध्र प्रदेश, मध्य प्रदेश, महाराष्ट्र और उत्तराखंड से मेल खाते हैं। माओवादियों ने 300 एस.ई.जेड. की स्थापना का कड़ा विरोध किया, उन्हें 'वास्तविक विदेशी एन्क्लेव' घोषित किया।

नक्सली 'मुँह भर खाना खाया जाता है' की रणनीति का पालन करते हैं। उन्हें लगता है कि अचानक हमले और विनाश की इस रणनीति का पालन करके वे राज्य बलों को हरा सकते हैं और अलग-अलग लड़ाइयों में लोगों की सेना के लिए जीत हासिल कर सकते हैं। छत्तीसगढ़ में सी.आर.पी.एफ. पर हाल ही में घात लगाकर किए गए हमले में 76 और फिर 27 कर्मियों की मौत हो गई, जो उनके अचानक हमले और विनाश की युक्तियों का प्रमाण है।

राज्य बलों द्वारा बड़े पैमाने पर जवाबी हमले के दौरान नक्सली 'छोटे दस्ते में तितर-बितर होकर बाहर से हमला करने' की रणनीति का पालन करते हैं। जब सुरक्षाबल छापे, गंभीर लड़ाई के लिए आक्रामक होते हैं तो वे बहुत तेजी से क्षेत्र छोड़ने का फैसला करते हैं। वे अस्थिर दस्तों में तितर-बितर हो जाते हैं और साथ ही वे बाहरी गिरोह बनाकर हमले करते हैं।

नक्सलियों ने 'दीर्घ जनयुद्ध' की रणनीति अपनाई है। उनका उद्देश्य मुक्त क्षेत्रों के बाद उन्हें इकट्ठा करने के लिए सशस्त्र संघर्ष द्वारा राजनीतिक सत्ता पर कब्जा करना है। सशस्त्र संघर्ष की कोई समय-सीमा नहीं होती। संघर्ष आगे बढ़ता है। हाल के दिनों में नक्सलियों ने सैन्य तर्ज पर संगठित होने पर ध्यान केंद्रित किया है। सैन्य विंग ने अपनी विचारधारा गुरिल्ला युद्ध पर आधारित की है।

नक्सली 'जब आप जीत सकते हैं, तब लड़ें; जब आप नहीं जीत सकते तो दूर चले जाएँ' की तर्ज पर कार्यशील होते हैं। व्यवस्थित सैन्य युद्ध की तर्ज पर नक्सली अस्थिर युद्ध छेड़ते हैं। इसमें वे अपनी सेना को एक बड़े क्षेत्र में तरल युद्ध-मोर्चों और फैलाव

के साथ केंद्रित करते हैं और अकसर एक स्थान से दूसरे स्थान पर बदलते रहते हैं। वे अपने कमजोर क्षेत्रों से लक्ष्य पर हमला करने के लिए लचीलेपन का पालन करते हैं और जल्दी से पीछे हट जाते हैं। वे परिस्थितियों के अनुसार अपनी रणनीति बदलने का माद्दा रखते हैं। इस अस्थिर युद्ध का उद्देश्य क्षेत्रों पर कब्जा करना नहीं है, बल्कि प्रतिद्वंद्वी को हराना और निराश करना है।

वे इन लड़ाइयों में बहुत जल्दी निर्णय लेते हैं। गुरिल्ला युद्ध और अस्थायी युद्ध के बीच का अंतर यह है कि अस्थायी युद्ध में सेना बड़ी संख्या में केंद्रित होगी। अस्थायी युद्ध में लगे सैनिकों में व्यवस्थित सैनिक शामिल होंगे, जिनके पास तुलनात्मक रूप से उच्च राजनीतिक चेतना, ज्यादा अनुशासन और सैन्य प्रशिक्षण होता है। जबकि गुरिल्ला युद्ध में लगे गुरिल्ला बल तुलनात्मक रूप से निचले स्तर के होंगे। मोबाइल युद्ध में वे विरोधी ताकतों को बड़े पैमाने पर खत्म करने की क्षमता रखते हैं।

अपनी रणनीति के तहत वे वन क्षेत्र में स्कूल भवनों को नष्ट कर देते हैं। वे सुरक्षाबलों को रात के समय इन इमारतों में रहने से रोकना चाहते हैं। माओवादियों को लगता है कि उनके गढ़ के परिवेश को मुख्यधारा के लोगों से अलग करने से उन्हें अपने कार्यकलापों को ठीक से करने का मौका मिलेगा। माओवादी सड़कों, पुलों, बिजली लाइनों और दूसरी विकास की गतिविधियों पर भी हमला करते हैं। उन्हें लगता है कि ये विकासात्मक गतिविधियाँ बच्चों को आजीविका के दूसरे स्रोतों से लैस करेंगी। इससे उनमें जाँच-पड़ताल करने की भावना को बढ़ावा मिलेगा। पढ़े-लिखे बच्चे माओवादियों से सवाल कर सकते हैं। गृह मंत्रालय की आधिकारिक वेबसाइट पर उपलब्ध कराए गए आँकड़ों के अनुसार माओवादियों द्वारा नष्ट किए गए स्कूलों की संख्या निम्नलिखित है—

तालिका 10.2

2001	2002	2003	2004	2005	2006	2007	2008	2009	2010	2011
01	02	14	05	08	59	43	25	71	39	27

माओवादियों ने 13 मार्च, 2006 को झारखंड के बरवाडीह से उत्तर प्रदेश के मुगलसराय जा रही एक ट्रेन को हाईजैक कर लिया था। जब तक विद्रोहियों ने अपना अभियान पूरा नहीं कर लिया, तब तक उन्होंने रेलवे सुरक्षाकर्मियों के साथ सैकड़ों यात्रियों को बंधक बना लिया था।

उन्होंने झारखंड के घने जंगलों में एक ट्रेन को रोका था। उन्होंने पास के पलामू में एक 'एरिया कमांडर' जगन्नाथ कोइरी की मुठभेड़ के प्रतिशोध के रूप में ऐसा किया

था। इस अपहरण का दूसरा महत्त्वपूर्ण कारण यह है कि नक्सलियों ने घात लगाकर हमला करने की योजना बनाई, क्योंकि उन्हें उम्मीद थी कि सुरक्षाबल मौके पर पहुँच जाएँगे। अगले दिन नक्सलियों के तितर-बितर होने के बाद पुलिस मौके पर पहुँची। 10 दिसंबर, 2006 को एक और घटना टाटानगर से खड़गपुर के बीच हुई। वे भेस बदलकर ट्रेन में घुसे। उन्होंने झारखंड की सीमा के पास ट्रेन रोकी और रेलवे गार्डों से राइफल छीन ली, ड्राइवर की वॉकी-टॉकी और रेलवे स्टाफ से एक लाख रुपए छीन लिये।

माओवादी 'चुनावों के बहिष्कार' की रणनीति का पालन करते हैं। मार्क्सवाद-लेनिनवाद के अनुसार, चुनावों का बहिष्कार संघर्ष के रूप हैं और उनकी कार्यनीति से संबंधित हैं। उनका मानना है कि चुनाव में भाग लेना संशोधनवादियों की रणनीति है। इसलिए वे चुनाव का बहिष्कार करते हैं और चुनाव दलों पर हमला करते हैं। वे लेनिन के 'कमजोर पड़ जाना, फिर पराजित करना, ज्वार-भाटा सिद्धांत' का पालन करते हैं। भाटा का समय क्रांति के लिए उपयोग किया जाता है और ज्वार का समय सशस्त्र विद्रोह के लिए उपयोग किया जाता है।

माओ के कामकाज के सिद्धांत

भारत में माओवादियों के लिए माओ के रणनीतिक और कार्यनीतिक कार्यक्रम के दस तर्क 'कामकाज के सिद्धांत' के मार्गदर्शक बन गए—

1. पहले तितर-बितर, अलग-थलग पड़े सुरक्षाबलों पर हमला करें और बाद में सघन, मजबूत सुरक्षाबलों पर हमला करें।
2. पहले छोटे और मध्यम शहरों तथा बड़े ग्रामीण क्षेत्रों को लें और बाद में बड़े शहरों को लें।
3. मुख्य उद्देश्य सुरक्षाबलों की प्रभावी ताकत का सफाया करना होना चाहिए। किसी शहर या स्थान को पकड़ना या जब्त करना मुख्य उद्देश्य नहीं होगा... अकसर किसी शहर या स्थान को कई बार हाथ डालने के बाद ही अच्छे के लिए रखा या जब्त किया जा सकता है।
4. हर लड़ाई में पूरी तरह से बेहतर बल (दो, तीन, चार और कभी-कभी सुरक्षाबल की ताकत से पाँच या छह गुना) पर ध्यान केंद्रित करें, सुरक्षाबलों को पूरी तरह से घेर लें, उन्हें पूरी तरह से मिटा देने का प्रयास करें और किसी को भी जाल से बचने न दें। ...घसीटने की लड़ाई से बचने की कोशिश करें, जिसमें माओवादी जितना हासिल करते हैं, उससे अधिक हारते हैं या केवल तोड़ते हैं। इस तरह, हालाँकि सब तरह से कमतर (संख्या के मामले में), माओवादी हर हिस्से और हर विशिष्ट अभियान में बेहतर होंगे, और ऐसा

करना अभियान में जीत सुनिश्चित करता है···

5. बिना तैयारी के कोई लड़ाई न लड़ें, कोई ऐसी लड़ाई न लड़ें, जिसे आप जीतने के बारे में सुनिश्चित नहीं हैं; हर लड़ाई के लिए अच्छी तरह से तैयार होने के लिए हरसंभव प्रयास करें; सुरक्षाबलों और खुद के बीच में मौजूद परिस्थितियों में जीत सुनिश्चित करने के लिए हरसंभव प्रयास करें।
6. माओवादी शैली की लड़ाई में पूरा साहस दिखाएँ, बलिदान का भय नहीं, थकान का भय नहीं और निरंतर लड़ाई (बिना आराम के थोड़े समय में लगातार लड़ाई लड़ना) करते चलें।
7. जब सुरक्षाबल आगे बढ़ रहा हो, तब उनका सफाया करने की कोशिश करें। उसी समय स्थितीय हमले की रणनीति पर ध्यान दें और सुरक्षाबल के गढ़वाले ठिकानों और शहरों पर कब्जा करें।
8. शहरों पर हमले में सभी सुरक्षाबलों के गढ़ वाली जगहों और कमजोर बचाववाले शहरों को दृढ़ता से जब्त कर लें। उपयुक्त क्षणों में सभी सुरक्षाबलों के गढ़ वाली जगहों और शहरों को संयत शक्ति के साथ सुरक्षित करें, बशर्ते कि परिस्थितियाँ अनुकूल हों। जहाँ तक सभी सुरक्षाबलों की गढ़ वाली जगहों और शहरों की बात है, तब तक प्रतीक्षा करें, जब तक कि स्थिति ठीक न हो जाए और फिर उन्हें कब्जे में ले लें।
9. सभी हथियारों से लैस होकर पूरी ताकत से लबरेज होकर सुरक्षाबलों के अधिकांश कर्मियों पर कब्जा करें। हमारी सेना की मानव शक्ति और सामग्री का मुख्य स्रोत मोर्चे पर है।
10. अभियानों के बीच आराम के समय का अच्छा उपयोग करें; नक्सल सैनिकों को तैयार और संगठित करें। आराम, प्रशिक्षण और संगठन का समय सामान्य रूप से बहुत लंबा नहीं होना चाहिए, और सुरक्षाबलों को यथासंभव साँस लेने तक का समय नहीं देना चाहिए। ये कुछ खास तरीके हैं, जिन्हें लोगों की लिबरेशन आर्मी ने चियांग काई-शेक को हराने के लिए अपनाए हैं। लोगों की लिबरेशन आर्मी द्वारा लंबे वर्षों तक घरेलू और विदेशी दुश्मनों के खिलाफ लड़ने के परिणामस्वरूप हैं, यह उनकी मनोवृत्ति बनी है और हमारी वर्तमान स्थिति के लिए पूरी तरह से उपयुक्त हैं···हमारी रणनीति और कार्यनीति लोगों के युद्ध पर आधारित हैं।

नक्सलियों का संचार

भाकपा (माओवादी) की 'दंडकारण्य विशेष क्षेत्रीय समिति' के एक बड़े पद

के सदस्य और प्रवक्ता गुड्सा उसेंडी ने छत्तीसगढ़ पुलिस को उनके संचार के बारे में दिलचस्प तथ्यों का खुलासा किया। उन्होंने बताया कि प्रत्येक माओवादी विभाग (जिले के बराबर) में लैपटॉप, मेमोरी कार्ड, एक पोर्टेबल इंकजेट प्रिंटर और एक सेलफोन रहता है। गुड्सा उसेंडी आमतौर पर एक प्रेस नोट तैयार करते हैं और इसे अपने-अपने एक सहयोगी को सौंपते हैं। 'मार्टियर्स वीक' के लिए रिपोर्ट की प्रमुख प्रेस विज्ञप्ति को एडोब पेजमेकर जैसे सॉफ्टवेयर के क्रैक संस्करणों का उपयोग करके डिजाइन किया गया और गुप्त स्थानों में स्थापित प्रिंटिंग प्रेस में भेजे जाने से पहले पीडीएफ प्रारूप में परिवर्तित किया गया। फाइलों को एक लंबे पेड़ या पहाड़ की चोटी के शीर्ष से इ-मेल किया जाता है, जहाँ जी.पी.आर.एस. सक्षम फोन एक खंडित नेटवर्क पर लॉग-ऑन कर सकता है। सभी उपकरणों को सौर ऊर्जा के पैनलों से जुड़े ट्रक की बैटरी द्वारा चार्ज किया जाता है। वे कहते हैं—"बैटरी प्रत्यक्ष विद्युतधारा (डी.सी.) देती है; लैपटॉप और फोन को वैकल्पिक विद्युतधारा (ए.सी.) की जरूरत होती है; इसलिए हम सर्किट में एक डी.सी.-ए.सी. इन्वर्टर जोड़ते हैं और अपने उपकरणों को चार्ज करने के लिए सौर ऊर्जा का उपयोग करते हैं।"

नक्सलियों को पुलिस चौकसी के बारे में पता है। केवल वरिष्ठ कमांडरों को सेलफोन और इलेक्ट्रॉनिक उपकरणों का उपयोग करने की इजाजत है।

□

11

आंदोलन का सैन्यीकरण

"राजनीतिक शक्ति बंदूक की बैरल से आती है।"

—माओ

सशस्त्र कैडर की ताकत लगभग 9,000 से 12,000 प्रशिक्षित पुरुष और महिलाएँ होती हैं। इसके अतिरिक्त, लगभग 1,50,000 सशस्त्र ग्रामीणों का जन मिलिशिया होता है, जो अपनी सामान्य दिनचर्या को जारी रखते हैं और अवसर की माँग पर सेवा के लिए तैयार रहते हैं। भाकपा (माओवादियों) के पास एक विस्तृत सैन्य ढाँचा है, जिसका नेतृत्व केंद्रीय सैन्य आयोग (सी.एम.सी.) करता है। जमीनी स्तर पर उनकी दो पार्टियाँ हैं, यानी (क) पीपल्स लिबरेशन गुरिल्ला आर्मी, (ख) गाँव स्तर पर 'पीपल्स मिलिशिया' पी.एल.जी.ए. सैन्य संगठन की रीढ़ है और इसमें जैतून हरे रंग की वरदी पहने सशस्त्र कार्यकर्ता शामिल हैं। पी.एल.जी.ए. की ताकत लगभग 12,000 वचनबद्ध कार्यकर्ता हैं, जो समय-समय पर सुरक्षाबलों को निशाना बनाती है। उन्हें सैन्य कंपनियों, प्लाटून और विशेष दस्तों आदि में बाँटा गया है। 'पीपल्स मिलिशिया' में ग्रामीण स्तर पर नक्सली होते हैं और उनके पास प्राचीन हथियार होते हैं। इनमें स्थानीय और विशेष गुरिल्ला दस्ते और जिला और विभाग के काररवाई दल शामिल हैं। वे औपचारिक वरदी नहीं पहनते हैं।

वे नए विभागों को बनाए रखने और भरती करने में सक्षम हैं और विश्वसनीय जानकारी के अनुसार उन्हें 1,500 रुपए प्रतिमाह का वजीफा देते हैं।

नक्सली लगभग 6,500 नियमित हथियारों का एक शस्त्रागार रखते हैं, जिसमें 225 से अधिक ए.के.-47 राइफल, लगभग 250 एस.एल.आर. और कई .303 राइफल शामिल हैं। इसके अतिरिक्त, उनके पास लगभग 10,000 देशी हथियार हैं। कुछ मामलों में उन्होंने रॉकेट का भी इस्तेमाल किया है। आंध्र पुलिस ने 8 सितंबर, 2006 को 16

रॉकेट लॉन्चर, 600 रॉकेट शेल बरामद किए हैं। आगे की जाँच के बाद यह स्पष्ट हो गया है कि रॉकेट और अन्य हथियार वास्तव में चेन्नई के पास स्थानीय कार्यशालाओं में बनाए गए थे। इस बात के प्रमाण हैं कि उनके पास हथियार बनाने और मरम्मत करने की सुविधाएँ भी हैं और उन्होंने वायरलेस सेट का सीमित उपयोग शुरू कर दिया है। उनके उल्फा और कुछ अन्य विद्रोही ग्रुपों के साथ संबंध हैं और वे ए.के.-47 राइफल जैसे जटिल हथियारों के लिए उनकी रसद लाइन भी हैं। नक्सलियों के बीच स्वदेश निर्मित इंसास राइफल के ब्रांड एंबेसडर किशन, पश्चिम बंगाल स्थित माओवादी नेता हैं। वे सिर ढके हुए दिखाई देते हैं, इंसास राइफल उनकी पीठ पर लटकी हुई है।

प्रभावित क्षेत्र में माओवादियों द्वारा इस्तेमाल किए जानेवाले हथियार, जैसे एल.एम.जी., ए.के.-47, एस.एल.आर., .303 राइफल, जी.एफ. राइफल, एच.ई. ग्रेनेड और वी.एच.एफ. और एच.एफ. सेट आदि हैं।

माना जाता है कि माओवादियों ने कुछ हमलों में सुरक्षाबलों के खिलाफ मोर्टार और मोलोटोव कॉकटेल और स्वदेश निर्मित रॉकेट लॉन्चर का इस्तेमाल भी किया है। सुकमा जिले में भारतीय वायुसेना (भारतीय वायुसेना) के हेलीकॉप्टर पर नक्सली हमला हेलीकॉप्टरों को निशाना बनाने की माओवादी क्षमता और हवाई हमलों के खिलाफ उनकी आत्मरक्षा का सबूत है।

माओवादी निम्नलिखित तरीकों से इतना बड़ा शस्त्रागार हासिल करते हैं—

(क) नक्सली मुख्य रूप से माओ के सिद्धांत का पालन करते हैं कि 'मेरे प्रतिद्वंद्वी (सुरक्षाबल) मेरे क्वार्टर मास्टर हैं'। यह सबसे आसान और सस्ता तरीका है। एक रिपोर्ट के अनुसार, जनवरी 2006 से जून 2007 के बीच नक्सलियों ने करीब 529 हथियार, 16,000 गोलियाँ, 19 टन विस्फोटक लूटे थे। उन्होंने .303, एल.एम.जी., एस.एल.आर., मोर्टार, स्टेंस, रिवॉल्वर और पिस्टल आदि के साथ अपने शस्त्रागार को बढ़ाया। इसके अलावा, नक्सली हर साल पुलिस पर लगभग 200 साहसी हमले करते रहते हैं। वे या तो पुलिस थानों पर हमला करते हैं या पुलिस गश्त पर घात लगाते हैं।

उदाहरण के लिए, 6 फरवरी, 2004 को ओडिशा के कोरापुट में हुए हमले के दौरान ऐसा माना जाता है कि उन्होंने एक ही दिन में 500 से अधिक हथियार लूट लिये। अनुमान है कि वे पुलिस, जमींदारों और अन्य लोगों से सालाना 250 से 300 हथियार छीन रहे हैं—

तालिका 11.1

वर्ष	घटना	लूटे गए हथियार
6 फरवरी, 2004	कोरापुट, ओडिशा में जिला पुलिस लाइन शस्त्रागार पर हमला	500 राइफलें और कई हजार गोला-बारूद
11 नवंबर, 2006	गिरिडीह, बिहार में होमगार्ड प्रशिक्षण केंद्र पर हमला	185 हथियार और गोला-बारूद के 25,000 राउंड
15 मार्च, 2007	छत्तीसगढ़ में 55 पुलिसकर्मियों की हत्या	48 राइफलें लूटीं
6 अप्रैल, 2010	नक्सलियों ने दंतेवाड़ा में सी.आर.पी.एफ. पर घात लगाकर हमला किया, 75 लोगों की हत्या	82 हथियार
15 फरवरी, 2010	सिल्डा, पश्चिम बंगाल में पूर्वी सीमांत राइफल्स (ई.एफ.आर.) शिविर पर हमला	47 हथियार
4 अप्रैल, 2010	चिंतलनार, दंतेवाड़ा, छत्तीसगढ़ में लॉन्ग रेंज पेट्रोल (एल.आर.पी.) पर सी.आर.पी.एफ. पार्टी पर हमला	77 हथियार
1 जनवरी, 2012	चिंतलनार, दंतेवाड़ा, छत्तीसगढ़ में सी.आर.पी.एफ. (एल.आर.पी.) पर हमला	14 सेवा हथियार
2 जुलाई, 2013	झारखंड के दुमका के एस.पी. पाकुड़ समेत 6 पुलिसकर्मियों को नक्सलियों ने मार गिराया	6 सर्विस हथियार (ए.के. राइफल्स-2, इंसास-4)
17 जुलाई, 2013	निजी सड़क निर्माण के बेस कैंप पर हमला, कंपनी में 3 पुलिसकर्मियों, 2 निजी सुरक्षा गार्डों की हत्या।	इंसास राइफल-15 समेत 30 अत्याधुनिक हथियार, एस.एल.आर.-12, ए.के.-03 और 2500 राउंड गोला-बारूद

(ख) स्थानीय हथियार कारखाने अन्य आपराधिक समूहों द्वारा चलाए जा रहे हैं, जैसेकि मुंगेर, बिहार में चल रहे कुछ कारखाने। ये मुंगेर कारखाने उत्तर भारत में ए.के.-47, एल.एम.जी., पिस्टल जैसे सभी महत्त्वपूर्ण हथियार बनाने के लिए कुख्यात हैं, जिनकी अंतिम सज्जा और डिजाइन फैक्टरी में बनी होती है। इन बाजारों से नक्सली हथियार खरीदते हैं।

(ग) इस कमी को पूरा करने के लिए भाकपा (माओवादी) बिहार के मुंगेर की देशी हथियार फैक्टरियों से छोटे-छोटे हथियार खरीद रही है। गुडसा उसेंडी (गुम्मदावल्ली वेंकट कृष्ण प्रसाद) एक शीर्ष माओवादी नेता, 'दंडकारण्य विशेष क्षेत्र समिति' (डी.के.एस.जेड.सी.) के प्रवक्ता, छत्तीसगढ़ में विद्रोही संगठन का एक चेहरा, के पास एक मजबूत कॉर्निया नेटवर्क हुआ करता था, जिसके द्वारा वे अंग्रेजी बोलनेवाले माओवादी को प्रकाशित करने या संचार करने से पहले अपने पदानुक्रम के साथ संवाद करते थे, जंगलों में रहने के दौरान व्याख्यान साहित्य के बारे में ज्ञान प्राप्त करते थे। उसेंडी ने तीन बार शादी की थी संतरीशी मरकया उर्फ जैनी से, जिसने 19 जनवरी, 2009 को अपनी तीसरी पत्नी के साथ आत्मसमर्पण कर दिया था। उसेंडी की पहली पत्नी की पुलिस के साथ मुठभेड़ में मौत हो गई, जबकि उन्होंने अपनी दूसरी पत्नी को छोड़ दिया था। प्रसाद की राजनीति में आने की योजना है। ऐसा लगता है कि प्रसाद की नजर 2014 के चुनावों पर है और यह समर्पण के कारणों में से एक हो सकता है। एक कट्टरपंथी रमन्ना डी.के.एस.जेड.सी. के सचिव बने।

(घ) नक्सली व्यावसायिक प्रतिष्ठानों के निजी सुरक्षा गार्डों और जमींदारों आदि से एस.बी.बी.एल., डी.बी.बी.एल. जैसे लाइसेंसी हथियार छीन लेते हैं।

(ङ) नक्सली बांग्लादेश और म्याँमार आदि में अवैध हथियारों के बाजार से बढ़िया किस्म के हथियार भी खरीद रहे हैं। वे भारत में और बाहर सक्रिय बाहरी उग्रवादियों और आपराधिक ग्रुपों से हथियार और गोला-बारूद ले रहे हैं। वे दक्षिण एशिया के अन्य माओवादी ग्रुपों और बांग्लादेश में आई.एस.आई. समर्थित उग्रवादियों, म्याँमार के विद्रोहियों और श्रीलंका के लिट्टे जैसे अन्य आतंकवादी ग्रुपों के संपर्क में हैं। क्षेत्र में इन ग्रुपों के बीच हथियारों का वितरण किया जाता है। कुछ खुफिया रिपोर्टों के आधार पर पाकिस्तान की आई.एस. आई. नक्सलियों को नकद और अहसान के बदले, खासकर यूनाइटेड लिबरेशन फ्रंट ऑफ असम (उल्फा) जैसे दूसरे ग्रुपों द्वारा हथियार और गोला-बारूद उपलब्ध करवा रही है। लेकिन नक्सलियों ने आई.एस.आई. की

गतिविधियों में सहयोग करने से इनकार कर दिया। यह बात भारत में शिपमेंट के हथियारों की बरामदगी से स्पष्ट है, जिसमें .315 से .30 कैलिबर रेंज में राइफलें शामिल हैं। नक्सली विस्फोटक सामग्री हासिल करने के लिए खनन प्रतिष्ठानों पर हमला करते हैं। वे बढ़िया विस्फोटक बनाते हैं। फरवरी 2005 में राष्ट्रीय खनिज विकास निगम (एन.एम.डी.सी.) पर हमले में नक्सलियों ने लगभग 50 टन अमोनियम नाइट्रेट हासिल कर लिया। वे आई.टी. विशेषज्ञों को भी नियुक्त करते हैं, जो उन्हें विस्फोटकों के सुधार करने में मदद करते हैं। 2005 में नक्सलियों ने दो आई.ई.डी. में लगभग 80 किलोग्राम विस्फोटकों का इस्तेमाल किया, जिसने हवा में लगभग 35 फीट की ऊँचाईवाली एक एम.पी.वी. को उड़ा दिया, जिससे सभी 24 पुलिसकर्मियों की मौत हो गई। ओ.एफ.बी. के एक अधिकारी का कहना है, "इतनी बड़ी मात्रा में विस्फोटक का मतलब है कि माओवादी टी-72 टैंकों को भी तबाह कर सकते हैं।"

(च) पुलिस प्रतिष्ठानों पर हमलों के दौरान नक्सलियों ने किरकी और वारनगाँव में ओ.एफ.बी. कारखानों में बने स्टील-कोर गोला-बारूद (जहाँ गोली में सीसा के बजाय स्टील होता है) ले लिया है। यह स्टील कोर बुलेट को एक घातक वेग देता है, जो लेवल-III बुलेट प्रूफ जैकेट को चकनाचूर करने में सक्षम है। ओ.एफ.बी. अधिकारी कहते हैं—"हमारा स्टील कोर गोला-बारूद तीन मिमी. हलके स्टील शीट में भी प्रवेश कर सकता है।"

(छ) बारूदी सुरंगों के इस्तेमाल से माओवादियों को युद्ध में बड़ा तेज प्रभाव मिलता है। वे पश्चिम बंगाल-मलेशिया नशीली दवाओं के व्यापार मार्ग के जरिए अंतरराष्ट्रीय बाजार से बारूदी सुरंगें खरीदते हैं। वे अमोनियम नाइट्रेट का इस्तेमाल करके बारूदी सुरंगें बनाते हैं। छत्तीसगढ़ के डी.जी.पी. विश्व रंजन के अनुसार, "बस्तर क्षेत्र लगभग 40,000 वर्ग किमी. में फैला हुआ है, जिसमें से 25,000 वर्ग किमी. तक गहन खनन किया जाता है।" बड़ी सुरक्षा टुकड़ियों के लिए माओवादी बारूदी सुरंगों का इस्तेमाल 'पहले झटके' के रूप में करते हैं। इसके बाद वे ताबड़-तोड़ फायरिंग करते हैं।

पश्चिम बंगाल में पुलिस ने दो बारूदी सुरंगों का पता लगाया था—एक सालबोनी के अभया जंगल से और दूसरी लालगढ़ के झिटका जंगल से। छह बारूदी सुरंगें पश्चिम मिदनापुर से, चार पुरुलिया से और तीन बाँकुरा से 29 किलो बारूद के साथ मिली थीं। ये 2014 के लोकसभा चुनाव को लक्षित करने के लिए हैं।

विभिन्न आतंकवादी ग्रुपों के पास उपलब्ध बारूदी सुरंगें बहुत ही अनुकूलनीय और लागत-प्रभावी हथियारों में से एक हैं। दुर्भाग्य से, खदानों को दक्ष बनानेवाली

विशेषताएँ भी इसका मुकाबला करना मुश्किल बनाती हैं। बारूदी सुरंगों की अवधारणा बहुत सरल है, एक सेंसर लक्ष्य का पता लगाता है, एक संवेदनशील स्विच तंत्र को सक्रिय करता है, जिससे विस्फोट बंद हो जाता है। प्रत्येक बारूदी सुरंग में एक धातु, प्लास्टिक या लकड़ी का खोल होता है।

आमतौर पर बारूदी सुरंगों को शिकार स्वयं चलाता है, इस प्रकार आतंकवादी के लिए विशेष परिस्थिति बनती है। हालाँकि, आधुनिक इलेक्ट्रॉनिक्स से कुछ हद तक लक्ष्य चुनने में सहायता मिलती है। अधिकांश खदानें एक साधारण उकसाव का जवाब देती हैं। परंपरागत रूप से दबाव संचालित खदानें व्यक्तियों और वाहनों के बीच अंतर करने के लिए लक्षित वजन का उपयोग करती हैं, इसलिए एंटी-कार्मिक (ए.पी.) और एंटी टैंक (ए.टी.) खानों की दो विशिष्ट श्रेणियाँ उपयोग में हैं।

बारूदी सुरंगों में अधिकतर टी.एन.टी को सबसे ज्यादा विशेष वॉर के रूप में उपयोग किया जानेवाला विस्फोटक है। दूसरे इस्तेमाल किए जानेवाले विस्फोटक आरडीएक्स, कंपोजिशन-बी, टेट्रिल और सी-4 हैं।

इसके अलावा, डेटोनेटर से जारी शक्ति को बढ़ाने के लिए खदानों में बूस्टर चार्ज होता है।

कामचलाऊ खानों में जिलेटिन और अमोनियम नाइट्रेट आधारित विस्फोटक मिश्रण सबसे ज्यादा इस्तेमाल किए जाते हैं।

1. कार्मिक-विरोधी बारूदी सुरंगें

वे आकार में छोटे (7-15 सेंटीमीटर व्यास) 10-250 ग्राम विस्फोटकवाले होते हैं और 0.5-50 किलोग्राम के दबाव में विस्फोट करते हैं।

उन्हें तीन श्रेणियों में उप-विभाजित किया जा सकता है—

(क) **विस्फोट खदान :** जो संपर्क में आने पर फट जाती हैं। आधुनिक कार्मिक-विरोधी विस्फोट खानों में धातु की सामग्री कम और प्लास्टिक के खोल होते हैं, जिससे उनका पता लगाना मुश्किल हो जाता है।

(ख) **सीमांकन खदान :** जो 30 मीटर की विनाशकारी सीमा के साथ उड़ाने से पहले 2 मीटर की ऊँचाई तक छलाँग लगाती हैं।

(ग) **दिशात्मक विखंडन खदान :** जो छर्रे के एक स्प्रे के साथ फूटती हैं, घातक टुकड़ों को एक चाप के आकार में फैलाते हुए 200 मीटर तक पहुँचती हैं। इन खानों को आमतौर पर जमीन से कुछ सेंटीमीटर ऊपर रखे ट्रिप वायर सक्रिय करते हैं।

2. टैंकरोधी खदान

बड़ी टैंकरोधी खदानों को वाहनों द्वारा ट्रिगर करने के लिए नामित किया गया है। इनमें 2–10 किलोग्राम विस्फोटक होते हैं और ये 100–300 किलोग्राम के दबाव से सक्रिय होते हैं। इनमें से कुछ खदानों को 7 किलो के दबाव से विस्फोट करने के लिए संशोधित किया गया है, इसलिए वे बहुत ही घातक कार्मिक विरोधी खदान हैं।

3. कामचलाऊ बारूदी सुरंगें/सुधारित बारूदी सुरंगें

आतंकवादी आमतौर पर खास लक्ष्यों के उद्देश्य से काम में सटीकता के लिए निम्नलिखित कामचलाऊ विस्फोटक उपकरणों का उपयोग करते हैं—

(क) **तार नियंत्रित :** एक तार नियंत्रित बारूदी सुरंग, जिसमें कैमरा फ्लैश बंदूक जैसे नवीन शक्ति स्रोत होते हैं, गंभीर नुकसान पहुँचा सकती है, जैसाकि आंध्र प्रदेश में देखा गया है। छिपे हुए तार दबी हुई आई.ई.डी. और 100 से 500 मीटर की सुरक्षित दूरी पर स्थित आतंकवादी के ठिकाने को जोड़ते हैं। आतंकवादी जब भी लक्ष्य के पास पहुँचते हैं, छुपी हुई खदान को ट्रिगर कर सकते हैं। कैमरा फ्लैश बंदूक में 350 वोल्ट से 450 वोल्ट के क्रम के वोल्टेज की तीव्र उछाल विस्फोट को ट्रिगर करने में बहुत प्रभावी है।

(ख) **वायरलेस और वायर नियंत्रित मिश्रण :** संशोधित वायरलेस रिसीवर का उपयोग तार द्वारा क्रमिक रूप से जुड़े सुधारित बारूदी सुरंगों में विस्फोट करने के लिए किया जाता है। यह खदानों में रिमोट ट्रिगरिंग के लिए कई विकल्प देता है। वायरलेस और वायर विकल्पों का मिश्रण दूर से कई उपकरणों को ट्रिगर करने सहित कई और फायदे देता है। ट्रांसमीटर के साथ आतंकवादी उपकरण को सुरक्षित दूरी से ट्रिगर कर सकते हैं और आसानी से अपना बचाव कर सकते हैं। कम धातु सामग्री के उपयोग के कारण उपकरणों का पता लगाना मुश्किल होता है।

(ग) **आई.ई.डी. का उपयोग :** नक्सली घटनाओं में सुधारे हुए विस्फोटक उपकरण (आई.ई.डी.) विस्फोटों में गोलियों से ज्यादा सुरक्षाकर्मी मारे गए। इन हमलों में कुल हताहतों में से 60 प्रतिशत से ज्यादा सुरक्षाबलों में से थे। माओवादी गोलियों के बजाय आई.ई.डी. को पसंद करते हैं, क्योंकि उन्हें बनाने के लिए जरूरी विस्फोटक आसानी से मिल जाते हैं। नक्सल प्रभावित क्षेत्रों में खनन उद्देश्यों के लिए पर्याप्त विस्फोटक और बिजली के बारूद भरे पटाखे उपलब्ध हैं।

उपयोग किए गए रसायनों के प्रकार और मात्रा के आधार पर घर में बने विस्फोटक मिश्रण को निम्नलिखित श्रेणियों में वर्गीकृत किया जा सकता है—विस्फोट के दबाव,

विखंडन और आग लगानेवाले प्रभाव के कारण ऊर्जा का उत्पादन, जैसे अमोनियम नाइट्रेट और ईंधन/डीजल तेल का मिश्रण, अमोनियम नाइट्रेट और एल्युमिनियम पाउडर आदि का मिश्रण।

कम विस्फोटक मिश्रण : टुकड़े करना और आग लगानेवाला प्रभाव पैदा करना, जैसे—पोटैशियम क्लोरेट, सल्फर और चीनी और पोटैशियम नाइट्रेट, सल्फर और एल्युमिनियम पाउडर आदि का मिश्रण।

आग लगानेवाले : आग पैदा करना, जैसे—मोलोटोव कॉकटेल, पेट्रोल बम आदि घर में बने विस्फोटक मिश्रण को बनाने के लिए निम्नलिखित सामग्री की आवश्यकता होती है—

1. **ऑक्सीकारक :** ऑक्सीजन पैदा करनेवाले रसायन जैसे—क्लोरेट, परक्लोरेट, पेरॉक्साइड, नाइट्रेट, नाइट्राइट आदि।
2. **ईंधन :** कार्बन या कार्बनयुक्त पदार्थ, हाइड्रोजन, पेट्रोल, कैरोसिन ऑयल, मोम, धातु आदि युक्त पदार्थ।
3. **सर्जक :** कोई भी आग पैदा करनेवाली व्यवस्था, जैसे—सुरक्षा फ्यूज, जलती हुई सिगरेट, मोमबत्ती, रबर के बरतन में एसिड आदि।

घर में बने विस्फोटक मिश्रण में आमतौर पर इस्तेमाल होनेवाले रसायन—

1. अमोनियम नाइट्रेट
2. अमोनियम पिक्रेट
3. यूरिया नाइट्रेट
4. पोटैशियम नाइट्रेट
5. क्लोरेट्स और परक्लोरेट्स
6. गंधक
7. चीनी
8. धातुमय
9. सफेद फॉस्फोरस
10. धातु (मैग्नीशियम, एल्युमिनियम आदि)
11. पोटैशियम परमैंगनेट
12. आयरन ऑक्साइड
13. डिनिट्रो बेंजीन
14. मोम
15. बुरादा
16. पेट्रोल

17. डीजल
18. मिट्टी का तेल
19. पेंट थिनर
20. ग्लिसरीन
21. अल्कोहल, एसीटोन आदि
22. पिरक अम्ल
23. हाइड्रोजन पेरॉक्साइड
24. एसिड (हाइपरगोलिक)

भारत और विदेशों में विभिन्न घटनाओं में प्रयुक्त कुछ घरेलू विस्फोटक नीचे दिए गए हैं—

घर के बने विस्फोटक मिश्रण

(i) प्रचंड विस्फोटक मिश्रण

(क) अमोनियम नाइट्रेट और एल्युमिनियम पाउडर का मिश्रण एक उच्च विस्फोटक मिश्रण है, जिसे डेटोनेटर और बूस्टर द्वारा विस्फोट किया जा सकता है। संकटमोचन मंदिर और रेलवे स्टेशन, वाराणसी में 07 मार्च, 2006 को जो दो आई.ई.डी. विस्फोट हुए थे, वे इसी मिश्रण से बने थे।

(ख) अमोनियम नाइट्रेट और डीजल/ईंधन तेल के मिश्रण को ए.एन.एफ.ओ. (94 प्रतिशत अमोनियम नाइट्रेट और ईंधन तेल) के रूप में जाना जाता है। इस मिश्रण का इस्तेमाल आमतौर पर एल.डब्ल्यू.ई. द्वारा सुरक्षाबलों को निशाना बनाने के लिए किया जाता रहा है।

(ग) पेरॉक्साइड विस्फोटक आमतौर पर अस्थिर होते हैं और गरमी, घर्षण के प्रति अत्यधिक संवेदनशील होते हैं। ये बेहद खतरनाक सामग्रियाँ हैं, जिनका इस्तेमाल 2005 में लंदन सीरियल बम धमाकों में किया गया था।

(ii) कम विस्फोटक मिश्रण

(क) पोटैशियम क्लोरेट और सल्फर का मिश्रण। इस मिश्रण का उपयोग साधारण विस्फोटक उपकरणों, जैसे—इलेक्ट्रॉनिक टाइमर, स्विच आदि में किया जा सकता है।

वामपंथी उग्रवाद प्रभावित क्षेत्रों में विस्फोट

देश के सभी नक्सल प्रभावित राज्यों में विस्फोटक उपकरण आसानी से उपलब्ध होने के कारण घरेलू विस्फोटकों के मिश्रण का प्रयोग किया जाता है। हालाँकि,

विस्फोटकों की मात्रा जरूरत के अनुसार भिन्न होती है, जैसाकि दंतेवाड़ा जिले में एक खदान संरक्षित वाहन (एम.पी.वी.) को निशाना बनाते हुए एक बारूदी सुरंग विस्फोट के मामले में हुआ, जो एक चकाचौंध करनेवाली सफेद लौ है और जलते ही पिघल जाती है और पिघलनेवाला मिश्रण अपने रास्ते में आनेवाली हर चीज को प्रज्वलित कर देता है।

पाउडर एल्युमिनियम और आयरन ऑक्साइड के थर्माइट और थर्मेट मिश्रण धातु की तरह के आग लगानेवाले विस्फोटों में उपयोग किए जाते हैं और एक बार शुरू होने के बाद एक ऑटोमोबाइल इंजन के ब्लॉक द्वारा पूरी तरह से जलने में सक्षम होते हैं। थर्माइट मिश्रण का उपयोग अकसर मैग्नीशियम बम विस्फोट करने के लिए किया जाता है।

यह विस्फोट छत्तीसगढ़ राज्य में 3 सितंबर, 2005 को हुआ था, जिसमें लगभग 100-120 किलोग्राम अमोनियम नाइट्रेट आधारित व्यावसायिक विस्फोटक का इस्तेमाल किया गया था। इस विस्फोट में 24 कर्मियों की मौत हो गई और 3 अन्य घायल हो गए तथा एम.पी.वी. को 70 फीट दूर सड़क पर फेंक दिया।

आई.ई.डी. के सक्रिय तंत्र हैं—1. एंटी-हैंडलिंग टाइप, 2. कमांड टाइप और 3. डिले टाइप। 65 प्रतिशत मामलों में नक्सलियों ने कमांड टाइप उपकरण का इस्तेमाल किया। यह सुनिश्चित करता है कि नक्सली सबसे कम खतरे में हों।

नक्सली आई.ई.डी. लगाने के लिए सार्वजनिक स्थानों, वन क्षेत्रों, सरकारी संपत्तियों, सड़क के किनारे की पुलिया और वाहनों का उपयोग करते हैं।

□

12

गुरिल्ला बनाना

माओवादी अनुशासन और प्रशिक्षण में बहुत कठोर होते हैं। केंद्रीय समिति नए शामिल होनेवालों के लिए पाठ्यक्रम और प्रशिक्षण कार्यक्रम तय करती है। प्रशिक्षण खास प्रशिक्षण केंद्रों में दिया जाता है। जब वे मोबाइल पर होते हैं या आराम की जगह पर होते हैं तो अपने जूनियर्स को पढ़ाते हैं। माओवादी खास कामों के लिए विशेष दल तैयार करते हैं, जैसे—बारूदी सुरंगें, आई.ई.डी. आदि लगाना। कभी-कभी वे बाहर से तकनीकी मदद लेते हैं। चूँकि आदिवासी और ग्रामीण युवा पेड़ों, पहाड़ों पर चढ़ने और अच्छे ठिकाने खोजने में शारीरिक रूप से सक्षम होते हैं, इसलिए नक्सली उनका प्रभावी ढंग से उपयोग करते हैं। जब कोई व्यक्ति माओवादियों में शामिल होता है तो वह बस एक पत्थर होता है, लेकिन उसके बाद उसे एक कठोर प्रशिक्षण से गुजरना पड़ता है, जो उसे आत्मविश्वासी बनाता है। वह सभी प्रकार के हथियारों को सँभालने में सक्षम होता है और सभी प्रकार के क्षेत्र, शिल्प और कार्यनीति का प्रभावी ढंग से उपयोग करता है। नक्सलियों का प्रशिक्षण एक नियमित और सतत प्रक्रिया है। हर एक काम के बाद, वे एक बैठक करते हैं और उस काम की ताकत और कमजोरियों के बारे में चर्चा करते हैं। वे अपने जूनियर्स को ऑपरेशन में हुई उनकी गलतियों के बारे में सिखाते हैं। नक्सली एक व्यक्ति को गुरिल्ला बनाने में पूरी कोशिश करते हैं।

सदस्यता के लिए शर्तें

नक्सली ग्रुप में प्रवेश पाना आसान काम नहीं है। नक्सली नए सदस्यों को लेने में काफी सावधानी बरतते हैं। वे पहले क्षेत्र की पहचान करते हैं और फिर वे व्यक्ति की अच्छी तरह से जाँच करते हैं। चुने गए व्यक्ति को सामान ले जाने जैसी हलकी ड्यूटी दी जाती है और कुछ समय के लिए निगरानी में रखा जाता है। इस प्रक्रिया के बाद उन्हें सदस्यता दी जाती है।

सदस्यता के लिए निम्नलिखित शर्तें हैं—

1. यदि कोई क्रांतिकारी पार्टी में शामिल होना चाहता है तो उसे पार्टी की नीति, उद्देश्य और विषय-वस्तु को स्वीकार करना होगा।
2. पार्टी का कोई भी सदस्य पंचायत, संसद् या ऐसे किसी भी चुनाव में भाग नहीं लेगा और न ही वह चुनाव संबंधी प्रचार आदि में किसी की मदद करेगा।
3. जो भी नक्सली गुट में शामिल होगा, वह शुरुआत में प्राथमिक सदस्य होगा। उसे हर बैठक में भाग लेना चाहिए और समिति के निर्णय को स्वीकार करना चाहिए। प्रत्येक कार्यक्रम में प्रत्यक्ष रूप से सक्रिय भाग लेना अनिवार्य होगा।
4. सदस्यता के लिए 6 रुपए शुल्क है और आय का विवरण प्रस्तुत करना होगा।
5. सदस्य को पार्टी जर्नल खरीदकर पढ़ना होगा। उसे इसके प्रचार और आगे प्रसार के लिए भी प्रयास करना चाहिए।
6. पार्टी को मजबूत करने के लिए हर सदस्य को बहुत मेहनत करनी चाहिए।
7. सदस्य की आयु कम-से-कम 18 वर्ष होनी चाहिए।
8. राज्य या केंद्र सरकार के साथ काम करनेवाले किसी भी व्यक्ति को सदस्यता नहीं दी जाएगी।

गुरिल्लाओं के लिए स्थायी आदेश

एक कॉमरेड को निम्नलिखित नियमों का कड़ाई से पालन करना चाहिए—

1. सेना की दिनचर्या से जीना चाहिए।
2. रात में ही बाहर निकलना चाहिए। नक्सली जानते हैं कि वे कमजोर हैं और सुरक्षाबल मजबूत हैं, इसलिए नक्सलियों को रात में घूमने की गुरिल्ला नीति अपनानी चाहिए।
3. सुरक्षाबलों पर उनकी कमजोर स्थिति देखकर हमला करें।
4. नक्सलियों को घायल साथियों की देखभाल करनी चाहिए और दूसरे सदस्यों को बचाने के लिए अपनी जान कुरबान करने के लिए तैयार रहना चाहिए।
5. नक्सलियों को एक सैनिक का आदर्श बनना चाहिए।
6. सुरक्षाबलों को अंतिम क्षण तक तैनात रहना चाहिए।
7. अपने हाथों को हमेशा साफ रखें।
8. सुरक्षाबलों से सतर्क रहें और उन्हें खत्म करने के लिए अपनी जान देने के लिए तैयार रहें।
9. अगर कोई नक्सली सुरक्षाबलों के सामने पेश होता है तो उसे डरना नहीं चाहिए। नक्सलियों को ऐसी मानसिकता तैयार करनी चाहिए।

10. एक जगह से दूसरी जगह जाते समय नक्सलियों को इस बात का ध्यान रखना चाहिए कि सुरक्षाबलों को नक्सली निवास का अंदाजा न हो।
11. सतर्क रहें और नई जगह पर कमर कस लें।
12. हमला करते समय जगह का एक कोड या सिग्नल रखें या पहले से ही जगह तय कर लें।
13. नक्सलियों को पेड़, नदी या पहाड़ पर आराम करते समय अलर्ट पर रहना चाहिए, क्योंकि सुरक्षाबल पानीवाले स्थानों पर भी आ सकते हैं।
14. रात को आराम करते समय आग या टॉर्च या किसी भी प्रकार की रोशनी न जलाएँ। चुप रहें, कहीं ऐसा न हो कि सुरक्षाबलों को खुद नक्सलियों के बारे में पता चल जाए। अँधेरे में सफेद कपड़े न पहनें।
15. महिलाओं के साथ अच्छा व्यवहार करें।
16. स्थानीय परंपराओं और रीति-रिवाजों का ज्ञान रखें और उनका सम्मान करें, उनकी सांस्कृतिक और वैचारिक माँग के अनुसार कार्य भी करें।
17. (क) दस्ते को अनुशासन का पालन करना चाहिए और ड्रिल तथा पी.टी. की दैनिक दिनचर्या का पालन करना चाहिए।

    (ख) नक्सलियों के ठहरने के स्थान पर किसी अजनबी को जाने की अनुमति नहीं दी जानी चाहिए, ऐसे में संतरी को सतर्क रहना चाहिए।

प्रशिक्षण स्थल : यह सूचना पुलिस बलों द्वारा गिरफ्तार नक्सलियों से पूछताछ पर आधारित है—

- **नक्ती-मनवाना जंगल, रोहतास :** "अक्तूबर 2001 में मुझे सूरज के मार्गदर्शन में बिहार, झारखंड, गाजीपुर, चतरा और पलामू के लगभग 100 प्रशिक्षुओं के साथ रोहतास जिले के नक्ती-मनवाना के जंगल में एक महीने का प्रशिक्षण दिया गया था।" सुश्री वंदना उर्फ मीरा उर्फ निशा उर्फ इवडिया, निवासी नौगढ़।
- **रोहतास की चचडीह :** "बिहार के जिला रोहतास के चचडीह के कैमूर रेंज में पार्टी के प्रशिक्षण शिविर में एक महीने 25 दिनों के लिए हथियार सँभालने का प्रशिक्षण प्राप्त किया।"—राहुल बैगा, एरिया कमांडर पी.डब्ल्यू.जी. (यू. पी.)।

रोहतास जिले के रोहतास में पी.डब्ल्यू.जी. के प्रशिक्षण शिविर में हथियारों के इस्तेमाल और विस्फोटक गतिविधियों को अंजाम देने का प्रशिक्षण दिया जाता है। "मैंने आंध्र प्रदेश में 15 दिनों के लिए प्रशिक्षण प्राप्त किया"—महेंद्र बैज, एरिया कमांडर, पी.डब्ल्यू.जी. (यू.पी.) कहते हैं।

- **गपर्व, जिला पलामू :** "पार्टी के विश्वासपात्र सदस्यों को ही खदानें बिछाने का प्रशिक्षण दिया जाता है। यह प्रशिक्षण झारखंड के गपर्व, पलामू में दिया जाता है"—देवासी राम उर्फ पंडित—झारखंड में पी.डब्ल्यू.जी. के एरिया कमांडर कहते हैं।
- **मकरी बाड़ी हिल्स, सोनभद्र** "...पार्टी के लोगों ने भालू, बाघ, शेर को निशाने पर लिया था और उनकी मदद से फायरिंग सिखाई थी। वहाँ नक्सली 2-3 दिनों तक गुफा में रहे।"
- **कैमूर खोह हिल (रोहतास, बिहार)** "पार्टी कैमूर खोह हिल (रोहतास, बिहार) में एक एम.सी.सी. प्रशिक्षण शिविर चलाती है, जहाँ एम.सी.सी. में शामिल होनेवाले युवाओं को हथियार सँभालने, स्थिति लेने आदि का प्रशिक्षण दिया जाता है, जिसमें महिलाएँ भी शामिल होती हैं। प्रशिक्षण केवल उन्हीं को दिया जाता है, जिन्होंने सदस्यता का एक वर्ष पूरा कर लिया हो। मैंने दमूर खोह में ही प्रशिक्षण प्राप्त किया।"—रामसूरत उर्फ डब्बू उर्फ नीतीश, पुत्र सुदामा, निवासी कुस्माह, पी.एस. रॉबर्ट्सगंज, सोनभद्र।
- गृह राज्यमंत्री आर.पी.एन. सिंह के अनुसार, 2012 में छत्तीसगढ़ के सुकमा, बीजापुर, दंतेवाड़ा, नारायणपुर और कांकेर जिलों और महाराष्ट्र के गढ़चिरौली जिले में 36 नक्सल प्रशिक्षण शिविरों की सूचना मिली थी।

नक्सलियों ने केंद्रीय समिति से संबंधित कार्यों को सँभालने के लिए जनजातीय कार्यकर्ताओं को कम्युनिस्ट पेशेवरों में बदलने के लिए दंडकारण्य जंगलों में अपना विशिष्ट प्रशिक्षण संस्थान, बुनियादी कम्युनिस्ट ट्रेनिंग स्कूल (बी.सी.टी.एस.) बनाया है। बी.सी.टी.एस. छह महीने के लिए प्रत्येक बैच में लगभग 30-35 रंगरूटों को प्रशिक्षित करता है। आई.टी.आई.एस. ने कहा कि 2009 से इस प्रशिक्षण स्कूल से लगभग छह बैच पासआउट हो चुके हैं और वर्तमान बैच धारबा क्षेत्र में प्रशिक्षण ले रहा है।

प्रशिक्षण के लिए पाठ्यक्रम

नक्सली अपने कार्यकर्ता को सिखाते हैं कि यह एक लंबा खींचा गया युद्ध है और इसे सफलतापूर्वक अंजाम देना होगा। विजय प्राप्त करने के लिए राजनीतिक और सैन्य तकनीक का ज्ञान प्राप्त करना जरूरी है। इसलिए नियमित अभ्यास द्वारा युद्ध रणनीति में कौशल और दक्षता हासिल करना जरूरी है।

चित्र 12.1 : नक्सल हथियार प्रशिक्षण

जब एक क्रांतिकारी आंदोलन एक निश्चित चरण में पहुँच जाता है तो सुरक्षाबल के खिलाफ वास्तविक युद्ध शुरू हो जाता है। उस समय सैन्य ज्ञान अधिक महत्त्वपूर्ण हो जाता है। नक्सली अपने नए रंगरूटों को समझाते हैं कि यह एक गलत धारणा है कि

एक शिक्षित व्यक्ति ही सैन्य तकनीक को समझ सकता है। एक साधारण किसान भी इस तकनीक को सीख सकता है। लक्ष्य को प्राप्त करने के लिए सैन्य तकनीक हासिल करना जरूरी है। नक्सलियों को हथियार सँभालना और उनका रख-रखाव सीखना चाहिए। उन्हें एक अच्छा निशानेबाज बनने की तकनीक सीखनी चाहिए और उसके सिद्धांतों का पालन करना चाहिए। नक्सलियों का कहना है कि हथियारों से ज्यादा महत्त्वपूर्ण नक्सलियों की जान है। उनका कहना है कि अगर उन्होंने हथियारों के इस्तेमाल में लापरवाही की तो नक्सली साथियों की जान जोखिम में पड़ सकती है।

हथियारों की जाँच करते समय निम्नलिखित सावधानियाँ बरतनी चाहिए—

- प्रशिक्षण के समय बंदूक के बैरल को आकाश की ओर रखना चाहिए। दिशा बदलते समय इस बात का ध्यान रखना चाहिए कि उस दिशा में कोई न हो।
- यदि कोई गुरिल्ला किसी और के हथियार की जाँच कर रहा है तो उसे यह सुनिश्चित करना चाहिए कि वह भरा हुआ नहीं है। भरा होने पर हथियार को सुरक्षित रूप से बंद मोड में रखा जाना चाहिए।
- जब भी कोई गुरिल्ला मीटिंग में हो तो हथियार का बैरल आसमान की ओर होना चाहिए।
- कभी भी अपनी बंदूक अपने साथी की ओर न रखें।
- हमेशा किसी और को सौंपने से पहले अपने हथियार को खाली करें।

सैनिकों के लिए आवश्यक निर्देश

(क) राजनीति से जुड़ना।

(ख) सैन्य तकनीक से जुड़ना।

(ग) स्वस्थ रहना।

(घ) आम आदमी के बीच राजनीतिक, सांस्कृतिक और सैन्य ज्ञान को बढ़ावा देना।

(ङ) युद्ध की रणनीति और कौशल का ज्ञान विकसित करना।

शारीरिक प्रशिक्षण : नक्सली नए रंगरूटों की शारीरिक योग्यता सुनिश्चित करते हैं। वे उन्हें उपयुक्त बनाने के लिए शारीरिक प्रशिक्षण कक्षाएँ चलाते हैं।

- दौड़ना, कूदना, पैर पर झुकना
- एक पैर पर बैठने का व्यायाम
- पीछे मुड़ना
- दोनों पैरों को फैलाते हुए हाथों की सहायता से घुटने से नाक को छूना

- कलाई मोड़ना
- सिर चारों ओर घुमाना
- 6" ऊपर उठाना
- छाती का व्यायाम
- पैरों को आगे और पीछे रखकर आधा नीचे करना
- एक-दूसरे के चारों ओर पैर रखना
- आधा चक्रासन
- दो भागीदारों के साथ व्यायाम करें
- पीठ सीधी करके एक-दूसरे को कपड़े पहनाना आदि

सभी प्रकार के शारीरिक व्यायाम अनिवार्य हैं।

पी.टी. अनुक्रम (45 मिनट)

(क) हो सके तो हाथों को आगे, पीछे, बगल में, ऊपर करके दौड़ें; उसके बाद बाएँ, दाएँ और पीछे की ओर दौड़ें; बगल में दौड़ते हुए, छाती को थोड़ा मोड़ें; सभी दौड़ों में हथियार अपने पास रखें।

(ख) यदि दौड़ना संभव नहीं है तो विभिन्न तरीकों से कूदें, जो निम्न प्रकार के हो सकते हैं—(ए) हॉर्स रन, (बी) पैरों को एक के बाद करके आगे-पीछे कूदना; पैर क्रॉस करना; दोनों पैर आगे-पीछे एक साथ; पैरों के साथ एक बार हाथों को ऊपर की ओर फैलाकर पैरों को एक के बाद एक दोनों तरफ घुमाना; कूल्हे मोड़ना।

घूमने/घुमानेवाले व्यायाम

1. टखने घुमाना
2. 5 मिनट पैर घुमाना
3. घुटने घुमाना
4. घुटनों को आगे और नीचे ले जाना
5. पैरों को आगे/पीछे करना और उन्हें दोनों तरफ ऊपर उठाना
6. कमर घुमाना—2 मिनट तक
7. हाथ घुमाना
8. सिर को आगे-पीछे और दोनों तरफ में घुमाना।

शरीर को मजबूत बनाने के लिए व्यायाम

1. पैर की उँगलियों पर एक बार में धीरे-धीरे ऊपर और नीचे खड़े होना।

2. बैठें—साइड में बैठें।
3. हाथों के बीच में पैर रखकर और हाथों के बाहर पैर रखकर हवा में कूदना, घुटने को छाती से लगाना, पैर को पीछे की ओर लगाना।
4. पैरों को दाएँ और बाएँ, आगे और आगे की ओर झुकाते हुए नाक से घुटने को छूना।

कमर—3 मिनट

1. आगे मुड़ना
2. एक तरफ झुकना
3. एड़ी को छूना (एड़ी को ऊपर उठाए बिना)

पेट—5 मिनट

1. चेहरे को ऊपर कर लेट जाएँ—हाथों, पैरों और सिर को ऊपर उठाएँ और हाथों को बाजू में रखें।
2. सिर को ऊपर उठाकर पैरों को हाथों से घुमाएँ।
3. सिर को घुटने से छूना।
4. छाती को घुटने से छूना।

छाती—7 मिनट

1. विस्तार करें
2. एरोबिक व्यायाम
3. पुश-अप्स
   (क) हथेलियाँ आगे
   (ख) मुट्ठी आगे
   (ग) पैरों को पूरी तरह से ऊपर की ओर घुमाते हुए
   (घ) माप पुश-अप
   (ङ) ताली बजाना

हाथ—3 मिनट

1. कलाई घुमाना
2. कलाई ऊपर/नीचे करना
3. हथेली घुमाना
4. उँगलियों को खींचना, उन्हें बंद करना
5. ट्रिगर दबाने का व्यायाम

सिर—5 मिनट

1. ऊपर/नीचे
2. दिशा—बाएँ/दाएँ
3. सिर घुमाना
4. आँखें ऊपर/नीचे/बाजू (घुमाना)

ध्यान दें—ऊपर/नीचे गतिवाले व्यायाम में नीचे की गति से शुरुआत होती है।

ग. बाएँ/दाएँ गतिवाले व्यायामों में बाईं ओर से शुरू करें। इसका अर्थ है—पहले दक्षिणावर्त और फिर विपरीत दिशा में।

घ. अंदर/बाहर की स्थिति में अंदर की गति से शुरुआत करें।

पी.टी. क्रम—(क) पैर-टखना/घुटने/पैर

(ख) कमर, पेट छाती, हाथ और सिर

सीटी सिग्नल के बारे में

गुरिल्ला नक्सल शिविरों और अन्य उद्देश्यों के लिए 'सीटी सिग्नल' का इस्तेमाल करते हैं।

नक्सलियों को सिग्नल के इस्तेमाल में एकरूपता लानी चाहिए। सभी पी.जी.ए. में केवल एक ही प्रकार के सिग्नल होने चाहिए।

1. हाजिरी के लिए ग्रुप के सदस्य को तत्काल सभा के लिए एक लंबी और छोटी सीटी बजानी चाहिए। इस सीटी को सुनकर, सभी सदस्यों को अपने वर्तमान कार्य को छोड़कर, एक निश्चित स्थान पर एक ही बार में इकट्ठा होना चाहिए। उन्हें पिट्ठू को खींचने, पेशाब करने, पीने का पानी आदि में देरी नहीं करनी चाहिए।
2. **अलर्ट सिग्नल :** कई बार छोटा सिग्नल फूँकना सुरक्षाबलों के हमले का संकेत है और सदस्यों को आड़ लेने की सलाह है। इस संकेत को सुनकर सभी सदस्यों को अपना काम बंद कर देना चाहिए और किसी भी स्थिति में अपने पिट्ठू के साथ आड़ के पीछे जाना चाहिए। (सदस्यों को अपना पिट्ठू हर समय तैयार स्थिति में रखना चाहिए।) यदि कुछ छूट जाता है तो मौका मिलने पर इसे बाद में लिया जा सकता है। लेकिन चीजों को व्यवस्थित करने में कोई देरी नहीं करनी चाहिए। सभी को 30 सेकंड में अपनी स्थिति में पहुँच जाना चाहिए।
3. लंबी सीटी का मतलब है कि सदस्यों को मीटिंग के लिए या कक्षा के लिए बुलाया जा रहा है। उस स्थिति में सदस्यों को अपने पिट्ठू के साथ पीने के पानी जैसे कार्यों को पूरा करने के बाद निश्चित स्थान पर पहुँचना होगा।

4. रसोई से संबंधित कार्यों के लिए एक लंबी सीटी।
5. जगह खाली करने के लिए छोटी सीटी, पिट्ठू की व्यवस्था करना, पिट्ठू के साथ मार्च करना, रास्ते में रुकना और फिर शुरू करना।
6. रास्ते में रुकने के लिए एक छोटी सीटी।

स्थायी आदेश

1. सैनिक अपने दम पर काम करने के लिए स्वतंत्र नहीं हैं, लेकिन उन्हें अनुशासन का पालन करना चाहिए।
2. हमेशा एक तय योजना में चलें।
3. ठहरने के स्थान पर एक संतरी को तैनात किया जाना चाहिए और उसे सुरक्षा और बचाव के लिए आड़ दी जानी चाहिए।
4. हथियारों को नियमित रूप से और ठीक से साफ किया जाना चाहिए।
5. हाजिरी की व्यवस्था प्रतिदिन की जानी चाहिए और सभी आवश्यक निर्देश संक्षेप में दिए जाने चाहिए।
6. शिविर के आसपास या गाँव के पास प्रतिदिन सुरक्षात्मक गश्त होनी चाहिए।
7. सभी सदस्यों को अपने हथियार अपने साथ रखने चाहिए।
8. हथगोले उन्हीं को दिए जाने चाहिए, जो इसे कम-से-कम 20 मीटर तक फेंक सकें।
9. सभी को पढ़ना चाहिए और दूसरों को 'जंग' पढ़ने देना चाहिए।

दस्ते के सदस्यों के कर्तव्य

1. संतरी के रूप में कार्य करें।
2. हथियार हमेशा साथ रखें।
3. दस्ते और संबंधित पार्टी समितियों द्वारा सौंपी गई सेना की गतिविधियों में शामिल हों।
4. माल ढोनेवाले नक्सलियों को कमांडर द्वारा काम सौंपा जाता है।
5. नियमित रूप से सैन्य अभ्यास करना।
6. पढ़ना सीखना और दूसरों को पढ़ना सिखाना।
7. लोगों के साथ सम्मानपूर्वक व्यवहार करना।

शूटिंग के लिए प्रशिक्षण

दूरी के अनुसार लक्ष्य निर्धारित कर निशानेबाजी के अभ्यास के लिए—

1. लंबी दूरी का लक्ष्य
2. छोटी दूरी का लक्ष्य

1. **लंबी दूरी का लक्ष्य :** लंबी दूरी के लक्ष्य में दूरी 100 मीटर और बोर्ड का आकार 5×5 मीटर होगा। पहला वृत्ताकार व्यास 1 फीट का, दूसरा वृत्त 2″ व्यास का, तीसरा वृत्त 3″ त्रिज्या का और चौथा बाहरी वृत्त 4″ व्यास का होगा। उस स्थान से परे को 'बाह्य स्थान' कहा जाता है—

1.	केंद्र पर मारने से मिलता है	—	4 अंक
2.	पहला घेरा मारना	—	3 अंक
3.	दूसरा घेरा मारना	—	2 अंक
4.	बाहरी घेरे को मारना	—	1 अंक
5.	बोर्ड का बाहरी स्थान	—	0 अंक

2. **कम दूरी का लक्ष्य :** 25 मीटर से 50 मीटर की दूरी को कम दूरी का लक्ष्य कहा जाता है। बोर्ड 1×1 फीट का है। पहला वृत्त 3″ व्यास का, दूसरा वृत्त 9″ व्यास का और बाहरी वृत्त 12″ व्यास का है। अंकन ऊपर के अनुसार होगा।

युद्ध के लिए कुछ शर्तें—

1. सुरक्षाबल के इतने करीब पहुँचें कि निशाना चूक न जाए, ताकि सुरक्षाबल खत्म हो जाए।
2. यदि आपके खड़े होने की स्थिति में सुरक्षाबल कम हो रहा है तो शूटिंग से बचें।

स्थिति के प्रकार

1. खड़े होने की स्थिति
2. घुटने टेकने की स्थिति
3. कम घुटने टेकने की स्थिति
4. बैठने की स्थिति
5. लेटने-बोलने की स्थिति
6. आक्रमण की स्थिति

1. **खड़े होने की स्थिति :** इस पोजीशन में बायाँ पैर आगे की ओर होता है और बाएँ तथा दाएँ पैरों के बीच की दूरी 2 फीट की होगी। आगे का पैर गति में थोड़ा सा दाहिने हाथ के सामने रहेगा और बायाँ हाथ दाएँ हाथ को पकड़े रहेगा।
2. **घुटने टेकने की स्थिति (घुटने टेकने की ऊँची स्थिति) :** दाहिने पैर की

एड़ी पर कूल्हों को रखते हुए बैठें; बाएँ हाथ की कोहनी को मोड़कर पैर को बाएँ घुटने पर रखें।

3. **बैठने की स्थिति :** कोहनी को घुटनों के समानांतर रखते हुए, पैरों को 54° का कोण बनाकर कूल्हों पर बैठना।
4. **लेटने की स्थिति :** खतरे की स्थिति में जमीन पर लेटने की स्थिति 'लेटने की स्थिति' कहलाती है। यह लेटने की स्थिति युद्ध में किसी छोटी सी स्थिति में ली जाती है।
5. **आक्रमण की स्थिति :** यह एक ऐसी स्थिति है, जहाँ सैनिक शिविर पर तीव्र गति से आक्रमण करना है। यह स्थिति एक-दूसरे के पीछे दो पैरों के बल पर होती है।

प्रतिबंधित संगठन से बरामद दस्तावेजों से पता चलता है कि कैसे इस संगठन के सदस्य सशस्त्र विद्रोह के लिए एकजुट होकर संस्थान के खिलाफ लोगों को उकसाते हैं। वे उन्हें इसी उद्देश्य से प्रशिक्षित करते हैं और वे पुलिस को अपना दुश्मन नंबर 1 मानते हैं।

इस प्रशिक्षण में, यह संगठन अपने सदस्यों को बताता है कि गोपनीयता उनके प्रशिक्षण का सबसे महत्त्वपूर्ण घटक है और यह अपने सदस्य से यह सुनिश्चित करने के लिए कहता है कि सुरक्षाबलों को उनकी गतिविधि, आंदोलन या ठहरने के बारे में कोई सुराग न मिले। इसी तरह, जब नक्सली आक्रामक होते हैं तो सबसे ऊपर गोपनीयता रखते हैं। वे खुद को छुपाते हैं और सुरक्षाबलों का पता लगाने की कोशिश करते हैं और उन पर कूद पड़ते हैं। यह सुरक्षाबलों को भागने का मौका देने के लिए नहीं है। इस गुरिल्ला नीति को कुशलता से लागू करके नक्सली सुरक्षाबलों पर प्रभावी ढंग से हमला कर सकते हैं और अपनी ताकत बचा सकते हैं और जीत हासिल कर सकते हैं। जब भी नक्सलियों ने गुरिल्ला नीति का उल्लंघन किया है तो उन्हें भारी नुकसान हुआ है और सुरक्षाबलों ने गुरिल्लाओं की गलतियों का फायदा उठाया है। जीत हासिल करने के लिए नक्सलियों को गुरिल्ला युद्ध के नियमों और सिद्धांतों का सख्ती से पालन करना चाहिए। किसी भी प्रकार की लापरवाही गुरिल्ला के लिए घातक होगी।

गुरिल्ला दस्ते की गलतियाँ और कमजोरियाँ

- नए रंगरूट और उनमें ज्ञान, गुरिल्ला युद्ध के सिद्धांतों और नियमों के अनुभव की कमी।
- जहाँ दस्ता रहता है, अगर ए.डी. का पालन नहीं किया जाता है तो सुरक्षाबलों के हमले के मामले में जल्दबाजी में आड़ ढूँढ़ना मुश्किल हो जाता है।

- कठिनाई से बचने के लिए व्यस्त और पहचाने गए पथ का उपयोग करना और सामान्य मार्ग का उपयोग करना। ऐसे में अगर सुरक्षाबल घात लगाकर हमला करते हैं तो नक्सलियों को नुकसान होगा।
- गोपनीयता का उल्लंघन गलतियों में से एक है। अति आत्मविश्वास के साथ चलना हानिकारक है। सुरक्षाबलों की जासूसी गतिविधियों को नहीं समझना; लगातार एक ही स्थान पर रहना; चिह्नित गाँवों में रहना और असुरक्षित या मैदानी इलाकों में शरण लेना, पार्टी की कुछ गलतियाँ और कमजोरियाँ हैं।

गुरिल्ला युद्ध को समझना
(गुरिल्लाओं की दैनिक दिनचर्या के संबंध में)

जब नक्सली हाल ही में हुई मुठभेड़ों की बढ़ती घटनाओं का विश्लेषण करते हैं तो यह स्पष्ट हो जाता है कि कई मामलों में जीवित रहना संभव था। नक्सली गुरिल्ला दस्ते सुरक्षाबलों द्वारा अपनाए गए नीतिगत बदलावों को नहीं समझते हैं और तदनुसार नक्सली गुरिल्ला दस्ते और समितियाँ मूलभूत सुधार लाकर उनके साथ तालमेल नहीं बिठा पाते हैं।

नक्सली अपने नए रंगरूटों को नुकसान और नुकसान के पीछे की गलतियों के बारे में बताते हैं। गोपनीयता बरकरार न रखने के कारण नक्सली दस्ते को काफी नुकसान हो रहा है। बदलती परिस्थितियों में केवल परंपरागत और पारंपरिक नीतियों का पालन करना घातक सिद्ध हो रहा है। गुरिल्ला युद्ध नीति के आलोक में सुरक्षाबलों को खत्म करना और नक्सल ताकत को बचाना और जहाँ तक संभव हो, सुरक्षाबलों पर जीत हासिल करना एक गुरिल्ला आदर्श वाक्य/लक्ष्य होना चाहिए। इसलिए गुरिल्ला को यह सुनिश्चित करना चाहिए कि मुठभेड़ों से बचने के लिए उनकी हरकतें पूरी तरह से गुप्त हों। नक्सलियों की नाकामी इसलिए बढ़ गई है, क्योंकि वे सुरक्षाबलों द्वारा बिछाए गए जाल को समझ नहीं पाए और उसका पता नहीं लगा पाए और इस तरह सुरक्षाबलों ने अपना हमला तेज कर दिया। नक्सलियों ने रणनीतिक रूप से भी सुरक्षाबलों को कम करके आँका है।

जब नक्सली सुरक्षाबलों को रणनीतिक रूप से समझने में विफल होते हैं और सुरक्षाबल अपने आक्रामक कदम बढ़ाते हैं तो नक्सली सुरक्षाबलों की ताकत को कम आँकते हैं और वे जवाबी हमला करने में असमर्थ होते हैं, जिसके परिणामस्वरूप उन्हें भारी नुकसान उठाना पड़ता है।

गोपनीयता गुरिल्ला का मूल सिद्धांत है। गुरिल्ला नीति गतिशीलता की माँग करती है, जबकि नक्सली दस्ते का लंबे समय तक एक स्थान पर रहना हानिकारक होता है।

मुठभेड़ों के दौरान गलतियाँ

- कमान, नियंत्रण और समन्वय का अभाव।
- पीछे हटने के दौरान फायरिंग और आंदोलन का तरीका नहीं आना।
- गुरिल्ला दस्ते द्वारा कमजोर प्रतिशोध या
- बिना स्थानापन्न के संतरी के साथ केंद्र छोड़ना।
- हथगोले का उपयोग नहीं करना और खदानों में विस्फोट नहीं करना।
- सुरक्षाबलों पर उचित निशाना नहीं लगाना। राइफल के किसी रुकावट के मामले में, इसे सही करने के बजाय (रुकावट को हटाकर) गिरने की स्थिति लेना।

नक्सली अपने नए सदस्यों को सुरक्षाबलों की तरफ से हो रहे घटनाक्रम के बारे में पढ़ाते और प्रशिक्षित करते हैं। वे इस प्रकार हैं—

1. नक्सल आंदोलन को कुचलने के लिए आज सुरक्षाबल कई आधुनिक तरीके अपना रहे हैं। वे ए.के.-47, एल.एम.जी., ग्रेनेड लॉञ्चर, मोर्टार, आँसू गैस ग्रेनेड जैसे आधुनिक हथियार और बेहतर संचार प्रणाली का इस्तेमाल कर रहे हैं। उन्होंने नक्सल आंदोलन का अध्ययन करने, सूचना एकत्र करने और हमलों को तेज करने के लिए विशेष खुफिया ब्यूरो की प्रतिनियुक्ति की है, उन्होंने नक्सल दस्तों पर विशेष अभियान शुरू करने के लिए सी.आर.पी.एफ., बी.एस.एफ., कमांडो की विशेष टास्क फोर्स का गठन किया है। हाल के दिनों में सेना के अधिकारियों ने वहाँ सेना तैनात करने के उद्देश्य से कोयल कमर के इलाके का दौरा किया है। 6 मार्च, 2003 को नौ राज्यों के पुलिस महानिदेशक और खुफिया अधिकारियों ने संयुक्त कमान के तत्त्वावधान में बिहार की राजधानी पटना में बड़े पैमाने पर उत्पीड़न/दमन अभियान चलाने की एक बड़ी योजना तैयार करने के लिए मुलाकात की।
2. सुरक्षाबलों की रणनीति का प्रभावी ढंग से सामना करने के लिए नक्सलियों को मुठभेड़ों के दौरान अपनी सभी कमजोरियों को दूर करना होगा। सबसे पहले, गुरिल्लाओं को गुरिल्ला युद्ध के अपने कौशल को विकसित और निखारना होगा। आजकल सुरक्षाबल ज्यादा-से-ज्यादा फासिस्टवादी होते जा रहे हैं। सुरक्षाबलों ने कई बार नक्सली दस्तों के खिलाफ अपना अभियान तेज कर दिया है। सुरक्षाबलों के इस हमले को परास्त करने के लिए नक्सलियों को अपने राजनीतिक और सैन्य प्रशिक्षण को बढ़ाना और सुधारना होगा। मुठभेड़ों में नक्सली नेताओं को कुशल और प्रभावी होना चाहिए, ताकि नक्सली प्रभावी ढंग से जवाबी काररवाई कर सकें।

3. आज जब गुरिल्ला दस्ता सुधार कर रहा है और गुरिल्ला युद्ध के विभिन्न कौशल में आगे बढ़ रहा है, माओवादी विभिन्न क्षेत्रों के गुरिल्ला प्रशिक्षणों की विस्तृत तुलना करते हैं। उस तुलना में बिहार, झारखंड गुरिल्ला दस्तों की सैन्य समझ बहुत निम्न स्तर की है। गुरिल्ला दस्तों को गुरिल्ला शैली को अपनाने में समस्या होती है, जो बिना सैन्य उन्नति के अनुकूलन के असंभव है। आज भी गुरिल्ला दस्ते आंदोलनों, आश्रय लेने, लड़ने, तकनीकों के मामलों में पुराने तरीके अपनाते हैं, जो आधुनिक गुरिल्ला शैली से मेल नहीं खाते हैं। यह दस्तों की दक्षता के आधार को प्रभावित कर रहा है। आज भी भारी नुकसान के बाद दस्ते आश्रय लेने या आने-जाने के मामलों में गोपनीयता बनाए रखते हैं, लेकिन केवल कुछ दिनों के लिए, और यह केवल उन लोगों द्वारा किया जाता है, जो किसी बड़ी घटना से प्रभावित होते हैं। लेकिन यह सुरक्षा और सुरक्षा के दृष्टिकोण से गोपनीयता बनाए रखने पर विचार करना है। यदि किसी क्षेत्र में नक्सलियों का मजबूत आधार है और सुरक्षाबल कमजोर है, तो पार्टी का नेतृत्व दल को अकेला छोड़ देता है, इसे हलके में लेने की कमजोरी दिखाता है और गोपनीयता बनाए रखने में विफल रहता है।

कॉमरेड भूल जाते हैं कि सभी क्षेत्रों को गुरिल्ला दृष्टिकोण से देखा जाना चाहिए, यानी गोपनीयता न केवल गुरिल्ला योद्धाओं की सुरक्षा और सुरक्षा के दृष्टिकोण से, बल्कि गुरिल्ला युद्ध के सिद्धांतों से भी जुड़ी हुई है। इसलिए इसे एक सिद्धांत के रूप में देखा जाना चाहिए। इसलिए नक्सली को चलते समय व ठहरने के समय गोपनीयता बनाए रखनी चाहिए। सुरक्षाबल पर हमला करने से पहले नक्सलियों का मूल सिद्धांत गोपनीयता बनी रहनी चाहिए। इसे किसी भी कीमत पर नजरअंदाज या उपेक्षित नहीं किया जाना चाहिए। यह गुरिल्ला शैली का सबसे मौलिक सिद्धांत है और नक्सली इसका जितना ज्यादा पालन करते हैं, उतना ही यह उनकी जान बचाए रखने में मदद करता है और किसी भी हमले के मामले में सुरक्षाबलों की हार और नक्सलियों की जीत सुनिश्चित करता है। आज सुरक्षाबल (पुलिस) तरह-तरह के हथकंडे अपना रहे हैं, गाँवों में एजेंट नियुक्त कर उन्हें वॉकी-टॉकी से लैस कर रहे हैं, गाँवों में दूरभाष की व्यवस्था कर रहे हैं। इतना ही नहीं, वे नक्सलियों के पीछे मुखबिर लगाने की कोशिश कर रहे हैं। वे दिन के बजाय शाम को हमले शुरू कर रहे हैं। जब नक्सली शांत और सुरक्षित महसूस करते हैं और आत्मसंतुष्ट हो जाते हैं या कम सावधान होते हैं तो सुरक्षाबल सूर्यास्त के बाद या अँधेरा होने के साथ हमला करते हैं और नक्सलियों को लगातार नुकसान हो रहा है। इसमें दो कमजोरियाँ होती हैं—एक, सतर्कता के मामले में नक्सली सुस्त होते हैं और नक्सल सिद्धांत को भूल जाते हैं; दूसरा, नक्सली सुरक्षाबलों की रणनीति को समझने में नाकाम हैं।

सुरक्षाबल की बदलती कार्यनीति से निपटने के लिए नक्सलियों को नक्सली कार्यनीति में संशोधन व सुधार करना चाहिए। सुरक्षाबल हमला करते समय नई तकनीक अपना रहे हैं, जैसेकि झारखंड के कोयल-कमूर जोन में सुरक्षाबलों ने उन पर हमला कर दिया। वे बुलेट प्रूफ वैन में थे और लगातार फायरिंग के बावजूद बिना रुके आगे बढ़ते रहे। और यहीं पर नक्सली दस्ते मजबूत थे। काफी मशक्कत के बाद नक्सली मुश्किल हालात में भी पीछे हट सके। इससे उन्हें यह सीख लेनी चाहिए कि नक्सलियों को गाँवों में सड़क पर शरण नहीं लेनी चाहिए।

युद्ध में रणनीतिक रूप से एक दस से लड़ता है और साधारण लड़ाई में दस एक से लड़ते हैं। इसे समझना और आत्मसात् करना होगा।

एक बड़ी और मजबूत ताकत से लड़ते समय एक छोटी सेना को निम्नलिखित स्थितियों को ध्यान में रखना चाहिए—

- सुरक्षाबल से जमकर मारपीट।
- युद्ध के दौरान जल्द निर्णय लेना।
- स्थिति के अनुसार आगे बढ़ना और हटना।
- युद्ध में अच्छा सामंजस्य बनाए रखना।
- हर गतिविधि को अच्छी तरह से कार्यान्वित करना।
- गोपनीयता बनाए रखना।

नक्सलियों का सैनिक गठन में परिवर्तन। उन्हें कौशल, तकनीक और प्रशिक्षण में भी बदलाव लाना होगा, ताकि गुरिल्ला पहल कर सकें। ऐसे समय में नक्सलियों को तेज आक्रामक पहल को अपनाना चाहिए। किसी भी सूरत में नक्सलियों को हार नहीं माननी चाहिए।

चारू मजूमदार ने कहा था—"आत्मसमर्पण करना आत्महत्या के समान है; सबसे कठिन समय में जब आप सुरक्षाबल द्वारा घेर लिये जाते हैं तो आपको हार नहीं माननी चाहिए, बल्कि सुरक्षाबल पर शेर की तरह जमकर झपटना चाहिए और नाकाबंदी तोड़कर बाहर आना चाहिए। ऐसी स्थिति में आपको आमने-सामने की लड़ाई में शामिल होना चाहिए। नक्सलियों को ऐसी खाई से बचना चाहिए, जो आत्मघाती साबित हो।" माओ कहते हैं—"आक्रोश सबसे अच्छा बचाव है।" कॉमरेड माओ द्वारा लिखित गुरिल्ला युद्ध के चार सिद्धांत हैं। गुरिल्ला युद्ध वह तकनीक है, जहाँ एक छोटी और कमजोर ताकत बड़े और मजबूत से लड़ती है। यदि इसे प्रभावी ढंग से क्रियान्वित किया जाता है तो सुरक्षाबल कितना भी मजबूत हो, इससे सफलतापूर्वक नहीं निपट सकता। इसके साथ ही नक्सलियों को गुरिल्ला युद्ध को प्रभावी ढंग से नियोजित करने के लिए निम्नलिखित नियमों का पालन करना चाहिए—

- सुरक्षाबल पर बिजली की गति से हमला करते हुए सख्त गोपनीयता बनाए रखना, उन्हें कभी भी खुद को इकट्ठा नहीं होने देना और इस तरह उन्हें खत्म करना। इसमें चकमा देने और तेज रफ्तार का तत्त्व शामिल है।
- गुरिल्ला युद्ध नीति का पालन करते हुए काम करना, जब तक कि नक्सल ताकत सुरक्षाबल के बराबर नहीं हो जाती।
- लोगों के साथ मजबूत संबंध बनाए रखें। जनता पर भरोसा करें। लोगों को युद्ध में शामिल करें। लोगों से प्यार करें।
- युद्ध का निर्णायक कारक मनुष्य है, न कि हथियार।
- युद्ध में मनोवैज्ञानिक दबाव बहुत काम करता है। ऊँचा मनोबल जीत की ओर ले जाता है और झुकनेवाला मनोबल हार की ओर ले जाता है।
- सुरक्षाबल की गतिविधियों और प्रवृत्तियों पर हमेशा पैनी नजर रखें।
- हमला करने से पहले ताकत संगठित करें और उसके बाद विश्राम करें।
- जब सुरक्षाबल आगे बढ़ता है, नक्सली पीछे हटते हैं, जब सुरक्षाबल शिविर लगाते हैं तो नक्सली उन्हें परेशान करते हैं। जब वे थक जाते हैं तो नक्सली उन पर हमला करते हैं, जब वे पीछे हटते हैं तो नक्सली उनका पीछा करते हैं।
- जब तक आप पूरी तरह से तैयार नहीं हो जाते, तब तक युद्ध से बचें।
- युद्ध से तब तक बचें, जब तक आप ज़ीत के बारे में सुनिश्चित न हों।
- 50-50 जीत/हार के मौकेवाले युद्ध से बचें।
- जब मजबूत सुरक्षाबल पीछा करता है तो एक उलझाव भरे तरीके से आगे बढ़ें।
- सुरक्षाबल को चकमा दें। जाहिर तौर पर आप पूर्व से हमला कर रहे हैं, लेकिन वास्तव में पश्चिम से जोरदार हमला करें। उनके कमजोर बिंदु पर हमला करें।
- पहल कभी न खोएँ। पहल अगर सुरक्षाबल के हाथ में हो तो उससे छीनने की कोशिश करें, क्योंकि पहल जीत की गारंटी है।

गठन

पार्टी के नेतृत्व में काम करनेवाले दस्तों और प्लाटून को निश्चित रूप से गठन बनाकर आगे बढ़ना चाहिए। ये गठन निम्न प्रकार के हो सकते हैं—

दस्ते या खंड की इकाई को दो ग्रुपों में बाँटा जाना चाहिए—पहले ग्रुप का नेतृत्व उप-कमांडर द्वारा किया जाना चाहिए और कमांडर को दूसरे ग्रुप का नेतृत्व करना चाहिए। दोनों ग्रुपों को कमांडर द्वारा ही संगठित किया जाएगा। चलते समय पहला ग्रुप पायलट के रूप में आगे बढ़ेगा, यानी आगे की स्थिति में और दूसरा ग्रुप उसका अनुसरण करेगा।

पहले ग्रुप का पहला सदस्य सामने के गार्ड के रूप में काम करेगा और दूसरे ग्रुप का आखिरी सदस्य पिछले गार्ड के रूप में काम करेगा। अपने-अपने ग्रुप के सदस्यों के रूप में दोनों को अपने फायरिंग हथियार तैयार रखने चाहिए। दोनों ग्रुपों के बीच की दूरी स्थिति के अनुसार 15-25 मीटर की होनी चाहिए। ग्रुप के सदस्यों के बीच की दूरी 3 मीटर होनी चाहिए।

दस्ते के गठन के (एल.जी.एस. या एस.जी.एस.) सदस्यों की संख्या 5-11 है, जबकि नक्सली हमले इस प्रकार हैं—

एक दस्ते में विशेष रूप से एस.जी.एम. में 11 से ज्यादा और 15 से कम सदस्य होते हैं। उस स्थिति में ग्रुप को दो भागों में बाँटा जाना चाहिए—पहले ग्रुप में 5 सदस्य और बाकी बचे (7-9) दूसरे ग्रुप में। इस ग्रुप में सुरक्षाबल पर अचानक हमला करने के लिए 3-4 सदस्यों की एक टीम गठित की जा सकती है। एक वरिष्ठ सदस्य टीम का नेता होगा। इस टीम के पास राइफल होनी चाहिए।

गुरिल्ला हमले तीन प्रकार के होते हैं—

1. छापा मारना
2. हमला करना
3. घात लगाना

1. छापा मारना : यानी किसी जगह पर सुरक्षाबल पर अचानक हमला। उनके हथियार छीनना; सुरक्षाबल को खत्म करना, नक्सली साथियों को जेल से छुड़ाना, फौरन वापस लौटना आदि।

2. हमला करना : बड़े पैमाने पर लंबे समय तक प्रहार करना हमला करना है।

छापा मारने और हमला करने के बीच अंतर

छापा मारना—1. अचानक, 2. तय समय, 3. तुरंत पीछे हटना।

हमला करना—1. तत्काल पीछे हटना जरूरी नहीं है, 2. आमतौर पर नक्सली संख्या में सुरक्षाबल से ज्यादा, 3. बचाव और पीछे हटने के लिए अलग सेना।

3. घात लगाना : यह चलते समय सुरक्षाबल पर हमला करने की एक तकनीक है। यह सुरक्षाबल के नक्सली हमले के दायरे में आने के इंतजार में धोखे से किया जाता है।

- इसमें गुपचुप तरीके से हमला किया जाता है (छिपे हुए)।
- यह जरूरी नहीं है कि नक्सली संख्या में सुरक्षाबल से ज्यादा हों।
- नक्सलियों की संख्या लक्ष्य की उपलब्धि के अनुसार होनी चाहिए।
- हमले के तुरंत बाद पीछे हटना।

छापा

छापेमारी के उद्देश्य

- हथियार और गोला-बारूद हासिल करने के लिए पुलिस थानों और शस्त्रागारों पर छापेमारी करना।
- यह क्रूर पुलिस अधिकारी, क्रूर जमींदारों, एजेंट और राजनीतिक नेता को मारने या पकड़ने के लिए किया जाता है।
- सुरक्षाबल को पूरी तरह खत्म करने के लिए।
- सुरक्षाबल की संचार व्यवस्था को ध्वस्त करने के लिए।
- सुरक्षाबल को हैरान और परेशान करने के लिए।
- नक्सलियों को सुरक्षाबल की हिरासत से छुड़ाने के लिए सुरक्षाबल पर हमला।

छापेमारी में सदस्यों की संख्या

यह निम्नलिखित छह बिंदुओं को ध्यान में रखते हुए तय किया गया है—

- छापे का उद्‌देश्य—विनाश या जब्त करना।
- सुरक्षाबल की संख्या और उसकी सुरक्षा व्यवस्था।
- लक्ष्य की भौगोलिक स्थिति।
- छापा मारनेवाला दल सुरक्षाबल की स्थिति, लोगों के सहयोग और आसपास की स्थिति का अध्ययन करेगा।
- सुरक्षाबल के अंदर और आसपास सहायक तत्त्व, वहाँ पहुँचने और लौटने के लिए दूरी और अनुमानित समय।
- उपलब्ध संख्या और उनके उपलब्ध हथियार।

छापेमारी को सफल बनाने के लिए निम्नलिखित चार बिंदुओं पर ध्यान देना महत्त्वपूर्ण है—

- लक्ष्य की ठीक से और पूरी तरह से जाँच।
- योजना—सटीक होना।
- काररवाई को अचानक से अंजाम देना।
- अभियान के दौरान आकस्मिक स्थिति का सामना करने पर आपात योजना तैयार रखना कि पहल नक्सलियों के हाथ में रहे।

छापा मारनेवाली पार्टी और काम के बँटवारे की जिम्मेदारी

1. हमला ग्रुप
2. सहायता ग्रुप

3. रोककर रखनेवाला ग्रुप
4. आरक्षित ग्रुप

1. हमला ग्रुप

हमला करनेवाला ग्रुप छापेमारी में सबसे महत्त्वपूर्ण घटक है। इसे दो समूहों में बाँटा जाना चाहिए—1. कब्जा करनेवाला ग्रुप, 2. तबाह करनेवाला ग्रुप।

हमला करनेवाले ग्रुप के कर्तव्य—

- सुरक्षाबल को नष्ट करना
- हथियार पकड़ना
- बाधा को दूर करना और आगे बढ़ना
- नक्सलियों को सुरक्षाबल के कब्जे से छुड़ाना
- हमला करनेवाले ग्रुप द्वारा निम्नलिखित रुकावटों को दूर किया जाता है—

(i) तारों की रुकावट को दूर करना,
(ii) दीवार को पार करने का रास्ता बनाना,
(iii) घरों पर चढ़ने के लिए रस्सी और सीढ़ी की व्यवस्था करना,
(iv) खाई और बंकर से बचाव करना।

लाल पार्टी का कमांडर हमला ग्रुप के पास एक सही स्थिति से काररवाई का मार्गदर्शन करेगा। इसके अलावा, कमांडर को ऐसी जगह का चुनाव करना चाहिए, जहाँ से वह सफलतापूर्वक काररवाई को ठीक से निर्देशित कर सके। इसकी योजना पहले से बना लेनी चाहिए। कमांडर को छोटे छापे में भी हमला ग्रुप के साथ होना चाहिए।

केवल निम्नलिखित गुणोंवाले लोग ही हमले के सदस्य हो सकते हैं—

उन्हें साहसी और पहल करने के लिए तैयार रहना चाहिए।

उन्हें अच्छा निशानेबाज होना चाहिए।

उन्हें चार्ज करने, ग्रेनेड फेंकने या कॉकटेल (पेट्रोल बम) फेंकने में माहिर होना चाहिए।

सहायता ग्रुप : सहायता ग्रुप का मुख्य कार्य हमला ग्रुप की सहायता करना है। इसलिए ही हमला ग्रुप का गठन किया जाता है। कभी-कभी यह सुरक्षाबल को भ्रमित भी करता है और इस तरह हमले को आगे बढ़ाने में मदद करता है। इस ग्रुप के पास एल.एम.जी., मोर्टार और लॉन्चर आदि होते हैं। इसलिए इस ग्रुप में केवल उन लोगों को शामिल किया जाता है, जिन्हें हथियारों का ज्ञान है और जो उनका प्रभावी ढंग से उपयोग कर सकते हैं।

रोककर रखनेवाला ग्रुप : इस ग्रुप का मुख्य उद्देश्य सुरक्षाबल को रोके रखना

है, ताकि वह बच न सके। यदि सुरक्षाबल भागने की कोशिश करते हैं तो ग्रुप उसे फिर से पकड़ लेता है और उसे मार देता है। यह ग्रुप भौगोलिक और भौतिक परिस्थितियों के अनुसार पास भी हो सकता है और दूर भी हो सकता है। यह ग्रुप लोगों के संपर्क में आने पर काररवाई की शर्तें भी बताता है। यह लोगों से मदद भी माँग सकता है। यह ग्रुप लोगों के मिलिशिया की रुकावटों की व्यवस्था करता है।

आरक्षित ग्रुप : जब भी जरूरत होती है, आरक्षित ग्रुप सेना उपलब्ध कराता है। यह घायलों और शहीदों को भी उठाता है, काररवाई स्थल पर युद्ध की सामग्री, सीढ़ी और रस्सी आदि के रूप में जरूरत की चीजें उपलब्ध कराता है, चिकित्सा सहायता की व्यवस्था करता है। इसमें लोगों के मिलिशिया को भी शामिल किया जाना चाहिए।

छापेमारी की तैयारी

(क) **रेकी :** इसका उद्देश्य सुरक्षाबल की सभी जानकारी इकट्ठी करना और उसका पूरा नक्शा तैयार करना है। छापेमार पार्टी की कमान इसमें शामिल होनी चाहिए।

(ख) **पहली रेकी में ध्यान रखने योग्य बातें :** पार्टी को सुरक्षाबल के बारे में निम्नलिखित जानकारी इकट्ठी करनी चाहिए—

- सुरक्षाबल द्वारा लगाई गई रक्षात्मक दीवार और रुकावटों के बारे में जानकारी।
- सुरक्षाबल की संख्या और हथियारों के संबंध में जानकारी।
- लक्ष्य तक पहुँचने के लिए पहुँच मार्ग के बारे में जानकारी।
- अनुमानित सहायक सेना और उसकी दूरी के बारे में जानकारी।
- लक्ष्य मार्ग (कच्चा या पक्का) की बनावट की जानकारी।
- छापेमार पार्टी के लिए तैयारी स्थल और आर.वी. स्थान और लक्ष्य से इसकी दूरी।
- छापा मारनेवाली पार्टी और तैयारी स्थल और लक्ष्य के बीच की रुकावटें।

(ग) आसपास की भौगोलिक और स्थान की जानकारी इकट्ठी करें :

रेकी कमांडर को निम्नलिखित बातों पर ध्यान देना चाहिए—

- लोगों से मदद लेना।
- रेकी की टीम को शुरू से अंत तक गोपनीयता बनाए रखनी चाहिए।
- विभिन्न स्रोतों से एकत्र जानकारी की तुलना करना और सही निष्कर्ष पर पहुँचने के लिए उचित जाँच करना। लक्ष्य के अंदर बंकर, संतरी, पोस्ट के बीच की दूरी।
- इसका उचित और तथ्यात्मक रिकॉर्ड रखना।

- रेकी टीम में केवल ऐसे सदस्यों को शामिल किया जाना चाहिए, जो परिस्थिति के अनुसार स्वयं को ढाल सकें, पहल कर सकें और मौजूदा परिस्थितियों के अनुसार कौशल दिखा सकें।
- रेकी टीम को दगाबाजी में माहिर होना चाहिए।
- रेकी टीम को आपस में जिम्मेदारी बाँटनी चाहिए, ताकि तरह-तरह के नजरिए से लक्ष्य का डेटा इकठ्ठा किया जा सके।

योजना

योजना बनाते समय निम्नलिखित बातों का ध्यान रखना चाहिए—

- व्यवस्था सरल और आसान तरीके से की जानी चाहिए, ताकि सदस्य साथियों को इसे आसानी से समझाया जा सके।
- योजना ऐसी होनी चाहिए कि सभी संबंधित सदस्य अपने कर्तव्यों और जिम्मेदारियों को आसानी से समझ सकें।
- प्रत्येक योजना में एक समांतर योजना होनी चाहिए।
- योजना बनाते समय यह सुनिश्चित करना चाहिए कि तैयारी करने और लक्ष्य तक पहुँचने में कितना समय लगेगा?
- छापेमारी की योजना गुप्त रखी जानी चाहिए। इसे सिर्फ जरूरी लोग ही जानें।
- पूर्वाभ्यास—बार-बार पूर्वाभ्यास करने से व्यक्ति की कमजोरी दूर होती है।
- नियोजन को पहले से पहचाना और सुधारा जा सकता है।
- सभी ग्रुपों के बीच समायोजन करना भी जरूरी है।
- पूर्वाभ्यास से समझ और क्षमता बढ़ती है।

अंतिम जाँच

- हमले में इस्तेमाल होनेवाली चीजों की पहचान करें कि वे किस स्थिति में हैं।
- हथियारों, गोला-बारूद, खदानों, ग्रेनेड, कारतूसों की जाँच करना।
- बायो नेट चाकू, रस्सी, सीढ़ी आदि की जाँच करना।
- सभी सदस्यों का स्वास्थ्य सुनिश्चित करना।
- सदस्यों को कोड, सिग्नल, पासवर्ड, सावधानी के बारे में याद दिलाना।
- उन्हें जालसाजी और छुपाने के बारे में याद दिलाना।
- छापेमारी पार्टी के किसी भी सदस्य के पास पहचान-पत्र नहीं होना चाहिए।

लक्ष्य तक पहुँचना

- गुप्त रूप से लक्ष्य तक पहुँचना चाहिए और विशेष बातों का ध्यान रखना

चाहिए (कोई आवाज, मशाल आदि नहीं)

- लक्ष्य से 5–10 मिनट की दूरी पर ठीक से जाँच करना जरूरी है।
- सभी आदेशों को संक्षेप में समझाया जाना चाहिए।

छापे का संचालन

- पहले रोकनेवाले ग्रुप को जाने दें।
- इसके बाद हमला करनेवाला ग्रुप जाएगा।
- फिर हमला करनेवाले ग्रुप को सुरक्षाबल पर हमला करना चाहिए।
- जैसे ही छापा अभियान शुरू होता है, सभी सदस्यों को एक बार अपने आप को ठीक और स्वस्थ होने की काररवाई में शामिल होना चाहिए।

हमले के समय सदस्यों को बंदूक के साथ बंकर में जाने का अभ्यास करना चाहिए और यह अभ्यास शीघ्र होना चाहिए। बंकर के पास जाने के लिए दूसरे ग्रुप में भ्रम पैदा करना चाहिए और कम रोशनी को ठीक करने के लिए ऊपर गोली चलाने की स्थिति में देखना चाहिए, जहाँ लक्ष्य लिया जा सकता है। तार काटने के लिए उन्हें बारूद और कार्डक्स का इस्तेमाल करना चाहिए। इसका उपयोग दरवाजे का ताला तोड़ने के लिए भी किया जाता है। इससे ताला तोड़ा जा सकता है। जब वे खदानों के साथ बंकर में आते हैं तो उन्हें अपने सामने एक इंच मोटी लोहे की प्लेट रखनी चाहिए और फिर आगे बढ़ना चाहिए। खदान की दिशा सही ओर होनी चाहिए। बरतन ठीक होना चाहिए। पाइप सीधा होना चाहिए और लोहे का टुकड़ा ठीक जगह पर होना चाहिए। अगर इसे ठीक से नहीं रखा गया तो इसके फटने की संभावना रहती है। उन्हें घात लगानेवाले ग्रुप के पीछे खदान की दिशा को ध्यान में रखते हुए आगे बढ़ना चाहिए।

घात लगाने के स्थान के बारे में

घात के लिए स्थान (इलाके) के चयन के संबंध में चार बिंदु हैं—

- घात लगाने का आदर्श स्थान एक चाप के आकार में होना चाहिए, ताकि सुरक्षाबल दूर से ही देखा जा सके।
- घात लगाकर हमला करने की स्थिति ऐसी होनी चाहिए कि सुरक्षाबल उसका पता न लगा सके।
- घात लगाने की स्थिति सुरक्षित स्थान पर होनी चाहिए।
- यह ऐसी होनी चाहिए कि जहाँ ठौर-ठिकाना आसान और आरामदायक हो।

ध्यान देने योग्य कुछ बातें (दिमाग में रखने की बात)

- नक्सलियों को यह सुनिश्चित करना चाहिए कि उनके पीछे कोई कठोर पदार्थ

(चट्टान की तरह) न हो, क्योंकि ऐसा कठोर पदार्थ सुरक्षाबल की आग को खराब कर सकता है, जिससे उन्हें नुकसान पहुँच सकता है और उन्हें। हमें मार भी सकता है।

- बंकर ऐसा होना चाहिए कि नक्सली वहाँ ज्यादा देर तक आराम से रह सकें। ऐसा करके नक्सल शारीरिक रूप से थका हुआ महसूस किए बिना लंबे समय तक गोली चला सकता है।
- सुरक्षाबल के लिए स्थिति अदृश्य होनी चाहिए, जहाँ नक्सली आसानी से ठिकाना ले सकें।
- नक्सलियों को जगह के हिसाब से जालसाजी करनी चाहिए, ताकि सुरक्षाबल की नजरों से बच सकें। अगर जालसाजी माहौल के अनुकूल नहीं है तो सुरक्षाबल हमें पहचान सकता है।
- एक ही जगह पर दो बंकर लगाने से फायदा होता है। ऐसे में नक्सली बीच-बीच में अपना बंकर बदल सकते हैं और सुरक्षाबल के लिए नक्सलियों की स्थिति का पता लगाना मुश्किल हो जाएगा।
- बंकर ऐसा होना चाहिए कि पास में ठिकाना लिया जा सके, कहीं ऐसा न हो कि सुरक्षाबल देख ले।
- छाया में होने पर स्थिति बेहतर मानी जाती है। यह अपने आप को छिपाने में मदद करता है।
- चीजों का हिलना-डुलना और पक्षियों का उड़ना संदेह पैदा करता है। आसपास से कुछ भी अलग संदेह पैदा करता है।

घात लगाने के बारे में निम्नलिखित बातों पर ध्यान दें—

- घात लगाकर हमला करने के बाद यदि सुरक्षाबल ने बंकर का ठिकाना जान लिया तो नक्सलियों को आगे बढ़ने के लिए एक और बंकर मिलना चाहिए।
- घात को संदेह के स्थान पर स्थापित नहीं किया जाना चाहिए।
- पत्थरों, कीचड़, मोड़ या गड्ढों के बीच घात लगाकर हमला किया जाना चाहिए, ताकि सुरक्षाबल अपनी गति को धीमी कर दे।
- नक्सली मानसिक रूप से सतर्क हों तो कहीं भी घात लगाकर हमला कर सकते हैं।
- घात लगाकर हमला करने के लिए नक्सलियों के पास गुरिल्ला और सैन्य समझ होनी चाहिए।
- घात लगानेवाली पार्टी के सदस्यों को अपने हथियारों की रेंज के अनुसार दूरी

तय करनी चाहिए। नक्सलियों को 50-60 मीटर के दायरे में रखना चाहिए, ताकि ग्रेनेड से हमला किया जा सके। दूरी बढ़ने पर नक्सली सुरक्षाबल को नुकसान नहीं पहुँचा सकते।

- जब एक घात में केवल बंदूकों का इस्तेमाल होनेवाला हो, तब नक्सलियों को हथियारों को अच्छी स्थिति में रखना चाहिए, चाहे वह हमला हो, समर्थन हो या रुकना हो।
- घात के समय कमांडर को एक ऐसी स्थिति लेनी चाहिए, जहाँ वह गतिविधियों को नियंत्रित और निर्देशित कर सके।
- घात में प्रत्येक सदस्य के लिए चाप बड़ी रेंज का होना चाहिए।
- यदि पूर्वाभ्यास नहीं किया गया तो घात 100 प्रतिशत सफल नहीं हो सकता है। इसलिए नक्सलियों को बार-बार पूर्वाभ्यास से गुजरना पड़ता है।

रात्रि घात के लिए कुछ सावधानियाँ

- रात्रि घात के मामले में घात के स्थान के बारे में पूरी जानकारी लेने के लिए संचार प्रणाली (वॉकी-टॉकी) जरूरी है।
- इंतजार के दौरान कोई भी खैनी-सुरती, बीड़ी नहीं जलाएगा, रोशनी नहीं करेगा या सोएगा नहीं, कोई भी मशाल नहीं जलाएगा, बात नहीं करेगा।
- विस्फोट या फायरिंग से पहले जो व्यक्ति खोल के पीछे खतरे की स्थिति में है तो उसे अपना सिर नहीं उठाना चाहिए, क्योंकि यह बहुत संवेदनशील और संकटमय होगा।
- सुरक्षाबल को जाल में आने दें। इससे पहले गोली न चलाएँ।
- बारिश या ठंड के बावजूद दृढ़ रहें।
- खदानों में विस्फोट के तुरंत बाद घात लगाकर हमला करनेवाली जगह पर जोरदार और तेज गोलीबारी होने दें।
- क्रॉस फायरिंग से बचें। अपनी फायरिंग को अपने चाप पर रखें। चाप तय करने के लिए दो केंद्र तय किए जाने चाहिए।
- हमले के दौरान हथियार पकड़े जाने तक घात वाले स्थान को रोशन रखें।
- सुरक्षाबल की ओर से गोलीबारी होने की स्थिति में ग्रेनेड का प्रयोग करें।
- यदि सुरक्षाबल की ओर से गोलीबारी बंद हो जाती है या कोई गोलीबारी नहीं होती है तो सुरक्षाबल की गतिविधि का पता लगाने की कोशिश करें और सुरक्षाबल को आत्मसमर्पण करने के लिए कहा जाए।
- आत्मसमर्पण या कोई प्रतिक्रिया नहीं होने के बाद जब्ती दल को हथियारों पर

कब्जा करने का आदेश दिया जाएगा।

- रात में पार्टी के सदस्य पर हेलमेट, टोपी या पीठ पर कुछ ऐसा पहचान चिह्न होना चाहिए, जो रात में पहचान में मदद कर सके।
- किसी भी व्यक्ति के ऊपर चमकनेवाली कोई चीज या टॉर्च न रखें।
- सुनिश्चित करें और सीटी बजाते रहें, पुलिस हथियार पकड़ने के दौरान गोली नहीं चलाती है।
- हथियारों पर कब्जा करने के दौरान, सभी साथियों को आगे बढ़ते या पीछे हटते समय सभी नियमों का पालन करना चाहिए।
- हथियारों पर कब्जा करने के दौरान, कोई भी गुरिल्ला अपनी जगह नहीं छोड़ेगा और न ही कोई ढिलाई दिखाएगा।
- पीछे हटते समय बहुत सावधानी से कार्य करें।

ग्रेनेड और ग्रेनेड लॉञ्चर को क्षेत्र के हथियार के रूप में बड़े पैमाने पर इस्तेमाल किया जाना चाहिए और नक्सलियों को इसके महत्त्व को समझना चाहिए।

बारूदी सुरंगें लगाने का प्रशिक्षण

नक्सलियों का मानना है कि उचित स्थान पर बारूदी सुरंगें बिछाना ही उनके युद्ध की सफलता तय करेगा। वे अपने ग्रुप को सिखाते हैं कि बारूदी सुरंगों से विरोधी को भारी नुकसान होगा और माओवादियों को लगभग बिल्कुल नुकसान नहीं होगा। वे अपने गुरिल्लाओं को तैयारी, सुरक्षा और संचालन के लिए प्रशिक्षित करते हैं।

रुकावट कैसे पैदा करें और खदानें कैसे बनाएँ?

- रक्षा और अपराध दोनों में रुकावटों का इस्तेमाल किया जाता है।
- उसे खत्म करने के लिए बड़े पैमाने पर गोलीबारी करने के लिए बाधाओं और खदानों का इस्तेमाल किया जाता है।
- इन युक्तियों से गुरिल्लाओं के पास ज्यादा समय होता है।
- नक्सलियों, नक्सली दस्तों पर सुरक्षाबल के हमले को रोकने के लिए उनका इस्तेमाल करें।
- जब नक्सली सुरक्षाबल को केवल गोलीबारी से खत्म करने की योजना बनाते हैं तो रक्षा के लिए खदानों का उपयोग किया जाता है।

रुकावटें : ये दो प्रकार की होती हैं—

1. प्राकृतिक रुकावटें नदी, नाला, पहाड़ियाँ, खाइयाँ, दलदल आदि हैं।
2. कृत्रिम : गड्ढे खोदना, फंदा, खदानें, वर्जित तार। नक्सलियों को कोशिश

करनी चाहिए कि झाड़ियों के बीच ज्यादा-से-ज्यादा रुकावटें पैदा करें।

खदानें : खदानें दो प्रकार से बिछाई जा सकती हैं—

खदान एक तरह से कृत्रिम मार्ग होता है, जो सुरक्षाबल को भ्रमित कर सकता है और उनका मार्ग बदल सकता है। खदान दूसरी जगह बिछाई जानी चाहिए, ताकि सुरक्षाबल फँस जाए। खदानों को पूरी जानकारी के साथ बिछाना चाहिए। उन्हें लंबी दूरी तक नहीं बिछाना चाहिए। खदान को सतह पर रखा जा सकता है और यह एक गोली की तरह काम करता है, जिसमें बरतन का तल मोटा होता है, जिसे उड़ा दिया जाता है।

जिलेटिन पाउडर की कमी होने पर नक्सलियों को चाहिए कि वे खाली पेटियों को तार से जोड़ दें, ताकि सुरक्षाबल को धोखा दिया जा सके और अपनी गति कम की जा सके।

नक्सलियों को एक तरफ कृत्रिम खदान और दूसरी तरफ असली खदान रखनी चाहिए।

क्लेमोर खदानों और गोलीबारी के बीच सामंजस्य

जहाँ नक्सली गोलीबारी नहीं कर सकते, वहाँ नक्सलियों को शोर मचाना चाहिए।

सुरक्षा के लिहाज से घात के पीछे क्लेमोर खदानें भी रखी जा सकती हैं।

घात की शुरुआत क्लेमोर खदानों से होनी चाहिए। उसके बाद गोलीबारी का सहारा लेना चाहिए।

केवल खदानों से घात लगाना।

घात लगानेवाली पार्टी के सदस्य कम होने पर भी घात लगाई जा सकती है।

जब सेना वैन में आती है तो इसे खदानों से उड़ाया जा सकता है।

सड़क के किनारे पत्थरों, रेत और मिट्टी में खदानें लगाई जा सकती हैं।

पैदल यात्री सुरक्षाबल को खदान लगाकर भी नष्ट किया जा सकता है।

खदानें बिछाते समय ध्यान रखने योग्य बातें—

वैन विस्फोट करने के लिए दो स्थानों पर एक के पीछे एक 5 फीट की दूरी पर बारूदी सुरंगें बिछाई जानी चाहिए।

रास्ता चौड़ा हो तो 5 फीट की दूरी पर एक के बाद एक चार खदानें और साथ-साथ दो खदानें बिछाई जा सकती हैं। रास्ते की चौड़ाई को ध्यान में रखते हुए आगे की दो खदानें 3 से 5 फीट की दूरी पर हो सकती हैं।

कई जगहों पर बारूदी सुरंगें बिछाई जाएँ, ताकि एक जगह नक्सली हमला फेल होने की स्थिति में दूसरी खदानें काम कर सकें।

यदि वैन ज्यादा संख्या में हों तो बड़ी संख्या में क्लेमोर खदानें बिछानी चाहिए, ताकि सुरक्षाबल के शस्त्रों को उसे रोककर लोड किया जा सके।

घात को सफल बनाने के लिए जरूरी है कि नक्सली विस्फोट की जगह से घातवाले स्थान तक एक सीधी रेखा में बैठें, ताकि नक्सली सही अंदाजा लगा सकें।

जब कार्य करने का समय हो तो विस्फोटक को क्लेमोर खदान से जोड़ा जाना चाहिए। यदि विस्फोटक को क्लेमोर खदान से जोड़ा जाता है तो इसे पार्टी या दस्ते से दूरी पर रखा जाना चाहिए, क्योंकि कभी-कभी बिजली के साथ क्लेमोर फट जाता है।

अँधेरी रात होने पर सड़क के किनारे सफेद रंग की चमकीली चीज रख दें, ताकि विस्फोट हो सके।

तार और खदानें बिछाते समय तार और विस्फोटक को फिर से जाँच लें, कहीं ऐसा न हो कि वैन को सड़क पर चलाते समय उसके दबाव में तार काट दिया जाए।

घात लगाने से पहले तार और विस्फोटक की एक बार फिर जाँच कर लें।

जो सदस्य विस्फोट करने के लिए जिम्मेदार है, वह फ्लैश को चालू करने के बाद उसे बंद कर देगा और फिर उसे स्विच को नहीं दबाना चाहिए, क्योंकि स्विच ऑफ के बावजूद फ्लैश चार्ज रहता है और इसलिए स्विच को दबाने पर खदानों में विस्फोट हो सकता है।

खदानों को उस दिशा में खड़ा किया जा सकता है, जिस दिशा में वैन को गिरना है। इसके अलावा उस वांछित दिशा में एक गड्ढा खोदा जाना चाहिए, ताकि वैन उस दिशा में गिर सके, क्योंकि उसका पहिया उसमें घुस जाता है।

विस्फोटक में प्रशिक्षण : नक्सली विस्फोटकों की तैयारी और संचालन में चुनिंदा कार्यकर्ताओं को विस्तृत प्रशिक्षण देते हैं। वे आई.ई.डी. बिछाने के संबंध में कार्यकर्ताओं को प्रशिक्षित भी करते हैं। देखा गया है कि इस प्रशिक्षण में नक्सली कुशल लोगों की मदद लेते हैं।

नक्सल पीपल्स गुरिल्ला आर्मी (पी.जी.ए.)

इसमें अभी भी सैन्य ज्ञान की कमी है। सुरक्षाबल अपनी रणनीति में सुधार कर रहा है, नए तरीके ईजाद कर रहा है और इससे जमीनी हकीकत तेज हो रही है। आधुनिक हथियारों से लैस नव प्रशिक्षित सैनिकों को सेवा में लगाया जाता है। गाँवों से शहरों तक संचार व्यवस्था को मजबूत किया जा रहा है। गाँवों में एजेंटों की तैनाती की गई है। उन्हें नियमित संचार बनाए रखने के लिए वॉकी-टॉकी (संचार प्रणाली) दी जाती है। गुप्त सेवाओं को मजबूत किया जा रहा है और मोरचाबंदी का आधुनिकीकरण किया जा रहा है। इस पृष्ठभूमि में नक्सलियों को नक्सलियों के पुराने और रूढ़िवादी तरीकों में बदलाव और सुधार लाना चाहिए। नक्सलियों को अपने तरीके और साधनों के अलावा अपने सैन्य संगठन और इसके ढाँचे में सुधार करना चाहिए। नक्सलियों को अत्याधुनिक हथियारों का

पूरा ज्ञान होना चाहिए और खुद को सुसज्जित करके नक्सली को पूरे आत्मविश्वास और उच्च मनोबल के साथ नक्सली हाथों में पहल रखनी चाहिए। नक्सली अब तक नक्सल सैनिकों के ज्ञान या कौशल को सुधारने और बढ़ाने में नाकामयाब रहे हैं।

आमने-सामने और करीबी लड़ाई में ग्रेनेड एक अच्छा और प्रभावी हथियार है। जब सुरक्षाबल द्वारा घेर लिया जाता है तो नाकाबंदी को तोड़ने के लिए, खाई और बंकरों से सुरक्षाबल को बाहर निकालने के लिए और छापे तथा घात के समय कमरे में सुरक्षाबल को खत्म करने के लिए भी ग्रेनेड एक प्रभावी हथियार है। पार्टी ने शुरू से ही समय-समय पर अपने विवेक के अनुसार तरह-तरह के हथगोले विकसित किए और कई गतिविधियों में उनकी उपयोगिता साबित हुई है। पार्टी के अधिकांश सदस्य निम्न वर्ग से होने के कारण और विकसित ज्ञान की कमी के कारण इन बातों को आसानी से समझने में नाकामयाब रहते हैं। परिणामस्वरूप वे अतिरिक्त बोझ समझकर हथगोले ले जाने से बचते हैं। वे इसके रख-रखाव के संबंध में उचित ध्यान और देखभाल नहीं कर पाते। यही वजह है कि प्रभावी देखभाल और ध्यान के अभाव में बहुत से हथियार जल्द ही नष्ट हो जाते हैं।

आज गुरिल्ला सदस्यों को यह समझना चाहिए कि युद्ध के मोरचे पर सुरक्षाबल काफी विकसित हो गया है। वे नई रणनीतियाँ अपना रहे हैं। वे आधुनिक उपकरणों से लैस हैं। वे सबसे प्रशिक्षित सैनिकों के साथ हम पर लगातार हमले कर रहे हैं। ऐसी विकट परिस्थिति को समझना बहुत जरूरी है। प्रत्येक सैनिक के लिए यह जरूरी हो गया है कि वह अपने आप को बढ़िया-से-बढ़िया हथियारों से लैस करे। इसे ध्यान में रखते हुए प्रत्येक सदस्य को हथगोले अवश्य रखने चाहिए और इसके महत्त्व को भी समझना चाहिए। वह इन पर उचित देखभाल और ध्यान दें। ग्रेनेड फेंकने के संबंध में सदस्यों को नियमित रूप से इसे तरह-तरह के तरीकों में फेंकने का अभ्यास करना चाहिए। करीबी लड़ाई में ग्रेनेड सुरक्षाबल को घायल कर सकता है और मार सकता है। यह प्रभावी ढंग से और हमलावर रूप से खोल के पीछे, खाई में या कमरे में सुरक्षाबल को मारने के लिए इस्तेमाल किया जा सकता है। आज सुरक्षाबल गुरिल्ला सैनिकों पर हमला करने के लिए ग्रेनेड और ग्रेनेड लॉन्चर इस्तेमाल कर रहे हैं। इसलिए नक्सलियों को भी सुरक्षाबल पर हमला करने के लिए अपनी आवश्यकता के अनुसार ग्रेनेड का प्रभावी उपयोग करने की आवश्यकता है।

ग्रेनेड को बहुत दूर कैसे फेंकें?

इसके लिए सही समय, सही बिंदु पर फेंकने के अभ्यास की आवश्यकता होती है और अभ्यास इसमें कौशल ला सकता है।

इसे पूरी साँस के साथ और पूरी ताकत से फेंकना चाहिए।

ग्रेनेड फेंकते समय दाहिने हाथ को तेज गति से घुमाना चाहिए।

कमर को जितना हो सके, पीछे की ओर मोड़ें।

शक्ति का प्रयोग करने की प्रक्रिया में शरीर के भार को दाहिने पैर से बाएँ पैर पर विशेष शैली में स्थानांतरित करना चाहिए।

इस पूरी प्रक्रिया में शरीर का संतुलन बनाए रखना होता है।

कमर का झुकना, हाथों का झूलना, दाहिना पैर उठाना आदि सभी क्रियाएँ पूरी तरह से व्यवस्थित और सही समय पर होनी चाहिए। पूरे शरीर को व्यवस्थित रूप से चलना चाहिए।

ग्रेनेड फेंकते समय जब हाथ चंद्रमा के अंडाकार आकार में झूल रहा हो। ग्रेनेड और मछली लक्ष्य के समानांतर होने तक ग्रेनेड को जाने नहीं देना चाहिए। इसका मतलब है कि हथेली लक्ष्य का सामना करेगी।

ग्रेनेड जहाँ गिरता है, वहाँ टिकने की शर्तें

- फेंकने के बाद ग्रेनेड हवा में नहीं हिलना चाहिए। इसे उसी स्थिति में रहना चाहिए। इसे जमीन पर लंबवत् रूप से गिरना चाहिए।
- इसे कुछ ऊँचाई पर गिरना चाहिए।

ग्रेनेड लॉञ्च करना कब उपयोगी होता है ?

- जब सुरक्षाबल हमारे पास होता है और एक कवर के पीछे छिपा होता है।
- जब सुरक्षाबल खाई या बंकर में छिपा हो।
- अगर सुरक्षाबल किसी घर में छिपा है तो ग्रेनेड किसी छेद या खिड़की से फेंका जा सकता है।
- जब सुरक्षाबल घने जंगल में होता है और ग्रेनेड चार्ज करना पड़ता है। पेड़ों और शाखाओं के कारण ग्रेनेड फेंकना मुश्किल होता है तो नक्सली साथियों की मदद से ग्रेनेड लॉञ्च कर सकते हैं।
- यदि कोई नक्सली ग्रेनेड गलती से पिन खो देता है तो उसे तुरंत फेंक देना चाहिए। लेकिन ध्यान रहे कि आसपास कोई व्यक्ति न हो। सभी साथियों को सूचित करना चाहिए। यदि खोल उपलब्ध है तो उन्हें ढक देना चाहिए। यदि कोई खोल नहीं है तो झुकी हुई अवस्था में रहें, सिर को नीचे की ओर झुकाए रहना चाहिए।
- जब सुरक्षाबल ग्रेनेड से चार्ज करता है तो नक्सली परिस्थितियों के अनुसार

निम्नलिखित सुरक्षा उपायों का सहारा ले सकते हैं—

- अगर ग्रेनेड नक्सली के पास गिरता है तो उसे तुरंत दोनों हाथों से फेंक देना चाहिए।
- यदि ग्रेनेड गिरने के समय नक्सली लेटने की स्थिति में हों तो उन्हें मौके से हट जाना चाहिए।
- यदि आपके पास दूर जाने का समय नहीं है तो आपको तुरंत जमीन पर पेट के बल लेट जाना चाहिए।
- अगर सिर ग्रेनेड की तरफ है तो आपको अपने सिर को दोनों कोहनियों से अच्छी तरह ढक लेना चाहिए।
- जब बचने का कोई रास्ता नहीं है और ग्रेनेड जमीन पर गिर जाता है तो ग्रुप में से एक को ग्रेनेड पर गिरकर शरीर से ढक देना चाहिए, ताकि एक कुरबानी कई नक्सलियों की जान बचा सके। लेकिन अपनी जान कुरबान करने का फैसला स्वेच्छा से होना चाहिए।

ग्रेनेड लॉञ्चर का उपयोग कैसे करें ?

हमारे पास उपलब्ध ग्रेनेड लॉञ्चर (12 बोरगन 2 राइफल लॉञ्चर) को लोड करने से पहले नक्सली सेफ्टी पिन सेट कर लें। बाएँ हाथ में ग्रेनेड लॉञ्चर को पकड़कर घुटने की स्थिति में रहकर बाएँ हाथ से ग्रेनेड लॉञ्चर को कप में सेट कर दें, ताकि आधा ग्रेनेड कप में चले जाने के बाद ग्रेनेड का सेफ्टी पिन लीवर के अंदर रहे, ग्रेनेड के सेफ्टी पिन को बाहर निकालें, उसके बाद ग्रेनेड को पूरी तरह से कैप में डालना है। अब ग्रेनेड लॉञ्चर ग्रेनेड लॉञ्च करने के लिए तैयार होना चाहिए। घुटना टेककर या बैठने की स्थिति में लॉञ्चर को 45° पर बट के साथ जमीन पर दबाएँ।

लॉञ्चर को जमीन पर कसकर पकड़ें और लॉञ्चर की मदद के लिए बाएँ पैर को लगाएँ। इसके बाद इसे दाहिने हाथ से सेफ्टी पिन पर टारगेट पिट की ओर सेट करके ट्रिगर दबाएँ।

ट्रिगर दबाते ही ग्रेनेड को डिस्चार्ज कप से बाहर फेंक दिया जाता है। जब नक्सली ग्रेनेड बदलने की तैयारी कर रहा होगा और सुरक्षाबल उस जगह से हट जाएगा तो ग्रेनेड लॉञ्च करने का कोई फायदा नहीं होगा। ऐसे में ग्रेनेड को दोबारा इस्तेमाल करने के लिए ऊपर से थोड़ा सा उठा लें (1/4 भाग), सेफ्टी पिन को उसकी जगह पर फिर से लगा दें, फिर ग्रेनेड को पूरी तरह से बाहर निकाल दें। इस तरह नक्सली ग्रेनेड को अनावश्यक इस्तेमाल से बचा सकते हैं और सेफ्टी पिन को सावधानी से रख सकते हैं।

उनके नारे

- चुनाव लोगों को गुमराह करते हैं। ये शोषण के साधन हैं। ये लूट व्यवस्था को कायम रखने के लिए हैं, चुनाव एक धोखा है—कभी न भूलें, कभी न भूलें।
- मुखिया, विधायक और सांसद—सभी शोषण के संतरी हैं।
- पंचायत चुनाव समिति लोगों को मुक्त करो।
- केवल क्रांतिकारी किसान समितियाँ ही शासन करेंगी।
- क्रांतिकारी किसान समितियाँ बनाएँ और हर गाँव में ग्राम रक्षा दल बनाएँ।
- मार्क्सवाद-लेनिनवाद-माओवाद की जय!
- श्रम क्रांति की जय!
- आतंकवाद के खिलाफ जंग के नाम पर साजिश का विरोध और जवाबी काररवाई करें।
- नेपाल, पेरू, फिलीपींस और भारत के जनयुद्ध की जय!

26 जनवरी गणतंत्र दिवस नहीं, यह तो बुलेट पुलिस प्रणाली का दिन है। वास्तविक गणतंत्र केवल सशस्त्र किसानों की क्रांति से सत्ता पर कब्जा करने से ही संभव है।

नक्सलियों की सभा

- नक्सली समय-समय पर अपने कार्यकर्ताओं और सदस्यों की बैठकें बुलाकर योजना बनाते हैं और उन्हें अपनी रणनीति के बारे में बताते हैं। वे उन्हें घटना का उपयोग करने और उसे कार्यान्वित करने का आदेश देते हैं। वे प्राप्त लेवी की राशि, सदस्य द्वारा खर्च किए गए समय और पार्टी के काम पर चर्चा करने के लिए ऐसी बैठकें बुलाते हैं।
- उन्होंने 15 जुलाई, 2002 को पी.एस. के रासपहरी के जंगल में ऐसी बैठक की। दुद्धी (सोनभद्र) नक्सली विमलेश और मिथलेश एक महीने पहले यहाँ आए और ग्रामीणों के साथ बैठक करने का फैसला किया। बैठक में निम्नलिखित मुद्दों पर निर्णय लिया गया—
- इस बैठक में रासपहरी के रामनाथ पुत्र रामलाल गौर, राजेंद्र पुत्र अमशाह गौर, रामदय गौरेक, बाहर से विमलेश, मिथलेश, निर्मला, रविकांत आदि शामिल थे।

1. पार्टी की नीतियों को ग्रामीण लोगों के बीच व्यापक रूप से प्रचारित किया जाना चाहिए।
2. आपसी सद्भाव और एकता बनाए रखनी चाहिए।

3. बड़े पूँजीपतियों की संपत्तियों की पहचान की जानी चाहिए और उन पर कब्जा किया जाना चाहिए।
4. यदि दूसरों की संपत्ति पर कब्जा करने की इस गतिविधि का कोई विरोध किया जाता है तो पार्टी के सदस्य गतिविधि का समर्थन करेंगे।

- इस संबंध में अक्तूबर 2002 में दुद्धी थाने की पुलिस द्वारा गिरफ्तार किए गए एक नक्सली सोनभद्र ने पूछताछ के दौरान बताया कि एक कट्टर नक्सली अशोक कहार उसके घर आया और उससे पूछा कि जमीन पर कब्जा कहाँ करना है? इसके अलावा, उन्होंने यह भी पूछा कि गरीब लोगों का शोषण किसने किया और उन्हें बिना कारण या अवैध रूप से परेशान किया?
- रासपहरी के जंगलों में 15 जुलाई, 2002 को चौकी म्योरपुर के थाना प्रभारी और वहाँ की निगरानी के संबंध में एक बैठक आयोजित की गई, जिसमें यह निर्णय लिया गया कि थाना और चौकी को कड़ी निगरानी में रखा जाए। और इसकी सुरक्षा में लगे पुलिस बल की संख्या, पुलिस चौकी में कितने पुलिसकर्मी आते हैं और कितनी दूर आते हैं, इसकी जानकारी जुटाई जाए। यह भी पता लगाया जाना था कि तलाशी के दौरान कितने पुलिसकर्मी चौकी में रहते हैं? यह जानकारी लेने इस अभ्यास के बाद एक योजना बनाई गई कि कैसे, कब और कितने आदमियों के साथ चौकी को ध्वस्त किया जाए और हथियार और गोला-बारूद लूटा जाए।

स्थापना दिवस

- पी.डब्ल्यू.जी. हर साल 2 दिसंबर को अपना स्थापना दिवस मनाता है। उत्सव रोहतास किले, जिला रोहतास, बिहार में आयोजित किया जाता है। इसमें बिहार और उत्तर प्रदेश के विभिन्न जिलों के एरिया कमांडर और अन्य डी.डब्ल्यू. जी. नेता शामिल होते हैं और भविष्य की योजना तैयार करते हैं।
- 2002 के स्थापना दिवस पर उत्तर प्रदेश से संबंधित निम्नलिखित योजनाओं को चाक-चौबंद किया गया—

1. पुलिस चौकी पैनोरा की लूट।
2. चोपन थाना अंतर्गत तराई क्षेत्र से गुजरनेवाली पुलिस पार्टी पर घात लगाकर हमला और हथियारों की लूट।
3. काशा और पल्हारी के जंगलों से गुजरते हुए पुलिस दल और पी.ए.सी. बल पर घात लगाकर हमला किया और उनके हथियार तथा गोला-बारूद लूटे। इसके अलावा, मुख्य रूप से चोपन, मांची और पन्नोगंज के पुलिस थानों के

क्षेत्रों से हथियार प्राप्त किए।

4. उपरोक्त जानकारी एक गिरफ्तार नक्सली ने पूछताछ के दौरान दी। उसे जिला पुलिस ने गिरफ्तार किया था।

17 नवंबर, 2002 को एम.सी.सी. की बैठक

- जयकरण के नेतृत्व में एम.सी.सी. की बैठक दिनांक 17-11-12 को गाँव रेजेस में पी.एस. दुद्धी के प्राथमिक विद्यालय में 10:00 बजे आयोजित की गई। जयकरण के साथ 15 लोग थे। इसके अलावा, निम्नलिखित सदस्यों ने भी इस बैठक में भाग लिया—

1. गिरधर गोपाल, निवासी मचबाधवा, पी.एस. सोनभद्र।
2. रामसिंह गौर, निवासी सतबामी, पी.एस. सोनभद्र।
3. रामकृष्ण गौर, निवासी खानुआ अघोरा, पी.एस. बद्री (सोनभद्र)।
4. सोमारू, निवासी सतबहरी, पी.एस. दुद्धी (सोनभद्र)।
5. रवींद्र गौर, निवासी हरिया, पी.एस. दुद्धी (सोनभद्र)।
6. जोहर गौर, निवासी हरिया, पी.एस. दुद्धी (सोनभद्र)।
7. राम शंकर गौर, निवासी झरोन।

बैठक का प्रस्ताव : दुद्धी क्षेत्र को निम्नलिखित इकाइयों में विभाजित किया गया था—

1. **झरोन कला इकाई :** प्रभारी महावीर गौर, ग्राम, मनसाबा, पी.एस. दुद्धी।
2. **बभनी इकाई :** गाँव के राजू गौर, निवासी, गाँव चापकी टोला, अकला महुआ, पी.एस. बभनी को इकाई का प्रभारी नियुक्त किया गया।
3. **बकरीहवन इकाई :** रमाकांत को प्रभारी बनाया गया।

- सुरेश गौर उर्फ पवन, निवासी बुलाटी चौकी, पी.एस. दुद्धी को उक्त तीनों इकाइयों का इकाई का प्रभारी बनाया गया।

बैठक से संबंधित महत्त्वपूर्ण मुद्दे

1. यह तय किया गया कि कुछ थानों को विस्फोटकों से निशाना बनाया जाएगा। इसके लिए थाना बिजपुर की पहचान की गई।
2. बैठक में भाग लेनेवाले सदस्य अपने साथ एस.एल.आर.-02, 303 राइफल-1, एस.बी.बी.एल.-2 और डी.बी.बी.एल.-2 ले गए थे।

तालिका 12.1 : नक्सलियों द्वारा बुलाई गई बैठक

क्रमांक	तिथि	बैठक का स्थान
1	7-1-2001 से 11-1-2001	दक्षिण पूर्वांचल संगठनात्मक उप-क्षेत्रीय समिति की पेशकश।
2	17-9-2001 से 20-9-2001	वही
3	6-12-2001 से 9-12-2001	वही
4	02-11-2002 से 06-11-2002	यू.पी.-बिहार सीमा क्षेत्र समिति की पाँचवीं बैठक

- नक्सली संगठनों की बैठकों में पहले से एजेंडा तय होता है। यह तय किया जाता है कि बैठक की अध्यक्षता कौन करेगा, कौन बैठक में भाग लेगा और किन मुद्दों पर चर्चा की जाएगी! बैठक के स्थान के बारे में सभी सदस्यों को सूचित कर दिया जाता है।

□

13

सामाजिक पृष्ठभूमि

माओवादियों का मुख्य सामाजिक आधार भूमिहीन गरीब मजदूर, किसान, मध्यम वर्ग के लोग बनाते हैं। कल्याणकारी राज्य का लाभ न उठा पानेवाले आदिवासी नक्सलियों की रीढ़ बन गए। सामाजिक अधिकारों से वंचित रहनेवाले दलित, इस संगठन का मुख्य अंग हैं। जिन बच्चों की स्कूली शिक्षा और पोषण की उपेक्षा की जाती है, वे 'बैरल सिद्धांत' की ओर आकर्षित होते हैं। युवतियाँ और महिलाएँ हथियार रखने और वरदी पहनने में भी पीछे नहीं हैं।

माओवादियों में बच्चे

- कई दस्तावेज बच्चों के युद्ध में बड़ी संख्या में तरह-तरह से उपयोग के बारे में पर्याप्त सबूत देते हैं। नंदिता रॉय (2010) एक युवा लड़के, मंगटू का वर्णन करती है, जो पास के शहर और गुरिल्ला सेना के बीच में से एक लगता है। वह एक और छोटे लड़के चंदू का भी वर्णन करती है, जो वास्तव में मिलिशिया से संबंधित है और लाइट मशीनगन को छोड़कर हर तरह के हथियार को सँभाल सकता है। बहुचर्चित और फोटो खिंचवानेवाली युवती, कमला सोलह वर्ष की है और वह पहले से ही पी.एल.जी.ए. की कट्टर सदस्य है, जिसके कूल्हे पर रिवॉल्वर और कंधे पर राइफल बँधी रहती है। उसने कई घात में भाग लिया था, वास्तव में, 'घात वीडियो' देखना उसका पसंदीदा मनोरंजन है।
- रॉय की कहानी और तसवीरें इस बात की जानकारी देती हैं कि मिलिशिया और पी.एल.जी.ए. में बहुसंख्यक बच्चे मध्य-किशोर और 20 से कम आयु वर्ग के हैं।
- सुकमा के जिला कलेक्टर एलेक्स पॉल मेनन का कहना है कि मई 2012 में नक्सली बंदी से छूटने के बाद देखा गया कि 80 प्रतिशत नक्सली निरक्षर थे और सभी 16-22 वर्ष के आयु वर्ग के थे।

- गणपति ने स्वतंत्र नागरिक पहल के लिए अपने खुले पत्र में बच्चों को माओवादियों में भरती करने की नीति की व्याख्या की है।

  "जहाँ तक हथियारों के इस्तेमाल में 18 साल से कम उम्र के नाबालिगों को प्रशिक्षण देने का संबंध है, हम यह स्पष्ट करना चाहते हैं कि नक्सल नीति और पी.एल.जी.ए. (पीपल्स लिबरेशन गुरिल्ला आर्मी) के संविधान में कहा गया है कि किसी को भी 16 साल की उम्र के बिना सेना में नहीं लिया जाना चाहिए और भरती करते समय इस आयु-सीमा का सख्ती से पालन किया जाता है। युद्ध क्षेत्र (छत्तीसगढ़ के दंतेवाड़ा और बीजापुर जिले) में पहले से मौजूद असामान्य परिस्थितियों में बच्चे 16 साल की उम्र तक मानसिक और राजनीतिक परिपक्वता प्राप्त कर लेते हैं, क्योंकि वे बचपन से ही प्रत्यक्ष या अप्रत्यक्ष रूप से क्रांतिकारी गतिविधियों में शामिल होते हैं।

  1. माओवादी माधव, जो अब पी.एल.जी.ए. पलटन का कमांडर बन गया है, आंध्र प्रदेश के वारंगल में नौ साल की उम्र में माओवादियों में शामिल हो गया था (रॉय, 2010)।
  2. पोलित ब्यूरो के सदस्य किशनजी किशोरावस्था में ही आंदोलन में शामिल हो गए थे।
  3. माओवादियों ने वन क्षेत्रों में 'यंग कम्युनिस्ट मोबाइल स्कूल' का आयोजन किया, 12-15 वर्ष के आयु वर्ग के 15-20 बच्चों के ग्रुप की मेजबानी की। बच्चों को एम.एल.एम., हिंदी, अंग्रेजी, गणित, सामाजिक विज्ञान, कंप्यूटर आदि के बुनियादी सिद्धांतों से युक्त पाठ्यक्रम में छह महीने के लिए बहादुरी का प्रशिक्षण दिया गया। उन्हें विभिन्न हथियारों को सँभालने का बुनियादी प्रशिक्षण भी दिया गया। इन छह महीनों के दौरान बच्चों को माओवादी विचारधारा की शिक्षा दी गई।
  4. नवलखा (2010) की रिपोर्ट है कि भरती अभियान बैठकों और पत्रक के साथ आयोजित किए जाते हैं। बस्तर के बेरोजगार लड़कों और लड़कियों के लिए विशेष रूप से निर्देशित एक पत्रक में कहा गया है, "आपको कोई वेतन नहीं मिलेगा, बल्कि भोजन, कपड़े मिलेंगे। व्यक्तिगत जरूरतें पूरी होंगी और आपके परिवार को 'जनता सरकार' से मदद मिलेगी।"
  5. युद्ध के बच्चों के मुद्दे को एक गंभीर मानवीय चेहरा, उस समय मिला, जब 'हिंदू' अखबार ने अपने पहले पन्ने पर एक व्यक्ति की तसवीर

पोस्ट की। बरसा लखमा नाम का व्यक्ति कथित तौर पर एक नक्सली नेता है, वह एक कमांडर है, जिसके बारे में कहा जाता है कि वह 76 सुरक्षाकर्मियों की हत्या में शामिल था। उसे अन्य पाँच लोगों—ओयम हिडमा, पोडियामी हिड़मा, कवासी बुद्रा, ओया गंगा और दुरजोगा के साथ गिरफ्तार किया गया था। पूछताछ से पता चलता है कि बरसा लखमा 25 साल का है, हालाँकि वह 15 साल की उम्र में इस आंदोलन में शामिल हो गया था।

6. मानवाधिकार आयोग ने छत्तीसगढ़ राज्य में संघर्ष में बच्चों के उपयोग का दस्तावेजीकरण किया। अपनी रिपोर्ट में आयोग बताता है, "माओवादी बच्चों को तैनात करते हैं, ताकि वे संतरी ड्यूटी के लिए खुफिया जानकारी इकट्ठी कर सकें, बारूदी सुरंगें और बम बना सकें और सरकारी बलों के खिलाफ शत्रुता में शामिल हो सकें। वे छह से बारह वर्ष की आयु के बच्चों को बाल संघों (बाल संगम) में शामिल करते हैं, बहादुरी का उपदेश देते हैं और उन्हें मुखबिर के रूप में इस्तेमाल करते हैं। आमतौर पर बारह वर्ष की आयु के बच्चों को अन्य माओवादी रैंकों में भरती किया जाता है और राइफल, बारूदी सुरंग तथा तात्कालिक विस्फोटक उपकरणों के उपयोग में प्रशिक्षित किया जाता है। माओवादी सशस्त्र गुरिल्ला दस्तों (दलम) के बच्चे सरकारी सुरक्षाबलों के साथ लड़ाई में शामिल हैं।"

7. ऐसी खबरें हैं कि छत्तीसगढ़, महाराष्ट्र, झारखंड और ओडिशा राज्यों में 'बाल संगठनों' के माध्यम से बच्चों की भरती और उपयोग को संस्थागत रूप दिया गया है।

8. नक्सली नाबालिगों का तेजी से इस्तेमाल कर रहे हैं; उनमें से कुछ छह साल की उम्र के हैं। एक रिपोर्ट बताती है कि सी.पी.आई. (माओवादी) ने ओडिशा में जनवरी 2011 से मई 2011 तक लगभग 400 बच्चों को अपने 'बाल संगठन' में भरती किया है। इन बच्चों को माओवादी विरोधी अभियानों के दौरान सुरक्षाबलों के खिलाफ ढाल के रूप में इस्तेमाल किया जाता है। ओडिशा में एक वरिष्ठ खुफिया अधिकारी के बयान के अनुसार, राज्य में लगभग 700 वचनबद्ध नक्सली हैं, जिनमें कम-से-कम 100 किशोर हैं।

9. एक बार जब बच्चे ग्रुप में शामिल हो जाते हैं तो उन्हें प्रशिक्षित किया जाता है और उन्हें अलग-अलग तरह के काम सौंपे जाते हैं। उनकी

उम्र और दक्षता को ध्यान में रखते हुए उन्हें काम की जिम्मेदारी सौंपी जाती है। बच्चों को प्रशिक्षित करने के लिए एक पूरा प्रशिक्षण कार्यक्रम है। छह से बारह साल के बच्चों को जासूस और कूरियर के रूप में इस्तेमाल किया जाता है। उन्हें बुनियादी व्यायाम में भी प्रशिक्षित किया जाता है और .303 राइफलों से लैस किया जाता है। 12 साल से ऊपर के बच्चों को लड़ाकू के रूप में इस्तेमाल किया जाता है। उन्हें बारूदी सुरंग और बम बनाने और लगाने, खुफिया जानकारी इकट्ठा करने और संतरी ड्यूटी के लिए प्रशिक्षित किया जाता है।

10. एक किशोर सिपाही, रजनी मोटा माँझी (12 वर्ष), जिसे ओडिशा पुलिस ने गिरफ्तार किया था, कहता है, "मैंने सोचा कि यह मजेदार होगा, लेकिन अब मुझे अहसास हुआ कि मुझे वापस स्कूल जाना चाहिए। मुझे माओवादी खेमे में सताया गया।"
11. बताया गया है कि झारखंड में, 2012 में लगभग 100 बच्चों की भरती की गई थी।
12. माओवादियों ने असम में बराक घाटी के गरीबी से त्रस्त चाय बागान क्षेत्रों में भरती अभियान चलाया है।

चित्र 13.1 : शिविरों में प्रशिक्षण प्राप्त करते बच्चे

एस.एन. सिंह, आई.जी. कानून व्यवस्था, असम ने खुलासा किया कि हाल ही में भाकपा (माओवादियों) द्वारा लगभग 200 युवाओं को भरती किया गया है।

भारत में लगभग 50 प्रतिशत जनसंख्या 25 वर्ष से कम आयु की है। लेफ्टिनेंट जनरल वी.के. अहलूवालिया ने अपनी पुस्तक 'रेड रेवोल्यूशन 2020 एंड बियॉन्ड' में युवा आयु तत्त्व का विश्लेषण किया है कि "नक्सल प्रभावित राज्यों में अधिकांश आबादी की औसत आयु राष्ट्रीय औसत से भी बहुत कम है।" कम उम्र में लोगों को शामिल करने का फायदा यह है कि उन्हें आसानी से सिखाया जा सकता है। युवाओं को प्रशिक्षण देना आसान है। एक और महत्त्वपूर्ण बात यह है कि उन्हें ठेकेदारों, जमींदारों आदि के साथ संवाद करने के लिए कूरियर, डाक के रूप में बेहतर उपयोग किया जा सकता है, क्योंकि वे आसानी से पुलिस से बच सकते हैं। बच्चों का उपयोग पुलिस की गतिविधियों को देखने के लिए किया जाता है।

माओवादियों के बीच शिक्षित

अपने शुरुआती और मध्य चरणों में नक्सल आंदोलन का नेतृत्व ज्यादातर शिक्षित उच्च जाति के लोगों के हाथों में था। उन्होंने यह रास्ता किसी मजबूरी में नहीं, बल्कि अपनी मर्जी से अपनाया है। उन्होंने अपने उज्ज्वल कॅरियर को छोड़ दिया, सामाजिक जीवन को छोड़ दिया और एक भूमिगत जीवन जीने का फैसला किया। वे समतामूलक समाज की विचारधारा से प्रेरित हैं। वे बिना शोषण के जीवन का सपना देखते थे। शुरू में वे नक्सली विकास को एक वैचारिक आधार देने में सफल रहे। अपने निजी जीवन के अनुभव के साथ-साथ अपने माओवादी विचारों से वे कॉलेजों और विश्वविद्यालयों में युवाओं को प्रेरित कर सकते हैं। धीरे-धीरे शिक्षित लोगों का प्रवेश कम होता गया। उदारीकरण के बाद के युग में शिक्षित युवा जीवन की गुणवत्ता के प्रति आकर्षित थे। मार्क्सवाद के चैंपियन सोवियत संघ का विघटन हो गया था। पूँजीवादी सिद्धांत का चैंपियन संयुक्त राज्य अमेरिका शिक्षितों के लिए एक गंतव्य बन गया है। विचारधारा ने दम तोड़ दिया है, जबकि उपभोक्तावाद ने पारिवारिक जीवन को घेर लिया है। छात्र टैबलेट में रुचि दिखा रहे हैं, पैंफलेट में नहीं। मॉल, पब, बार युवाओं का ज्यादातर फुरसत का समय ले रहे हैं। 'आज जिएँ और अपने लिए जिएँ,' यह आज का दर्शन बन गया है।

नक्सल आंदोलन के संस्थापक चारू मजूमदार का जन्म 1918 में सिलीगुड़ी में प्रगतिशील जमींदार परिवार में हुआ था। वे बांग्लादेश के पबना के एडवर्ड कॉलेज में अपना कॅरियर छोड़कर किसान आंदोलन में शामिल हो गए थे। उनका जीवन 'राजा से रंक' की कहानी है। उनके पिता एक स्वतंत्रता सेनानी थे। उन्होंने 1968 के नक्सलबाड़ी विद्रोह के ऐतिहासिक लेख 'आठ दस्तावेज' लिखे। उनका लेखन भारत में क्रांतिकारियों

के लिए एक महत्त्वपूर्ण ग्रंथ बन गया है।

चारू के दाहिने हाथ कानू सान्याल को कॉलेज से निकाल दिया गया था, फिर वे जलपाईगुड़ी की दार्जिलिंग जिला समिति में शामिल हो गए थे। बोस, अश्विन चटर्जी, सरोज दत्ता, सुनीता घोष, नागभूषण पटनायक, संतोष राणा, गद्दार, गणपति, सुशीलाल राय चौधरी, असित सेन स्नातक हैं।

अश्विन चटर्जी पश्चिम बंगाल के बीरभूम के एक अमीर और प्रभावशाली कांग्रेसी थे, जबकि सरोज दत्ता ने 'अमृत बाजार पत्रिका' में उपसंपादक के रूप में अपना कॅरियर बनाया और संपादक-प्रमुख तक पहुँचीं। सुनीति घोष विद्या सागर कॉलेज, कोलकाता में अंग्रेजी की लेक्चरर हैं।

नागभूषण पटनायक ने बनारस हिंदू विश्वविद्यालय से गणित में स्नातकोत्तर की पढ़ाई की और माओवादी आंदोलन में शामिल हो गए। दिलचस्प बात यह है कि गुम्मदी विट्टल राव उर्फ गद्दार ने प्रतिष्ठित आर.ई.सी., वारंगल से इंजीनियरिंग स्नातक किया है। आदिभटला कैलासम वेमपतापु सत्यम, कोंडापल्ली सीतारमैया ने अपने शिक्षण पेशे को त्याग दिया और आदिवासियों के शोषण के खिलाफ लड़ाई में कदम रखा। कोंडापल्ली सीतारमैया का जन्म आंध्र प्रदेश के कृष्णा जिले के लिंगवरम गाँव में एक अमीर परिवार में हुआ था। उन्होंने वारंगल में सेंट गेब्रियल हाई स्कूल में हिंदी शिक्षक के रूप में काम किया। वारंगल में उनकी दोस्ती के.जी. सत्यमूर्ति से हुई फिर ये दोनों भाकपा (एम.एल.) पार्टी में शामिल हो गए।

चेरुकुरी राजकुमार उर्फ आजाद का जन्म एक संपन्न परिवार में हुआ था। वे सैनिक स्कूल, कोरुकोंडा के छात्र थे और उन्होंने नेशनल इंस्टीट्यूट ऑफ टेक्नोलॉजी, वारंगल से इंजीनियरिंग पास की थी। उन्होंने केमिकल इंजीनियरिंग में एम.टेक. पूरा किया। वे 1974 में रेडिकल स्टूडेंट्स यूनियन में शामिल हुए, बाद में सक्रिय 'नक्सल दलम' में आ गए। आजाद प्रवक्ता थे और माओवादी पार्टी के सेंट्रल पोलित ब्यूरो के सबसे वरिष्ठ सदस्यों में से एक थे। वे एक विचारक थे, जिन्हें क्षेत्र-शिल्प में विशेषज्ञता प्राप्त थी।

कटकम सुदर्शन, जिन्हें आमतौर पर 'आनंद' के नाम से जाना जाता है, माओवादी पार्टी के पोलित ब्यूरो सदस्य हैं। उनका जन्म आंध्र प्रदेश के आदिलाबाद में हुआ था, उन्होंने सरकारी पॉलिटेक्निक कॉलेज, वारंगल से अपनी शिक्षा पूरी की और उन्होंने एक शिक्षक के रूप में काम किया और भाकपा (माओवादियों) के आदिलाबाद जिला सचिव 'साधना' से शादी की। पुलिस फायरिंग में साधना की मौत हो गई थी। कटकम एक मृदुभाषी व्यक्ति और एक कट्टर रणनीतिकार हैं, जो राजनीतिक क्षेत्र में पार्टी की नीतियों को तैयार करते हैं।

मल्लोजुला कोटेश्वर राव उर्फ 'किशनजी' एक पोलित ब्यूरो और केंद्रीय सैन्य

आयोग के सदस्य और पार्टी के सैन्य नेता भी थे। उनका जन्म आंध्र प्रदेश के करीमनगर जिले के पेद्दापल्ली में गरीब पुजारी परिवार में हुआ था। उनके सहपाठी उन्हें 'कोटन्ना' कहकर बुलाते थे। 1973 में, उन्होंने वारंगल के एस.एस.आर. कॉलेज से बी.एस.सी. की डिग्री ली। फिर उन्होंने हैदराबाद में कानून में प्रवेश लिया। उन्होंने 1974 में कॉलेज छोड़ दिया और माओवादियों में शामिल हो गए। यह बताया गया है कि वे मार्च 2011 में पश्चिम बंगाल के हातिलॉट वन क्षेत्र में एक मुठभेड़ में घायल हो गए थे, बाद में उन चोटों के कारण उन्होंने दम तोड़ दिया।

कोबाद गांधी का जन्म ग्लैक्सो में एक वरिष्ठ वित्त कार्यकारी, नर्गिस और आदि के घर हुआ था। वे मुंबई के एक धनी पारसी परिवार से ताल्लुक रखते हैं। कोबाद गांधी ने दून स्कूल में पढ़ाई की और बाद में सेंट जेवियर्स कॉलेज, मुंबई में पढ़े। उन्होंने कुछ समय के लिए इंग्लैंड के कैंब्रिज विश्वविद्यालय में काम किया। उन्होंने 1983 में अनुराधा शानबाग से शादी की, जिन्हें 'अनुराधा गांधी' के नाम से जाना जाता है। वे वामपंथी राजनीति में शामिल हो गए और अपनी पत्नी के साथ मुंबई छोड़ गए, फिर वे माओवादियों में शामिल हो गए और तमिलनाडु, कर्नाटक, केरल और महाराष्ट्र में नक्सल गतिविधियों के समन्वय के लिए दक्षिण-पश्चिमी क्षेत्रीय ब्यूरो (एस.डब्ल्यू. आर.बी.) के प्रभारी बन गए। उन्हें 20 सितंबर, 2009 को दक्षिणी दिल्ली में कैंसर के इलाज के दौरान गिरफ्तार किया गया था।

जहाँ तक शीर्ष नेतृत्व का सवाल है, वे सुशिक्षित हैं और ज्यादातर स्पष्ट वैचारिक आधार के साथ नक्सलवाद में प्रवेश कर चुके हैं। उनमें से कुछ बहुत अमीर परिवारों से हैं। उन्होंने अपने 'वाद' की तलाश में अपना आरामदायक जीवन छोड़ दिया। सबसे ज्यादा बीच के कार्यकर्ता छोटे शहर के स्नातक और कॉलेजों से ड्रॉप आउट होते हैं। अधिकांश शिक्षित आंध्र, ओडिशा, पश्चिम बंगाल, बिहार और महाराष्ट्र से हैं।

कर्नाटक में तीन नक्सलियों ने चिकमगलूर में नक्सल विरोधी बल (ए.एन.एफ.) के साथ मुठभेड़ में अपनी जान गँवा दी; कर्नाटक स्पष्ट रूप से दिखाता है कि माओवादी चरमपंथी शिक्षित युवाओं की भरती कर रहे हैं। इन तीनों में मनोहर स्नातक थे और अपने पैतृक जिले शिमोगा में प्रगतिशील आंदोलनों में शामिल थे। दूसरा देवेंद्रप्पा उर्फ विष्णु सोराबा तालुक से स्नातकोत्तर था।

तमिलनाडु में खुफिया एजेंसियों ने देखा है कि भाकपा (माओवादी) पार्टी ने 2008 से 2010 तक मदुरै कॉलेजों में बड़े पैमाने पर भरती अभियान चलाया है। अप्रैल 2008 में कडाइकनाल के वडकौंजी जंगलों में पुलिस और नक्सलियों के बीच मुठभेड़ हुई। पुलिस ने खुलासा किया कि जो आठ लोग बचे थे, उनमें से तीन कॉलेज के छात्र थे। फरार लोगों में से एक काथिर, मदुरै के एक सरकारी कॉलेज का छात्र है। अन्य दो—सेंथिल

और मीनाक्षी—दक्षिणी शहर के एक सहायता प्राप्त कॉलेज के छात्र हैं। पुलिस अधिकारी के मुताबिक, "उनका आधार काफी बड़ा है। हमने कई छात्रों सहित 100 से अधिक लोगों की पहचान की है, जो अकेले मदुरै क्षेत्र में माओवादी शिकंजे में थे।"

माओवादियों के बीच शिक्षित लोगों ने न केवल संगठन को वैचारिक आधार दिया है, बल्कि संचालन की योजना बनाने, तकनीकी जानकारी बढ़ाने और नक्सल साहित्य के प्रकाशन में भी महत्त्वपूर्ण भूमिका निभाई है।

नक्सलवाद में महिलाएँ

मार्च 2014 में सी.आर.पी.एफ. और राज्य पुलिस ने छत्तीसगढ़ के कुशमी क्षेत्र के लालसेनपथ जंगल में एक तलाशी अभियान में छह महिलाओं सहित ग्यारह नक्सलियों को गिरफ्तार किया था। ओडिशा पुलिस ने गंजम जिले के मोहना थाना क्षेत्र से तीन महिला माओवादियों को गिरफ्तार किया है। पुलिस ने उनके पास से हथियार और नकदी बरामद की है। पूछताछ के बाद उनके द्वारा दिए गए सुराग के साथ पुलिस ने उनके कब्जे से एक ए.के.-47 राइफल, चार एस.एल.आर. राइफल, दो इंसास राइफल, एक 9 मिमी. पिस्तौल, 354 कारतूस, 13 मैगजीन, एक टिफिन बम और 10.5 लाख रुपए नकद जब्त किए।

उनकी पहचान निकिता माघी, सुशांति और अनीता के रूप में हुई। निकिता माघी पर तीन लाख रुपए का इनाम है, सुशांति और अनीता पर 50,000 रुपए का इनाम है। तीनों द्वारा दी गई जानकारी के आधार पर पुलिस ने दो कंप्यूटर प्रिंटर, दो लैपटॉप चार्जर, यू.एस.बी. बोर्ड, दो ड्राई सेल बैटरी, चार वॉकी-टॉकी बैटरी, स्टेपलर, तीन प्रिंटर, स्याही की बोतलें, एक स्टेबलाइजर, 50 सी.डी., भारी मात्रा में दवाएँ, साइलेंट मोड जेनरेटर, किटबैग, नक्सली वरदी, 25 विस्फोटक, 400 ग्राम गन पाउडर आदि बरामद किए। तीनों ओडिशा के विभिन्न जिलों में 40 से अधिक मामलों में शामिल थीं।

परिवारों में व्याप्त घोर गरीबी के कारण कई लड़कियाँ माओवादियों में शामिल हो गईं। आदिवासियों के अपने पारंपरिक घरों और जमीनों से बड़े उद्योगों और खनन के लिए विस्थापन ने पूरे परिवार को या तो माओवादियों या पुलिस के साथ हाथ मिलाने के लिए प्रेरित किया। कभी-कभी सलवा जुडुम या सुरक्षाबलों द्वारा किए गए अत्याचारों ने महिलाओं को नक्सलियों के साथ बंदूक रखने के लिए मजबूर किया। माओवादी महिलाओं को काम करने की सुविधा, बेहतर जालसाजी करने के गुण के रहते और पुरुषों की जरूरतों को पूरा करने के लिए भरती करते हैं। कुछ गुरिल्लाओं ने आपस में शादी कर ली। रश्मि महली महिला नक्सली कहती है—"माओवादी एक गाँव के लोगों को भरती कर रहे हैं। वे परिवार को आय का वादा कर रहे हैं। मेरे पास उनके साथ

जुड़ने के अलावा कोई चारा नहीं था।" रश्मि कहती है कि उसने कोकाडर से शादी की है और उनका एक बच्चा भी है। उस बच्चे ने उसकी जिंदगी बदल दी है। उसने बच्चे को शांतिपूर्ण जीवन देने के लिए आत्मसमर्पण कर दिया।

एक और महिला नक्सली के शामिल होने के अपने कारण हैं। उसके सात भाई-बहन हैं। वे निर्वाह के लिए कृषि पर निर्भर हैं। कई दिनों तक वे सिर्फ एक दिन के भोजन के साथ रहते थे। रबैका ओडिशा की एक आदिवासी लड़की है। वह एक एरिया कमांडर की अंगरक्षक है, जो ऑटोमैटिक राइफल से लैस है। रबैका की बहन 2010 में दलम में शामिल हुई थी। बताया जाता है कि गिरफ्तारी के बाद वह हिरासत में बलात्कार का शिकार हुई थी। रबैका का कहना है कि उसके भाई को भी सुरक्षाबलों ने ले लिया और संदेहपूर्ण परिस्थितियों में उसकी मौत हो गई। वह कहती है कि सुरक्षाबलों के इन कृत्यों ने उन्हें भूमिगत जीवन जीने के लिए मजबूर किया।

कुछ महिलाएँ सिर्फ व्यक्तिगत सशक्तीकरण महसूस करने के लिए माओवादियों में शामिल हो जाती हैं। पितृसत्तात्मक समाज में महिलाओं का शारीरिक, सामाजिक और मानसिक रूप से दमन किया जाता है। सामाजिक रीति-रिवाजों की बेड़ियों से मुक्ति और सशक्तीकरण के उद्देश्य से महिलाओं ने बंदूकें उठाईं। वैचारिक रूप से पुरुष और महिलाएँ माओवादी शिविरों में रसोई के काम और अन्य गतिविधियों के लिए समान बोझ साझा करते हैं, लेकिन अत्यधिक सैन्यीकृत नक्सलवाद में उनकी स्वायत्तता फिर से नियंत्रित हो जाती है। यह देखा गया है कि महिलाओं को सहायक, कूरियर, रसोइयों और पैदल सैनिकों के कार्य दिए जाते थे। नेतृत्व के स्तर तक विरली ही पहुँच पाती हैं। नक्सलियों का तर्क है कि बहुत कम महिलाएँ 'जोखिम भरे काम' के लिए तैयार होती हैं। महिला संगठन, नारी मुक्ति संघ, सशस्त्र दस्ते सहित सभी स्तरों पर कार्य करता है, जहाँ महिलाओं को पूर्ण सैन्य प्रशिक्षण मिलता है।

इनमें से कुछ महिला नक्सली दलमों में पुरुषों के दुर्व्यवहार और भेदभाव के कारण मुख्यधारा में वापस आ रही हैं। दलम के पुरुष उनका यौन शोषण करते हैं। महिलाओं के साथ दुर्व्यवहार करनेवाले पुरुषों को शायद ही कभी दंडित किया जाता है। मानवाधिकार कार्यकर्ता बालगोपाल कहते हैं—"मैंने ऐसा एक भी उदाहरण नहीं देखा है, जब किसी पुरुष को अपनी महिला कॉमरेड के साथ बुरा व्यवहार करने के लिए कड़ी सजा दी गई हो।" इससे वे बेघर हो जाती हैं। बिहार के एरिया कमांडर रामपति राजू कहते हैं, "उनके दलम में 16 साल से 40 साल की उम्र की महिला शामिल हैं।" वे बताते हैं कि, "लगभग सभी महिलाओं को यौन शोषण के लिए मजबूर किया जाता है। अब उनका माओवादियों से मोहभंग हो गया है। उनमें से कई तो लंबे समय तक हिंसा और भूमिगत जीवन को भी पसंद नहीं करती हैं।"

कुछ महिलाएँ अपने पुरुष समकक्षों से शादी करती हैं। शादी से उन्हें सुरक्षा के साथ-साथ पार्टी में दर्जा भी मिलता है। खुफिया रिपोर्टों के अनुसार, नक्सल नेता महिला कार्यकर्ता के लिए दूल्हा तय करेंगे। ऐसा कहा जाता है कि महिला कार्यकर्ता को पी.डब्ल्यू.जी. में शामिल होते ही निर्दिष्ट पुरुषों से शादी करने के लिए कहा गया है। कई बार महिलाओं को देखभाल और सहायता की जरूरत होती है। दलम की आवाजाही के दौरान अकेली महिलाओं को काफी कठिनाइयों का सामना करना पड़ता है। नर्मदा अक्का भाकपा माओवादी पार्टी की 'वरिष्ठ' महिला सदस्यों में से एक थीं। वे एक केंद्रीय समिति की सदस्य थीं और कथित तौर पर 'महिला सदस्यों के लिए सभी नीतियाँ' तैयार करती थीं। उन्होंने सुधाकर उर्फ 'किरण' से शादी की। किरण को माओवादी विचारक के रूप में देखा जाता है और वे भाकपा (माओवादी) के प्रकाशन विभाग की सदस्य और पार्टी के पोलित ब्यूरो के सदस्य हैं। नर्मदा अक्का अंग्रेजी सहित सात भाषाओं में संवाद करने में सक्षम थी। उन्होंने 18 साल की उम्र में कॉलेज छोड़ दिया था और माओवादियों में शामिल हो गई थीं। उन्होंने राहुल पंडिता और दंडकारण्य जंगलों में एक फ्रांसीसी पत्रकार वेनेसा को एक साक्षात्कार में बताया था—"मेरे पिता एक कम्युनिस्ट थे और उस समय एक कम्युनिस्ट एक समाज-च्युत की तरह होता था। मेरे पिता नक्सलियों के बारे में बात करते थे और कहते थे कि वे घरेलू बेड़ियों से टूट चुके हैं।" अपने पिता की प्रेरणा से वे माओवादियों में शामिल हो गईं। अनुराधा घांडी के बाद केंद्रीय समिति के सदस्य के रूप में चुने जानेवाली वे दूसरी महिला कॉमरेड थीं। वे दंडकारण्य में 'क्रांतिकारी आदिवासी महिला संगठन' की इकाई की प्रमुख भी थीं। अरुंधति रॉय के अनुसार, "यह संगठन 90,000 सदस्यों के साथ सबसे शीर्ष महिला संगठन है। 4 दिसंबर, 2012 को महाराष्ट्र के दक्षिण गढ़चिरौली में हाइकर गाँव के पास माओवादियों और राज्य पुलिस बलों के बीच एक घंटे की भीषण गोलीबारी में नर्मदा अक्का की जान चली गई। वे उस समय 48 वर्ष की थीं।"

शीला मरांडी ने केंद्रीय समिति के सदस्य किशन उर्फ प्रशांत बोस से शादी की। उन्हें 2006 में पुलिस ने गिरफ्तार किया था। किशन भाकपा माओवादी पार्टी के एक वरिष्ठ पोलित ब्यूरो सदस्य और एम.सी.सी. के पूर्व प्रमुख हैं। वे बिहार और झारखंड के प्रभारी हैं और पार्टी के पूर्वी क्षेत्रीय ब्यूरो के प्रमुख हैं। 72 साल के इस बांग्ला माओवादी नेता को पार्टी में बुद्धिजीवी के तौर पर जाना जाता है।

एक महिला माओवादी पद्मा ने राजामौली से शादी की, जोकि एक केंद्रीय समिति के सदस्य और कर्नाटक के राज्य सचिव हैं। राजामौली ने 21 जून, 2007 को केरल के कोल्लम में पुलिस के साथ गोलीबारी में अपनी जान गँवा दी।

कई बार ऐसा होता है कि विवाहित जीवन के कुछ वर्षों के बाद पत्नी और पति

दोनों माओवादी पार्टी में शामिल हो जाते हैं। कादरी सत्यनारायण रेड्डी, जिन्हें आमतौर पर 'कोसा' के नाम से जाना जाता है, अपनी पत्नी राधा के साथ पार्टी में शामिल हुए।

गुरिल्ला युद्ध में शामिल होने के लिए कोसा ने बच्चे पैदा न करने के लिए पुरुष नसबंदी करवाई थी। उन्हें हथियारों और गोला-बारूद में विशेषज्ञता और गुरिल्ला युद्ध के मास्टर के रूप में जाना जाता है। वे केंद्रीय समिति के सदस्य बने।

अनुराधा गांधी जैसी शिक्षित महिला नक्सलवाद की विचारधारा में शामिल हो गईं। वे समाजशास्त्र की प्रोफेसर थीं। उनका जन्म कम्युनिस्ट गणेश और कुमुद शानबाग से हुआ था। दोनों सामाजिक जीवन में काफी प्रगतिशील और सक्रिय थे। उन्होंने मुंबई में सी.पी.आई. कार्यालय में शादी की। अनुराधा ने अपनी स्कूली शिक्षा जे.बी. पेटिट स्कूल, सांताक्रूज से की। उनके घर में बच्चों को विभिन्न विचारों से अवगत कराया गया और उन्हें बहुत-कुछ पढ़ने और अपनी रुचि विकसित करने के लिए प्रेरित किया गया। ऐसे ही घर में अनुराधा ने कॉलेज के दिनों में राजनीति में कदम रखा था। यह 1970 का दशक था, चीन में सांस्कृतिक क्रांति से मोहित कम्युनिस्टों के लिए उच्च समय, अमेरिका के लिए वियतनाम की प्रतिक्रिया। इसी समय नक्सलवाद भी अस्तित्व में आया था। अनुराधा तब 'प्रोयोम' (प्रगति युवा आंदोलन) के साथ एक कट्टरपंथी छात्र समूह में शामिल थीं, फिर वे तत्कालीन नक्सली आंदोलन से जुड़ गईं। उन्होंने 'दलित पैंथर आंदोलन' (1975) में भी भाग लिया। उन्होंने विदर्भ क्षेत्र के ट्रेड यूनियन आंदोलन में रुचि ली। इस दौरान उन्हें कई बार गिरफ्तार किया गया। वे महाराष्ट्र में भाकपा (एम.एल.) की संस्थापक सदस्यों में से एक थीं। वे बस्तर में आदिवासियों से जुड़ी थीं। उन्होंने दंडकारण्य में गुरिल्लाओं को कृषि में सहकारी समितियों की क्षमता का अहसास कराया। वे पितृसत्तात्मक विचारों पर भी आलोचनात्मक थीं, जो उस समय पार्टी में प्रमुख थे। वे 2008 में मलेरिया से अपनी मृत्यु तक भूमिगत काम करते हुए, पार्टी में महिलाओं के हितों की हिमायती रहीं। जैसाकि ज्योति पुनवानी ने 'द नक्सली मेनेस' में लिखा है—"मुझे एक लड़की याद है, जो हमेशा हँसती रहती थी और जिसने दूसरों के जीवन को बदलने के लिए अपने हर तरह से समृद्ध जीवन को छोड़ दिया।"

एक रिपोर्ट के अनुसार, पार्टी की 40 प्रतिशत संख्या में महिलाएँ शामिल हैं। खुफिया रिपोर्टों से पता चलता है कि पिछले दो वर्षों में विशेष रूप से बस्तर क्षेत्र में और सामान्य रूप से अन्य क्षेत्रों में महिला कार्यकर्ताओं की संख्या में काफी बढ़ोतरी हुई है। वर्ष 2010 में महिला कार्यकर्ताओं में लगभग 40 प्रतिशत नक्सली शामिल थीं, जो 2013 में बढ़कर 60 प्रतिशत हो गई। छत्तीसगढ़ में महिला कार्यकर्ताओं की भरती अन्य नक्सल प्रभावित राज्यों की तुलना में ज्यादा है।

चित्र 13.2 : जंगल में महिला नक्सली

जाति संरचना

देश भर में हर दिन निचली जातियों के खिलाफ अत्याचार की खबरें आती रहती हैं। अपराध का पंजीकरण जैसे अपराधियों के खिलाफ काररवाई, गिरफ्तारी और दोषसिद्धि संतोषजनक नहीं है। अत्याचार के 2,00,000 से अधिक मामले लंबित हैं और दोषसिद्धि की दर दो प्रतिशत से कुछ ही ज्यादा है। 'अनटचेबिलिटी इन इंडिया' नामक एक पुस्तक में उच्च और मध्यवर्ती जातियों द्वारा निचली जातियों पर सार्वजनिक रूप से अपमानजनक अत्याचारों के कई उदाहरण दर्ज हैं। 29 सितंबर, 2006 को महाराष्ट्र के नक्सल प्रभावित भंडारा जिले के खैरलांजी गाँव में उच्च जाति के किसानों ने भोतमांगे दलित परिवार के चार सदस्यों की हत्या कर दी थी। उत्तरी गढ़ चिरौली-गोंदिया मंडल समिति के माओवादियों ने दो टूक आवाज उठाई—"खैरलांजी दलित हत्याकांड के दोषियों को सजा-ए-मौत देंगे! सशस्त्र संघर्ष के सिवाय दलित मुक्ति नहीं!" (खैरलांजी हत्याकांड के अपराधियों को मौत! दलितों के पास मुक्ति पाने के लिए सशस्त्र संघर्ष के अलावा कोई विकल्प नहीं है)। माओवादियों और चरमपंथी विचारधारावाले लोगों में दलितों के लिए जगह नहीं है। 'नेशनल फेडरेशन फॉर दलित लैंड राइट्स मूवमेंट' के अनुसार, ग्रामीण भारत में अनुमानित 162 मिलियन दलित हैं; उनमें से सत्तर फीसदी के पास जमीन नहीं है।

आंध्र प्रदेश, ओडिशा, झारखंड, छत्तीसगढ़, पश्चिम बंगाल और महाराष्ट्र जैसे अत्यधिक नक्सल प्रभावित राज्यों में ज्यादातर कार्यकर्ता आदिवासी हैं। ये बहुत गरीब और बेरोजगार हैं, जिनकी मासिक आय 1,000 रुपए (राशन सहित) से कम है, जिस पर पूरा परिवार चलता है। दूसरी ओर इन क्षेत्रों के आदिवासी कार्यकर्ताओं को माओवादियों द्वारा 2,000 रुपए के वेतन की पेशकश की जाती है।

बिहार और आंध्र प्रदेश में जाति के प्रभुत्व और जमींदारों के शोषण ने उत्पीड़ितों की भावनाओं को भड़काया। झारखंड और छत्तीसगढ़ में आदिवासी गरीबी और शोषण से त्रस्त थे और हाल ही में बड़े खनन और धातु परियोजनाओं के कारण विस्थापन से उनकी हालत और बुरी हो गई। यही हाल ओडिशा में भी है। पूर्वी महाराष्ट्र आदिवासी शोषण के कारण माओवाद से प्रभावित था। गढ़चिरौली के जंगलों में आजादी के बाद से भूमि सर्वेक्षण नहीं किया गया था। यह उन जंगलों में सरकारी अधिकारियों द्वारा आदिवासियों की उपेक्षा का एक दुर्लभ उदाहरण है। लेकिन माओवादी जातिगत शोषण, भारी कर्ज के खिलाफ आक्रोश की स्थिति का फायदा उठा रहे हैं। कर्नाटक में यह दोनों का मेल है। पंजाब और हरियाणा में ज्यादातर जाति के मुद्दे हैं, जो ऐसी स्थिति पैदा करते हैं। 2005 में हरियाणा के गोहाना गाँव में सवर्ण जाटों ने दलितों के घर जला दिए थे।

आदिवासियों को 'लंबे युद्ध' में बंदूकों और जूतों का सामना करना पड़ता है। चूँकि माओवादी सशस्त्र संघर्ष में विश्वास करते हैं और उसी पर अमल करते हैं, उन्हें घने जंगलों में रहनेवाले आदिवासियों की झोंपड़ियों में आश्रय खोजने की जरूरत है। उन्हें माओवादियों के लिए बोलना होगा; उन्हें माओवादियों के साथ चलना होगा। उन्हें माओवादियों के लिए मरना होगा। उन्हें माओवादियों को शरण देनी होगी। शहरी बुद्धिजीवियों और शहरी कट्टरपंथियों के पास एक अलग मंच है। जैसाकि कार्यकर्ता और राजनीतिक वैज्ञानिक आदित्य निगम कहते हैं—"हमारे पास माओवादी गठबंधनवाले बुद्धिजीवी हैं, जो अपनी क्रांतिकारी कल्पनाओं को आदिवासियों के जीवन के माध्यम से खेल रहे हैं, जबकि वास्तव में युद्ध में मरनेवाले लोग लगभग सभी आदिवासी हैं।"

1967 में कानू सान्याल के साथ हिंसक विद्रोह की शुरुआत करनेवाले आदिवासी नेता, शुरुआती नक्सली नेता जंगल संथाल, सिलीगुड़ी किसान सभा के अध्यक्ष थे। 24 मई, 1967 को जब पुलिस की एक टीम किसान नेताओं को गिरफ्तार करने पहुँची तो जंगल संथाल के नेतृत्व में आदिवासियों ने पुलिस पर घात लगाकर हमला किया। इस घटना ने कई आदिवासियों को जमींदारों के खिलाफ आंदोलन में शामिल होने के लिए प्रोत्साहित किया। संथालों और अन्य आदिवासी चाय बागान मजदूरों की सक्रिय भागीदारी और पहल के साथ नक्सल विद्रोह हुआ। नक्सलबाड़ी, फांसीदेवा और खड़ीबाड़ी पुलिस थानों के प्रभावित क्षेत्रों में जनजातीय आबादी का 30 प्रतिशत हिस्सा है। छोटानागपुर

की प्रवासी जनजातियों ने 'कृषक सभा' के माध्यम से इस क्षेत्र में प्रभाव बनाया है। शुरुआती समय के नक्सली नेता श्री उइके ने लगभग 30 साल आंदोलन में बिताए थे। नई भर्तियों में आनेवाले अधिकांश आदिवासी लोग हैं, जो सबसे ज्यादा शोषित हैं और निचले पायदान पर हैं।

"एक दिन हम इसे वापस ले लेंगे", एक आदिवासी योद्धा सोनी ने कहा, जिसने अपना अधिकांश समय गाँवों में अपने संघर्ष के बारे में गाने गाते हुए बिताया। वह कहती है, "जंगल नक्सली है।"

2001 की जनगणना के अनुसार, दंतेवाड़ा के 1,220 गाँवों में से लगभग तीन-चौथाई गाँव लगभग पूरी तरह से आदिवासी हैं। आदिवासी बच्चों की भरती माओवादियों के लिए मुख्य रूप से तीन कारणों से फायदेमंद है। सबसे पहले, आदिवासी गाँवों में उन्हें सुरक्षित ठिकाने मिलते हैं, क्योंकि आदिवासी ऐसी किसी भी जानकारी का खुलासा नहीं कर सकते, जो उनके बच्चों के खिलाफ हो। दूसरे, आदिवासी बच्चे लंबे समय तक जंगल में जीवित रह सकते हैं। तीसरा, आदिवासी बच्चे जंगलों के रास्तों को अच्छी तरह से जानते हैं और पहाड़ियों और पेड़ों पर चढ़ने के लिए शारीरिक रूप से फिट हैं। इससे नक्सलियों को उनकी चतुराई का फायदा मिलता है। 'लंदन स्कूल ऑफ इकोनॉमिक्स' के एक विद्वान् मेघनाद देसाई ने कहा, "आदिवासी एक अच्छा गुरिल्ला आधार बनाते हैं" और वे आगे कहते हैं, "वे वास्तव में गरीब हैं और उनकी वास्तविक भावना उनका फायदा उठाए जाने की है...नक्सली इसका फायदा उठा रहे हैं।"

आदिवासियों को मजबूरन बड़ी परियोजनाओं के लिए अपने पारंपरिक स्थानों से पलायन करना पड़ता है। इसके साथ विस्तृत खनन, प्रमुख परियोजनाएँ, बड़े पैमाने पर कुपोषण, जंगलों और नदियों का बड़े पैमाने पर विनाश, मछली तालाबों की नीलामी, आदिवासियों को उनकी पारंपरिक कृषि भूमि से बेदखल करना, जलाऊ लकड़ी महुआ, तेंदू जैसे वन उत्पादों पर प्रतिबंध, मानव अधिकारों का उल्लंघन, पूर्ण गरीबी, कल्याणकारी योजनाओं की अनुपलब्धता माओवादियों को उनके क्षेत्र में कदम रखने के लिए एक अनुकूल आधार बनाती है। माओवादी यह कहकर अपने कार्यों को सही ठहराते हैं कि वे आदिवासियों के अधिकारों की रक्षा कर रहे हैं। वे कहते हैं कि वे उन्हें बाहरी लोगों के शोषण से बचा रहे हैं। आदिवासियों से अपेक्षा की जाती है कि वे पुलिस काररवाई और उनकी ताकत, हथियारों की जानकारी माओवादियों को पहले ही दे दें। यदि वे हुक्म का पालन नहीं करते हैं तो मान लिया जाता है कि वे सुरक्षाबल के साथ हैं।

आंध्र प्रदेश में आदिलाबाद, नलगोंडा, वारंगल, विशाखापत्तनम और श्रीकाकुलम में कई आदिवासी आंदोलन में शामिल थे। गोंड मथुरा, लंबाडी, कोंडा, कोया और सावरा मुख्य जनजातियाँ हैं, जो माओवादियों में शामिल हो गईं। करीमनगर, नलगोंडा,

पूर्वी गोदावरी आदि में पिछड़े वर्गों और अनुसूचित जाति के युवाओं की प्रमुख भूमिका है। पिछड़ी जाति के माधव, राज्य समिति सचिव बने, एक अन्य राज्य समिति सचिव संबाशिव, गोला जाति (पिछड़ी जाति) से संबंधित हैं, जो नलगोंडा जिले से हैं। एक महत्त्वपूर्ण नेता सुधाकर पिछड़े समुदाय से हैं।

माओवादी न तो सैद्धांतिक रूप से समतावादी हैं और न ही समाज के अन्य लोगों से अलग हैं। चूँकि माओवादी भी एक ही तरह की सामाजिक जड़ों से पैदा हुए हैं, माओवादी होना संगठन में एक व्यक्ति के व्यवहार और स्थिति में पता चलता है। अकसर दलित वर्ग के नक्सलियों ने अपनी भावनाओं को व्यक्त किया और दलम में स्वाभिमान के लिए संघर्ष किया।

(क) माओवादी नेतृत्व ज्यादातर उच्च जातियों के हाथों में है। आंध्र प्रदेश में यह रेड्डी और ब्राह्मण समुदायों के साथ है।

(ख) पार्टी के बीच के पदों का स्वामित्व पिछड़े वर्गों के पास होता है। बिहार और झारखंड में क्षेत्रीय इकाइयों का नेतृत्व पिछड़ा वर्ग करता है। झारखंड में टी.पी.सी. ने भाकपा माओवादियों के जातिगत पक्षपात का आरोप लगाया, क्योंकि इसका मुख्य निर्णय लेनेवाला निकाय काफी हद तक यादवों द्वारा गठित है। 2012 में एक अलग दलित माओवादी पार्टी के रूप में 'तृतीय प्रस्तुति समिति' (टी.पी.सी.) का गठन किया गया था। और इसमें अन्य पिछड़े वर्ग जैसे—भोक्ता, तुरी, बदाई, उराँव और गंजू शामिल थे।

(ग) फील्ड रैंक एस.टी. वर्गों द्वारा चलाए जाते हैं और एस.सी. द्वारा समर्थित होते हैं और कुछ क्षेत्रों में बी.सी. द्वारा समर्थित होते हैं। यह वर्गीकरण विभिन्न राज्यों के सभी दलमों पर कड़ाई से लागू नहीं हो सकता। कुल मिलाकर यह सामान्य विशेषता अधिकांश प्रभावित राज्यों में देखी गई है।

(घ) नेतृत्व के लिए उच्च जाति के नक्सलियों और पिछड़े वर्ग के नक्सलियों के बीच मतभेद थे। माओवादी हलकों में यह माना जाता है कि आर.के. (रामकृष्ण) और माधव के बीच बड़े मतभेद थे। रामकृष्ण ब्राह्मण परिवार से हैं, जबकि माधव बी.सी. हैं। पुलिस मुठभेड़ में माधव की हत्या को भी आर.के. से संबंधित माओवादी ग्रुप के भेद बताने के लिए जिम्मेदार ठहराया गया था।

(ङ) निचली जाति के नक्सलियों में संतरी ड्यूटी का अधिकतम समय सामान ले जाने और दूसरे कई तरह के अपमानजनक कामों के बारे में बहुत सारी शिकायतें थीं।

(च) नीची जाति के नक्सली आक्रोश के खिलाफ आवाज उठाते हैं। मैंने कुछ

नक्सलियों से पूछताछ की थी, जो दलित जातियों के हैं। उनकी गिरफ्तारी के बाद, उन्होंने नक्सलवाद में उनके प्रवेश के कारणों का खुलासा किया। उनकी बातें उन्हीं के शब्दों में—

1. संजय उर्फ छोटू बियार पुत्र बेचन निवासी रोबर्ट्स गंज बताते हैं— "गरीबी के कारण मुझे शिक्षा नहीं मिली। नक्सलियों के पास खेती के लिए जमीन नहीं थी। निगोसी का मंगला हरिजन मेरा मित्र था। कांता हरिजन और मंगला मुझे एम.सी.सी. ले गए···"
2. "···मैं गरीबी में जी रहा था। मैं बहुत गरीब परिवार से हूँ। नक्सलियों के पास खेती की जमीन नहीं है। मेरे छोटे भाई की शादी होनेवाली थी। हमारे पास पैसे नहीं थे। मैंने नक्सल गाँव के हनुमान पुत्र बुद्ध से पैसों के बारे में बात की। हनुमान ने मुझे 10 हजार रुपए देने को कहा, लेकिन साथ ही कहा कि मुझे उनके साथ उनकी पार्टी के लिए काम करना होगा। अगले दिन दीवाली के दिन हनुमान मुझे संजय कोल, कमलजी के पास चेरू (पहाड़ी) के पास घाट पर ले गए।" नीतीश उर्फ डब्बू उर्फ रामसूरत पुत्र सुदामा निवासी कुसुम्हा, रॉबर्ट्स गंज।
3. बल्लू पुत्र राधीन गौर निवासी कन्होरा बताते हैं, "···लाल बिहारी निवासी पांडुका, जिला रोहतास, बिहार ने मुझे पी.डब्ल्यू.जी. पार्टी से परिचित कराया। उनके ससुरालवाले कन्हेरा, सोनभद्र, यू.पी. में लखनजी के घर में रहते हैं···"
4. महेंद्र बेगा उर्फ रोहित ने बताया, "···वर्ष 2001 में, दशहरे के 3 से 4 दिन बाद, पी.डब्ल्यू.जी. नक्सली बल्लू निवासी कनोहरा, पी.एस. चोपन (सोनभद्र) ने मुझे पार्टी द्वारा दी जानेवाली सुविधाओं के बारे में बताया। उन्हें सुनकर मैं ललचा गया और पार्टी में शामिल हो गया। तीन दिन बाद मैं तारिया के जंगलों में एरिया कमांडर कमलेश चौधरी से मिला। उसके बाद मैंने पार्टी के लिए काम करना शुरू किया। 2 दिसंबर, 2001 से मुझे 15 दिन की ट्रेनिंग मिली। करीब 6 महीने बाद मुझे टारिया रेंज का आर्मी कमांडर बनाया गया···"
5. "···अक्तूबर 2000 में एम.सी.सी. के देवनाथ कोल 20 सशस्त्र नक्सलियों के साथ रात में गाँव में लोगों के एक ग्रुप से बातें कर रहे थे। उन्होंने उनसे कहा कि जो लोग पार्टी में शामिल होंगे, उन्हें बहुत सी सुविधाएँ और मासिक वेतन मिलेगा। इसी लालच में मैंने पार्टी की सदस्यता ले ली। 6-7 महीने काम करने के बाद मुझे कैमूर के जंगल

में प्रशिक्षण मिला और मुझे सशस्त्र वर्ग में शामिल कर लिया गया। मैं पी.डब्ल्यू.जी. के कमलेश चौधरी की बातों से प्रभावित होकर पार्टी में शामिल हुआ…" राहुल बैगा, एरिया कमांडर (पी.डब्ल्यू.जी.), जिला सोनभद्र, यू.पी.।

ऊँची जातियों और जमींदारों द्वारा किए गए अत्याचार कमजोर वर्ग के लोगों को उनसे बदला लेने के लिए नक्सली संगठन में शामिल होने के लिए मजबूर करते हैं।

□

14

नक्सलियों की आय और व्यय

आखिर इन पेचीदा और इतनी बड़ी विस्तृत व्यवस्थाओं के लिए उन्हें पैसा कहाँ से मिलता है ?

आय

भाकपा (माओवादी) संविधान के अध्याय 13 में उल्लेख किया गया है कि प्रत्येक सदस्य को धन इकट्ठा करने के लिए बाध्य किया जाता है। संगठन को बनाए रखने के लिए सभी सदस्यों को आर्थिक स्रोतों के तरीके और साधन खोजने चाहिए। यह काम विशेष रूप से राज्य क्षेत्रीय समितियों को सौंपा गया है। वे अपनी वार्षिक बैठकों में अपने बजट के बारे में चर्चा करते हैं। वे बैलेंस शीट तैयार करते हैं और उसकी तुलना पिछले वर्षों से करते हैं। फिर केंद्रीय समिति की बैठक में राज्यवार बजट पर चर्चा होती है। माओवादी सालाना 500 से 700 करोड़ रुपए का राजस्व अर्जित करते हैं। इंटेलिजेंस रिपोर्ट्स के मुताबिक, कभी-कभी यह 1,000 करोड़ रुपए तक पहुँच जाता है। नक्सलियों का सालाना टर्नओवर 1,500 करोड़ रुपए है। 29 नवंबर, 2009 को छत्तीसगढ़ के पुलिस महानिदेशक विश्व रंजन ने दावा किया कि माओवादी पूरे भारत में सालाना 20 अरब रुपए तक की उगाही करते हैं। मार्च 2008 में झारखंड पुलिस द्वारा गिरफ्तार किए गए केंद्रीय समिति के सदस्य मिसिर मिश्रा ने खुलासा किया था कि भाकपा (माओवादियों) ने 2007 में अपनी राज्य समिति के माध्यम से 10 अरब रुपयों से अधिक की वसूली की थी और 2008 के लिए 11.25 अरब रुपयों का लक्ष्य निर्धारित किया था। वसूली एक राज्य से दूसरे राज्य में भिन्न होती है। नक्सल साहित्य से उपलब्ध आँकड़ों के अनुसार, बिहार से कुल वसूली 200 करोड़ रुपए वार्षिक है, जबकि छत्तीसगढ़ से 150 करोड़ रुपए है। सबसे ज्यादा वसूली झारखंड से होती है, यानी 350 करोड़ रुपए। 2007 और 2008 में महाराष्ट्र ने 100 करोड़ रुपए जुटाए, जबकि कर्नाटक ने 78 लाख रुपए और तमिलनाडु ने 35 लाख रुपए इकट्ठे

किए। जबकि आंध्र प्रदेश राज्य, जो नक्सल आंदोलन में सबसे ज्यादा योगदान देता है, का योगदान 300 करोड़ रुपयों से घटकर 100 करोड़ रुपए हो गया। सरकार की पहल और सुरक्षाबलों के आक्रामक होने के बाद, आंध्र से राजस्व में गिरावट आई।

माओवादी व्यक्तिगत संचय का श्रेय भी लेते हैं। मिसिर मिश्रा ने कथित तौर पर पुलिस को बताया कि गणपति और संबाशिवुडु जैसे कुछ महत्त्वपूर्ण नेताओं ने पार्टी के लिए सबसे ज्यादा धन जुटाया। आंध्र प्रदेश राज्य समिति के सचिव, संबाशिवुडु, जिन्होंने 15 फरवरी, 2009 को पुलिस के सामने आत्मसमर्पण कर दिया था, उन्होंने 2007 में अकेले में 80 लाख रुपयों से ज्यादा और गणपति ने 2.85 अरब रुपए जुटाए। मिश्रा कहते हैं—"सभी नेताओं ने अपने-अपने बैंक खाते चलाए हुए थे, उन्होंने अपनी इकाइयों और जंगी कारवाई को वित्तपोषित किया, लेकिन केंद्रीय समिति को रिपोर्ट किया। उन्होंने प्रांतीय गुरिल्ला सेना के रख-रखाव के लिए अलग से केंद्रीय सैन्य आयोग के 'कॉर्पस फंड' में भी योगदान दिया।"

माओवादी राजस्व के विभिन्न स्रोत निम्नलिखित हैं—

1. **खनन और औद्योगिक क्षेत्रों से सुरक्षा राशि :** नक्सल प्रभावित जिले खनिज संसाधनों में अत्यधिक समृद्ध हैं। पिछले दस वर्षों के दौरान, छत्तीसगढ़, झारखंड, ओडिशा और पश्चिम बंगाल की सरकार ने कॉरपोरेट घरानों के साथ कई अरब डॉलर के कई समझौता ज्ञापनों पर हस्ताक्षर किए हैं। इनमें से अधिकांश परियोजनाएँ वन क्षेत्रों में इस्पात संयंत्रों, स्पंज-लौह कारखानों, बिजली संयंत्रों, एल्युमिनियम शोधशालाओं, बाँधों और खदानों के लिए हैं। खनन, निर्माण, धातु में शामिल बड़ी कंपनियों के पास इसके अलावा कोई विकल्प नहीं बचा है कि वे नक्सलियों को 'या तो भुगतान करें या तबाह हो जाएँ।' ये कंपनियाँ हमेशा नक्सलियों को अपने भुगतान के लिए अपर्याप्त सरकारी सुरक्षा का बहाना दिखाती हैं। अक्तूबर 2009 में गिरफ्तार 'बिहार-झारखंड स्पेशल एरिया कमेटी' के प्रभारी नरला रवि शर्मा के अनुसार, "ये बड़े निगम नक्सलियों की आय का महत्त्वपूर्ण स्रोत हैं। इस उगाही की मदद से और भी ज्यादा तकनीक और हथियारों को शामिल करके नक्सली नई भरती के माध्यम से अपनी गतिविधियों को बढ़ा रहे हैं और फिर वे व्यापारियों से भी पैसे वसूल कर रहे हैं। वास्तव में, यह एक दुष्चक्र बन गया है।"

   'टाइम्स ऑफ इंडिया' की 6 अक्तूबर, 1992 की रिपोर्ट के अनुसार—"1990 के दशक की शुरुआत में पुलिस को ऐसे दस्तावेज मिले, जो बताते हैं कि महाराष्ट्र में बल्लापुर पेपर मिल ने विद्रोहियों को हर साल 'कर' के

रूप में पचास लाख रुपए का भुगतान किया।"

नक्सली इसे 'सुरक्षा धन' कहते हैं। उनका कहना है कि वे आदिवासियों को व्यापारियों और साहूकारों के शोषण से बचा रहे हैं। दूसरी ओर, वे इन व्यापारिक ग्रुपों को कहते हैं कि हम तुम्हें आदिवासियों से बचाते हैं, क्योंकि इन कंपनियों ने उनकी भूमि पर कब्जा कर लिया था। उनका दावा है कि अगर माओवादी उनकी रक्षा नहीं करेंगे तो कोई और नहीं करेगा।

छत्तीसगढ़ सरकार ने 13,000 करोड़ रुपए से ज्यादा के सौदों की एक श्रृंखला पर हस्ताक्षर किए हैं। नामित परियोजना स्थल नक्सल प्रभावित क्षेत्रों में स्थित हैं, विशेषकर उनके गढ़ों में।

माओवादियों ने उनकी माँग पूरी नहीं करने पर मलकानगिरि में खनन निगम एस्सार के गेस्ट हाउस को उड़ा दिया। एक अन्य घटना में 3 जून, 2009 को नक्सलियों ने मलकानगिरि जिले के चित्रकोंडा के पास एस्सार स्टील लिमिटेड के पाँच वाहनों को आग लगा दी थी। माओवादियों ने कंपनी की लौह अयस्क घोल पाइपलाइन में विस्फोट कर दिया, जो छत्तीसगढ़ से आंध्र प्रदेश के विशाखापट्टनम तक अयस्क ले जाती है। कुछ पुलिस सूत्रों के अनुसार, इन हमलों को तभी रोका गया, जब कंपनी ने माओवादियों को 2 करोड़ रुपए का भुगतान किया। झारखंड में बिजली उत्पादन में एक अन्य निजी कंपनी अभिजीत ग्रुप का दावा है कि भुगतान न करने पर माओवादियों ने उनके चार सुरक्षा गार्ड मार डाले। झारखंड में रूंगटा माइंस, उषा मार्टिन, टोरियन आयरन एंड स्टील सहित कई निगम हैं, जिन्होंने कथित तौर पर प्रतिवर्ष 25 लाख रुपए का भुगतान किया है। 2007 में पलामू में बिड़ला बॉक्साइट कंपनी ने 80 लाख रुपए और लातेहार स्थित टेटरिया माइंस ने 2 लाख रुपए का भुगतान किया। हिंडाल्को के एक कर्मचारी का 2001 में सरगुजा, छत्तीसगढ़ में अपहरण कर लिया गया था। वार्षिक शुल्क तय होने के बाद उसे छोड़ दिया गया था। इसी तरह की घटना झारखंड में 2007 में हिंडाल्को के साथ हुई थी।

बंगाल में नक्सली पथरी पेराई इकाइयाँ, स्पंज आयरन फैक्टरियों, ठेकेदारों, व्यापारियों से हर महीने 8 लाख से 10 लाख रुपए वसूल करते हैं। केंद्रीय खान मंत्री श्री बी.के. हांडिक ने मार्च 2010 में संसद् को सूचित किया कि देश में 1,61,040 अवैध खदानें मिली हैं। इनमें से ज्यादातर माओवादी प्रभावित क्षेत्र में स्थित हैं, जो उनके बड़े सुलभ भरण-पोषण आधार हैं। झारखंड पुलिस के दस्तावेजों के अनुसार, नक्सली अवैध खनन गतिविधि

से सालाना 40 करोड़ रुपए कमाते हैं।

2. **ठेकेदारों से उगाही :** यह पूँजी माओवादियों के राजस्व में दूसरे स्थान पर है। नक्सली अपने क्षेत्र में काम करनेवाली सभी गैर-सरकारी एजेंसियों से कमीशन और उगाही वसूलते हैं। नक्सलियों ने सड़कों के निर्माण, स्कूल भवनों के निर्माण और अन्य सरकारी भवनों, छोटे पुलों आदि पर प्रतिशत निर्धारित किया हुआ है। वे सड़कों पर 10 प्रतिशत और भवनों और पुलों पर 5 प्रतिशत शुल्क लेते हैं। नक्सली तेंदू ठेकेदारों, जंगलों में तालाबों की बोली लगानेवालों, बस और ट्रक ऑपरेटरों, अपने आसपास के पेट्रोल पंपों, महुआ ठेकेदारों से उगाही करते हैं। झारखंड सरकार के सचिव (ग्रामीण विकास), एस.के. सत्पथी ने दावा किया कि माओवादियों ने पी.एम.जी.एस.वाई. योजना के तहत 21 सड़क निर्माण परियोजनाओं को अवरुद्ध कर दिया है। माओवादियों ने आंध्र-ओडिशा सीमा पर सड़कें बिछा रहे एक ठेकेदार के पोकलेन, दो टिपर, दो सूमो और कुछ दुपहिया वाहनों को आग के हवाले कर दिया। आंध्र प्रदेश के चिंतापल्ली के पास किए इस हमले में करीब 40 नक्सलियों ने हिस्सा लिया।

3. **डकैती :** यह एक अपवाद है कि माओवादी डकैती, सेंधमारी जैसे पेशेवर अपराध करते हैं। मई 2007 में माओवादियों ने आई.सी.आई.सी.आई. बैंक पर हमला किया और 5 करोड़ रुपए लूटे।

4. **आई.एस.आई. से संबंध :** पुलिस खुफिया सूत्रों का कहना है कि नक्सलियों के अंडरवर्ल्ड और पाकिस्तान आई.एस.आई. से कुछ संबंध हैं। पुलिस ने इसे आंध्र के नक्सलियों को सौंपने के बीच में 25 लाख रुपए बरामद किए हैं। सूत्रों ने पुलिस को बताया कि लश्कर के गुर्गे नक्सली बैठक में शामिल हुए थे, लेकिन आई.एस.आई. के साथ संबंधों की अभी और जाँच की जानी है।

5. **सरकारी योजनाओं और सरकारी तंत्र से वसूली :** यह नक्सल प्रभावित क्षेत्र में कार्यरत शिक्षकों, कर्मचारियों और ग्राम प्रधानों से मासिक शुल्क वसूलते हैं। यह सोनभद्र में बरामद नक्सली दस्तावेजों से पता चला है। उत्तर प्रदेश में प्रभावित क्षेत्र के सभी ग्राम प्रधान 500 रुपए प्रतिमाह दे रहे हैं। प्रकाशित समाचार रिपोर्ट के अनुसार, बस्तर और दंतेवाड़ा में नरेगा योजना के तहत आवंटित धन का 70 प्रतिशत माओवादियों द्वारा नियंत्रित किया जाता है।

6. **अवैध गतिविधियों से वसूली :** माओवादी लोगों को अपने गढ़ों में गाँजा

और अफीम की खेती करने की अनुमति देते हैं। वे ओडिशा, झारखंड, छत्तीसगढ़ और बिहार के कुछ क्षेत्रों में गाँजे की अवैध खेती को प्रोत्साहित करते हैं। झारखंड में गुलमा जिले का घाघरा क्षेत्र और बिहार में गुमला, किशनगंज और पूर्णिया जिले के कुछ हिस्से अफीम की खेती के महत्त्वपूर्ण केंद्र हैं। नक्सली इनसे पैसा वसूल करते हैं। पुलिस ने फरवरी 2012 में बिहार के जमुई में ऐसी ही एक खेती का पता लगाया और उसे नष्ट कर दिया। मलकानगिरि जिले के चित्रकोंडा में अफीम की खेती नक्सलियों के लिए आय का मुख्य स्रोत बन गई है। नक्सली स्थानीय लोगों की मदद से 100 एकड़ से ज्यादा जमीन पर खेती करते हैं; छत्तीसगढ़, आंध्र प्रदेश, बिहार और मध्य प्रदेश जैसे पड़ोसी राज्यों को हर साल करीब छह करोड़ रुपए की अफीम की आपूर्ति की जा रही है। एक पुलिस रिपोर्ट के अनुसार, आंध्र-ओडिशा सीमा के पहाड़ी इलाकों में हर साल 10,000 क्विंटल से अधिक गाँजा (मारिजुआना) का उत्पादन होता है। आमतौर पर गाँजा कम मात्रा में पैक किया जाता है और कूरियर सड़क यात्रा से पुलिस से बचते हैं और बाद में इसे अन्य क्षेत्रों में ले जाते हैं। ओडिशा में ड्रग माफिया पर जाँच आयोग के न्यायमूर्ति पी.के. मोहंती के अनुसार, माओवादी गाँजे की खेती को बढ़ावा देते हैं। उन्होंने 2008 में रिपोर्ट सौंपी थी कि गंजम, गजपति, मलकानगिरि जिलों में माओवादियों के इशारे पर भाँग (गाँजा) की खेती की जा रही थी। रिपोर्ट में अनुमान लगाया गया है कि लगभग 3,000-4,000 हेक्टेयर अतिक्रमित वन भूमि, जिसमें ज्यादातर पर तत्कालीन पी.डब्ल्यू.जी. का वर्चस्व था, का उपयोग गाँजे की खेती के लिए किया जा रहा था।

7. **किसानों से कर :** ऐसी खबरें हैं कि माओवादी बड़े किसानों से कर वसूलते हैं। ए.एन.आई. की रिपोर्ट के अनुसार, "भाकपा-माओवादी जामतारा जिले के प्रत्येक किसान से 'कर' के रूप में 10,000 रुपए वसूल कर रहे हैं। किसानों को या तो भुगतान करने के लिए मजबूर किया जा रहा है, भुगतान न करने पर उन्हें उनके ही खेतों में जुताई बंद करने को कहा जा रहा है।"
8. **नक्सली मुंबई में चंदा जुटाते हैं :** महाराष्ट्र पुलिस का दावा है कि नक्सली मुंबई के कारोबारियों से पैसे वसूल करते हैं और ढाबों से सुरक्षा के पैसे लेते हैं। वे मुंबई के मजदूर वर्ग हैं, जोकि लंच बॉक्स पहुँचानेवाले लोगों की सेना है। इसका खुलासा एक नक्सली विचारक अरुण परेरा ने किया था, जिन्हें 2007 में नागपुर पुलिस ने गिरफ्तार किया था।
9. **अपहरण से फिरौती :** नक्सली अमीर वर्ग या सरकारी कर्मचारियों के लोगों

का अपहरण करके और उनकी रिहाई पर फिरौती की माँग करके पैसे जुटाते हैं। निम्नलिखित एक उदाहरण है, जो 2002 में स्थानीय 'दैनिक जागरण' में प्रकाशित हुआ था—"चंदौली के लेखपाल को रिहा करने के प्रयास में चंदौली और सोनभद्र जिलों की पुलिस ने नौगढ़ के थाना क्षेत्र में नक्सलियों द्वारा अपहृत लेखपाल को छुड़ाने के लिए अपनी पूरी क्षमता और ताकत का इस्तेमाल किया। माची, पन्नूगंज, रायपुर, करमा की पुलिस सहित अन्य क्षेत्रों की पुलिस नौगढ़ की सीमा से लगे जंगलों के इलाकों में लेखपाल को बंधक बनाकर रखनेवाले नक्सलियों की तलाश में जुटी है। सुनने में आ रहा है कि नक्सली लेखपाल के एवज में डेढ़ लाख रुपए की माँग कर रहे हैं। चिकने गाँव में सर्वे कर रहे लेखपाल को नक्सलियों ने अगवा कर लिया था।"

10. **तेंदूपत्ता ठेकेदारों से उगाही करना :** नक्सली ठेकेदारों को उगाही देने के बाद ही तेंदूपत्ते उठाने की अनुमति देते हैं। नहीं तो आतंकित करने के लिए तेंदूपत्ता के ढेर में आग लगा देते हैं। नक्सलियों को सभी ठेकेदारों से उगाही के रूप में काफी पूँजी मिलती है और फिर वे इसे अपने संगठन में जमा करते हैं।
11. **लोगों से सदस्यता :** नक्सली संगठन के सदस्य लोगों के पास जाते हैं। वे उन्हें गुमराह करते हैं और चालाकी से कहानियों में हेर-फेर करके उन्हें प्रभावित करते हैं और सदस्यता के रूप में उनसे पैसे प्राप्त करते हैं।
12. **जमीन पर कब्जा :** नक्सलियों ने किसानों की अतिरिक्त जमीन पर कब्जा कर लिया। वे इसे किसानों को किराए पर देते हैं और इसकी आय संगठनों के खजाने में जाती है।
13. **अनाज का संग्रह :** नक्सली ग्रुप कभी-कभी उगाही में खाद्यान्न इकट्ठा करते हैं। जंगलों में रहने के दौरान वे इस खाद्यान्न का उपयोग करते हैं। यह बात नक्सलियों के पास से बरामद दस्तावेजों (वर्ष 2000 में लगभग एक क्विंटल अनाज के रूप में उगाही की एक प्रति) से स्पष्ट है।
14. **वन निगम और सरकारी जमीनों पर कब्जा :** नक्सली वन निगम और अन्य सरकारी जमीनों को जब्त कर लीज पर किराए पर देते हैं और उससे होनेवाली आय से नक्सलियों का खजाना भर जाता है। नक्सली वन संपदा की अवैध बिक्री करते हैं और ऐसी बिक्री से प्राप्त धन भी उनके कोषागार में जाता है।
15. **अमीर लोगों/व्यवसायियों से उगाही :** नक्सली अमीर लोगों और

व्यापारियों को आतंकित करते हैं। वे उनसे जबरन उगाही करते हैं और उन्हें जो पैसा मिलता है, वह उनके खजाने में चला जाता है।

16. **सरकारी अधिकारियों/कर्मचारियों से उगाही :** नक्सली सरकारी अधिकारियों और कर्मचारियों को आतंकित करते हैं और उनसे एक निश्चित राशि वसूल करते हैं और अपने कोष में जमा करते हैं।

उपरोक्त सभी अवैध तरीकों से एकत्र धन उनकी पूँजी है। वे इसे 'सार्वजनिक योगदान' (पी.सी.) का नाम देते हैं।

व्यापक कोयला संसाधनोंवाले क्षेत्रों और उग्रवाद के प्रभाव के बीच संबंध है। नक्सली लक्षित क्षेत्र में कोई भी काररवाई शुरू करने से पहले वर्ग शत्रुओं के बारे में पूरा सर्वेक्षण करते हैं। दावा किया जा रहा है कि विद्रोही एक अरब रुपए की ठगी करते हैं।

नक्सलियों की वसूली में पार्टी सदस्यता शुल्क, लोगों से उगाही और योगदान, धन और आय की जब्ती और गुरिल्ला क्षेत्रों और आधार क्षेत्रों में इकट्ठा किया गया धन शामिल है। नवलेखा (2010) लिखती हैं—"बैंक की लूट और धन की जब्ती से प्राप्त राजस्व तेंदुपत्ते जैसी वन उपज पर रॉयल्टी/उगाही से इकट्ठे किए गए धन से बहुत कम है। तो यह ठेकेदारों और कंपनियों से इकट्ठी की गई उगाही है, जो कि उनके धन का बड़ा हिस्सा है।"

- नवलेखा (2010) ने एक क्षेत्र क्रांतिकारी जन समिति (आर.पी.सी.) के 2009 के बजट की रिपोर्ट (दंडकारण्य में पचास आर.पी.सी. हैं) में बताया है कि उसकी आय ग्यारह लाख रुपए है। पार्टी अकेले तेंदूपत्ते से प्रति ठेकेदार करीब छह लाख रुपए वसूल करती है। तेंदू के पत्तों के अलावा, मसाले और लकड़ी में इमली, शहद, बाँस, प्राकृतिक जड़ी-बूटियों जैसे अन्य छोटे वन उत्पाद हैं। इसलिए यह रॉयल्टी करोड़ों रुपए की हो सकती है।

नक्सलियों की धन उगाहने की क्षमता के बारे में, केंद्रीय गृह सचिव गोपाल के. पिल्लई ने 5 मार्च, 2010 को कहा, "वे (माओवादी) अब भारतीय अर्थव्यवस्था के कई क्षेत्रों को अपने घुटनों पर ला सकते हैं। लेकिन वे आज ऐसा नहीं करना चाहते हैं। वे जानते हैं कि अगर वे अभी ऐसा करते हैं तो राज्य उन पर बहुत सख्ती से पेश आएगा। वे राज्य मशीनरी के हमले का सामना करने के लिए पूरी तरह तैयार नहीं हैं, इसलिए वे बहुत धीरे-धीरे आगे बढ़ेंगे।"

व्यय

- उनकी आय का 50 प्रतिशत रक्षा पर, लगभग 12 प्रतिशत कृषि पर, 9 प्रतिशत स्वास्थ्य पर, 0.9 प्रतिशत शिक्षा पर खर्च किया जाता है। रक्षा आवंटन का

मतलब है—भोजन के साथ मिलिशिया और पी.एल.जी.ए. के लिए किट, तीन जोड़ी वरदी, तेल, साबुन, टूथपेस्ट, कंघी, बारूद, धनुष और तीर। पुलिस सूत्रों का कहना है कि माओवादियों ने 2007 में ए.के.-47, बारूदी सुरंग और रॉकेट लॉन्चर समेत हथियारों की खरीद पर 1.75 अरब रुपए से अधिक खर्च किए थे। आर.पी.सी. बजट हथियारों और संबंधित सैन्य जरूरतों के लिए भुगतान नहीं करता है। यह खर्च सीधे पार्टी की केंद्रीय समिति वहन करेगी। पिनंदिता (2011) माओवादी स्रोतों से स्पष्ट रूप से रिपोर्ट करती है कि सैन्य बजट प्रतिवर्ष साठ करोड़ में चलता है।

- खुफिया एजेंसी के अनुमान के मुताबिक पोलित ब्यूरो का खर्च ज्यादा नहीं हो सकता। केंद्रीय सैन्य आयोग, आर. एंड डी. विंग, हथियार खरीद विंग, सूचना और प्रचार विंग, राज्य समितियाँ और दलम सुरक्षाकर्मियों और नागरिकों के खिलाफ अपने अभियानों के लिए माओवादियों को खुफिया और परिष्कृत हथियारों और गोला-बारूद से लैस करने के लिए बड़ा पैसा खर्च करते हैं। इंटरनेट के साथ-साथ आंतरिक प्रकाशनों के माध्यम से प्रचार पर एक अच्छा हिस्सा खर्च किया जाता है। उदाहरण के लिए, उनके मुख्य प्रकाशनों में से एक, 'आवाम-ए-जंग', इस पर कोई विज्ञापन राजस्व नहीं होने के बावजूद—जिसका अच्छा प्रसार है—जिसमें 10,000 कार्यकर्ता और कई सहानुभूति रखनेवाले शामिल हैं।
- राज्य समितियों और जमीनी स्तर के माओवादी कार्यकर्ताओं के पास जबरन वसूल की गई राशि का 20 प्रतिशत और शीर्ष नेतृत्व को 80 प्रतिशत जमा किया जाएगा। केंद्रीय समिति और पोलित ब्यूरो राजस्व का 30 प्रतिशत रखेंगे और बाकी अलग-अलग मदों में खर्च किया जाएगा।
- गृह राज्यमंत्री श्रीप्रकाश जायसवाल ने राज्यसभा को सूचित किया कि 2007-2009 के दौरान हथियारों और विस्फोटकों की खरीद के लिए नक्सलियों के पास 60 करोड़ रुपए का बजट है। झारखंड में गिरफ्तार शीर्ष माओवादी नेता मिसिर बेसरा ने यह भी खुलासा किया कि 2005-2007 के दौरान नक्सलियों ने हथियारों की खरीद के लिए 60 करोड़ रुपए खर्च किए थे। छत्तीसगढ़ पुलिस ने जनवरी से मार्च 2008 तक माओवादी शहरी केंद्रों पर की गई कारवाई में 84 छोटे हथियार, 60 मोटरोला सेट, छह बटालियनों के लिए पर्याप्त वरदी और 81 जी.बी. की नक्सल सामग्री बरामद की।
- नक्सली अपने शहरी नेटवर्क पर बहुत ज्यादा निर्भर करते हैं, ताकि वे हथियार ले सकें और परिवहन कर सकें, गिरफ्तार नेताओं के लिए अदालती मामले

लड़ सकें, बीमार और घायल कार्यकर्ताओं के लिए चिकित्सा देखभाल की व्यवस्था कर सकें, आई.ई.डी. के लिए वरदी और सामग्री और साइबर तथा मनोवैज्ञानिक अभियान चला सकें। छत्तीसगढ़ पुलिस ने माओवादी शहरी नेटवर्क पर छापेमारी के तहत शहरी शाखा की खाता बही को जब्त कर लिया है, जिससे पता चलता है कि कुल खर्च 5.43 करोड़ है। नक्सली शहरी नेटवर्क में वकील, नागरिक अधिकार ग्रुप, श्रमिक संघ, प्रकाशन, दर्जी और ट्रैवल एजेंसियाँ शामिल हैं। ये ट्रैवल एजेंसियाँ नक्सलियों को शहरों से लेकर जंगल तक ले जा रही हैं।

- छत्तीसगढ़ पुलिस ने बिलासपुर में एक रेलवे कर्मचारी की पत्नी द्वारा उसके पति के रेलवे क्वार्टर में चलनेवाली सिलाई की दुकान से नक्सलियों के लिए 42 जोड़ी पैंट और शर्ट तथा 40 मीटर कपड़ा बरामद किया है।
- कार्यकर्ताओं को 250 रुपए से 3,000 रुपए के बीच मासिक वेतन का भुगतान किया जाता है।
- नक्सलियों से बरामद रिकॉर्डों के विस्तृत विश्लेषण से यह पता चलता है कि वे इस अवैध रूप से प्राप्त धन को अपने सदस्यों के बीच, अपने लिए और अन्य विभिन्न मदों में कैसे खर्च करते हैं।
- 2001 से जिला सोनभद्र में कुल आय-व्यय का रिकॉर्ड एक नक्सली कांता द्वारा रखा जाता है। वह हरे रंग की पोशाक पहनती है। खातों के रख-रखाव की यह जिम्मेदारी सदस्यों के बीच बारी-बारी से घुमाई जाती है। यह वार्षिक बैठक में तय किया जाता है। रॉबर्ट्सगंज से सभी खरीद कुछ विश्वसनीय स्थानों पर इकट्ठी की जाती हैं।
- सबसे विश्वसनीय जानकारी के अनुसार दैनिक जरूरत के सामान की खरीदारी एक नक्सली ओमप्रकाश और उसकी साथी सुषमा द्वारा की जाती है। रविवार को ये सामान ज्यादातर रॉबर्ट्सगंज के बाजार से खरीदते हैं और दैनिक उपयोग की अन्य छोटी-छोटी चीजें स्थानीय बाजार से खरीदी जाती हैं।

बरामद हुए नक्सली साहित्य में उनके दैनिक खर्च का जीवंत विवरण उपलब्ध है, जो कि तत्काल संदर्भ के लिए नीचे दिया गया है। (सोनभद्र, 2001)

तालिका 14.1

दिनांक	वस्तु	मात्रा	लागत (रुपए)
1	2	3	4
	दालें	2 किलो	60.00
	आलू	2 किलो	18.00
	गुड़	1 किलो	18.00
17.11.2011	दालमोठ	3 किलो	15.00
	बिस्कुट	2 पैकेट	40.00
	सुरती	2 पैकेट	12.00
	सरसों का तेल	500 ग्राम	20.00
	दालमोठ		40.00
	चावल	2 पैकेट	120.00
	आटा	15 किलो	19.00
	दालें	2 किलो	60.00
	सुरती	2 किलो	20.00
	पारे (दोनों तरह के 10)	500 ग्राम	100.00
	पनीर		50.00
	सब्जियाँ		100.00
	नाश्ता		50.00
	लालबहादुर के लिए जूते		136.00
20.11.2001	भोजन	1 जोड़ी	50.00
	चावल		120.00
	सरसों का तेल	14 किलो	12.00
	दाल अरहर		39.00
	दाल मसूर	1.5 किग्रा	11.00
	आलू	500 ग्राम	16.00
	टमाटर	2 किलो	16.00
	भाटा (गोल बैगन)	2 किलो	26.00
	मसाला	4 किलो	05.00
	हल्दी		03.00
	पोमफेम		03.00

नक्सली अपने सदस्यों को शर्ट, जेरसी और कोट खरीदकर उपलब्ध कराते हैं। इस

व्यय का लेखा-जोखा रखा जाता है (2001 में सोनभद्र जिला नक्सली सदस्यों की व्यय तालिका 14.2 में दी गई है)।

तालिका 14.2

नक्सलियों का नाम	पैंट	कमीज	जरसी	नई कमीज	पुरानी कमीज	नए स्वेटर
विनेश	1	1		1		
महेंद्र		1				
कांता		1				
लालबहादुर	1	1		1		
सतीश	1	1		1		1
रामप्रकाश		1		1		
रामबृक्ष (योंग)		1	1	1		
राजेंदर		1	1	1		
बबलू		1		1	1	
ओमप्रकाश	1					

तालिका 14.3 : उत्तर प्रदेश के सोनभद्र जिले के नक्सलियों के प्रतिमाह वेतन का विवरण

क्रमांक	सदस्यों का नाम	वेतन (रुपए)
1	वजीना	1500.00
2	सुषमा	500.00
3	शिवाजी	500.00
4	राकेश	500.00
5	सुषमा	1500.00
6	राकेश	500.00
7	शिवाजी	500.00

8	प्रतिमा	300.00
9	रवि जी	1000.00

- नोट : उपरोक्त विवरण नक्सलियों से बरामद रिकॉर्ड पर आधारित हैं। यह स्पष्ट है कि चूँकि इन संगठनों को अवैध उगाही के रूप में धन प्राप्त होता है, वे अपने सदस्यों को वेतन का भुगतान करते हैं। उपरोक्त चार्ट से यह स्पष्ट है कि वे कम वेतनवाले हैं। न्यूनतम मजदूरी का सिद्धांत, जिसके लिए वे हमेशा लड़ते हैं, उनके सदस्यों पर लागू नहीं होता है।
- नक्सलियों की वार्षिक बैठक में उनके आय-व्यय के विश्लेषण पर चर्चा की जाएगी। मार्च 2001 से मार्च 2002 तक 'सोन-गंगा क्षेत्रीय समिति' (यू. पी.-बिहार सीमा समिति) के आय-व्यय का विवरण तालिका 14.4 में दिया गया है।

तालिका 14.4

• सीमा क्षेत्रीय समिति पुराना व्यय	3,19,714 रुपए
• सीमा क्षेत्रीय समिति नया व्यय	5,70,572 रुपए
• सीमा क्षेत्र के उगाही से वसूली	3,99,400 रुपए
• सीमा क्षेत्र की नई आय	1 1,71,171 रुपए
• सीमा क्षेत्र के अन्य स्रोतों से आय	4,90,886 रुपए
• कुल आय	10,61,457 रुपए
• कुल व्यय	08,90,286 रुपए
• शेष राशि	01,71,171 रुपए
• क्षेत्रीय समिति द्वारा प्राप्त आय, जनवरी 2002 में	29,50,000 रुपए
• शस्त्र और गोला-बारूद में व्यय	5,45,000 रुपए

सीमा क्षेत्र का व्यय-पत्र निम्नलिखित तसवीर पेश करता है—

तालिका 14.5

• कुल आय अंचल	28,95,886 रुपए
• अंचल का कुल व्यय	3,04,311 रुपए

• शेष राशि	25,91,575 रुपए
• खोया	12,00,000 रुपए
• अंचल की कुल बचत निधि	13,91,575 रुपए

- उपरोक्त तालिका में यह स्पष्ट है कि सीमांत अंचल क्षेत्रीय समितियों को भुगतान करता है, जो बाद में सीमांत अंचलों को उनकी आवश्यकता के अनुसार वितरित करता है।
- उपरोक्त तालिका से ध्यान देने योग्य एक दिलचस्प बात यह है कि सीमांत अंचल दिखाता है कि कुल आय का लगभग 50 प्रतिशत खो गया है। ऐसा लगता है कि यह बात संदेहात्मक लगती है। इससे पता चलता है कि क्षेत्रीय समिति ने इस राशि को किसी असामान्य मद पर खर्च किया है, जिसे वह अपने सदस्यों से छुपाना चाहता है, यह बहुत कम लोग जानते हैं। एक और निष्कर्ष यह हो सकता है कि यह राशि मौखिक रूप से इकाई के 12 सदस्यों के बीच वितरित की गई है। (प्रत्येक इकाई में 10 पुरुष और 2 महिलाएँ हैं।) हो सकता है कि पैसा किसी अनिर्दिष्ट उद्देश्य पर खर्च किया गया हो।

□

15

नक्सलियों की आदतें

जंगल नक्सलियों का घर है। माओवाद उनकी पाठशाला है। गरीब और किसान उनके साथी हैं। बंदूकें और हथगोले उनके खिलौने हैं। गुरिल्ला युद्ध उनका खेल है। पुलिस और राज्य उनके विरोधी हैं। विचारधारा के प्रति अपनी प्रतिबद्धता और बंदूक के प्रति प्रेम के बावजूद, वे इनसान हैं। उनमें भावनाएँ हैं। उनकी भी आदतें हैं।

- **अनैतिक संपर्क :** नक्सली पास के गाँवों में शरण लेते हैं और वहाँ पर अनैतिक संपर्क बना लेते हैं। इस वजह से, वे गाँव का नियमित दौरा करते रहते हैं और इन अनैतिक संपर्कों के माध्यम से वे अपनी जासूसी गतिविधियाँ करते हैं और गुप्त जानकारी प्राप्त करते हैं। यह भी पता चला है कि संगठन के सदस्य महिला सदस्यों के साथ संबंध बनाए रखते हैं।
- **अपने बच्चों की देखभाल करना :** संगठन के सदस्य या नेता जमींदारों से वसूले गए धन का उपयोग अपने बच्चों को अच्छी शिक्षा प्रदान करने, बड़े शहरों में आवास खरीदने, जमीन खरीदने, व्यवसाय करने और अपने परिवारों को सभी सुख-सुविधाएँ प्रदान करने सहित विभिन्न उद्देश्यों के लिए करते हैं। वे जिन गाँवों में जाते हैं, वहाँ जबरदस्ती खाना खाते हैं।
- **शराब :** नक्सलियों को उनके संगठन द्वारा सख्ती से निर्देशित किया जाता है कि वे कभी भी शराब नहीं पीएँगे, क्योंकि ऐसा करने से उनके पकड़े जाने की संभावना और संगठन के रहस्यों का खुलासा होता है।
- **उनकी खानपान की आदतें :** नक्सली कभी शराब नहीं पीते। वे बीड़ी, सुरती, (खैनी) कभी-कभार ही खाते हैं। वे अलग-अलग घरों में एक-एक और दो-दो करके खाना खाते हैं। खाना खाने के लिए कूरियर मेजबान को पहले से सूचित करेगा। कभी-कभी ये अचानक आ जाते हैं और खाना खाकर खिसक जाते हैं। वे शायद ही कभी दावत लेते हैं। कभी-कभी वे सूअर या बकरियों को मारते हैं और फिर भोज का आयोजन किया जाता है। लेकिन ऐसा

वे बड़ी सावधानी के साथ करते हैं। वे जहाँ खाना खाते हैं, वहाँ कभी आराम नहीं करते। वे कभी भी समय से पहले भोजन करने नहीं आते।

- **आराम :** नक्सली दिन में किसी सुरक्षित जगह पर आराम करते हैं। उस समय वे अपने सदस्यों को दल के तख्तापलट, गरीबों के शोषण, जमीन के विवाद आदि के बारे में पढ़ाते हैं। यह काम एरिया कमांडर या कमांडर द्वारा किया जाता है।
- **खरीदारी :** वे जंगलों के पास के कस्बों या बाजारों से खरीदारी करते हैं। वे अपनी खरीदारी किसी विश्वसनीय स्थान पर रखते हैं। यह खरीदारी छोटे बच्चों द्वारा की जाती है। उदाहरण के लिए, एक दिन ओमप्रकाश और सुषमा ने रोबस्टिजेंट मार्केट में खरीदारी की और रामसखल के घर में रखा। अकसर यह काम रविवार को किया जाता है।
- **कपड़े :** ज्यादातर एम.सी.सी. संगठन के सदस्य खाकी पोशाक पहनते हैं और पी.डब्ल्यू.जी. गहरे हरे रंग की पोशाक पहनते हैं। संगठन के नए सदस्यों को पोशाक नहीं दी जाती है।
- **नहाना :** नक्सली अपने आश्रयस्थल के पास या जंगलों के बीच नदियों, नहरों, तालाबों या झरनों में स्नान करते हैं। नक्सली नीतीश के बताए अनुसार महिला सदस्य पास के गाँव में नहाती हैं।
- **जंगल :** ज्यादातर नक्सली घने जंगलों या गुफाओं में छिपने की कोशिश करते हैं और वहाँ वे यह भी तय करते हैं कि उनकी योजनाओं और कार्यक्रमों को कैसे अंजाम दिया जाए! वे तरह-तरह के खेल खेलकर अपना मनोरंजन करते हैं। घने और गहन जंगलों के कारण पुलिस के लिए उनकी माँद तक पहुँचना मुश्किल होता है। वे एक स्थान से दूसरे स्थान पर घूमते रहते हैं। इसलिए नक्सलियों के लिए गाँवों से भोजन प्राप्त करना आसान हो जाता है। यदि वे किसी गाँव तक नहीं पहुँच पाते हैं तो वे आम, महुआ, मक्का की छड़ें, हरे चने और मटर और अन्य वन उत्पादों के साथ कई दिनों तक जीवित रहते हैं। गरमी के मौसम में वे पानी की कमी के कारण जल संसाधनों के पास आश्रय लेते हैं।
- **बाल श्रम :** नक्सली गरीब और अशिक्षित नाबालिगों को अपनी वाक्पटुता से राजी करते हैं और वे उन्हें संगठन की सेवा में कुछ दूरी पर खड़े चौकीदार के रूप में काम लेते हैं, बच्चे आसपास के गाँवों से भोजन या पेय लाते हैं। उनकी कम उम्र के कारण कोई उन पर शक नहीं करता। बच्चे संगठन के लिए बहुत प्रभावी साबित होते हैं। अगर पुलिस उन्हें गिरफ्तार करती है तो

समाज के साथ-साथ न्यायपालिका भी उन पर उँगली उठाती है। इस तरह वे अपने उद्‌देश्य में सफल होते हैं।

- **धूम्रपान का प्रयोग :** नक्सली संगठनों के सदस्य केवल ऐसे मादक द्रव्यों का प्रयोग करते हैं, जिससे उनकी इंद्रियों पर कोई दुष्प्रभाव नहीं पड़ता। स्थिति (मोरचा) लेते समय वे तंबाकू, बीड़ी या गाँजा या किसी अन्य प्रकार के धूम्रपान का सेवन नहीं करते।
- **जुआ :** नक्सली संगठन के सदस्य आपस में जुआ खेलते हैं और जब वे ऐसा करते हैं तो अन्य सदस्य उनकी रक्षा के लिए खड़े होते हैं।
- **वाक्पटुता :** कुछ नक्सली सदस्य संचार के विशेषज्ञ होते हैं। वे संचार के अपने कौशल का उपयोग गाँवों के युवाओं को प्रभावित करने और उन्हें अपने संगठन में शामिल करने और इसके लिए काम करने के लिए करते हैं।
- नक्सली संगठनों के कुछ सदस्य अच्छे अभिनेता हैं और वे माओवाद के सिद्धांत पर आधारित विभिन्न भूमिकाएँ निभाते हैं।
- **संगीत का शौक :** नक्सल संगठन के कई सदस्यों को गीत लिखने पड़ते हैं, जबकि कुछ अन्य समय-समय पर उन्हें गाते रहते हैं। गायन की यह कला जंगल में सदस्यों का मनोरंजन करती है और उन्हें प्रेरित करती है। इसका उपयोग ग्रामीणों को अपने संगठन में शामिल होने के लिए व उन्हें आकर्षित करने के लिए भी किया जाता है।
- इस तरह के गीत गरीब किसानों और श्रमिकों के शोषण की ओर इशारा करते हैं और लोगों को अपनी आवाज और हथियार उठाने के लिए उत्साहित करते हैं। वे लोगों को 'अन्याय' के खिलाफ साहस से काम लेने के लिए उकसाते हैं। ये गीत लोगों को प्रोत्साहित करते हैं और सत्ता और अधिकार रखनेवालों को चुनौती देते हैं। वे उस समाज की तसवीर पेश करते हैं, जहाँ अन्याय होता है और कमजोर तथा गरीब पीड़ित होते हैं। उनका एकमात्र उद्‌देश्य गरीब किसानों, भूमिहीनों और मजदूर वर्ग को हथियार उठाकर उनके आंदोलन में शामिल होने के लिए प्रोत्साहित करना होता है। वे अँधेरे को दूर करने का वादा करते हैं और घोषणा करते हैं कि जो लोग अन्याय और शोषण कर रहे हैं, उन्हें खत्म कर देंगे।
- **अखबार पढ़ना :** नक्सली अपने अनपढ़ सदस्यों के लिए अखबार पढ़ते हैं और उन्हें वर्तमान घटनाक्रम के बारे में बताते हैं। डाक कूरियर उन्हें अखबारों की आपूर्ति करता है। हो सकता है कि उन्हें कई दिनों के अखबार एक साथ मिलते हों।

- **उनकी दैनिक दिनचर्या :** नक्सली सामान्य रूप से तालिका 15.1 के अनुसार अपनी दैनिक दिनचर्या का पालन करते हैं—

तालिका 15.1

क्र.सं.	समय	कार्य
1	सुबह 6 बजे से 8 बजे तक	पी.टी.
2	सुबह 8:30 से 9 बजे तक	नाश्ता
3	सुबह 9 बजे से 12 बजे तक	कक्षा
4	दोपहर 12:30 बजे से 1:00 बजे तक	टीम का खाना
5	अपराह्न 1:00 बजे से 3:00 बजे तक	आराम
6	अपराह्न 3:30 से 5:30 बजे तक	व्यायाम
7	शाम 5:30 से 7:30 बजे तक	संतरी
8	शाम 7:30 से रात 9:30 बजे तक	कक्षा
9	रात के 9:30 से 11:00 बजे तक	विचार-विमर्श
10	रात के 11:00 से सुबह 6:00 बजे तक	आराम

भोजन

नवलेखा गुरिल्लाओं को दिए जानेवाले भोजन पर रिपोर्ट करती है—"सुबह के नाश्ते में वे मूँगफली मिला पोहा, खिचड़ी और चाय लेते हैं। उनके दोपहर और रात के खाने में दाल और सब्जी के साथ चावल होते हैं। भोजन सादा, लेकिन पौष्टिक होता है। सप्ताह में एक बार उन्हें मांस मिलता है। मछली या सूअर का मांस उपलब्ध होने पर कभी-कभी यह एक से ज्यादा बार भी हो जाता है, जो उन्हें क्रांतिकारी पीपल्स कमेटी द्वारा दिया जाता है।"

□

16

दिलों को जीतना

1966 में चीन के प्रचार विभाग ने माओवादी विचारधारा, माओ के उद्धरणों और माओ लेखन के प्रकाशन को निर्यात के लिए मंजूरी दे दी थी। 1967 तक दुनिया भर के 117 देशों में बुक स्टोर माओ के साहित्य, विशेष रूप से माओ के उद्धरणों का वितरण कर रहे थे। चीन में आज भी माओ की कविताएँ लोकप्रिय हैं। उनकी लोकप्रिय कविताएँ हैं—चांग्शा, द डबल नाइंथ, लुशान पास, द लॉन्ग मार्च, स्नो, द पी.एल.ए. कैप्चर नानजिंग, रिप्लाई टू ली शुई आदि। उनके उद्धरण 37 विदेशी भाषाओं और एक द्विभाषी चीनी अंग्रेजी संस्करण में प्रकाशित हुए थे, जिनकी कुल 1,05,54,98,000 प्रतियाँ छापी गई थीं। इन उद्धरणों को सामान्य रूप से 'द लिटिल रेड बुक' कहा जाता है। नारे लगाने की रस्म की परंपरा लिन बियाओ से शुरू हुई थी। हाथों में उद्धरण (अध्यक्ष माओ के) पकड़े हुए 'श्रमिक वर्ग अमर रहे' का नारा व्यापक रूप से लगाया जाता है। इन उद्धरणों में माओ के विचार निहित हैं।

'द लिटिल रेड बुक' की सामग्री में निम्नलिखित शामिल हैं—

1. द कम्युनिस्ट पार्टी
2. क्लासेज एंड क्लास स्ट्रगल
3. सोशलिज्म एंड कम्युनिज्म
4. द करेक्ट हैंडलिंग ऑफ कॉन्ट्रडिक्शंस अमंग द पीपल
5. वॉर एंड पीस
6. इंपीरियलिस्म एंड ऑल रिएक्शनरिस आर पेपर टाइगर्स
7. डेअर्स टू स्ट्रगल एंड डेअर्स टू विन
8. पीपल्स वॉर
9. द पीपल्स आर्मी
10. लीडरशिप ऑफ पार्टी कमेटीज

11. द मास लाइन
12. पॉलिटिकल वर्क
13. रिलेशंस बिटवीन ऑफिसर्स एंड मेन
14. रिलेशंस बिटवीन द आर्मी एंड द पीपल
15. डेमोक्रेसी इन द थ्री मेन फील्ड्स
16. एजुकेशन ऐंड द ट्रेनिंग ऑफ ट्रूप्स
17. सर्विंग द पीपल
18. पेट्रिऑटिस्म एंड इंटरनेशनलिज्म
19. रिवोल्यूशनरी हीरोइज्म
20. बिल्डिंग नक्सल कंट्री थ्रो डेलीजियंस एंड फ्रूगैलिटी
21. सेल्फ-रिलायंस एंड अडर्स स्ट्रगल
22. मेथड्स ऑफ थिंकिंग एंड मेथड्स ऑफ वर्क
23. इन्वेस्टिगेशन एंड स्टडी
24. करेक्टिंग मिस्टेकन आइडियाज
25. यूनिटी
26. डिसिप्लिन
27. क्रिटिसिज्म एंड सेल्फ-क्रिटिसिज्म
28. कम्युनिस्ट्स
29. कैडर्स यूथ
30. वीमेन
31. कल्चर एंड आर्ट
32. स्टडी

ये लेख भारतीय माओवादियों के लिए प्रेरक और संचालक शक्ति बन गए हैं। भारत में नक्सलियों ने अपने कैडर को तैयार करने के लिए विभिन्न पत्रिकाएँ, परचे और साहित्य प्रकाशित किए हैं। यह साहित्य नक्सल प्रशिक्षण केंद्रों की कक्षाओं में पढ़ाया जाता है।

नक्सल ग्रुपों द्वारा प्रकाशित पत्रिकाओं को प्रचार और विस्तार के लिए वास्तविक लागत से कम कीमत पर वितरित किया जाता है। इनमें से कुछ पत्रिकाएँ निम्नलिखित हैं—

प्रारंभिक पत्रिकाएँ

देशभारती : जुलाई 1967 में एक बांग्ला साप्ताहिक 'देशभारती' शुरू किया गया, जो बाद में नक्सलियों का प्रमुख जर्नल बन गया। सुशीताल राय चौधरी इसके संपादकीय बोर्ड के अध्यक्ष और सरोज दत्ता संपादक थे। उसने विभिन्न संघर्षों की रिपोर्ट प्रकाशित की और नक्सलबाड़ी संघर्ष को ऊँचा स्थान दिया। उसने शुरुआत में राजनीतिक रूप से शिक्षाप्रद लेख प्रकाशित किए। 1970 के दशक में सरकार ने 'देशभारती' के कार्यालयों पर छापेमारी की। पत्रिका का आखिरी अंक अप्रैल 1970 में आया था। पत्रिका 40,000 प्रतियों के संचलन के साथ बहुत लोकप्रिय हुई। उसने राज्यों के विभिन्न क्रांतिकारियों को आपस में जोड़कर एक बड़ा काम किया।

लिबरेशन

11 नवंबर, 1967 को 'लिबरेशन' की शुरुआत हुई और फिर हिंदी में पहले 'देवब्रती' और फिर 'लोकयुद्ध' पत्रिकाएँ शुरू हुईं। यह हिंदी और अंग्रेजी भाषाओं में पहली अखिल भारतीय पत्रिका है। 'नक्सलबाड़ी : बिफोर एंड आफ्टर' की लेखिका सुनीति कुमार घोष 'लिबरेशन' की संपादक थीं। उसने लोगों को एक प्रतिज्ञा दी—"'लिबरेशन' ने खुद को भारतीय क्रांति के लिए समर्पित कर दिया और संशोधनवादियों और नव-संशोधनवादियों सहित साम्राज्यवादियों और देशी प्रतिक्रियावादियों के खिलाफ एक अडिग लड़ाई छेड़ने का संकल्प लिया।" इस पत्रिका ने चारू मजूमदार के लेख प्रकाशित किए हैं। चीन की कम्युनिस्ट पार्टी ने इसका स्वागत किया है और चारू के लेखों का पुनर्मुद्रण किया है।

'देशब्रती प्रकाशनी' एक प्रकाशन इकाई थी, जिसने 'देशभारती', 'लिबरेशन', और एक हिंदी साप्ताहिक 'लोक युद्ध' पत्रिकाओं को प्रकाशित किया। इसने चारू मजूमदार, सुशीताल राय चौधरी, असित सेन के मूल लेखन और माओ एंड लिन बियाओ आदि के लेखन को प्रकाशित किया।

अन्य पत्रिकाएँ

1. लाल पताका
2. लाल चिनगारी
3. क्रांतिकारी गीतमाला
4. 'बिगुल' मासिक दंतिका
5. जन-ज्वार
6. लोगों के प्रतिरोध के लिए स्नगलिंग फोरम

जन-ज्वार : यह पत्रिका बिहार के जिला चंपारण के गाँव बखरी से प्रकाशित होती है। इसके संपादक हरिवंश राजकिशोर हैं। इसमें विभिन्न विषयों पर लेख हैं। 1. संपादकीय, 2. श्रद्धांजलि, 3. बिहार-किसान आंदोलन और नक्सलबाड़ी, 4. नक्सली ए.आई.पी.आर.एफ. से क्यों निकले? 5. रिपोर्ट, 6. चार महिलाएँ 8 मार्च, 7. गतिविधि, 8. गुलामी मुलक तबेदारी वी/एस जन आजाद। 9. एंजेल की नई प्रेरणा।

लाल चिनगारी

यह पत्रिका एम.सी.सी. द्वारा प्रकाशित की जाती है। इसका संपादन बंगाल के मार्क्सवादी केंद्र और बिहार विशेष क्षेत्र समिति द्वारा किया जाता है। उनका प्रकाशन अंक वार्षिक और त्रैमासिक पत्रिका है। इसकी सामग्री की सूची इस प्रकार है—

1. शहीदों को नमन
2. संपादकीय
3. पी.डब्ल्यू.जी. की केंद्रीय समिति के नेता की गिरफ्तारी के खिलाफ एक संयुक्त प्रेस विज्ञप्ति।
4. 'अंतरराष्ट्रीय महिला दिवस' के उपलक्ष्य में महिलाओं के कार्य के बारे में।
5. तथ्यों की कसौटी पर
6. 'पीपल्स मार्च' पत्रिका में प्रकाशित एक लेख के जवाब में भारतीय क्रांति की आवाज।
7. मुठभेड़ों के खिलाफ प्रेस विज्ञप्ति।
8. ओडिशा तूफान से बरबादी—कितनी वास्तविक?
9. अब्दुल्ला ओकलान का प्राणदंड और मामिया अबुजमल की गिरफ्तारी
10. मेदनीपुर और पश्चिम बंगाल के लोगों के लिए विशेष क्षेत्र समिति का आह्वान।
11. ओडिशा तूफान के शिकार लोगों की मदद की गुहार।
12. मध्य बिहार में किसानों के संघर्ष की एक रिपोर्ट।
13. चुनाव बहिष्कार की रिपोर्ट।
14. बोल्शेविक कम्युनिस्ट पार्टी का इतिहास।

नक्सली संगठनों ने लोगों के बीच कागज/इश्तहार बाँटे हैं।

आपसी झड़पों को समाप्त करने और सुरक्षाबल के खिलाफ संयुक्त युद्ध करने की घोषणा।

यह अपील पुलिस द्वारा बढ़ते अपराधों को देखते हुए दोनों संगठनों को एक साथ काम करने की आवश्यकता का विश्लेषण करती है। ऐसा लगता है कि उन्होंने

आपसी झड़पों को रोकने और आम सुरक्षाबल आदि के खिलाफ एक संयुक्त मोर्चा बनाने के लिए एक तंत्र तैयार किया है।

सामंती और साम्राज्यवादी ताकतों को ध्वस्त करने के लिए मजदूरों और किसानों से अपनी 'जन छापामार सेना' में शामिल होने का आह्वान।

नक्सलियों का सांस्कृतिक संगठन

जन नाट्य मंडली : 1972 में 'कला प्रेमी संघ' का नाम बदलकर 'जन नाट्य मंडली' कर दिया गया। गद्दार 'जन नाट्य मंडली' में एक लोकप्रिय कलाकार थे। गद्दार और उनकी मंडली ने लोक रूपों, जैसे—ओग्गू कथा, विधि भगोतम को गीत, संवाद और नृत्य के संयोजन का उपयोग करके क्रांतिकारी विषयों में किसानों, मजदूरों और अन्य कमजोर वर्गों के कष्टों को दरशाया। 'जन नाट्य मंडली' को आंध्र, मध्य प्रदेश, महाराष्ट्र, बिहार और ओडिशा में भारतीय कम्युनिस्ट पार्टी (एम.एल.) 'पीपल्स वॉर' की सांस्कृतिक शाखा के रूप में माना जाता है।

गुम्मदी विट्टल राव, जिन्हें 'गद्दार' के नाम से जाना जाता है, का जन्म 1949 में मेदक जिले के एक गरीब दलित परिवार में शेषैया और लचुमम्मा के घर हुआ था। उनके माता-पिता मजदूरी करते थे। उन्होंने निजामाबाद जिले में पढ़ाई की और बाद में आर.ई.सी., वारंगल से सिविल इंजीनियरिंग में स्नातक की डिग्री हासिल की। उन्होंने कानून की पढ़ाई भी की और कानून में स्नातक की डिग्री ली। 1969 में, वे अलग तेलंगाना राज्य के लिए संघर्ष में शामिल हो गए। उन्होंने महात्मा गांधी के नाम पर एक 'बुर्राकाथा मंडली' बनाई। फिल्म निर्देशक और 'आर्ट लवर्स एसोसिएशन' के संस्थापक बी. नरसिंह राव, गद्दार के प्रदर्शन से प्रभावित हुए।

फिर गद्दार ने 1971 में अपना पहला गीत 'अपुरो रिक्शा' (रिक्शा रोको) लिखा। यह एक प्रसिद्ध गीत बन गया। गीत की कुछ पंक्तियाँ नीचे दी गई हैं—

"रुक जा ओ रिक्शावाला;
मैं आ रहा हूँ;
तुम सुबह से रात तक काम करते हो, लेकिन फिर भी तुम्हारा पेट नहीं भर सकता;
इतना खून और पसीना, फिर भी तुम शायद ही कुछ कमा पाते हो..."

गद्दार ने कई गीत लिखे, जो एक पुस्तक के रूप में प्रकाशित हुए, जिसका शीर्षक 'गद्दार' है।

एक मार्क्सवादी के रूप में उन्होंने कुछ लोगों द्वारा धन के शोषण के कारण समाज में असमानता की पहचान की। वे एक गीत लिखते हैं—'भारतदेशम भाग्यसीमारा', जो

धन के असमान वितरण को प्रकट करता है—

"भारतदेशम भाग्यसीमारा
सकलसम्पदाल्कु कोडुवालेदुर
बंगरूप अंतला भुम उलुन्नयि
चावुलेनिमारी जीनादुलुरा
सकलसम्पदालगला देसामु लो
दरिद्रमेटलुंडिरो नयना··· "

(इसमें वे गाते हैं कि भारत देश समृद्ध है, जिसमें संसाधनों की कोई कमी नहीं है, उपजाऊ भूमि है, जो सोना उगलती है, बारहमासी नदियाँ हैं और इस समृद्ध देश में गरीबी राज कर रही है)।

इसी तरह से वे उत्पादक वर्गों/जातियों के भाग्य की व्याख्या इस प्रकार करते हैं—

"कमरोनी इंतलाबुट्टी
कट्टिपीता सुत्तिलका
पिंडाकुडु कुंडलेक
वोडलोनी इंतला बटिस
वुलिब्डसेकु पिडिलेका
सलोला इंतला बटी
चावुबट्टा कोना लेका··· "

(इसमें वे विशेष जातियों के पारंपरिक पेशों की दुर्दशा पर प्रकाश डालते हैं और कहते हैं कि कैसे वे अपने पेशे से अलग हो जाते हैं। उदाहरण के लिए, वे कहते हैं कि 'लोहार के परिवार में पैदा होने के बावजूद, मेरे पास दराँती और हथौड़ा नहीं है···')

'ऊरु मनदिरा' गाना काफी लोकप्रिय हुआ है। ग्रामीणों में विश्वास जगाने के लिए वे गाते हैं—

"ईवुरु मनदिरा—इवादा मनदिरा; प्रतिपनिकी मनामुरा; सुत्ति मनदी···कट्टी मनादी; डोरा येंडी रो वादी पीकुडेन्डिरो···"

[वे गाते हैं कि यह गाँव हमारा है और यहाँ का हर काम हम करते हैं।

फिर यह डोरा (मकान मालिक) कौन है? उसकी अहमियत क्या है? उसे हम पर राज करने का क्या अधिकार है?]

अपने क्रांतिकारी गीतों से जनता की रूह को छूने के साथ गद्दार एक किंवदंती बन गए। आंध्र प्रदेश में उनके पहनावे को उनके गीतों के रूप में जाना जाता है। वे छाती पर पहनी जानेवाली गोचिस (धोती) और गोंगली (ऊन से बना एक मोटा कंबल) पहनते हैं। वे पायल पहनते हैं और जंगलों में दाहिने कंधे पर एक भरी हुई

राइफल रखते हैं। उनके बाएँ हाथ में अडोलू (ड्रम) रहता था। बाद में उन्होंने अपने दाहिने हाथ में राइफल को लाठी से बदल दिया।

2004 में वे वरवारा राव और उपन्यासकार कल्याण राव के साथ सरकार के साथ शांति वार्त्ता करने के लिए दूत बने।

सुब्बाराव पाणिग्रही ने श्रीकाकुलम क्षेत्र में 'बुर्राकथा' की तर्ज पर 'जमुकुला कथा' का चयन किया।

आंध्र प्रदेश में 'दिगंबर राइटर्स एसोसिएशन' ने सबसे पहले मार्क्सवाद का रास्ता अपनाया। छह तेलुगु कवियों ने 1965 में इस साहित्यिक आंदोलन की शुरुआत की और उन्होंने मौजूदा व्यवस्था को कोसा। उन्होंने वर्तमान व्यवस्था के खिलाफ विद्रोह की वकालत की। उनका मानना है कि मनुष्य का मूल स्वभाव धोखा, शोषण और दिखावा है। उन्होंने इनसानों के खिलाफ नफरत पैदा की। वे अपनी अभिव्यक्ति में बहुत अभद्र भाषा का प्रयोग करते हैं।

श्री रानागनम श्रीनिवास राव, जिन्हें 'श्री श्री' के नाम से जाना जाता है, ने अपने विचारों और लेखों में वर्ग-संघर्ष का मुद्दा उठाया। उन्होंने 'महाप्रस्थानम' लिखा। उन्होंने श्रम का शोषण, सामंती वर्गों द्वारा गरीबों का शोषण, वर्ग संघर्ष और समतावादी समाज का सपना व्यक्त किया—

"ओका व्यक्तिनि मरोका व्यक्ति,
ओका जतिनी वेरोक्का जाति,
पीठिंचे संघिका धर्मम,
इंकाना इकापाई सगादु।"

(वे कहते हैं कि एक व्यक्ति द्वारा दूसरे का, एक जाति द्वारा दूसरी जाति का शोषण और शोषण की यह सामाजिक परंपरा अब जारी नहीं रहेगी…)

'श्री श्री' 'रिवोल्यूशनरी राइटर्स एसोसिएशन' में एक महत्त्वपूर्ण कवि बने। 'श्री श्री' ने कुटुंब राव के साथ रमना रेड्डी, आर.वी. शास्त्री, विजयलक्ष्मी और वरवारा राव जैसे युवाओं के साथ मिलकर 'वीरसम' (वी.आई.आर.ए.एस.ए.एम., विप्लव रचयतला संगम) बनाई। वरवारा राव नक्सलवाद से प्रभावित हैं और उन्होंने इसमें योगदान दिया। उनके नौ कविता संग्रह प्रकाशित हुए हैं, जैसे—चाली नेगल्लु (अलाव), जीवनादि (धड़कन), ओरेगिम्पु (जुलूस), स्वेच्छा (स्वतंत्रता), समुद्रम (महासागर), भविष्यथु चित्रपटम (भविष्य का चित्र), मुक्तकांतम (स्वतंत्र विचार), आ रोजुलु (वे दिन) और उन्नादों उन्नात (जैसा है)। उनकी रचनाओं का कई भाषाओं में अनुवाद किया गया।

चित्र 16.1 : गद्दार, एक प्रसिद्ध गायक
और 'प्रजापति मंडली' के गाथागीत हैदराबाद में एक विशाल सभा में गाते हुए

वरवारा राव को अक्तूबर 1973 में सिकंदराबाद षड्यंत्र मामले में गिरफ्तार किया गया था। उन्हें 1975 में आपातकाल के दौरान दोबारा गिरफ्तार किया गया था। वे 2004 में नक्सलियों और सरकार के बीच शांति वार्त्ता के लिए दूत बने। उन्हें 2005 में ए.पी. पब्लिक सिक्योरिटी एक्ट के तहत फिर से गिरफ्तार किया गया।

बाहरी लोगों का दिल जीतना

बाहरी लोगों का योगदान : भारतीय बुद्धिजीवी माओवादी आंदोलन में हो रहे घटनाक्रम के प्रति चुप नहीं हैं। एक तरफ तो उन्होंने गरीब किसानों और आदिवासियों की शिकायतों को दूर करने के लिए सहानुभूतिपूर्वक प्रतिक्रिया दी, साथ ही कभी-कभी वे क्रांतिकारियों की हिंसक रणनीति की आलोचना करते हैं। उनकी अभिव्यक्ति के रूप साहित्यिक लेखन, गीत और सिनेमा हैं। सिनेमा ने जनसमुदाय को बड़े पैमाने पर लामबंद करने में महत्त्वपूर्ण भूमिका निभाई है।

सिनेमाघर

1. 'एरा सिनेमा' तेलुगु भाषा में लोकप्रिय है, जिसमें जमींदारों और अधिकारियों द्वारा आदिवासी लोगों पर किए जानेवाले अत्याचारों को दिखाया जाता है। इस

सिनेमा ने नक्सलियों का शोषितों के रक्षक के रूप में प्रतिनिधित्व किया।

2. सुधीर मिश्रा ने 2005 में एक फिल्म 'हजारों ख्वाहिशें ऐसी' का निर्देशन किया, जो नक्सली आंदोलन की पृष्ठभूमि पर आधारित थी।
3. अगस्त 2008 में सनी देओल और प्रियंका चोपड़ा द्वारा अभिनीत कबीर कौशिक की 'चमकू' फिल्म एक ऐसे लड़के की कहानी थी, जिसका राज्य के खिलाफ हथियार उठाने के लिए ब्रेनवाश किया जाता है।
4. 2009 में, मलयालम फिल्म 'थलप्पावु' एक नक्सल वर्गीज की कहानी को चित्रित करती है, जिसे 1970 के दशक के दौरान कथित तौर पर पुलिस ने गोली मार दी थी।
5. 2007 में कन्नड़ फिल्म 'माथाडु मल्लिगे', विष्णु वर्धन को एक गांधीवादी के रूप में चित्रित करती है, जो एक नक्सली सुदीप का सामना करता है और उसे दिखाता है कि नक्सलियों द्वारा अपनाए गए तरीके केवल हिंसा की ओर ले जाएँगे और अपने उद्देश्यों को प्राप्त नहीं कर सकेंगे।
6. एक हिंदी ड्रामा फिल्म 'रेड अलर्ट : द वॉर विदिन' 2010 में रिलीज हुई थी, जो एक गरीब आंध्र के रसोइए की कहानी पर आधारित थी, जो पुलिस और नक्सलियों की गोलीबारी में फँस जाता है और बाद में काम करने के लिए मजबूर हो जाता है।
7. 1997 में रिलीज हुई एक राष्ट्रीय पुरस्कार विजेता तेलुगु फिल्म 'सिंधुरम' में एक युवा पुलिस अधिकारी का किन्हीं परिस्थितियों में नक्सली बनने का चित्रण किया गया है।
8. 2010 में उड़िया फिल्म 'स्वयंसिद्ध' इस बात पर केंद्रित है कि लोग उग्रवाद को कैसे और क्यों लेते हैं! यह एक संतुलित फिल्म है, लेकिन सत्तारूढ़ बीजू जनतादल के सांसद सिद्धांत महापात्रा द्वारा निभाई गई माओवादी भूमिका के कारण विवादों में घिर गई।
9. 2011 में तमिल थ्रिलर फिल्म 'को' में नक्सलियों को एक बैंक लूटने, सरकार को उखाड़ फेंकने और चुनावों को बाधित करने के लिए दिखाया गया था। इस फिल्म में आखिर में दिखाया जाता है कि नक्सलियों का इस्तेमाल राजनेता ही करते हैं।
10. 2012 में प्रकाश झा की फिल्म 'चक्रव्यूह' नक्सलियों के विषय के इर्द-गिर्द घूमती है। इसे कथित तौर पर माओवादियों के प्रति सहानुभूति दिखाने के लिए आलोचनात्मक प्रतिक्रिया मिली।

साहित्य

1. उपमन्यु चटर्जी के उपन्यास 'इंग्लिश अगस्त' में नक्सली कैडरों का जिक्र किया गया है, जिनसे 1980 के दशक के बीच में एक आदिवासी गाँव का दौरा करते समय एक आई.ए.एस. अधिकारी मुख्य नायक से मिलता है।
2. अरुंधति रॉय के उपन्यास 'गॉड ऑफ स्मॉल थिंग्स' में नक्सलियों से जुड़नेवाले एक चरित्र का संदर्भ दिया गया है।
3. अरविंद अडिगो ने अपने उपन्यास 'द व्हाइट टाइगर' में अकसर गरीबों और अमीरों द्वारा नक्सलियों का समान रूप से सहयोग करने का उल्लेख किया है।
4. रोहिंटन मिस्त्री के उपन्यास 'ए फाइन बैलेंस' में ओमप्रकाश फिल्म का चरित्र बनाता है और 'तत्कालीन नक्सलियों की तरह' लड़ने का वहम बनाता है।
5. 2012 में माइकल पॉलिन के उपन्यास 'द ट्रुथ' में नक्सलियों द्वारा नायक मब्बट का अपहरण कर लिया जाता है, जो अपने अधीनस्थ हामिश मेलविले की रक्षा कर रहा होता है।
6. 'रेड जिहाद : बैटल फॉर साउथ एशिया' सामी ए. खान द्वारा 2012 में लिखा गया उपन्यास है, जिसमें कॉमरेड अज्ञेय के नेतृत्व में एक अलग नक्सली ग्रुप, धर्मनिरपेक्ष, लोकतांत्रिक दक्षिण एशिया को अस्थिर करने के लिए यासर बाशर के तहत एक जिहादी गुट के साथ हाथ मिलाता है।
7. झुम्पा लाहिड़ी के 2013 के उपन्यास 'द लोलैंड' में मुख्य पात्रों में से एक पात्र नक्सली विद्रोह में शामिल है।
8. रेमन मैग्सेसे पुरस्कार विजेता और ज्ञानपीठ विजेता महाश्वेता देवी ने नक्सलियों को वैचारिक और सहानुभूतिपूर्ण समर्थन देते हुए 'हजार चौरासी की माँ' (1084 की माँ) उपन्यास लिखा। वर्ष 1998 में इस उपन्यास पर एक फिल्म बनी थी।
9. एक स्वयंसेवक विलास बालकृष्ण मनोहर द्वारा लिखित उपन्यास 'एका नक्षलवादी चा जन्म' (मराठी में 'नक्सल का जन्म') एक माडिया गोंड 'जुरू' की एक शोषित अनाम आदिवासी से न चाहते हुए नक्सली बनने की जीवन-यात्रा का काल्पनिक वर्णन है।

□

17

नक्सली हिंसा की रूपरेखा

"एक राजनीतिक ताकत को उखाड़ फेंकने में पहला और औपचारिक कार्य वैचारिक मोरचे पर काम करना और जनमत बनाना है।"

—माओ

समय के साथ नक्सली हिंसा में भारी बदलाव आया है। उन्होंने कृषि मुद्दों को लेकर हिंसा करने से शुरुआत की। अपने प्रतिरोध के चार दशकों में वे राज्य मशीनरी और सत्ता की ओर स्थानांतरित हो गए।

वे छोटे पैमाने के हमलों की जगह सुसंगठित होकर घात लगाने लगे हैं। अब वे सुरक्षाबल के ठिकानों को निशाना बनाने के बजाय राजनेताओं को निशाना बनाने लगे हैं। उन्होंने राज्य सत्ता के घटकों पर हमला किया। वे सरकार के अधिकार को चुनौती देकर सशस्त्र क्रांति द्वारा अपने आप को राज्य सत्ता हासिल करने के काबिल साबित करने की कोशिश कर रहे हैं। निम्नलिखित घटनाएँ नक्सलियों के बढ़ते आत्मविश्वास को प्रदर्शित करती हैं—

1. पार्टी के अंदर विकास

- **1946-1951 :** तेलंगाना संघर्ष। निजाम के खिलाफ किसानों का विद्रोह।
- **1964 :** कम्युनिस्ट पार्टी को भारतीय कम्युनिस्ट पार्टी (सी.पी.आई.) और भारतीय कम्युनिस्ट पार्टी (मार्क्सवादी) सी.पी.आई. (एम) में विभाजित किया गया था।
- **1965-66 :** चारू मजूमदार ने लेख लिखे, जो बाद में 'ऐतिहासिक आठ दस्तावेज' बन गए। इन लेखों ने नक्सली आंदोलन की नींव रखी।
- **1967 :** नक्सलबाड़ी विद्रोह।
- आदिवासियों द्वारा मार्च से मई 1967 के बीच कुलाकों की भूमि पर जबरन

कब्जा करने, खाद्यान्न छीनने की सैकड़ों घटनाएँ सामने आई हैं।

- **जुलाई-नवंबर :** पत्रिकाएँ—लिबरेशन (अंग्रेजी), देशब्रती (बंगाली), और लोक युद्ध (हिंदी) ने नक्सलवाद का प्रचार करना शुरू किया।
- **12 नवंबर, 1967 :** क्रांतिकारियों की अखिल भारतीय समन्वय समिति (ए.आई.सी.सी.आर.) का गठन।
- **25 नवंबर, 1968 :** आंध्र प्रदेश में वेम्पतापु सत्यनारायण के नेतृत्व में श्रीकाकुलम आंदोलन की शुरुआत, जो जुलाई 1970 तक जारी रहा।
- 22 अप्रैल, 1969 को लेनिन की जयंती पर भाकपा (एम.एल.) का शुभारंभ किया गया था।
- 1 मई, 1969 को कानू सान्याल ने भाकपा (एम.एल.) के गठन की घोषणा की।
- 20 अक्तूबर, 1969 को कन्हाई चटर्जी के नेतृत्व में माओवादी कम्युनिस्ट सेंटर का गठन किया गया था।
- अगस्त 1974 में आंध्र प्रदेश राज्य समिति का पुनर्गठन किया गया था, जिसमें कोंडापल्ली सीतारमैया तेलंगाना क्षेत्र, अपलासुरी से तटीय आंध्र प्रदेश का प्रतिनिधित्व करते थे और महादेवन रायलसीमा का प्रतिनिधित्व करते थे।
- 1975 में आपातकाल घोषित।
- 1978 में बिहार में भाकपा (एम.एल.) एकता संगठन की स्थापना हुई थी।
- 20 अप्रैल, 1980 को आंध्र प्रदेश में कोंडापल्ली सीतारमैया के नेतृत्व में 'पीपल्स वॉर ग्रुप' का गठन किया गया था।
- मई 1980 में 'भाकपा (एम.एल.) लाल झंडा' के.एन. रामचंद्रन द्वारा बनाया गया था।
- 1982 में बिहार में भाकपा (एम.एल.) पार्टी एकता का गठन हुआ।
- 1985 में, असम में पीपल्स डेमोक्रेटिक फ्रंट की शुरुआत हुई, जो बाद में 'स्वायत्त राज्य माँग समिति' (ए.एस.डी.सी.) में बदल गई।
- 1989 में आरा संसदीय क्षेत्र के चुनाव में इंडियन पीपल्स फ्रंट ने जीत हासिल की और सात सदस्य बिहार विधानसभा के लिए तथा चार सदस्य असम विधानसभा के लिए चुने गए।
- **9 अगस्त, 1990 :** इलाहाबाद में अखिल भारतीय छात्र संघ की स्थापना की गई।
- 21 मई, 1992 को ए.पी. के मुख्यमंत्री एन. जनार्दन रेड्डी ने पी.डब्ल्यू.जी. और उसके प्रमुख संगठनों पर प्रतिबंध लगा दिया।

- 1994 में इंडियन पीपल्स फ्रंट को भंग कर दिया गया था।
- 1998 में पी.डब्ल्यू.जी. और पार्टी यूनिटी के विलय से 'भाकपा (एम.एल.) पीपल्स वॉर' का गठन हुआ।
- जून 2001 में दक्षिण एशिया के नक्सली समूहों ने दक्षिण एशिया के माओवादी दलों और संगठनों की समन्वय समिति (सी.सी.ओ.एम.पी.ओ.एस.ए.) का गठन किया।
- केंद्र सरकार ने पी.डब्ल्यू.जी. और पी.डब्ल्यू.जी. को उनके फ्रंट संगठनों के साथ 'आतंकवादी' संगठन के रूप में ब्रांडिंग करते हुए प्रतिबंधित कर दिया।
- 2003 में माओवादी कम्युनिस्ट सेंटर ऑफ इंडिया (एम.सी.सी.आई.) का गठन एम.सी.सी. और रिवोल्यूशनरी कम्युनिस्ट सेंटर ऑफ इंडिया (माओवादी) के विलय के साथ हुआ था।

2. राजनेताओं पर हमला

राजनेता राज्य की वास्तविक शक्ति का प्रतिनिधित्व करते हैं। वे लोगों की जरूरतों को ध्यान में रखते हुए विभिन्न नीतियाँ तय करते हैं। वे उग्रवाद से निपटने के लिए विभिन्न तरह की व्यवस्था करते हैं। वे समाज के एक बड़े वर्ग का विश्वास जीतते हैं। राजनेताओं पर हमला करने का मतलब है—लोगों को नक्सलियों की ताकत के बारे में संदेश देना होगा।

- मार्च 2000 में आंध्र के पंचायत राज मंत्री ए. माधव रेड्डी की रंगा रेड्डी जिले में हत्या कर दी गई थी।
- नक्सलियों ने 1 अक्तूबर, 2003 को तिरुपति के रास्ते में क्लेमोर खदान बिछाकर आंध्र प्रदेश के मुख्यमंत्री एन. चंद्रबाबू नायडू की हत्या करने की कोशिश की थी। श्री नायडू बुलेट प्रूफ वाहन के कारण हमले में बच गए। माओवादियों द्वारा किसी मुख्यमंत्री पर हमला करने की यह पहली घटना है।
- 15 अगस्त, 2005 को महबूबनगर जिले में नक्सलियों ने कांग्रेस विधायक नरसी रेड्डी और आठ अन्य की हत्या कर दी थी।
- सितंबर 2007 में माओवादियों ने आंध्र प्रदेश के पूर्व मुख्यमंत्री एन. जनार्दन रेड्डी के काफिले पर नेल्लोर जिले के वाकाडु में एक बारूदी सुरंग में विस्फोट किया। रेड्डी तिरुपति विश्वविद्यालय से डॉक्टरेट की उपाधि प्राप्त करने जा रहे थे। 1990 के दशक की शुरुआत में उन्होंने नक्सलियों के खिलाफ कड़े कदम उठाए थे।
- 5 मार्च, 2007 को माओवादियों ने आंध्र प्रदेश के महबूबनगर जिले में मंडल

प्रजा परिषद् (एम.पी.पी.) के एक स्थानीय कांग्रेस नेता प्रकाश की गोली मारकर हत्या कर दी।

- गया के दो पूर्व सांसदों को माओवादियों ने चुनाव-प्रचार के बीच मार गिराया। गया से तीन बार सांसद रहे ईश्वर चौधरी की 1991 में कोंच थाना क्षेत्र के कठौतिया गाँव में एक अभियान के दौरान माओवादियों ने हत्या कर दी थी। गया के सांसद के रूप में चौधरी की जगह लेनेवाले राजेश कुमार की फरवरी 2005 के विधानसभा चुनाव में हत्या कर दी गई थी। माओवादियों ने तत्कालीन भाजपा अध्यक्ष वेंकैया नायडू के प्रचार हेलीकॉप्टर को आग के हवाले कर दिया। उन्होंने डी.एम. चैतन्य प्रसाद और एस.पी. संजय सिंह के वाहनों को उड़ाने का असफल प्रयास किया। उन्होंने चुनावी दलों को उड़ाने के लिए व्यापक बारूदी सुरंगें बिछाईं।

(क) छत्तीसगढ़ में 25 मई, 2013 को भारी हथियारों से लैस माओवादियों ने सुकमा में कांग्रेस पार्टी के नेताओं के एक काफिले पर घात लगाकर हमला किया और कांग्रेस के वरिष्ठ नेता महेंद्र कर्मा सहित 17 लोगों की हत्या कर दी। महेंद्र कर्मा राज्य के पूर्व गृहमंत्री थे, जिन्होंने 'सलवा जुडुम' के पीछे महत्त्वपूर्ण भूमिका निभाई थी। पूर्व केंद्रीय मंत्री वी.सी. शुक्ला और 19 अन्य घायल हो गए थे। कांग्रेस नेता 'परिवर्तन यात्रा' में भाग लेने के बाद केशलूर जा रहे थे। वी.सी. शुक्ला की 11 जून, 2013 को माओवादी हमले में लगी चोटों के कारण मौत हो गई थी। 26 मई, 2013 को जगदलपुर जिले की दरबा घाटी में कांग्रेस नेताओं पर हमला करने के बाद माओवादियों ने पी.सी.सी. प्रमुख नंद कुमार पटेल और उनके बेटे का भी अपहरण कर लिया था। कांग्रेस के एक पूर्व विधायक उदय मुदलियार की भी माओवादियों ने गोली मारकर हत्या कर दी थी।

(ख) झारखंड में माओवादियों ने 27 अक्तूबर, 2007 को गिरिडीह जिले में एक सांस्कृतिक कार्यक्रम देखने के दौरान 18 अन्य लोगों के साथ पूर्व मुख्यमंत्री बाबूलाल मरांडी के बेटे की हत्या कर दी थी। 4 मार्च, 2007 को माओवादियों ने झारखंड मुक्ति मोर्चा (झामुमो) पार्टी के सांसद सुनील महतो की गोली मारकर हत्या कर दी।

(ग) बिहार में सशस्त्र माओवादियों ने 13 मार्च, 2014 को मुजफ्फरपुर जिले में भाजपा विधायक रामसूरत राय के एक पेट्रोल पंप में आग लगा दी, बम फेंके और उनके आवास पर गोलियाँ चला दीं।

(घ) पश्चिम बंगाल में
(ङ) यू.पी. में
(च) ओडिशा में
(छ) महाराष्ट्र में
(ज) 22 दिसंबर, 1999 को नक्सलियों ने मध्य प्रदेश में परिवहन मंत्री श्री लखी राम कर्वे की हत्या कर दी थी।

3. पुलिस लाइन, पुलिस थानों और सुरक्षा छावनियों पर हमला

- क्रांति के पहले चरण में माओवादियों ने पुलिस चौकियों, पुलिस थानों और पुलिस शिविरों पर हमला किया। उन्होंने पुलिस लाइन पर हमला करने का निर्देश दिया। पुलिस लाइन जिले में हथियारों और गोला-बारूद, वायरलेस उपकरण, बुलेट प्रूफ जैकेट और अन्य फील्ड क्राफ्ट गैजेट्स आदि का एक केंद्रीय भंडार है। वहाँ आरक्षित सशस्त्र पुलिस रहती है और पहरा देती है। ऐसी पुलिस लाइन पर हमला करना न केवल एक साहसिक कार्य है, बल्कि राज्य की सत्ता के लिए एक चुनौती भी है।
- नक्सली मुख्य रूप से दो कारणों से पुलिस थानों पर हमला करते हैं। सबसे पहले, उन्हें अपनी सशस्त्र क्रांति को आगे बढ़ाने के लिए ज्यादा-से-ज्यादा हथियारों और गोला-बारूद की जरूरत होती है। दूसरा, यह सुरक्षाकर्मियों को हतोत्साहित करने का काम करेगा, जिससे उनके द्वारा विरोधी काररवाई रुक जाएगी या कम होगी।
- नक्सलियों ने ओडिशा के नयागढ़ शहर में तीन पुलिस थानों पर हमला किया और 13 पुलिसकर्मियों और 2 नागरिकों की हत्या कर दी थी। वे 1,100 हथियारों के साथ फरार हो गए। हालाँकि, बाद में 400 राइफलें बरामद कर ली गईं।
- 7 फरवरी, 2004 को उग्रवादियों ने ओडिशा में कोरापुट पुलिस लाइन पर हमला किया। उन्होंने एस.एल.आर. और कार्बाइन सहित लगभग 200 हथियार और लगभग 60,000 राउंड गोला-बारूद छीन लिया। इस घटना में सी.आर.पी.एफ. के तीन जवान और ओडिशा पुलिस का एक सिपाही शहीद हो गया।
- 20 नवंबर, 2004 को उत्तर प्रदेश के चंदौली जिले में नक्सलियों ने एक पुलिस वाहन को उड़ा दिया, जिसमें 17 पुलिसकर्मियों की मौत हो गई।
- 5 जनवरी, 2005 को पुलिस अधीक्षक, मुंगेर, बिहार के श्री के.सी. सुरेंद्र बाबू

सहित पाँच अन्य पुलिसकर्मी एक बारूदी सुरंग विस्फोट में मारे गए।

- 11 फरवरी, 2005 को कर्नाटक के तुमकुर जिले में कर्नाटक पुलिस के छह पुलिसकर्मियों की हत्या कर दी गई थी।
- 15 मार्च, 2007 को लगभग 350 भाकपा (माओवादी) कार्यकर्ताओं ने छत्तीसगढ़ राज्य के दंतेवाड़ा क्षेत्र में एक पुलिस आधार शिविर पर हमला किया, जिसमें 15 छत्तीसगढ़ सशस्त्र पुलिसकर्मियों सहित 55 अन्य लोग थे। शेष पीड़ित सलवा जुडुम के सदस्य थे, जिनमें एस.पी.ओ. (विशेष पुलिस अधिकारी) थे।
- 16 फरवरी, 2008 को महिलाओं सहित सैकड़ों नक्सली, बम और आग्नेयास्त्रों से लैस होकर, ओडिशा के नयागढ़ शहर पर हमला करने के लिए बसों और ट्रकों में आए। उन्होंने ओडिशा में एक पुलिस प्रशिक्षण स्कूल, पुलिस स्टेशन और शस्त्रागार पर छापा मारा, जिसमें 12 पुलिसकर्मियों की मौत हो गई।
- 29 जून, 2008 को भाकपा (माओवादी) बलों ने ओडिशा में बालीमेला जलाशय पर एक नाव पर हमला किया। उन्होंने 38 ग्रेहाउंड कमांडो को मार डाला, जो नक्सली गढ़ की तलाश में रास्ते में थे। यह हमला आंध्र प्रदेश के मुख्यमंत्री श्री एस.वाई.एस. राजशेखर रेड्डी के बयान, "चीजें कमोबेश नियंत्रण में हैं। कभी-कभी वे (माओवादी) हाई प्रोफाइल हमलों में शामिल हो जाते हैं, लेकिन यह सिर्फ अपनी सांकेतिक उपस्थिति दिखाने के लिए होता है" के बाद ही हुआ।
- फरवरी 2010 में माओवादियों ने सिल्डा में एक अर्धसैनिक शिविर पर हमला किया और सरकार के 'ऑपरेशन ग्रीन हंट' के जवाब में 'ऑपरेशन पीस हंट' नामक जंगी काररवाई करके 24 कर्मियों को मार डाला।

4. जेल पर हमला

नक्सलवाद के इतिहास में जेल पर हमला एक नया अध्याय है। नक्सलियों ने 13 नवंबर, 2005 को बिहार की जहानाबाद जिला जेल पर हमला किया। उन्होंने इस काररवाई को भाकपा (माओवादियों) के 200 कार्यकर्ताओं के साथ लगभग 800 हमदर्दों की मदद से अंजाम दिया। उन्होंने कुछ नक्सलियों और रणवीर सेना के 20 कार्यकर्ताओं सहित 389 कैदियों को मुक्त कराया। उन्होंने रणवीर सेना के उन नौ कार्यकर्ताओं की हत्या कर दी। 24 मार्च, 2006 को 500 से अधिक भारी हथियारों से लैस विद्रोहियों ने ओडिशा के गजपति जिले के उदयगिरि शहर में पुलिस शिविरों और उप-जेल पर हमला किया और 40 कैदियों को जेल से छुड़ा लिया।

16 दिसंबर, 2007 को दंतेवाड़ा की जेल पर नक्सलियों ने हमला किया और 105 नक्सलियों सहित 305 कैदियों को छुड़ाया।

5. रेलगाड़ियों का अपहरण

नक्सलियों ने घने जंगल में रेलगाड़ियों को रोका है। उन्होंने इस रणनीति को अपने राज्यव्यापी बंद के हिस्से के रूप में या नक्सलियों के एक मुठभेड़ के खिलाफ जवाबी काररवाई के लिए अपनाया। उन्होंने 13 मार्च, 2006 को झारखंड के लातेहार जिले में 628 डीएन यात्री रेलगाड़ी को लूट लिया। उन्होंने कुछ हथियार, वॉकी-टॉकी और एक लाख रुपए जब्त किए। 22 अप्रैल, 2009 को झारखंड में नक्सलियों ने करीब 300 ताकतवाली एक ट्रेन को लूटा था।

28 मई, 2010 को मुंबई जानेवाली हावड़ा-कुर्ला लोकमान्य तिलक एक्सप्रेस के 13 डिब्बे पटरी से उतर गए और फिर झारग्राम में एक अन्य मालगाड़ी से टकरा गए। इसमें 150 लोग हताहत हुए। इसके लिए माओवादी जिम्मेदार थे।

7 अक्तूबर, 2010 को माओवादियों ने सिंगरौली-बरेली मार्ग पर त्रिवेणी एक्सप्रेस को 4 फिशप्लेट और 42 स्लीपर क्लिप हटाकर पटरी से उतारने की कोशिश की।

6. नागरिकों का अपहरण और हत्या

16 जुलाई को माओवादियों ने दंतेवाड़ा जिले में एक राहत शिविर पर हमला किया, जहाँ कई ग्रामीणों का अपहरण कर लिया गया था। उन्होंने 29 लोगों को मार डाला।

21 जुलाई, 2011 को नक्सलियों ने छत्तीसगढ़ में एक पुल को उड़ा दिया था, जिसमें चार लोगों की मौत हो गई थी।

7. सरकारी भवनों को नष्ट करना

18 अक्तूबर, 2006 को माओवादी गुरिल्ला बलों से जुड़ी महिलाओं ने छत्तीसगढ़ के बस्तर क्षेत्र में चार सरकारी भवनों में विस्फोट किया। एक दिन पहले 12 हथियारबंद नक्सलियों ने कांकेर में दो स्कूलों सहित चार इमारतों के अंदर विस्फोट किए।

8. पुलिसकर्मियों और अन्य सरकारी अधिकारियों का अपहरण और हत्या

- 27 दिसंबर, 1987 को पूर्वी गोदावरी जिले में नक्सलियों ने आंध्र प्रदेश के छह आई.ए.एस. अधिकारियों का अपहरण कर लिया था।
- जनवरी 1993 को हैदराबाद शहर के एक स्टेडियम में नक्सलियों ने पुलिस

उप-महानिरीक्षक के.एस. व्यास की हत्या कर दी थी।

- 20 फरवरी, 2000 को मध्य प्रदेश के बस्तर में एक बारूदी सुरंग विस्फोट में नक्सलियों ने एक अतिरिक्त एस.पी. सहित 23 पुलिसकर्मियों की हत्या कर दी थी।
- 2 दिसंबर, 2006 को झारखंड के बोकारो शहर के पास एक बारूदी सुरंग विस्फोट में माओवादियों ने 14 पुलिसकर्मियों की हत्या कर दी थी।
- 16 जुलाई, 2008 को मलकानगिरि जिले में माओवादियों ने एक बारूदी सुरंग विस्फोट कर एक पुलिस वैन को नष्ट कर दिया था, जिसमें 21 पुलिसकर्मियों की मौत हो गई।
- 22 मई, 2009 को नक्सलियों ने एक पुलिस दल पर घात लगाकर हमला किया। सड़क जाम का बहाना लगाकर वे उन्हें गढ़चिरौली जिले के जंगलों में ले गए और 16 पुलिसकर्मियों की हत्या कर दी।
- 10 जून, 2009 को नक्सलियों ने एक नियमित पुलिस गश्ती दल पर हमला किया, जिसमें गहरे सारंडा जंगल में सी.आर.पी.एफ. अधिकारी सहित नौ पुलिसकर्मियों की मौत हो गई। उन्होंने इस काररवाई में कैन-बम और घात का इस्तेमाल किया था।
- 13 जून, 2009 को नक्सलियों ने बोकारो के पास बारूदी सुरंगों और बमों का इस्तेमाल करते हुए दिन के उजाले में हमला किया, जिसमें 10 पुलिसकर्मियों की मौत हो गई।
- 16 जून, 2009 को झारखंड के पलामू जिले के बेहराखंड में माओवादियों द्वारा घात लगाकर किए गए हमले में चार पुलिसकर्मियों की मौत हो गई और दो अन्य घायल हो गए।
- 16 जून, 2009 को एक बारूदी सुरंग हमले में पुलिस और नक्सलियों के बीच गोलीबारी में कम-से-कम 11 पुलिसकर्मियों की मौत हो गई थी। इस फायरिंग में सात विद्रोही भी मारे गए थे।
- 12 जुलाई, 2009 को छत्तीसगढ़ में एक माओवादी हमले में लगभग 29 पुलिसकर्मियों की मौत हो गई थी।
- 23 जून, 2009 को नक्सलियों ने बिहार के लखीसराय कस्बे के अदालत परिसर में पुलिस पर एक बहादुराना हमला किया और माओवादी नेता मिसिर बेसरा उर्फ सुनिरमल उर्फ भास्कर को छुड़ा लिया। उन्होंने पुलिस के पास से दो राइफल और एक कार्बाइन बरामद की। मिसिर बेसरा को सितंबर 2007 में झारखंड के खूँटी जिले से गिरफ्तार किया गया था। वे पोलित ब्यूरो और केंद्रीय

सैन्य आयोग के सदस्य हैं।

- 6 अक्तूबर, 2009 को झारखंड में माओवादियों द्वारा एक सप्ताह पहले अगवा किए गए एक पुलिसकर्मी का शव मिला था।
- 8 अक्तूबर, 2009 को नक्सलियों ने महाराष्ट्र में 17 पुलिसकर्मियों पर घात लगाकर हमला किया और उनकी हत्या कर दी।
- छत्तीसगढ़ के दंतेवाड़ा में 6 अप्रैल, 2010 को नक्सलियों ने सी.आर.पी.एफ. के काफिले पर हमला किया और सी.आर.पी.एफ. के 74 जवानों की जान ले ली।
- 17 मई, 2010 को दंतेवाड़ा जिले में एक नक्सली बारूदी सुरंग ने एक बस को नष्ट कर दिया, जिसमें एस.पी.ओ. सहित 44 लोग मारे गए।
- 29 जून, 2010 को छत्तीसगढ़ में नक्सलियों ने 26 पुलिसकर्मियों पर हमला कर उन्हें मार डाला था।
- 29 अगस्त को छत्तीसगढ़ के भुस्की गाँव में नक्सलियों ने बी.एस.एफ. और जिला पुलिस की संयुक्त टीम पर हमला किया था। उन्होंने बी.एस.एफ. के तीन जवान और राज्य पुलिस के दो जवानों को मार डाला।
- 29 और 30 अगस्त, 2010 को बिहार में नक्सलियों द्वारा संयुक्त अर्धसैनिक बल और राज्य पुलिस पर घात लगाकर हमला किया गया था। उन्होंने 10 को मार डाला और 10 सुरक्षाकर्मियों को घायल कर दिया। उन्होंने चार पुलिसकर्मियों का अपहरण किया और 35 स्वचालित राइफलें छीन लीं।
- सितंबर 2010 में नक्सलियों ने छत्तीसगढ़ में घात लगाकर 3 पुलिसकर्मियों को मार डाला तथा 4 और को बंधक बना लिया। उन्होंने अपहृत पुलिसकर्मियों को कसम दिलाई कि वे नक्सलियों के खिलाफ कभी हथियार नहीं उठाएँगे और उन्हें मुक्त कराएँगे।
- अक्तूबर 2010 को विद्रोहियों ने महाराष्ट्र में बाजार जा रहे चार पुलिस अधिकारियों की हत्या कर दी।

व्यापारिक संस्थानों पर हमला

- 13 अप्रैल, 2009 को माओवादियों ने कोरापुट जिले में एक बॉक्साइट खदान पर हमला किया, जिसमें 10 अर्धसैनिक बल के जवान शहीद हो गए थे।
- 8 अक्तूबर, 2010 को नक्सलियों ने महाराष्ट्र और छत्तीसगढ़ के सीमावर्ती इलाके में एक बारूदी सुरंग उड़ा दी। इसके परिणामस्वरूप 3 भारत-तिब्बत सीमा पुलिस (आई.टी.बी.पी.) के जवानों की मौत हो गई, दो अन्य जवान घायल हो गए और एक सैन्य जीप नष्ट हो गई।

- मई 2011 में नक्सलियों ने ओडिशा के साथ सीमा पर छत्तीसगढ़ के गरियाबंद में एक वरिष्ठ अधिकारी सहित दस पुलिसकर्मियों को मारकर टुकड़े-टुकड़े कर दिया।
- जून 2011 में पुलिस और अर्धसैनिक बलों दोनों की मौत की कुल संख्या 43 तक पहुँच गई।

नक्सलियों के खिलाफ काररवाई

- 10 जुलाई, 1970 को आंध्र प्रदेश के पार्वतीपुरम के बोरी हिल्स में पुलिस मुठभेड़ में श्रीकाकुलम आंदोलन के दो शीर्ष नक्सली वेम्पतापु सत्यनारायण और आदिभटला कैलासम मारे गए।
- मई 1971 में पुलिस ने बिहार के जादुगुड़ा के जंगलों से एम.एम.जी. ग्रुप (आदमी, पैसा और बंदूक) के 54 लोगों को गिरफ्तार किया था।
- 1 जुलाई से 15 अक्तूबर, 1971 तक सुरक्षाबलों ने पश्चिम बंगाल, बिहार और ओडिशा के सीमावर्ती जिलों में 'ऑपरेशन स्टीपलचेज' शुरू किया।
- 19 सितंबर, 2009 को नक्सलियों के खिलाफ कोबरा और सी.आर.पी.एफ. के बीच एक गहन गोलीबारी में 50 से अधिक नक्सली मारे गए और लगभग 200 को पकड़ लिया गया। 20 जवानों के लापता होने की खबर थी।
- 16 जुलाई, 1972 को चारू मजूमदार को कलकत्ता में गिरफ्तार किया गया और 28 जुलाई को लाल बाजार पुलिस लॉकअप में उनकी मौत हो गई थी।
- 26 अप्रैल, 1977 को कोंडापल्ली सीतारमैया को गिरफ्तार किया गया था।
- 24 नवंबर को सी.आर.पी.एफ. ने नक्सली नेता किशनजी को छह अन्य नक्सलियों के साथ मुठभेड़ में मार गिराया था।

रुझान

(क) **संगठित और दृढ़ प्रयास :** आँकड़े बताते हैं कि नक्सलियों ने 'लाल गलियारा' की दिशा में, यानी 'पशुपति से तिरुपति तक' की दिशा में एक ठोस प्रयास किया। भाकपा (माओवादी) के गठन के बाद उन्होंने बड़े पैमाने पर सैन्य अभियान चलाया। वे हरियाणा, राजस्थान, गुजरात और दिल्ली जैसे नए क्षेत्रों में फैलने की कोशिश कर रहे हैं।

(ख) **एकल दलीय कमान का उदय :** कमान की श्रृंखला उत्तर से दक्षिण की ओर स्थापित होती है। विचार की स्पष्टता और निर्णय लेने की एकमत माओवादी नेतृत्व के भीतर व्याप्त है।

(ग) **वंचित वर्गों से लिये गए कार्यकर्ता :** हालाँकि, आंदोलन को कुलीन शिक्षित नेतृत्व द्वारा नियंत्रित किया जाता है, लेकिन कार्यकर्ता वंचित वर्गों से आ रहे हैं। ये लोग अपनी वास्तविक सामाजिक और आर्थिक शिकायतों से प्रेरित होते हैं और वे बंदूक की बैरल के साथ सत्ता हासिल करने की महत्त्वाकांक्षा से प्रेरित हैं।

(घ) **झुंड के हमले :** लगभग 500 की संख्या में नक्सली लक्ष्य को घेर लेते हैं और हथियार और गोला-बारूद लूट लेते हैं। इस तरह के हमलों को 'झुंड के हमले' कहा जाता है। उन्होंने यह रणनीति 'नेपाली माओवादी मॉडल' से विकसित की। इनमें से पहला हमला 2004 में ओडिशा के कोरापुट में हुआ था। तब से 2005 में 3 हमले, 2006 में 9 हमले और 2007 में लगभग 35 हमले (रानी बोदली, रीगा आदि) हो चुके हैं। जहानाबाद के झुंड में किए गए छापे दो कारणों से महत्त्वपूर्ण माने जाते हैं। छापेमारी में शामिल संख्या के लिहाज से यह देश में नक्सलियों द्वारा किया गया अब तक का सबसे बड़ा अभियान है।

(ङ) **नवीन सैन्यीकरण और हिंसा :** माओवादियों ने उन्नत प्रौद्योगिकी और बढ़िया हथियारों के साथ आई.ई.डी. और बारूदी सुरंगों का उत्कट उपयोग करते हुए बड़े-बड़े लक्ष्य चुने हैं। हाल के वर्षों में नक्सली पहले से कहीं ज्यादा दुस्साहसी रहे हैं। कांग्रेस के काफिले पर हमले से पहले, उन्होंने जनवरी में छत्तीसगढ़ में एक भारतीय वायुसेना के हेलीकॉप्टर को उतारा था। झारखंड में सी.आर.पी.एफ. के एक शहीद जवान के पेट में 1.5 किलो का बम सिल दिया। एक मेकैनिकल इंजीनियर और माओवादियों की केंद्रीय तकनीकी समिति के प्रमुख सदानुला रामकृष्ण, जिसे फरवरी में आंध्र प्रदेश पुलिस द्वारा इकट्ठी की गई जानकारी के आधार पर गिरफ्तार किया गया था, के खुलासे के अनुसार, "वे सुरक्षाबलों के खिलाफ उपयोग करने के लिए रॉकेट लॉन्चर बनाने की भी योजना बना रहे थे।"

(च) **रेलवे पर हमला :** अपनी क्षमता का प्रदर्शन करने के लिए और प्रतिशोध के प्रतीक के रूप में उन्होंने रेलवे चौकियों, रेलवे स्टेशनों और अपहृत ट्रेनों पर हमला किया। 2009 में नक्सलियों ने एक प्रतिष्ठित हाई-स्पीड ट्रेन और उसके 700 यात्रियों को लगभग पाँच घंटे तक बंधक बनाकर रखा था।

(छ) **सरकारी गतिविधि के सभी घटकों पर हमला :** प्रभावित क्षेत्रों में विकास गतिविधियों को धीमा करने और परिवहन और संचार सुविधाओं को पंगु बनाने के लिए माओवादियों ने आर्थिक गतिविधि के सभी घटकों पर हमला किया।

उन्होंने क्षेत्र में आर्थिक नीतियों के बड़े मुद्दों पर आर्थिक घेराबंदी की।

(ज) **आई.ई.डी. हमले :** सुरक्षाबलों पर हमला करने के लिए माओवादी गोलियों के बजाय तात्कालिक विस्फोटक उपकरण (आई.ई.डी.) का उपयोग करने को महत्त्व देते हैं। नक्सलियों द्वारा की गई फायरिंग से ज्यादा सुरक्षाकर्मी आई.ई.डी. हमलों में मारे गए। स्कूल भवनों, पुलिस स्टेशनों, रेलवे संपत्तियों और अन्य प्रतिष्ठानों जैसी सरकारी संपत्ति में विस्फोट करने के लिए नक्सली आई.ई.डी. का प्रयोग करते हैं। 2009 के बाद के समय में ध्यान देने योग्य बात है कि माओवादियों ने आई.ई.डी. कौशल में विशेषज्ञता हासिल की और अपने कार्यों में इसका उपयोग बढ़ाया। आई.ई.डी. हमलों से सुरक्षाबलों के कुल हताहतों का प्रतिशत 60 प्रतिशत से ज्यादा हो गया है। 'टाइम्स ऑफ इंडिया' की दैनिक रिपोर्ट के अनुसार, जनवरी 2008 से जून 2014 तक नौ राज्यों में नक्सलियों द्वारा मारे गए सुरक्षाकर्मियों की कुल संख्या 1,267 है, जिनमें से 447 आई.ई.डी. विस्फोटों में मारे गए और 256 बंदूक की लड़ाई में मारे गए। इन हमलों से जनता के साथ-साथ सुरक्षाकर्मियों में भी बहुत भय और दहशत पैदा होती है।

वे आई.ई.डी. का उपयोग करने में अपनी रणनीति बदल रहे हैं। झारखंड के लातेहार जिले के पी.एस. बरवाडीह में जोबे अमवतीकर के जंगलों में सुरक्षाबलों और माओवादियों के बीच मुठभेड़ के बाद, ग्रामीणों ने सुरक्षाकर्मियों के दो शवों को देखा। जैसे ही उन्होंने शवों में से एक को उठाने की कोशिश की, उसमें विस्फोट हो गया, जिसमें चार ग्रामीणों की मौत हो गई। बाद में सुरक्षाकर्मियों ने दूसरे शव को एयरलिफ्ट किया। पोस्टमार्टम के दौरान शव के पेट में आई.ई.डी. छिपा हुआ मिला।

आई.ई.डी./विस्फोट की घटनाओं की हाल की खोजों ने संकेत दिया है कि नक्सली आई.ई.डी. का उपयोग करने के नए-नए तरीके अपना रहे हैं। आई.ई.डी. में इस्तेमाल किए जा रहे विस्फोटकों की भारी मात्रा का मतलब भूमि-खान-विरोधी वाहनों को निशाना बनाना है। वे दूध के डिब्बे, पेड़, पॉलीथिन बैग, धातु के कैश बॉक्स आदि में आई.ई.डी. डालते हैं। 29 अगस्त, 2013 को एक आई.ई.डी. को डिफ्यूज करने की कोशिश करते समय तीन लोगों की मौत हो गई थी, जिसे एक पॉलीथिन बैग में डालकर अलीपुरद्वार, जिला जलपाईगुड़ी, पश्चिम बंगाल में बंद करके साइकिल पर रखा गया था। आई.ई.डी. में छह वोल्ट की आयताकार बैटरी पाई गई थी, जो दो तारों से जुड़ी हुई थी, एक काली और दूसरी लाल, और एक एनालॉग घड़ी एक तार

द्वारा बरतन के ढक्कन के हैंडल से जुड़ी हुई थी। घड़ी का मुख नीचे होने के कारण उस पर समय अंकित नहीं किया जा सकता था। एक अन्य घटना में, जो 8 अक्तूबर, 2005 को ग्राम दानरू, पी.एस. कुंडा, जिला चतरा, झारखंड में हुई थी, आई.ई.डी. को एक धातु के कैश बॉक्स में रखा गया था। उसे एक पहाड़ी पर स्थित एक सुनसान झोंपड़ी में रखा गया था। बक्सा बंद था और उस पर एक परची चिपकाई हुई थी, जिसमें लिखा था कि इसके अंदर 95,25,000/- रुपए रखे हुए हैं। सी.आर.पी.एफ. के एक जवान ने पत्थर की मदद से ताला तोड़ा और आई.ई.डी. फटने से 12 सुरक्षाकर्मियों की मौत हो गई और 16 अन्य घायल हो गए। 21 सितंबर, 2006 को लालगढ़, जिला मिदनापुर, पश्चिम बंगाल के पास एक दूध के डिब्बे में आई.ई.डी. बरामद किया गया था। आई.ई.डी. विस्फोट में दो बी.डी.एस. कर्मियों की मौत हो गई थी और अडिशनल एस.पी. और मीडियाकर्मियों सहित 27 अन्य घायल हो गए। एक अन्य घटना में 7 मई, 2010 को लावारिस मारुति कार में आई.ई.डी. लगाया गया था। कार में लगे एलपीजी सिलेंडर से जुड़े लगभग 1.6 किलोग्राम आरडीएक्सवाले स्टील के जग में एक आई.ई.डी. छिपाकर रखा गया था। संदिग्ध कार थाने के अंदर खड़ी थी।

(झ) **जबरन वसूली और कोष प्रवाह :** क्षेत्र कमांडरों को एक 'दर कार्ड उपकरण' तैयार करते हैं और विभिन्न निर्माण गतिविधियों में ठेकेदारों को दूध पिलाने की व्यवस्था करते हैं। वे सड़क, रेलवे ट्रैक, स्टोन क्रेशर, पेट्रोल पंप आदि के ठेकेदारों से पैसे वसूल करते हैं।

(ञ) **फ्रंटल संगठनों में बढ़ोतरी :** दुष्प्रचार, कूरियर कार्य और मानवाधिकारों के उल्लंघन के मुद्दों को उठाने आदि में शामिल फ्रंटल संगठनों में तेजी से वृद्धि हुई है। वे आधारभूत सहयोग देते हैं।

(ट) **बुद्धिजीवियों का समर्थन :** वे शहरी बुद्धिजीवियों की सहानुभूति और समर्थन हासिल करने में सफल हुए। नक्सल गतिविधियों के पक्ष में जनमत को जगाने के लिए 100 से अधिक फ्रंटल संगठन काम कर रहे हैं, बेशक वे हिंसा के पक्ष में न हों।

(ठ) **बाहरी संपर्क :** हाल के वर्षों में माओवादियों ने दक्षिण एशिया के माओवादी ग्रुपों के साथ संबंध बनाए हैं। यह भी पाया गया है कि वे इसलामी आतंकवादी ग्रुपों के साथ कुछ संबंध बनाने की कोशिश कर रहे हैं। उन्होंने लिट्टे के साथ कुछ प्रशिक्षण का आदान-प्रदान किया है। खुफिया सूत्रों का कहना है कि हाल के रुझानों से पता चलता है कि माओवादी कार्यकर्ता कुछ पूर्वोत्तर ग्रुपों

सहित अन्य गैर-सरकारी तत्त्वों के साथ गठजोड़ करना चाह रहे हैं। नवीनतम छत्तीसगढ़ हमले की जाँच करनेवाली राष्ट्रीय जाँच एजेंसी मुप्पल्ला लक्ष्मण राव उर्फ गणपति जैसे शीर्ष नक्सली नेताओं की तलाश कर रही है।

(ड) **शहरी लामबंदी :** माओवादियों को लगता है कि अगले 10 से 20 वर्षों तक भारतीय राज्य में एक बड़ा बदलाव देखने को मिलेगा। शहरों में बड़े पैमाने पर प्रवास होगा। साम्राज्यवाद का हमला होगा, सेज की नीतियाँ, शहरी और ग्रामीण दोनों क्षेत्रों में गरीबों का बड़े पैमाने पर विस्थापन और मुद्रास्फीति आदि से समाज में अशांति पैदा होगी। ऐसा शहरी क्षेत्रों में ज्यादा है। नक्सली ऐसे मुद्दों पर उग्रवादी जन काररवाई करने के लिए इन लोगों को लामबंद करना चाहते हैं।

(ढ) **सुरक्षाबलों पर हमला :** 2004 में पार्टी की एकता के बाद से सुरक्षाबलों पर हमले ज्यादा आक्रामक और हिंसक हो गए हैं। उन्होंने बड़े लक्ष्य चुने हैं और लक्ष्य के खिलाफ विभिन्न प्रकार की रणनीति को एक साथ जोड़ा है।

(ण) **अपहरण :** हाल के वर्षों में, अपहरण नक्सलियों की पसंद का विषय बन गया है। गृह मंत्रालय के आँकड़े बताते हैं कि 2008 से 2011 के बीच माओवादियों ने 1,554 लोगों का अपहरण किया है। इनमें से 328 की मौत हो गई। छत्तीसगढ़ में अपहरण के 489 मामले और झारखंड में 463 मामले सामने आए। घटनाओं की संख्या 2008 में 108, 2009 में 128 और 2010 में 150 से बढ़ गई। अधिकांश अपहरण खास लक्ष्यों को हासिल करने के लिए थे, जैसे—सुरक्षाबलों पर अपने अभियानों को कम करने और अपने माओवादी नेताओं को जेल से रिहा करने के लिए दबाव बनाना।

(त) **हेलीकॉप्टरों पर हमला :** भाकपा (माओवादी) के कार्यकर्ताओं ने 18 जनवरी, 2013 को छत्तीसगढ़ के सुकमा जिले के पी.एस. चिंतागुफा गाँव के पास भारतीय वायुसेना के एम.आई.-17 हेलीकॉप्टर पर गोली चलाई, जब वह घायल पुलिसकर्मियों को निकालने के लिए एक पुलिस शिविर के पास उतरने की कोशिश कर रहा था। उन्होंने बहुत करीब से फायरिंग की और हाइड्रोलिक सिस्टम को क्षतिग्रस्त कर दिया। नक्सलियों ने हथगोले भी फेंके हैं, हेलीकॉप्टरों में आग लगाई है और हेलीपैड पर हमला किया है। इन घटनाओं से संकेत मिलता है कि बचाव कार्यों में लगे हेलीकॉप्टरों को निशाना बनाने के लिए नक्सलियों द्वारा नवीन तकनीकों का इस्तेमाल किया गया था।

(थ) **सार्वजनिक और निजी संपत्ति पर हमला :** पिछले पाँच वर्षों में नक्सलियों ने बुनियादी ढाँचे के तत्त्वों—रेलवे लाइनों, टेलीफोन एक्सचेंज, स्कूल भवनों,

ट्रांसमिशन पोल—को लक्षित खदानों और बिजली संयंत्रों की तुलना में अधिक बार लक्षित किया है। सभी आर्थिक लक्ष्यों को मिलाकर यह संख्या 2008 में 182 से बढ़कर 2012 में 214 हो गई। इनमें से अधिकांश हमले छत्तीसगढ़, झारखंड और बिहार में हुए हैं।

(द) **सघन क्रांतिकारी क्षेत्र (सी.आर.जेड.) :** इसे 'लाल गलियारा' के रूप में भी जाना जाता है। यह नक्सल गतिविधियों को फैलाने के डिजाइन और इच्छा की ओर इशारा करता है। नक्सलियों ने अपने अभियानों की गतिविधियों को तिरुपति से पशुपति तक फैलाया और बिहार तथा दंडकारण्य क्षेत्र से आंध्र प्रदेश तक फैलाया। भारत में भाकपा (माओवादी) नेपाल में अपने समकक्ष माओवादियों के साथ संबंध बनाए रखता है। नक्सली उत्तर से दक्षिण को जोड़नेवाले पूरे जंगलों में गुरिल्ला क्षेत्र और मुक्त क्षेत्र बनाने की कोशिश कर रहे हैं। नक्सली संगठन उत्तरी बिहार और उत्तरी छत्तीसगढ़ के जंगलों की खाई को लगातार भर रहे हैं। वे अपने अभियानों को तमिलनाडु, कर्नाटक और केरल जैसे नए क्षेत्रों तक बढ़ाने की कोशिश कर रहे हैं। बनर्जी और अय्यर सुझाव देते हैं कि गंभीर रूप से प्रभावित जिलों के तथाकथित 'लाल गलियारे' खराब जीवन स्तर की वजह कृषि में कम निवेश की औपनिवेशिक विरासत बताते हैं।

(ध) **नागरिकों पर हमला :** सरकार के साथ नागरिक सहयोग को रोकने के लिए विद्रोही नागरिकों के खिलाफ हिंसा की तीव्रता को चुनते हैं। नागरिकों के खिलाफ नक्सली हिंसा कुल हताहतों की संख्या का एक-तिहाई से अधिक है। एक अध्ययन का डेटा बताता है कि कम खरीफ वर्षा खनन जिलों में नागरिकों के खिलाफ नक्सली हिंसा को बढ़ावा देती है। नागरिक लक्ष्यों को (i) ठेकेदारों और बिल्डरों, (ii) जमींदारों और ग्राम प्रधानों, (iii) पुलिस मुखबिरों, (iv) अन्य नागरिकों के तहत वर्गीकृत किया जा सकता है।

(न) **नक्सलियों का समर्पण :** सरकार की नक्सलियों के लिए योजनाओं में से आत्मसमर्पण करनेवाले नक्सलियों को दिया जानेवाला आर्थिक लाभ एक बड़ा प्रोत्साहन है। इस सरकारी योजना में आत्मसमर्पण करनेवाले नक्सली को तीन साल बाद तीन लाख रुपए का भुगतान किया जाता है। इसके अलावा 2,500 रुपए मासिक भी दिए जाते हैं। हथियारों के लिए 'वापसी क्रय नीति' योजना भी है, जिसके अनुसार एल.एम.जी. को आत्मसमर्पण करने का मूल्य 3,00,000 लाख रुपए है और एक ए.के.-47 के लिए 2,00,000 लाख रुपए है। इन योजनाओं और नक्सल ग्रुपों में उभरते विवादों और कठिनाइयों के परिणामस्वरूप कई नक्सलियों ने आत्मसमर्पण कर दिया। (तालिका 16.1 देखें)

तालिका 16.1 : आत्मसमर्पण करनेवाले नक्सलियों का राज्यवार विवरण

राज्य	2009	2010
आंध्र प्रदेश	89	129
बिहार	16	13
छत्तीसगढ़	16	05
झारखंड	08	20
मध्य प्रदेश	01	02
महाराष्ट्र	08	19
ओडिशा	10	46
उत्तर प्रदेश	01	00
पश्चिम बंगाल	00	06
अन्य	01	01
कुल	**150**	**244**

2010 के बाद से नक्सलियों में समर्पण की प्रवृत्ति बढ़ती जा रही है। 2012 में अकेले विशाखापत्तनम जिले में लगभग 75 नक्सलियों ने आत्मसमर्पण किया था।

(न) **नक्सलियों की गिरफ्तारी में बढ़ोतरी :** लोकसभा के एक प्रश्न के उत्तर में, 2005 के बाद मारे गए नक्सलियों की संख्या 2005 में 225, 2006 में 274, 2007 में 141, 2008 में 181, 2009 में 217 तथा 2010 में 171 थी। इसी अवधि में गिरफ्तार नक्सलियों की संख्या क्रमशः 1950, 1270, 1456, 1536, 1619 और 2908 है।

(प) **जनहानि का अनुपात :** सुरक्षाबलों की तुलना में माओवादियों की जनहानि का अनुपात ज्यादा है। निम्नलिखित आँकड़े इस तथ्य के बारे में बताते हैं—

तालिका 17.2 : जनहानि का वर्षवार अनुपात

वर्ष	2000	2001	2002	2003	2004	2005	2006	2007	2008
सुरक्षाबल जनहानि	98	125	100	105	100	153	157	236	175
नक्सली जनहानि	254	182	141	211	87	255	274	141	137
अनुपात	1:1.6	1:1.4	1:1.4	1:2	1:0.8	1:1.6	1:1.6	1:0.6	1:1.7

स्रोत : 3 सितंबर, 2008 को आंतरिक सुरक्षा पर गृह मंत्रालय का स्ट्टेस पेपर।

भूतपूर्व पी.डब्ल्यू.जी. और एम.सी.सी.आई., जिनका 21 सितंबर, 2004 को भारतीय कम्युनिस्ट पार्टी (माओवादी) और अन्य छोटे सशस्त्र कम्युनिस्ट ग्रुपों को मिलाने के लिए विलय कर दिया, ने नेपाली माओवादियों के साथ संबंध स्थापित किए हैं। वे बांग्लादेश, श्रीलंका और भूटान के पड़ोसी देशों में कम्युनिस्ट क्रांतिकारी संगठनों के साथ एक नेटवर्क बनाने में भी सक्षम हैं। सी.सी.ओ.एम.पी.ओ.एस.ए. के बैनर तले जाकर इसने औपचारिक रूप से 1 जुलाई, 2001 को अपने गठन की घोषणा की। सी.सी.ओ.एम.पी.ओ.एस.एम. की भूमिका दक्षिण एशिया में माओवादी दलों और संगठनों के बीच एकता को समरूप तथा मजबूत करने के साथ-साथ आपसी सहायता और अनुभवों का आदान-प्रदान करने और उपमहाद्वीप में माओवादी ताकतों के बीच द्विपक्षीय और बहुपक्षीय संबंधों को गहरा करना है।

□

18

माओवादी वेब : एक रूपरेखा

गणपति ने कहा, "नक्सल कम्युनिस्ट अंतरराष्ट्रीयवादी हैं¨नक्सल महत्त्वपूर्ण कर्तव्यों में से एक है, दुनिया की सभी वास्तविक माओवादी पार्टियों के साथ मजबूत संबंध स्थापित करना¨ "

भूतपूर्व एम.सी.सी.आई. और भूतपूर्व सी.पी.आई. (एम.एल.) (पी.डब्ल्यू.) दोनों ने नेपाल, पेरू, फिलीपींस, तुर्की और अन्य देशों के साथ अंतरराष्ट्रीय स्तर पर द्विपक्षीय संबंध जारी रखे हैं। भूतपूर्व एम.सी.सी.आई. आर.आई.एम. (रिवोल्यूशनरी इंटरनेशनल मूवमेंट) में शामिल हो गया था, जबकि भूतपूर्व पी.डब्ल्यू. ने आर.आई.एम. के साथ अपने संबंधों को और गहरा करने का फैसला किया था। अब¨पार्टी (सी.पी.आई.-एम) ने आर.आई.एम. और अन्य सभी वास्तविक माओवादियों के साथ अपने गहरे संबंध जारी रखने का फैसला किया है। भारत के दो महत्त्वपूर्ण क्रांतिकारी संगठनों—तत्कालीन एम.सी.सी.आई. और पी.डब्ल्यू.—की एकता का निश्चित रूप से अंतरराष्ट्रीय स्तर पर बहुत सकारात्मक प्रभाव पड़ेगा।

वर्तमान में भारत में कम-से-कम 28 माओवादी विद्रोही ग्रुप सक्रिय हैं, जिनमें सात भारत के अन्य पड़ोसी देशों में सक्रिय हैं—चार बांग्लादेश में और एक-एक नेपाल, भूटान और श्रीलंका में। 35 ग्रुपों में सबसे प्रसिद्ध भाकपा (माओवादी) और सी.पी. एन.-एम हैं।

13 फरवरी, 1996 को अपना जनयुद्ध शुरू करने के बाद से नेपाली माओवादी एक के बाद एक शानदार सफलता हासिल कर रहे हैं और अब उस देश के कुल क्षेत्रफल के लगभग 90 प्रतिशत हिस्से में उनकी मौजूदगी है, जिसके कुछ हिस्सों में वे समानांतर सरकार चलाते हैं। दक्षिण एशिया में स्थापित किया गया नया माओवादी संगठन भूटान की कम्युनिस्ट पार्टी (मार्क्सवादी-लेनिनवादी), सी.पी.बी. (एम.एल.) है। विकल्प इसके नेता हैं।

आज भी जब हम भूटान के बिल्कुल नए तीन जिलों में पूरी तरह से अज्ञात ग्रुप के उभार को देखते हैं, जो इस क्षेत्र में माओवादी आंदोलनों की कार्यप्रणाली में स्पष्ट रूप से दिखाई देता है—अछूते प्रदेशों का विस्तार, विलय और एकत्रीकरण और संबंधों का निरंतर विस्तार। वर्तमान में, नक्सली माओवादियों या समान विचारधारा वाले ग्रुपों के बीच आंतरिक और संकलित क्षेत्रीय संबंधों का विश्लेषण कर सकते हैं और उनके विशेष भाईचारा संबंधों पर ध्यान केंद्रित कर सकते हैं। वर्तमान में, नक्सली माओवादियों या समान विचारधारावाले ग्रुपों के बीच आंतरिक और अतिरिक्त क्षेत्रीय संबंधों का विश्लेषण कर सकते हैं और उनके अतिरिक्त-भ्रातृ संबंधों पर ध्यान केंद्रित कर सकते हैं।

3 से 22 मार्च, 2001 को नेपाल के माओवादियों ने बीच छत्तीसगढ़ के अबूझमाड़ जंगलों में आयोजित तत्कालीन पी.डब्ल्यू. की 9वीं कांग्रेस में एक प्रतिनिधि, चंद्र प्रकाश गजुरेल 'गौरव' को भेजा था। पोलित ब्यूरो सदस्य गौरव को 20 अगस्त, 2003 को तमिलनाडु के चेन्नई हवाई अड्डे पर समान विचारधारावाले ग्रुपों के साथ संपर्क करने की कोशिश करते हुए गिरफ्तार किया गया था।

वर्ष भर से कुछ ज्यादा समय पहले, नेपाल की रिपोर्टों ने संकेत दिया था कि 17 नवंबर, 2003 की रात को हिरासत में लिये गए एक माओवादी विद्रोही ने सरकारी टेलीविजन पर स्वीकार किया था कि माओवादियों ने पूर्व पी.डब्ल्यू.जी. से हथियारों और विस्फोटकों को सँभालने का प्रशिक्षण लिया था। नेपाली और भारतीय माओवादियों के बीच साँठ-गाँठ की इसी तरह की खबरें बाद में भी सामने आईं। साफ तौर से बताया गया है कि माओवादियों ने भूतपूर्व पी.डब्ल्यू.जी. और भूतपूर्व एम.सी.सी.आई. के साथ मिलकर प्रशिक्षण लिया था। ऐसी भी खबरें आई हैं कि भारतीय माओवादियों ने अपने शिविर आंध्र प्रदेश से नेपाल स्थानांतरित कर दिए हैं।

जैसाकि पहले उल्लेख किया गया है कि भूतपूर्व एम.सी.सी.आई. का भी नेपाली माओवादियों के साथ घनिष्ठ संबंध रहा है। एक विद्वान् के अनुसार—

"फरवरी 1996 में, एम.सी.सी. केंद्रीय समिति ने नेपाल में माओवादी आंदोलन का स्वागत करते हुए एक पत्र प्रकाशित किया। अक्तूबर 1996 में, एम.सी.सी. कांग्रेस ने नेपाल में माओवादी आंदोलन के दमन की निंदा की। अप्रैल 2000 की रिपोर्ट के अनुसार, एम.सी.सी. और नेपाल माओवादी बिहार के हजारीबाग और औरंगाबाद में संयुक्त प्रशिक्षण शिविर आयोजित कर रहे थे। सितंबर 2000 में, प्रमोद मिश्रा (भूतपूर्व एम.सी.सी.आई. के एक नेता) ने नेपाल का दौरा किया और माओवादी नेताओं के साथ चर्चा की। अगस्त 2001 में, नेपाली माओवादी नेताओं और भारतीय नक्सल ग्रुपों की सिलीगुड़ी में एक बैठक हुई, जहाँ उन्होंने सी.आर.जेड. के लक्ष्य को प्राप्त करने के लिए रणनीतियों पर चर्चा की।

विदेशों में दोस्त जीतना

नक्सलियों ने भारत में अन्य विद्रोही ग्रुपों और विदेशों में उग्रवादी तथा माओवादी ग्रुपों के साथ संबंध बना रखे हैं।

- माओवादी संगठन का दुनिया के 27 देशों में विस्तार है। वे दुनिया भर के माओवादी संगठनों के साथ अपने संबंधों का विस्तार कर रहे हैं। इसके लिए उन्होंने 1996 में ब्रुसेल्स में एक अंतरराष्ट्रीय संगोष्ठी का आयोजन किया, जहाँ उन्होंने (वी.आई.बी.) अंतरराष्ट्रीय बुलेटिन प्रकाशित करने का संकल्प लिया। उन्होंने 'निगार्ड मल्टीमीडिया पब्लिशिंग फाउंडेशन' की स्थापना की।

वैश्विक स्तर पर एफ.ओ.आई.आर. एक महत्त्वपूर्ण संगठन है, जिसके विदेशों में प्रतिनिधि कई देशों से आय ढूँढ़ना चाहते हैं। मार्क्सवादी-लेनिनवादी पार्टियों और संगठनों का अंतरराष्ट्रीय सम्मेलन (आई.सी.एम.एल.पी.ओ.), क्रांतिकारी अंतरराष्ट्रीय आंदोलन (आर.आई.एम.), विश्व जन प्रतिरोध आंदोलन (डब्ल्यू.पी.आर.एम.) और इंटर कम्युनिस्ट मूवमेंट (आई.सी.एम.) जैसे संगठन हैं, जो दुनिया भर में माओवादी ग्रुपों को जोड़ते हैं। भारत का एम.सी.सी. 2002 में आर.आई.एम. में शामिल हो गया है।

1. **चीन :** माओवादी संगठन राज्य की सत्ता को जब्त करने के लिए एक सशस्त्र दीर्घ युद्ध में विश्वास करते हैं, जिसे माओ ने एक नई लोकतांत्रिक व्यवस्था कहा था। अधिकांश विकासशील देशों में जहाँ ज्यादातर आबादी किसान वर्ग की है, लंबे युद्ध को कृषि क्रांति के रूप में मानते हैं। 1976 में माओ की मृत्यु के बाद, अंतरराष्ट्रीय माओवादी आंदोलन तीन अवस्थाओं में विभाजित हो गया था। एक ग्रुप ने देंग शियाओपिंग के नेतृत्व में नए चीनी नेतृत्व को अमान्य समर्थन दिया। एक अन्य ग्रुप ने मार्क्सवाद-लेनिनवाद-माओ विचार के कारण नए नेतृत्व की देशद्रोही के रूप में निंदा की। तीसरा ग्रुप चीन-अल्बानियाई है, जिसने सी.पी.सी. के तीन विश्व सिद्धांत की निंदा की। 'अंतरराष्ट्रीय माओवादी आंदोलन', जिसे आज कहा जाता है, दूसरे ग्रुप से विकसित हुआ था।
2. **कंबोडिया और लाओस :** कंबोडिया के खमेर रूज को माओवादी शासन की नकल कहा जाता है। बी.बी.सी. के अनुसार, कम्पूचिया (कंबोडिया) की कम्युनिस्ट पार्टी, जिसे 'खमेर रूज' के रूप में जाना जाता है, को निश्चित रूप से माओवाद के रूप में पहचाना जाता है और इसे आमतौर पर आज माओवादी आंदोलन का लेबल दिया जाता है।
3. **यूरोप :** नीदरलैंड, जर्मनी, फ्रांस, नॉर्वे, डेनमार्क, स्वीडन, स्पेन, बेल्जियम, ब्रिटेन, पुर्तगाल, सर्बिया, ऑस्ट्रिया, पोलैंड, स्लोवाकिया, ग्रीस और फिनलैंड में माओवादी मंच हैं।

4. **लैटिन अमेरिका :** माओवादी समूह कोलंबिया, ब्राजील, अर्जेंटीना, चिली, उरुग्वे, वेनेजुएला, इक्वाडोर, डोमिनिकन गणराज्य, पेरू और एथेंस में मौजूद हैं। चेन ग्वेरा ने क्यूबा की क्रांति के दौरान पूरे लैटिन अमेरिका में माओवादी विचारधारा की वकालत की। उन्होंने लैटिन अमेरिकी गुरिल्लाओं को प्रेरित किया कि लोकप्रिय ताकतें एक दुश्मन के खिलाफ युद्ध जीत सकती हैं। माओवाद के साथ मूलभूत अंतर यह था कि चेन ग्वेवरवाद ने राजनीतिक दल और विचारधारा पर जोर नहीं दिया। वेनेजुलन, पेरूवियन और बोलिवियाई गुरिल्लाओं के बीच मतभेद हैं। फरवरी 1974 में, बिलिवियन ई.एल.एन., टुपमारोस, चिली एम.आई.आर. और अर्जेंटीना ई.आर.पी. ने क्रांतिकारी सामंजस्य (जे.सी.आर.) का एक ग्रुप बनाया। एनवर होक्सा और ए.पी.एल. के नेतृत्व में अल्बानियाई समर्थक ग्रुप लैटिन अमेरिका में कई कम्युनिस्ट ग्रुपों को मिलाने में कामयाब रहा, जिसमें ब्राजील की कम्युनिस्ट पार्टी और इक्वाडोर में मार्क्सवादी–लेनिनवादी कम्युनिस्ट पार्टी शामिल थी। बाद में पेरू के 'शाइनिंग पाथ' ने भी माओवाद के सिद्धांतों को अपनाया। अबीमेल गुजमान के नेतृत्व में 'शाइनिंग पाथ' ने राज्य के विरुद्ध निर्मम संघर्षों का बंदोबस्त किया था। यह अनुमान लगाया गया है कि शाइनिंग पाथ हिंसा और पेरू राज्य की जवाबी काररवाई ने लगभग 30,000 लोगों की जान ले ली थी।
5. अमेरिका, रूस, कनाडा, न्यूजीलैंड, जापान में माओवादी ग्रुप हैं।
6. मोरक्को, तुर्की और ईरान में माओवादी ग्रुप हैं।
7. **एशिया :** भारत, पाकिस्तान, अफगानिस्तान, नेपाल, फिलीपींस और बांग्लादेश।

भारत, नेपाल, पेरू, फिलीपींस मजबूत हैं। अन्य देशों में वे छोटे बौद्धिक ग्रुप हैं।

- **एफ.ए.आर.सी. :** स्पेन में फुएर्जस आर्मडास रिवोल्यूशनरीज डी कोलंबिया ने भी दशकों पहले कोलंबिया की कम्युनिस्ट पार्टी (एम.एल.) के बैनर तले एक गुरिल्ला आंदोलन शुरू किया था। लेकिन यह माओवादी सिद्धांत का पालन करता है या नहीं, यह स्पष्ट नहीं है, लेकिन इसने माओवादियों की रणनीति और तरीकों का पालन किया है।
- **बोस्निया :** अफ्रीकी महाद्वीप के देशों में फ्रांस, बेल्जियम जैसी साम्राज्यवादी शक्तियाँ एक धार्मिक समुदाय या एक राजनीतिक ग्रुप को दूसरे के खिलाफ भड़काने का एक पुराना खेल खेल रही हैं, विशेष रूप से जायरे (कांगो), युगांडा, केन्या, नाइजीरिया में अपने फायदे के लिए उनका शोषण कर रहा है। पुराने साम्राज्यवादी शासन के अलावा नया साम्राज्यवादी अमेरिका रूस के

कीमती खनिजों की लूट के लिए इस महाद्वीप के देशों के बीच आपसी झड़पों और मतभेदों का फायदा उठा रहा है।

- गृहयुद्ध में अफ्रीकी लोग मारे जा रहे हैं और लाखों की संख्या में लोग विस्थापित हो रहे हैं और पड़ोसी देशों में शरण लेने को मजबूर हैं। 'फूट डालो और राज करो' की पुरानी साम्राज्यवादी नीति छापे और लूट को कायम रखने के लिए जारी रखी जा रही है। एस.एफ.पी.आर. का पहला सम्मेलन अफ्रीकी देशों के लोगों से अपनी कष्टप्रद नस्लीय और आदिवासी पहचान को भूलने और साम्राज्यवाद से लड़ने के लिए आपस में मजबूत एकता स्थापित करने का आह्वान करता है, ताकि वे अपनी संप्रभुता और अपनी मातृभूमि की समृद्ध प्राकृतिक संपदा को सुनिश्चित और संरक्षित कर सकें।
- **नेपाल :** पड़ोसी देश 'नेपाल' में साम्राज्यवाद और सामंतवाद एक क्रूर और अन्यायपूर्ण शोषण और उत्पीड़न को जन्म दे रहा है। नेपाल के क्रांतिकारी लोगों ने अत्याचार को निकाल बाहर किया। संसदीय प्रणाली का समर्थन करनेवाले सभी सुधारवादी दल इस संघर्ष को दबाने के लिए शासक वर्ग की मदद कर रहे हैं। भारत की तरह नेपाल ने भी मुठभेड़ों के नाम पर करीब 100 क्रांतिकारियों की निर्मम हत्याएँ की हैं। हालाँकि, नेपाल के लोग सभी तरह के कुटिल दमन के बावजूद सामाजिक परिवर्तन की दिशा में अपने संघर्ष को बहादुरी से आगे बढ़ा रहे हैं। नेपाल की कम्युनिस्ट पार्टी (माओवादी) ने राजशाही और उसकी शाही सेना के खिलाफ प्रभावशाली चीनी तर्ज पर कमोबेश किसान आधारित युद्ध शुरू किया। जैसे ही राजशाही हार गई, माओवादी पार्टी ने अन्य राजनीतिक दलों के सहयोग से अपने सशस्त्र विद्रोह को रोक दिया और सत्ता स्थापित की।

  नेपाली माओवादी न केवल वैचारिक आधार पर, बल्कि हथियारों की खरीद, नशीली दवाओं के व्यापार, प्रशिक्षण और संसाधन जुटाने के लिए भी भारत में अपने समकक्षों को पूर्ण समर्थन और सहयोग दे रहे थे। सीमा के दोनों ओर के माओवादियों ने उत्तरी बिहार और भारत-नेपाल सीमा पर अपनी गतिविधियों के समायोजन करने के लिए 'भारत-नेपाल सीमा क्षेत्र समिति' का भी गठन किया है। पीपल्स लिबरेशन आर्मी, नेपाल की कम्युनिस्ट पार्टी (माओवादी) की सैन्य शाखा, नक्सलियों को सैन्य प्रशिक्षण और बम बनाने में शामिल है।
- **फिलीपींस :** फिलीपींस में शासक वर्ग साम्राज्यवाद का एकमात्र संरक्षक था। दक्कन कानून और वैश्वीकरण के कार्यान्वयन के परिणामस्वरूप लोगों का साम्राज्यवादी शोषण कई गुना बढ़ गया था। वहाँ के लोग एक

मजबूत क्रांतिकारी प्रतिरोध संघर्ष चला रहे हैं। एस.एफ.पी.आर. का सम्मेलन साम्राज्यवादी ताकतों के खिलाफ लोगों के क्रांतिकारी संघर्ष का पूरी तरह से समर्थन करता है और लोगों पर प्रतिक्रियावादी शासक वर्ग द्वारा किए गए क्रूर अत्याचार और दमन को गंभीर रूप से खारिज करता है। लोगों की बड़े पैमाने पर भागीदारी के साथ गणतंत्र के खिलाफ माओवादी आंदोलन कई वर्षों से जारी है, जिसे अमेरिका द्वारा 'फिलीपींस मॉडल' के रूप में जाना जाता है।

- **इराक :** एस.एफ.पी.सी. का पहला सम्मेलन विशेष रूप से इराक के खिलाफ अमेरिकी साम्राज्यवाद के नेतृत्व में लगाए गए आर्थिक प्रतिबंधों की निंदा करता है, जिसके परिणामस्वरूप इराक के लोगों को अमानवीय कठिनाइयों का सामना करना पड़ा है। इंटरनेशनल रेडक्रॉस की रिपोर्ट के अनुसार, इन प्रतिबंधों के कारण इराक के हजारों बच्चे मारे गए। इन प्रतिबंधों का उद्देश्य सद्दाम हुसैन को आत्मसमर्पण करने के लिए मजबूर करना और सहायता के अधिकार के लिए साम्राज्यवादी शर्तों को लागू करना है। सम्मेलन इन आर्थिक प्रतिबंधों को तत्काल हटाने की माँग करता है, ताकि यह देश बिना किसी वित्तीय नुकसान और बिना देरी के अंतरराष्ट्रीय समुदाय के साथ सामान्य व्यापार फिर से शुरू कर सके।

  सी.पी.आई. (एम.एल.) पीपल्स वॉर, फिलीपींस की कम्युनिस्ट पार्टी और तुर्की की कम्युनिस्ट पार्टी (मार्क्सवादी-लेनिनवादी) ने 20 मार्च, 2003 को एक संयुक्त बयान में इराक पर यू.एस.ए. युद्ध की निंदा की। इसने घोषणा की कि साम्राज्यवाद के खिलाफ उनका संघर्ष सामान्य वर्ग संघर्ष से अपक्षपाती था।

- **सी.सी.ओ.एम.पी.ओ.एस.ए. :** भारतीय कम्युनिस्ट पार्टी (एम.एल.) पीपल्स, माओवादी कम्युनिस्ट सेंटर (एम.सी.सी.) और अन्य छोटे सशस्त्र ग्रुपों ने नेपाली माओवादियों के साथ संबंध स्थापित किए हैं। वे पड़ोसी देशों बांग्लादेश, श्रीलंका और भूटान में कम्युनिस्ट क्रांतिकारी संगठनों के साथ एक नेटवर्क बनाने में भी कामयाब रहे हैं। दक्षिण एशिया के माओवादी पार्टियों और संगठनों की तालमेल समिति (सी.सी.ओ.एम.पी.ओ.एस.ए.) के बैनर तले जाकर उसने औपचारिक रूप से 1 जुलाई, 2001 को अपने गठन की घोषणा की। सी.सी.ओ.एम.पी.ओ.एस.ए. की भूमिका माओवादी पार्टियों और संगठनों के बीच एकता को समकक्ष और मजबूत करना है। सी.सी.ओ.एम.पी.ओ.एस.ए. की भूमिका दक्षिण एशिया में माओवादी पार्टियों और संगठनों के बीच एकता को समायोजित और मजबूत करने के साथ-साथ

पारस्परिक सहायता और अनुभवों का आदान-प्रदान करने और उपमहाद्वीप में माओवादी ताकतों के बीच द्विपक्षीय और बहुपक्षीय संबंधों को गहरा करने के लिए है।

- सी.सी.ओ.एम.पी.ओ.एस.ए. की संयुक्त घोषणा पर निम्नलिखित पार्टियों द्वारा हस्ताक्षर किए गए थे (तालिका 18.1 देखें)—

तालिका 18.1

क्रमांक	संगठन	स्थान
1	सी.पी.आई. (एम.एल.) पीपल्स वॉर	भारत
2	माओवादी कम्युनिस्ट सेंटर (एम.सी.सी.)	भारत
3	क्रांतिकारी कम्युनिस्ट	भारत
4	भारतीय क्रांतिकारी कम्युनिस्ट केंद्र (माओवादी) (आर.सी.सी.आई.)	भारत
5	पूरबा बांग्ला सरबोहारा पार्टी, बांग्लादेश	बांग्लादेश
6	माओबादी पुनर्गठन केंद्रो	बांग्लादेश
7	बांग्लादेश कम्युनिस्ट पार्टी	बांग्लादेश
8	कम्युनिस्ट पार्टी (सीलोन)	श्रीलंका
9	पीपल्स वॉर	नेपाल
10	नेपाल कम्युनिस्ट पार्टी (सी.पी.एन.) माओवादी	नेपाल

घोषणा में लक्ष्य को इस तरह से व्यक्त किया गया—"हमारा अंतिम लक्ष्य है लंबे जनयुद्ध के रास्ते से नई लोकतांत्रिक क्रांति द्वारा समाजवाद और साम्यवाद की स्थापना।" अगस्त 2002 में फिर से इसने घोषणा की कि नई लोकतांत्रिक क्रांति इसका लक्ष्य होगी और मार्क्सवाद-लेनिनवाद-माओवाद (एम-एल-एम) इसकी विचारधारा होगी। स्थिति का आकलन और विश्लेषण करने के लिए समय-समय पर सम्मेलन आयोजित किए जाते हैं। इसके गठन के बाद से अब तक केवल पाँच ऐसे सम्मेलन हुए हैं।

नक्सलियों ने विशेष रूप से हथियार और प्रशिक्षण लेने के लिए श्रीलंका के 'तमिल टाइगर्स' के साथ संबंध बनाए रखा। लिट्टे के साथ उनके संबंध इस तथ्य से स्पष्ट होते हैं कि नक्सलियों ने वेलुपिल्लई प्रभाकरण की हत्या की निंदा की है और दो दिवसीय 'अखिल भारतीय बंद' का आयोजन किया। ऐसा कहा जाता है कि लिट्टे ने

नक्सल ग्रुपों को हथियार और गोला-बारूद की आपूर्ति की थी, जो ज्यादातर आंध्र प्रदेश के तट पर पहुँचाए जाते थे। नक्सलियों को लिट्टे के बारे में तमिलनाडु कम्युनिस्ट पार्टी (एम.एल.) के माध्यम से पता चला।

नक्सलियों के इसलामिक आतंकवादी संगठनों से संबंध स्पष्ट नहीं हैं। नेपाल में लश्कर-ए-तैयबा (एल.ई.टी.) के आतंकवादी मोहम्मद उमर मदनी की गिरफ्तारी से नक्सलियों के साथ गठबंधन करने की योजना का खुलासा हुआ था। एक रिपोर्ट के अनुसार, लश्कर के गुर्गे नेपाल के माओवादियों के शिविरों में विशेष रूप से आई.ई.डी. के उपयोग करने का प्रशिक्षण लेते हैं। पाया गया है कि भारतीय माओवादियों के 'इंटर-सर्विसेज इंटेलिजेंस' (आई.एस.आई.) से संबंध हैं। पाकिस्तान स्थित इसलामिक ग्रुप द्वारा नक्सलियों तक पहुँचने के लिए भारत-नेपाल और भारत-बांग्लादेश सीमाओं का उपयोग पारगमन मार्गों के रूप में किया जाता है। साथ ही, नक्सल नेतृत्व जिहादी ग्रुपों के साथ अपने संपर्क बनाने में सतर्क रहते हैं और 'विशेष और जरूरत आधारित आदान-प्रदान' के पक्ष में है। नक्सली इस तथ्य से अवगत हैं कि लश्कर या अन्य आतंकवादी ग्रुपों के साथ गठजोड़ करने पर उन पर 'आतंकवादी संगठन' का लेबल लग जाएगा। भारत 'स्वर्णिम अर्धचंद्र' और 'स्वर्ण त्रिकोण' के बीच स्थित है, जो दुनिया के दो प्रमुख ड्रग उत्पादक और तस्करीवाले क्षेत्र हैं। भू-आर्थिक कारक ने न केवल माओवादियों को नशीले पदार्थों की खेती करनेवालों, व्यापारियों और तस्करों से सुरक्षा धन इकट्ठा करने में मदद की है, बल्कि उन्हें नशीले पदार्थों की तस्करी में भी शामिल किया है।

भारत से दोस्ती : खुफिया सूत्रों के अनुसार और गिरफ्तार नक्सलियों से पूछताछ करने पर पता चला है कि नक्सलियों ने पूर्वोत्तर में अलगाववादी ग्रुपों, जैसे—असम में यूनाइटेड लिबरेशन फ्रंट ऑफ असम (उल्फा), नेशनल सोशलिस्ट काउंसिल ऑफ नागालैंड (एन.एस.सी.एन.) और मणिपुर में पीपल्स लिबरेशन आर्मी (पी.एल.ए.) के साथ संबंध बनाए हैं। देखा गया है कि इन ग्रुपों ने अपने एक आम दुश्मन, भारतीय राज्य के साथ संघर्ष के आधार पर एक समझौता ज्ञापन पर हस्ताक्षर किए थे। चीनी छोटे शस्त्र द्वारा मुख्य रूप से उत्तर-पूर्व उग्रवादी ग्रुपों के माध्यम से 'लाल गलियारा' तक अपना रास्ता खोजते हैं। नक्सलियों ने पूर्वोत्तर के 'जन आंदोलनों' का पुरजोर समर्थन किया है। पूर्वोत्तर के उग्रवादी ग्रुप क्रांतिकारी विचारधारा के साथ खड़े रहे हैं। वर्तमान में असम की 'कृषक मुक्ति संग्राम समिति' असम में माओवादियों के मोरचे के रूप में काम कर रही है।

□

19

आंदोलन की प्रकृति

1. **क्या यह एक लोकप्रिय आंदोलन है :** नक्सली भूमि, मजदूरी, आदिवासियों के अधिकार आदि के सामाजिक-आर्थिक मुद्दों को लेकर जनता तक पहुँचते हैं। ग्रामीण इलाकों में ग्रामीण गरीब और पहाड़ी आदिवासी साहूकारों, जमींदारों और बिचौलियों के चंगुल में फँस जाते हैं। ये शोषणकारी स्थितियाँ नक्सली अभियानों के लिए उपजाऊ धरातल मुहैया कराती हैं।

   नक्सलवाद के समर्थक आदिवासी, दलित, गरीब और भूमिहीन लोग, न्याय और विकास से वंचित मजदूर हैं। नक्सल प्रभावित क्षेत्र वे हैं, जहाँ सरकारी गतिविधियाँ नहीं पहुँची हैं। उन्होंने देश के अन्य हिस्सों की तरह लोकतंत्र का कल्याणकारी हिस्सा नहीं देखा था। इसके साथ बाजार संचालित पूँजीपतियों और उद्योगपतियों द्वारा इस क्षेत्र का शोषण किया जाता है, जो उनकी पीड़ा को और बढ़ाता है, उन्हें आय और संसाधनों के पारंपरिक स्रोतों से वंचित किया जा रहा है। माओवादी उनके बचाव में आए और इन पूँजीपतियों के खिलाफ नारेबाजी की। ग्रामीण गरीब लोग, विशेष रूप से दलित जमींदारों और उच्च जाति के लोगों से पीड़ित हैं। उनके संसाधनों के वितरण में बहुत असमानता है। उनसे संबंधित भूमि सुधारों को ठीक से लागू नहीं किया गया। कृषि पर राजस्व कम है और खर्च दिन-ब-दिन बढ़ता जा रहा है। इससे गरीब किसान कर्ज के जाल में फँस गए हैं। वे भूमिहीन मजदूरों में परिवर्तित हो गए हैं। भूमिहीन मजदूरों, गरीब लोगों, दलितों और जमींदारों, साहूकारों, व्यवसायी आदि के बीच के विवादों को जन-अदालतों के माध्यम से सुलझाया गया। इस प्रकार नक्सलियों ने उनका न्याय पर खर्च कम कर दिया। अकसर कहा जाता है कि नक्सली आंदोलन शोषित लोगों के गुस्से की अभिव्यक्ति है। वर्गवादी विद्रोहियों की नक्सली विचारधारा उन्हें लोकप्रिय बनाती है। लेकिन इन लक्ष्यों को प्राप्त करने के लिए वे जो तरीके अपनाते हैं, वे उन्हें अवांछनीय बना देते

हैं। सरकार ने लोगों का दिल जीतने के लिए नक्सल प्रभावित क्षेत्रों में कई कल्याणकारी कार्यक्रम शुरू किए हैं।

2. **क्या यह राजनीतिक आंदोलन है :** नक्सलियों का उद्देश्य वर्ग शत्रुओं का सफाया कर राज्य की सत्ता हथियाना है। किसी भी राजनीतिक दल का उद्देश्य चुनाव में भाग लेकर सत्ता हासिल करना होता है। हालाँकि नक्सली लोकतांत्रिक प्रक्रिया और उसके चुनावों को सिरे से खारिज करते हैं, लेकिन वे 'जन अदालत' और 'जनता सरकार' का आयोजन करते हैं। हालाँकि वे कुछ राज्यों और कुछ क्षेत्रों तक ही सीमित हैं, फिर भी वे गुरिल्ला क्षेत्र बनाते हैं और फिर मुक्त क्षेत्रों में आते हैं। वे मुक्त क्षेत्रों में प्रशासन की व्यवस्था करते हैं। जैसे माओत्से तुंग ने चीन में किया था। उनका उद्देश्य बंदूक की बैरल से सत्ता हथियाना है।

   आंदोलन की शुरुआत में चारू मजूमदार ने स्पष्ट किया कि हमारा उद्देश्य जमींदारों की भूमि पर कब्जा करना नहीं, बल्कि सशस्त्र संघर्ष के माध्यम से सत्ता पर कब्जा करना है। यह स्पष्ट रूप से दरशाता है कि भारत में नक्सली आंदोलन का उद्देश्य केवल दलितों का सामाजिक-आर्थिक विकास नहीं है, बल्कि राज्य की सत्ता पर कब्जा करना है। गृह मंत्रालय (एम.एच.ए.) नक्सलियों के उद्देश्य को 'राज्य की वैधता को नष्ट करने'''हिंसक तरीकों से राजनीतिक शक्ति प्राप्त करने के' के रूप में पहचानता है। यह आंदोलन के राजनीतिक चरित्र को प्रदर्शित करता है।

3. **क्या यह कानून-व्यवस्था की समस्या है :** वे उत्पीड़न और शोषण के खिलाफ लड़ने के नाम पर और आदिवासियों और दलितों की सुरक्षा के नाम पर हिंसा का सहारा लेते हैं। वे अन्याय का बदला हिंसक तरीके से लेते हैं और इसे सही भी ठहराते हैं। उनकी नजरों में अपने न्याय के लिए अपराध करना वैध है। उनका दर्शन कहता है कि सभी कष्टों को दूर करने के लिए बंदूक का सहारा लेना रामबाण दवा है। उनके दिल में कानून का कोई सम्मान नहीं है। कई राज्यों में नक्सलवाद एक गंभीर कानून-व्यवस्था की समस्या बन गया है। लेनिन ने भी इस तरह के हिंसक संबल को 'बचकानी हरकत' के रूप में वर्णित किया है।

   नक्सली पुलिस थानों और सार्वजनिक परिवहन जैसे बुनियादी ढाँचे जैसे—बसों को आग लगाने, ट्रेनों को हाईजैक करने आदि पर हमला करते रहे हैं। ऐसा करके वे आम लोगों में काफी असुरक्षा पैदा कर रहे हैं। वे इलाके में बंद का आयोजन कर चुनाव का विरोध कर रहे हैं। वे जंगलों में उद्योगों और

बहुराष्ट्रीय कंपनियों के प्रवेश का विरोध करते हैं। पश्चिम बंगाल में लालगढ़ आंदोलन कानून-व्यवस्था की समस्या का सबसे अच्छा उदाहरण है। 2010 में प्रधानमंत्री डॉ. मनमोहन सिंह ने नक्सलियों को आंतरिक सुरक्षा के लिए भारत का सबसे बड़ा खतरा घोषित किया।

नक्सलबाड़ी में सशस्त्र संघर्ष के प्रकोप के दौरान, तत्कालीन गृहमंत्री वाई.बी. चव्हाण ने 13 जून, 1967 को इसे 'अराजकता' के रूप में वर्णित किया। इसलिए सरकार ने उनसे बहुत सख्ती से निपटने का फैसला किया और नक्सलियों के खिलाफ बड़े पैमाने पर अभियान शुरू किया। पश्चिम बंगाल सरकार ने नक्सल विद्रोह का सामना करने के लिए पश्चिम बंगाल (हिंसक गतिविधियों की रोकथाम) अधिनियम, 1970 को अधिनियमित किया। आंध्र प्रदेश सरकार ने इस संगठन पर कई बार प्रतिबंध लगाया है। 1975 में आपातकाल में भी पुलिस बल को और अधिक शक्तियों के साथ मज़बूत किया। इस ऑपरेशन में कई नक्सलियों की जान चली गई थी। इनमें से ज्यादातर भूमिगत हो गए हैं, लेकिन वे फिर उभरे।

इस परिप्रेक्ष्य में सरकार निम्नलिखित उपायों को लागू कर रही है—

(क) **पुलिस बल का आधुनिकीकरण :** सरकार नई भर्तियों और बुलेट प्रूफ उपकरणों और खदान-रोधी वाहनों को शामिल करके पुलिस को मजबूत कर रही है। पुलिस थानों का निर्माण उच्च सुरक्षा पहलुओं के साथ किया गया था।

(ख) केंद्रीय रिजर्व पुलिस बल (सी.आर.पी.एफ.) को उग्रवाद विरोधी अभियानों का काम सौंपा गया है। सी.आर.पी.एफ. ने अपने जवानों को सबसे ज्यादा प्रभावित इलाकों में तैनात किया है। नक्सलियों से अधिक प्रभावी ढंग से निपटने के लिए सी.आर.पी.एफ. ने कोबरा बटालियनों को खड़ा किया और क्षेत्र में तैनात किया।

इन प्रभावित राज्यों के लिए 19 इंडिया रिजर्व बटालियन स्वीकृत की गईं, जैसे—आंध्र को 5 बटालियन, बिहार, ओडिशा, छत्तीसगढ़, महाराष्ट्र, पश्चिम बंगाल और झारखंड को 2-2 बटालियन। मध्य प्रदेश और उत्तर प्रदेश में एक-एक बटालियन।

(ग) नक्सलवाद से प्रभावी ढंग से निपटने के लिए विशेष प्रशिक्षण केंद्र स्थापित किए गए। सरकार ने कांकेर, छत्तीसगढ़ में आतंकवाद विरोधी और जंगल वारफेयर प्रशिक्षण स्कूल और हैदराबाद में ग्रेहाउंड प्रशिक्षण स्कूल के लिए मंजूरी दे दी है। आतंकवादरोधी

प्रशिक्षण के लिए विभिन्न राज्यों के पुलिसकर्मियों को नामित किया गया था।

इन संस्थानों में पुलिसकर्मियों को 'गुरिल्ला के साथ गुरिल्ला की तरह लड़ें' के लिए प्रशिक्षित किया जाता है।

(घ) **नक्सलियों से निपटने के लिए विशेष इकाइयाँ और विशेष अभियान तैयार :** विभिन्न राज्यों ने नक्सल गतिविधियों का मुकाबला करने के लिए अलग-अलग रणनीति और कार्यनीति अपनाई है। आंध्र पुलिस ने ग्रेहाउंड यूनिट विकसित की है, जो काफी हद तक सफल है। छत्तीसगढ़ सरकार ने स्थानीय आदिवासी आबादी को नक्सलियों के जवाब के रूप में 'सलवा जुडुम' बनाने के लिए प्रोत्साहित किया। केंद्र सरकार ने नक्सलियों के खिलाफ 'ऑपरेशन ग्रीन हंट' शुरू किया है।

(ङ) सरकार ने उग्रवाद विरोधी अभियानों के लिए विशेष हेलीकॉप्टर खरीदे हैं।

(च) सुरक्षा संबंधी व्यय (एस.आर.ई.) के तहत राज्य पुलिस को विशेष धनराशि आवंटित की जा रही है। वर्तमान में 9 राज्यों के 76 जिले इस योजना के अंतर्गत आते हैं।

4. **क्या यह एक आतंकवादी आंदोलन है? :** गृह मंत्रालय में राज्यमंत्री श्री गुरुदास कामत ने 8 मार्च, 2011 को लोकसभा में एक प्रश्न के लिखित उत्तर में नक्सली संगठनों पर प्रतिबंध के संबंध में निम्नलिखित विवरण दिया—"भारत सरकार ने गैर-कानूनी गतिविधियाँ (रोकथाम) अधिनियम, 1967 के तहत आतंकवादी संगठनों की अनुसूची में निम्नलिखित तीन वामपंथी चरमपंथी संगठनों को शामिल किया है—

(i) भारतीय कम्युनिस्ट पार्टी (मार्क्सवादी-लेनिनवादी), पीपल्स वॉर, इसके सभी गठन और फ्रंट संगठन।

(ii) माओवादी कम्युनिस्ट सेंटर (एम.सी.सी.), इसके सभी गठन और फ्रंट संगठन।

(iii) भारतीय कम्युनिस्ट पार्टी (माओवादी), इसके सभी संगठन और फ्रंट संगठन।"

गैर-कानूनी गतिविधि रोकथाम संशोधन अधिनियम, 2008 स्पष्ट रूप से एक आतंकवादी संगठन को परिभाषित करता है—"जो कोई भी भारत की एकता, अखंडता, सुरक्षा या संप्रभुता को खतरे में डालने या खतरे में डालने के इरादे से

या आतंकी हमला करने या लोगों में आतंक फैलाने की संभावना के इरादे से कोई कार्य करता है। या भारत में या किसी विदेशी देश में लोगों का कोई वर्ग, (क) बम, डायनामाइट या अन्य विस्फोटक पदार्थों या ज्वलनशील पदार्थों या आग्नेयास्त्रों या अन्य घातक हथियारों या जहरीले या हानिकारक गैसों या अन्य रसायनों का उपयोग करके या किसी अन्य पदार्थ द्वारा 'चाहे जैविक, रेडियोधर्मी, परमाणु या अन्यथा' खतरनाक तरह के या कोई अन्य साधन जो कारण बनते हैं या कारण बनने की संभावना रखते हैं—

(i) किसी व्यक्ति या व्यक्तियों की मृत्यु या उन्हें चोट लगना; या

(ii) संपत्ति की हानि या क्षति या संपत्ति का विनाश; या

(iii) भारत में या किसी विदेशी देश में समुदाय के जीवन के लिए आवश्यक किसी भी आपूर्ति या सेवाओं में व्यवधान; या

(iv) भारत में या किसी विदेशी देश में भारत की रक्षा के लिए या भारत सरकार, किसी भी राज्य सरकार या उनकी किसी भी एजेंसी के किसी अन्य उद्देश्यों के संबंध में उपयोग होने या उपयोग की जानेवाली किसी भी संपत्ति का नुकसान या विनाश; या

(v) आपराधिक बल या आपराधिक बल दिखाकर किसी को डराता है या ऐसा करने का प्रयास करता है या किसी सार्वजनिक कर्मचारी की मृत्यु का कारण बनता है; या

(vi) किसी भी व्यक्ति को हिरासत में लेना, अपहरण करना या अपहरण करने के लिए डराना और ऐसे व्यक्ति को मारने या घायल करने की धमकी देना या भारत सरकार, किसी भी राज्य सरकार या किसी विदेशी देश की सरकार या किसी अन्य व्यक्ति को कोई भी कार्य करने या उससे दूर रहने के लिए मजबूर करने के लिए कोई अन्य कार्य करना एक आतंकवादी कार्य करता है।"

शुरुआत से ही हिंसा नक्सलवाद की केंद्रीय विशेषता बन गई है। वे 'बंदूक की बैरल से शक्ति आती है' सिद्धांत का प्रचार और पालन करते हैं। नक्सलियों की हाल की घटनाएँ उन्हें आतंकवाद की परिभाषा के तत्त्वों की तरह का बनाती हैं। हिंसा का विवेकहीन प्रयोग और उनका गैर-परक्राम्य 'सशस्त्र संघर्ष' आतंकवाद की विशेषताओं को दरशाता है।

दूसरे शब्दों में, आतंकवाद को 'राजनीतिक उद्देश्यों के लिए हिंसा का उपयोग' के रूप में परिभाषित किया जा सकता है। नक्सल आंदोलन इस परिभाषा में फिट बैठता है। पी.डब्ल्यू.जी. को हिंसा के लिए जाना जाता है।

एम.सी.सी. और पी.डब्ल्यू.जी. के विलय के बाद उन्होंने कई सुरक्षाकर्मियों और राजनेताओं पर हमला करने और उनकी हत्या करने की हिंसा में बहुत ही जघन्य रणनीति अपनाई है। वे पुलिस लाइन, जेल और अन्य महत्त्वपूर्ण प्रतिष्ठानों पर हमला करते हैं। वे अन्य आतंकवादी ग्रुपों की तरह वरिष्ठ अधिकारियों का अपहरण करते हैं और उन्होंने अपने हिंसक कृत्यों के माध्यम से प्रचार पाने की कोशिश की। उनका स्पष्ट और स्वीकृत उद्देश्य सशस्त्र संघर्ष के माध्यम से राज्य की सत्ता पर कब्जा करना है। 1971 में नक्सलियों द्वारा की गई हिंसा लगातार चरम पर पहुँच गई, जब 3,650 हिंसक घटनाओं की सूचना मिली, जिसमें लगभग 850 वर्ग के दुश्मनों की हत्या शामिल थी। विभिन्न राज्य सरकारों ने नक्सलियों से निपटने के लिए विभिन्न कानून बनाए हैं। अब तक विशेष रूप से नक्सल आंदोलन से निपटने के लिए कोई राष्ट्रीय अधिनियम नहीं बनाया गया था, लेकिन नक्सली हिंसा को रोकने के लिए विभिन्न आतंकवाद विरोधी कृत्यों का इस्तेमाल किया गया है। कई नक्सलियों और उनके सहयोगियों पर पोटा लगाया गया है। बालगोपाल ने अपनी पुस्तक 'माओवादी मूवमेंट इन आंध्र प्रदेश' में कहा है, "बिना किसी अपवाद के सभी आतंकवादी आंदोलनों ने अपने स्वयं के सामाजिक आधार के अधिक लोगों को मार डाला है, जो उनके कथित सुरक्षाबल वर्ग के हैं।" सी.पी.एम. अधिकारियों का विनाश, धर्मपुरी में सी.पी.एम. कार्यकर्ता सल्कू सोरेन का अंतिम संस्कार करने से इनकार करना, सी.पी.एम. सहयोगियों का चप्पलों से माल्यार्पण और उनमें से कुछ पर नक्सलियों द्वारा मानव मल लगाने की पश्चिम बंगाल में जनता ने कड़ी आलोचना की है। माघ मारवाश (जिन्होंने पुलिस अत्याचारों के खिलाफ लोकप्रिय विरोध का नेतृत्व किया) जैसे आदिवासी नेताओं की हत्या ने झारखंड में नक्सलियों के लोकप्रिय समर्थन आधार को नष्ट कर दिया है।

5. **क्या यह एक सामाजिक-आर्थिक आंदोलन है :** सरकार के आक्रामक होने के बावजूद नक्सल आंदोलन ने अपने भौगोलिक विस्तार के साथ-साथ अपना सामाजिक आधार भी फैलाया। नक्सली आंदोलन मौजूदा सामाजिक-आर्थिक परिस्थितियों के परिणामस्वरूप अस्तित्व में आया। माकपा के पश्चिम बंगाल राज्य सचिवालय ने नक्सलबाड़ी विद्रोह की जाँच करते हुए कहा, "नक्सलबाड़ी में किसान अशांति के पीछे एक गहरी सामाजिक कुप्रथा-दुर्भावनापूर्ण स्थानांतरण, बेदखली और चाय बागानों तथा जोतदारों की अन्य जनविरोधी काररवाइयाँ हैं।" जो क्षेत्र नक्सलियों के प्रभाव में हैं, वे घोर गरीबी में हैं। आंध्र प्रदेश के करीमनगर, आदिलाबाद और वारंगल जिलों में गरीबी

95 प्रतिशत थी, जबकि राष्ट्रीय आँकड़ा 50 से 60 प्रतिशत के बीच था। भूमि सुधार प्रभावी ढंग से लागू नहीं किए गए थे।

ग्रामीण भारत में सामाजिक असमानता और उत्पीड़न व्याप्त है। जमींदारों और ऊँची जातियों द्वारा दलितों और अन्य कमजोर वर्गों का शोषण किया गया। उत्पीड़ित वर्गों का जमींदारों द्वारा न केवल बटाईदारों और भूमिहीन मजदूरों के रूप में शोषण किया गया, बल्कि वे साहूकारों के शिकार भी हुए। नक्सलियों ने 'वर्ग विनाश' के सिद्धांत की वकालत की।

आदिवासियों को उनकी वन भूमि से अलग कर दिया गया था। श्रीकाकुलम में विद्रोह के समय तक आदिवासियों के पास केवल एक-तिहाई भूमि थी। यह अलगाव साहूकारों के जाल और वन संपदा तक उनकी पहुँच पर सरकारी प्रतिबंधों के कारण हुआ। वन अधिकारियों ने आदिवासियों को परेशान करना शुरू कर दिया। इन अभावों से प्रभावित आदिवासियों ने नक्सली आग में घी का काम किया।

भारत के पूर्व प्रधानमंत्री वी.पी. सिंह ने टिप्पणी की—"हमारे देश के युवाओं को माओवादी बनने से क्या रोक रहा है?"

इस दृष्टिकोण के साथ, सरकार ने नक्सल प्रभावित क्षेत्रों में सामाजिक-आर्थिक विकास शुरू किया। इस प्रक्रिया में सरकार ने 2003-2004 में पिछड़ा, जिला पहल और पिछड़ा क्षेत्र अनुदान कोष (बी.आर.जी.एफ.) शुरू किया। जिसके तहत 9 राज्यों के 55 सबसे अधिक प्रभावित क्षेत्रों को विकास की पहल के एक हिस्से के रूप में 2,475 करोड़ रुपए की धनराशि प्रदान की गई।

विभिन्न राज्य सरकारों ने नक्सलवाद से निपटने के लिए बजट आवंटित किया है। राज्यों ने गरीबी उन्मूलन कार्यक्रमों को लागू किया है। सरकार ने योजना आयोग को अन्य नक्सल प्रभावित क्षेत्रों को भी बी.आर.जी.एफ. की योजना के तहत शामिल करने के लिए राजी किया, जिसके लिए 5,000 करोड़ रुपए आवंटित किए गए थे। छत्तीसगढ़ सरकार ने एक लाख रुपए के मकानों की घोषणा की है। प्रधानमंत्री ग्राम सड़क योजना (पी.एम.जी.एस.वाई.) के तहत ग्रामीण बुनियादी सुविधाओं का निर्माण किया गया। राष्ट्रीय ग्रामीण रोजगार गारंटी कार्यक्रम 330 नक्सल प्रभावित जिलों में लागू किया जा रहा है, ताकि मजदूरी रोजगार सृजित किया जा सके। एन.आर.एच.एम., एस.एस.ए., आई.सी.डी.एस. इन क्षेत्रों में विस्तारित अन्य योजनाएँ हैं। आत्मसमर्पण करनेवाले नक्सलियों के लिए राज्यों ने पुनर्वास और पुनर्स्थापन नीति बनाई

है। भारत सरकार ने 2007 में अपनी पुनर्वास और पुनर्स्थापन नीति जारी की है। वन अधिकार अधिनियम-2006 ने अनुसूचित जनजातियों और वनवासियों के अधिकारों को मान्यता दी है, जो वर्षों से रह रहे हैं। 2011 के बाद से केंद्र सरकार नक्सलवाद से निपटने के लिए विकास-नेतृत्ववाली रणनीति पर अधिक ध्यान केंद्रित कर रही है।

□

20

संदेहास्पद विषय

1. मान्य नहीं

हर सशस्त्र संघर्ष में निहत्थे लोगों पर मतिहीन हिंसा और अत्याचार किए जाते हैं। लोगों का दैनिक जीवन अस्त-व्यस्त हो जाता है। दूर से ऐसा लगता है कि सशस्त्र संघर्ष वास्तव में एक ऐतिहासिक कदम आगे बढ़ने का संकेत दे सकता है। माओवादियों और सशस्त्र विद्रोह के अन्य रूपों की वृद्धि लोकतांत्रिक प्रतिरोध के उपलब्ध रूपों को बाधित करते हैं। यह राज्य को सभी प्रकार के दमन को अपनाने के लिए प्रोत्साहित करेगा। यह राज्य को सभी प्रकार के उत्पीड़न को अपनाने के लिए प्रोत्साहित करेगा। इसके कारण माओवादी ग्रुपों की जन भागीदारी के मामले में बहुत कम उपस्थिति है।

2. सीमित

भौगोलिक दृष्टि से माओवादी आंदोलन के चार दशकों के बाद भी पूर्व-मध्य भारत के जंगलों के कुछ हिस्सों से बाहर निकलने में विफल रहे हैं। देश के बाकी हिस्सों के विशाल कृषि और औद्योगिक इलाकों में उनकी कोई उपस्थिति नहीं है। इसका कोई राष्ट्रीय ट्रेड यूनियन और किसान संगठन नहीं है। दलित, मजदूर संघ और बड़े पैमाने पर महिलाओं में इसकी कोई पैठ नहीं है। यह कुछ राज्यों के पहाड़ी वन क्षेत्रों तक ही सीमित है। इसका विस्तार शहरी केंद्रों तक नहीं हो सका। इसी वजह से मैदानी इलाकों के अधिकांश गाँव अछूते थे। अधिकांश युवा, जो आंदोलन में शामिल हो रहे हैं, वे या तो बंदूक से या पैसे से या नक्सलियों के आतंक से प्रभावित होकर ऐसा करते हैं।

3. बेगुनाहों पर जुल्म

दोनों पक्षों की हिंसा से लाखों गरीब, बच्चे, वंचित महिलाएँ और आदिवासी प्रभावित हैं। आदिवासी अपने आवास में खानों, आई.ई.डी. और विस्फोटक उपकरणों का सामना कर रहे हैं। उन्हें गुरिल्ला क्षेत्रों में घसीटा जा रहा है और कुल्हाड़ियों के स्थान पर हथियार रखने के लिए मजबूर किया जा रहा है।

बच्चे स्कूल बैग की जगह माओवादियों का राशन ले जाने को मजबूर हैं। वहीं दूसरी ओर इन आदिवासियों को पूछताछ, अनिवार्य सूचना लेना, कारावास का सामना करना पड़ रहा है। गोलीबारी में कई बेगुनाहों की जान चली जाती है। परिणामस्वरूप वे अपने दैनिक जीवन में असहाय हैं। दोनों पक्षों ने कई गाँव जला दिए हैं और लाखों लोग अपने घर छोड़कर भाग गए हैं और सैकड़ों स्कूलों को या तो माओवादियों ने उड़ा दिया है या उन पर सुरक्षाबलों ने कब्जा कर लिया है।

4. सामाजिक बैर बनना

कुछ विचारकों और इतिहासकारों की राय है कि नक्सलवाद ने गाँवों में लोहे की दीवार खड़ी कर दी है। इतिहासकार ऐनी एफ. थर्स्टन ने लिखा है—"इससे संस्कृति और आध्यात्मिक मूल्यों का नुकसान हुआ; महत्त्वाकांक्षा और आदर्शों का नुकसान; समय, सच्चाई और जीवन का नुकसान हुआ···" एक अन्य इतिहासकार बरनौइन और यू ने सांस्कृतिक क्रांति को इस तरह परिभाषित किया—"अराजनीतिक आंदोलन, जिसने अभूतपूर्व सामाजिक विभाजन, सामूहिक लामबंदी, उन्माद, उथल-पुथल, मनमानी क्रूरता, यातना, हत्याएँ और यहाँ तक कि गृहयुद्ध भी पैदा किया···।"

5. क्षेत्रीय वर्चस्व

भाकपा (माओवादी) के नेतृत्व में आंध्रवासियों का वर्चस्व है, जो ज्यादातर तेलंगाना के रहनेवाले हैं। गुम्मदावल्ली वेंकट कृष्ण प्रसाद जैसे शीर्ष नेताओं ने आत्मसमर्पण कर दिया था और आजाद तथा किशनजी जैसे अन्य लोग पुलिस मुठभेड़ों में मारे गए, जो तेलंगाना क्षेत्र से हैं। छह प्रमुख माओवादी नेता, जो एक ही जिले से हैं, यानी तेलंगाना के करीमनगर से, वे हैं—(1) उत्तर तेलंगाना स्पेशल जोनल कमेटी (एन.टी.एस.पी.जेड.सी.) के सचिव, पुल्लुरी प्रसाद राव, जिन पर 44 लाख रुपए का इनाम है, (2) दंडकारण्य स्पेशल जोनल कमेटी (डी.के.एस.जेड.सी.) के प्रभारी मल्लोजुला वेणुगोपाल, जिन पर 44 लाख रुपए का इनाम है, (3) मल्ला राजी रेड्डी, छत्तीसगढ़-ओडिशा सीमा राज्य समिति (सी.ओ.बी.एस.सी.) के प्रभारी पर 44 लाख रुपए का इनाम है, (4) थिपारी तिरुपति, सदस्य केंद्रीय सैन्य आयोग पर 44 लाख

रुपए का इनाम है, (5) कादरी सत्यनारायण रेड्डी, सचिव डी.के.एस.जेड.सी. पर 44.6 लाख रुपए का इनाम है, (6) मुप्पला लक्ष्मण राव उर्फ गणपति, महासचिव, भाकपा (माओवादी) पर 49 लाख रुपए का इनाम है। यह हाल ही में दंडकारण्य में देखा गया है कि कई देशी नक्सलियों ने आंध्र के इस क्षेत्रीय प्रभुत्व से निराश होकर पुलिस के सामने आत्मसमर्पण करने का फैसला किया।

□□□

* 9 7 8 9 3 5 5 2 1 4 1 3 3 *

FCW - #0025 - 061026 - C0 - 216/140/15 - PB - 9789355214133 - Matt Lamination